# POLYGLOTT    APA GUIDE

# YUCATAN
# GUATEMALA · BELIZE

**Jürgen Bergmann** arbeitet freiberuflich als Redakteur und Autor für verschiedene Reiseführerverlage. Lateinamerika kennt er von zahlreichen Aufenthalten, bei denen er sowohl als Reiseleiter als auch privat mit dem Rucksack unterwegs war. Er verfasste die Top50-Tipps und den Infoteil zu Guatemala und Belize.

**Ortrun Egelkraut** lebt als freie Journalistin, Redakteurin und Reisebuchautorin in Berlin – wenn sie nicht gerade in Yucatán unterwegs ist. Auf ihren Reisen kreuz und quer durch das faszinierende Land spürt sie ständig den neuesten Entwicklungen nach. Von ihr stammen die Top50-Tipps sowie der Infoteil zu Yucatán.

# Zeichenerklärung

## Gebietspläne

| | |
|---|---|
| ❶ ✸ ★ | Sehenswürdigkeit |
| | Autobahn |
| | Schnellstraße |
| | Hauptstraße |
| | sonstige Straßen, Wege |
| | Eisenbahn |
| | Staatsgrenze |
| | Landesgrenze |
| | Nationalpark, Naturpark |

## Stadtpläne

| | |
|---|---|
| ❶ ✸ ★ | Sehenswürdigkeit |
| | Autobahn |
| | Hauptstraße |
| | sonstige Straßen |
| | Fußgängerzone |
| | Fußwege |
| | sehenswerte Gebäude |
| | bebaute Fläche |
| | Grünfläche |
| | unbebaute Fläche |
| ❶ | Information |
| ✉ | Post |
| ℗ | Parkplatz |
| Ⓢ Ⓜ Ⓤ | S-Bahn, Metro, U-Bahn |

Autoren: Jürgen Bergmann (Bienvenido al Mundo Maya; Die Maya – kulturelle Glanzleistungen vor Ankunft der Europäer; Die Codices des Maya; Den Geheimnissen der Vergangenheit auf der Spur; Die Maya-Welt heute; Guatemala; Militärdiktaturen und Repression – Guatemala im 19. und 20. Jahrhundert; Evangelikale Sekten; Maya-Alltag im Hochland; Die Maismenschen; Die Tierwelt Guatemalas; Der prächtigste der Vögel; Guatemala – kultureller Reichtum, natürliche Vielfalt; Ciudad de Guatemala; Antigua; Die Architektur Antiguas; Der Kult des Maximón; Das westliche Hochland; Indianische Trachten in Regenbogenfarben; Die Pazifikküste; Das östliche Hochland und die Karibikküste; Copán; Der Petén; Tikal – Juwel des tropischen Regenwaldes; Belize; Belize – Naturparadiese, tropische Vielfalt und Maya-Stätten; Belize City; Die nördlichen Distrikte; Die südlichen Distrikte), Nick Caistor (Geschichtlicher Überblick; Die moderne Geschichte Belizes; Die Mennoniten; Yucatán; Die Maya in Yucatán; Die moderne Geschichte Yucatáns; Das Chiapas-Problem), Ortrun Egelkraut (Eine neue Chance für Cancún); Peter Hutchison (Im Kampf mit den Naturgewalten), Barbara MacKinnon (Die Küste Yucatáns; Touristenfalle oder Paradies?), Ellen McRae (Die Flora und Fauna Belizes; Das Barrier Reef), Ian Peedle (Karibische Rhythmen und kreolische Tänze; Belize Zoo; Die Garífuna; Die Cayes), Neil Rogers (Belize – ein Modell für den Ökotourismus?) Chloe Sayer (Architektur in Yucatán), Ian Stewart (Kulinarische Streifzüge; Outdoor-Abenteuer; Rigoberta Menchú; Die Geschichte des Lago de Atitlán), John Wilcock (Traumziel Yucatán; Nordyucatán; Die Karibikküste; Campeche und Chiapas).

Deutsche Bearbeitung: Jürgen Bergmann (S. 15–242: Guatemala und Belize), Ortrun Egelkraut (S. 249–335: Yucatán)

Karten und Pläne: Cosmographics

Typographie: Ute Weber, Geretsried

Umschlag: APA Publications; Carmen Marchwinski, München

Alle Informationen stammen aus zuverlässigen Quellen und wurden sorgfältig geprüft. Für ihre Vollständigkeit und Richtigkeit können wir jedoch keine Haftung übernehmen.
Ergänzende Anregungen, für die wir dankbar sind, bitten wir zu richten an: Apa Publications c/o Langenscheidt KG,
Postfach 40 11 20, 80711 München.
E-Mail: redaktion@polyglott.de

**Polyglott im Internet:**
**www.polyglott.de**
**im Travel Channel unter www.travelchannel.de**

**Polyglott APA Guide Yucatán · Guatemala · Belize Ausgabe 2006/2007**

© Englische Ausgabe APA Publications GmbH & Co. Verlag KG Singapore Branch, Singapur
© Deutsche Ausgabe Langenscheidt KG, Berlin und München

Printed in Singapore
ISBN-13: 978-3-8268-1951-3
ISBN-10: 3-8268-1951-9

PT 06E2

# Hintergrund

# Gute Reise

## Guatemala

# Inhalt

**Die Karibikküste** _____ 311
(Cancún – Isla Mujeres – Isla de Cozumel – Riviera Maya – Playa del Carmen
– Xcaret – Tulum – Cobá – Sian Ka'an – Chetumal )

**Campeche und Chiapas** _____ 325
(Calakmul – Campeche – Palenque)

## Karten

# Bienvenido al Mundo Maya

Als der Ethnologe Oliver La Farge Anfang des 20. Jhs. Guatemala und seine Bewohner, die Maya, beschrieb, stellte er fest: »Das Land ist so schön, dass es schmerzt«. Und tatsächlich kann sich kein Besucher dem Zauber und Liebreiz der Landschaft entziehen: tiefblaue ruhige Seen, an deren Ufern kleine Indianerdörfer mit traditionellen Adobehäusern und kleinen Plätzen liegen; tropische Regenwälder mit einer kaum zu erfassenden Vielfalt von Pflanzen und Tieren; prunkvolle Kolonialstädte mit überaus reich ausgestatteten Kirchen, ehrwürdigen Klöstern, Schatten spendenden Arkadengängen und stolzen Palästen; mächtige Vulkane, von denen manche bis heute aktiv sind; einzigartige archäologische Stätten; weiße, von Palmen umgrenzte Sandstrände am türkisfarbenen Meer der Karibik; tropische Nebelwälder mit üppig wachsenden Epiphyten sowie für ihre Büschel langer Nadeln bekannte Pinienwälder; fantastische, nahezu unberührte Korallenriffe und Atolle mit einer bunten Unterwasserwelt; farbenprächtige, mit Leben erfüllte Märkte, auf denen von kunstvoll gewebten Kleidern und traditionellem Handwerk über Blumen und exotischen Früchten bis zu Tieren und Speisen fast alles angeboten wird.

## Meister der Kunst und Wissenschaft

Dies ist die Welt der Maya – *el Mundo Maya.* Seit Jahrtausenden besiedelt dieses indianische Volk das Hochland des nördlichen Mittelamerika, die tropischen Regenwälder des Petén und die Halbinsel Yucatán. In sich in 31 verschiedene Sprachgruppen mit unterschiedlichen kulturellen Traditionen zersplittert, sind sie insgesamt doch verhältnismäßig homogen und klar von den übrigen Volksgruppen Mittelamerikas abgrenzbar. Auch nach fünf Jahrhunderten Kolonialherrschaft sind ihre über viele Generationen überlieferten Bräuche – insbesondere soziale Strukturen, Feste und religiöse Überzeugungen – zum Teil bis in die Gegenwart lebendig. In zahllosen Dörfern über die gesamte Region verstreut, leben heute noch annähernd 9 Mio. Maya in fünf Bundesstaaten im Süden Mexikos, nahezu in ganz Guatemala, in Belize und als kleine Gruppen im Westen von El Salvador und Honduras. Zeugnisse der großartigen Kultur ihrer unmittelbaren Vorfahren findet der Reisende in den hunderten, teils leicht zugänglichen, teils sehr abgelegenen archäologischen Stätten. Monumentale Malereien, dünnwandige Keramiken, kostbare Schmuckstücke aus Jade, verwinkelte Paläste, hoch aufragende, von Tempeln bekrönte Pyramiden, farbig bemalte Stuckreliefs und kunstvoll gestaltete Stelen üben auf jeden Betrachter eine besondere Faszination aus.

Die Kulturgeschichte des amerikanischen Doppelkontinents erreichte in präkolumbischer Zeit, also vor Ankunft der ersten Europäer im 16. Jh., seine unbestrittene Blüte mit den Maya. Neben dem mannigfaltigen Formenschatz in der Architektur und den originellen Werken der Handwerks- und Textilkunst sind es insbesondere die intellektuellen Leistungen, die dieses Urteil rechtfertigen: Als einziges indigenes Volk entwickelten sie eine voll funktionsfähige Schrift im eigentlichen Sinn, die abstrakte Inhalte wiedergeben kann, ohne zusätzliche, die Schriftzeichen (Hieroglyphen) erklärende Bilder. Als Meister der Mathematik erfanden sie – wie die Inder in der Alten Welt – die Null, als geniale Astronomen beobachteten sie den Verlauf der Gestirne, vor allem der Sonne, des Mondes und der Venus. Diese Studien ermöglichten ihnen die exakte Vorhersage von Sonnenfinsternissen und die Entwicklung eines komplizierten Kalenders, der dem julianisch-gregorianischen an Genauigkeit fast gleichkommt.

## Kultureller Reichtum – natürliche Vielfalt

Der Charme Südmexikos, Guatemalas und Belizes liegt nicht nur in den oftmals exzellent erhaltenen archäologischen Stätten begründet. Auch die Dynamik der diversen nebeneinander bestehenden

◀◀ **Mädchen in Nebaj – Zuckerrohrarbeiter an der Pazifikküste Guatemalas – Typische Tracht der Indígenas von Nebaj – Blick von San Antonio Palopó auf den Lago de Atitlán**
◀ **Die steilen Stufen der El Castillo genannten Pyramide in Chichén Itzá**

Kulturen trägt dazu bei. Abgesehen von den Maya prägen in besonderer Weise die Mestizos bzw. Ladinos genannten Mischlinge indianisch-weißer Abstammung den Charakter der Bevölkerung. Spanisch sprechend und in Kleidung und Wertvorstellungen nordamerikanisch orientiert, gehören sie zur herrschenden Schicht in Wirtschaft und Politik. Ein weiteres Mischvolk, die Garífuna, lebt vor allem in Belize und prägt die Städte am Golf von Honduras. Die Nachfahren indianischer Kariben und schwarzer Sklaven, die eine eigene Sprache, das Garinagú, pflegen, beeindrucken mit ihrer ausgeprägten Vitalität, die sich in einer Vorliebe für ausgelassene Feiern niederschlägt. Mennoniten siedeln erst seit einem halben Jahrhundert als Minderheit in Belize. Arbeitsam und bescheiden, wurden diese Bauern niederländischer Herkunft, die einen deutschen Dialekt sprechen, schnell über die Landesgrenzen hinaus bekannt.

Musik und traditionelle Tänze üben auf den Reisenden stets eine besondere Wirkung aus. Wirklich überall – ob in Bussen und Straßen, auf Plätzen und Märkten– hört man die verschiedensten Musikstile: hauptsächlich Cumbia und Merengue in Guatemala, Mariachi in Mexiko, sowie Son, Calypso und Punta Rock in Belize. Vornehmlich an Festtagen ertönt das Nationalinstrument Guatemalas, die Marimba: Sehr wahrscheinlich von afrikanischen Sklaven in die Neue Welt mitgebracht, ist das klangvolle Xylophon bei Ladinos und Indígenas gleichermaßen beliebt. Selbstverständlich ist auch moderne nordamerikanische Popmusik in allen drei Staaten zu hören.

Mittelamerika besitzt viele verschiedene Vegetationsformen, von denen Halbwüste, tropische Nebelwälder, Mangrovengürtel und savannenartige Küstenebenen nur einige Beispiele sind. Unerreicht ist die kaum fassbare Vielfalt der Flora und Fauna in den Regenwäldern. Das Spektrum reicht von zierlichen Orchideen bis zu den gigantischen Kapokbäumen, von kaum sichtbaren Käfern bis zu 300 kg schweren Tapiren. Stets entdecken Botaniker und Zoologen immer neue Arten in einer bisher nur ansatzweise erforschten grünen Welt.

Eine besondere Attraktivität der Region ist nicht zuletzt das überaus angenehme Klima. Das Hochland von Guatemala und Chiapas wartet ganzjährig mit frühlingshaftem Klima auf. Im Tiefland von Yucatán versprechen sommerliche Temperaturen herrliche Badefreuden an der Küste. Niederschläge teilen das Jahr in eine ausgeprägte Trockenzeit von November bis April und eine Regenzeit von Mai bis Oktober. Dieser stetige Wechsel der beiden Jahreszeiten bestimmt seit Jahrtausenden den Lebensrhythmus der Maya.

## Archäologie – das traditionelle Modell

Keine archäologische Disziplin machte weltweit in den letzten beiden Generationen einen derartig starken Wandel durch wie die Erforschung der Maya in vorspanischer Zeit. Bis in die Mitte des 20. Jhs. beschränkte sich das überwiegende Interesse der Archäologen und Kunsthistoriker zeitlich auf die Klassik (250–900 n. Chr.) und geografisch auf das südliche Tiefland, d. h. den tropischen Regenwald des Petén und der unmittelbar angrenzenden Gebiete. Daher konnte man sich nur auf ein recht beschränktes Datenmaterial aus verhältnismäßig wenigen archäologischen Grabungen stützen. Romantische, schwärmerische Gefühle prägten oftmals die persönliche Einstellung gegenüber den Indígenas, insbesondere bei den beiden einflussreichsten Wissenschaftlern der ersten Hälfte des 20. Jhs., dem Briten Sir Eric S. Thompson und dem Amerikaner Sylvanus G. Morley. Zudem war die Forschung stark ideologisch gefärbt, indem man beispielsweise viktorianische Verhältnisse absichtlich oder unbewusst auf die präkolumbische Zeit übertrug.

Dem so genannten traditionellen Modell zufolge setzte die Blüte der Maya-Kultur bald nach dem Beginn der klassischen Zeit im 3. Jh. n. Chr. ein. In den großen Zentren, z. B. Tikal oder Palenque, lebten ausschließlich Künstler, Priester, Fürsten und deren Diener. Die Mehrzahl der Maya war in kleinen Hütten über das gesamte Land verstreut und kam nur zu besonderen Anlässen, etwa religiösen Feiern, in die Städte, die man aber als – nahezu unbelebte – Zeremonialzentren auffasste. Das Verhältnis dieser einzelnen Stadtstaaten untereinander war durch Eintracht und Frieden charakterisiert; die Bedeutung kriegerischer Darstellungen wurde einfach unterbewertet oder gar ignoriert. Die Maya sollten sich verhältnismäßig isoliert von ihren übrigen Nachbarn in Mesoamerika entfaltet haben, ohne weit reichende Han-

▶ **Blumenmeer an der Treppe zur Kirche Santo Tomás in Chichicastenango**

delskontakte oder Einflüsse von außen. In der Landwirtschaft betrieben sie ausschließlich den Brandrodungsfeldbau, mit dem – wie heute noch üblich – die Felder gewonnen und für die Aussaat vorbereitet werden. Trotz zahlreicher Unterschiede der einzelnen Zentren, etwa in der Architektur, erachtete man die Maya-Kultur als sehr einheitlich. Den Hieroglyphentexten schrieb man ausnahmslos esoterische Inhalte zu wie Kulthandlungen, Kalender, Astrologie und Omen.

## Neue archäologische Erkenntnisse

Seit der Mitte des 20. Jhs. wandelte sich die Vorstellung von den Maya der präkolumbischen Zeit grundlegend. Zu der neuen Sichtweise trugen die beträchtliche Ausweitung der Ausgrabungen und die Zusammenarbeit von Wissenschaftlern verschiedenster Disziplinen, etwa der Botanik und der Anthropologie, bei. Seit dieser Zeit ermöglichen neuartige naturwissenschaftliche Verfahren genauere Datierungen und Herkunftsbestimmungen von Artefakten, d. h. künstlichen Hinterlassenschaften des Menschen.

Die Forschung konzentriert sich nun verstärkt auf bis dahin vernachlässigte Regionen und Zeiträume: das nördliche Tiefland der Halbinsel Yucatán und das Hochland Guatemalas und Chiapas' bzw. die Anfänge der Maya-Kultur. Neue Fragestellungen beziehen nicht nur die adelige Elite der Maya, sondern auch den einfachen Bauern und Handwerker mit ein. Am entscheidensten für die geänderte Betrachtungsweise war jedoch die weitgehende Entschlüsselung der Hieroglyphenschrift seit den 1950er Jahren. Nach und nach gaben die unzähligen Texte auf Keramiken, Stelen, Tafeln, Jadeobjekten und Türstürzen ihre Geheimnisse preis. Heute weiß man, dass die Maya neben dem extensiven Brandrodungsfeldbau auch intensive Formen der Landwirtschaft betrieben: die Bewässerung, die arbeitsaufwändige Terrassierung in hügeligen Regionen sowie die Anlage von äußerst fruchtbaren Hochäckern in Sumpfgebieten, z. B. im Pulltrouser Swamp in Belize.

Die Glanzzeit der Maya-Kultur setzte mit einem gewaltigem Bevölkerungswachstum zweifellos bereits in präklassischer Zeit im 1. Jt. v. Chr. ein, wie etwa die monumentalen Pyramiden von El Mirador zeigen. Auch wies die Gesellschaft in den einzelnen Städten trotz vieler Gemeinsamkeiten – u. a. in der Schrift und in den religiösen Vorstellungen – gewisse Unterschiede auf. Kein Zentrum glich dem anderen, jedes hatte seinen eigenen individuellen Charakter, den antiken griechischen Stadtstaaten *(poleis)* vergleichbar. Die Herrscher und der Adel der verschiedenen städtischen Zentren schlossen untereinander Allianzen und Hochzeiten, bekämpften sich aber andererseits in ungezählten Feldzügen und Kriegen. Mächtige Staaten wie Tikal, Calakmul oder Caracol stritten über Generationen hinweg erbittert um die Vorherrschaft im Petén. Diesen kriegerischen Aspekt der Maya offenbaren zahlreiche Darstellungen auf Wandgemälden und Stelen sowie wuchtige Befestigungsanlagen, etwa in Becán auf Yucatán.

Seit der Präklassik standen die Maya in regem Kontakt mit ihren mesoamerikanischen Nachbarn: So ist der künstlerische Einfluss beispielsweise der zentralmexikanischen Kulturen von Teotihuacán und der Tolteken in Tikal und Kaminaljuyú nahe Guatemala-Stadt bzw. in Chichén Itzá unverkennbar. Über viele hundert Kilometer transportierte man Obsidian, Quetzalfedern und weitere begehrte Handelsgüter. Wie andere Völker auf der Welt, etwa die Ägypter und Römer, zeichneten auch die Maya in ihren Dokumenten historische Ereignisse auf, beispielsweise Geburten und Inthronisationen von Herrschern.

## Reiseziel Mundo Maya

Die fünf mittelamerikanischen Staaten, die Anteil am Siedlungsgebiet der Maya haben und auf deren Territorium sich hunderte archäologischer Stätten der präkolumbischen Maya-Kultur ausbreiten, erleichterten den Grenzübertritt bereits vor vielen Jahren mit speziellen zwischenstaatlichen Abkommen. Heute ist es kein Problem, beispielsweise von Chiapas in Mexiko nach Guatemala und von dort weiter nach Belize, Honduras oder El Salvador zu reisen. Nach Jahrzehnten der Bürgerkriege in manchen der mittelamerikanischen Staaten kann man nun ohne Schwierigkeiten das Land und seine vielfältigen Naturschönheiten, die unterschiedlichen Kulturen und ihre Traditionen kennen lernen: Willkommen in der Welt der Maya – *Bienvenido al Mundo Maya.* ■

▶ **Blick von San Francisco El Alto auf den Vulkan Santa María**
▶ ▶ **Kopie der Murales von Bonampak im Museo Nacional de Antropología in Mexiko-Stadt**

# Geschichtlicher Überblick

**Präkolumbische Zeit**
- **2000–800 v. Chr.** Frühe Präklassik: erste ständige Siedlungen im Tiefland (u. a. Cuello in Belize und »Nakbé« in Guatemala).
- **800–300 v. Chr.** Mittlere Präklassik: Blüte von Kaminaljuyú im Hochland. Starke Präsenz der olmekischen Kultur.
- **300 v. Chr. bis 250 n. Chr.** Späte Präklassik: Erste Monumentalbauten im Petén (Uaxactún,

El Mirador, Río Azul). Entwicklung der Schrift und früheste datierte Monumente.
- **250–600** Frühklassik: Dominanz von Tikal im südlichen Tiefland. Starker Einfluss der mexikanischen Teotihuacán-Kultur im Hochland.
- **600–800** Spätklassik: Blütezeit der Maya-Kultur im Tiefland (u. a. Palenque, Calakmul, Copán, Yaxchilán, Quiriguá, Uxmal).
- **800–900** Endklassik: Niedergang der Maya-Stadtstaaten. Letzte datierte Monumente.
- **900–1200** Frühe Postklassik: toltekischer Einfluss auf Yucatán, Chichén Itzás Höhepunkt.
- **1200–1523** Späte Postklassik: Hegemonialstaat von Mayapán auf Yucatán. Rivalisierende

Staaten der Quiché, Cakchiquel, Mam, Tzutuhil und Pocomám im Hochland Guatemalas.

**Spanische Eroberung**
- **1517** Francisco Hernández de Córdoba landet an der Küste Yucatáns.
- **1519** Der Eroberer des Azteken-Reiches, Hernán Cortés, entdeckt die Insel Cozumel.
- **1523–1524** Pedro de Alvarado unterwirft die Quiché und weitere Maya-Stämme im Hochland Guatemalas. Iximché, die Hauptstadt der Cakchiquel, wird spanischer Verwaltungssitz.

**Spanische Kolonialherrschaft**
- **1527** Ciudad Vieja wird zweite Hauptstadt Guatemalas. Francisco de Montejo beginnt mit der Eroberung Yucatáns.
- **1543** Gründung Antiguas im Valle de Panchoy als dritte Hauptstadt Guatemalas.
- **1549–1579** Bischof Diego de Landa auf Yucatán. Er verfasst die »Relación de las cosas de Yucatán«, eines der wichtigsten Werke zur Kulturgeschichte der Maya.
- **Anfang 17. Jh.** Erste Baymen siedeln an der Mündung des Belize River um die reichen Holzvorkommen des Hinterlandes auszubeuten.
- **1696–1697** Eroberung Tayasals im Lago Petén-Itzá, der letzten unabhängigen Maya-Stadt.
- **1765** Mit der Verfassung »Burnaby's Code« wird die Grundlage für das spätere British Honduras (Belize) geschaffen.
- **1798** Die Niederlage der spanischen Flotte in der Schlacht von St George's Caye bekräftigt die britische Herrschaft über Belize.

**Unabhängigkeitsbewegung**
- **1821** Mexiko und Mittelamerika werden von Spanien unabhängig.
- **1823** Guatemala, Honduras, El Salvador, Nicaragua und Costa Rica bilden zusammen die »Vereinigten Provinzen Zentralamerikas«, die bereits 1839 auseinander brechen.
- **1824** Yucatán und Chiapas schließen sich Mexiko an.
- **1839–41** Der New Yorker John L. Stephens und der englische Künstler Frederick Catherwood

entdecken zahlreiche neue Maya-Stätten im Tiefland. Ihr Reisebericht markiert den Beginn der wissenschaftlichen Erforschung der Maya-Kultur.

■ **1847–1902** Krieg der Kasten: Erfolgloser Maya-Aufstand auf Yucatán gegen die Herrschaft der Mestizos.

■ **1862** Belize wird offiziell englische Kolonie (British Honduras).

## Militärdiktaturen und Repression

■ **1893** Mexiko verzichtet auf seinen territorialen Anspruch gegenüber British Honduras.

■ **1877–1911** Diktatur des Porfirio Díaz in Mexiko: Begünstigung von Großgrundbesitz, zunehmende Verarmung der ländlichen Bevölkerung.

■ **1910–1920** Revolution und Sturz des Porfiriats: Bauernaufstand unter Führung Emiliano Zapatas.

■ **1931–1944** Diktatur des Generals Jorge Ubico in Guatemala: Wiedereinführung der »Vagabundengesetze«, die die Maya zur Zwangsarbeit auf Großgrundbesitz verpflichten.

■ **1934–1940** Präsidentschaft von Lázaro Cárdenas, der eine Rückgabe enteigneten Landes an Kleinbauern auf Yucatán veranlasst.

■ **1944–1954** Dekade der Reformen in Guatemala: Präsident Juan José Arévalo führt demokratische Rechte wie Pressefreiheit ein. Sein Nachfolger Jacobo Arbenz setzt eine Agrarreform durch, in der das brachliegende Land der United Fruit Company enteignet und an Bauern verteilt wird.

■ **1954** Das amerikanische Außenministerium und die CIA stürzen Guatemalas Präsidenten Arbenz mit einem Putsch. Sämtliche demokratischen Errungenschaften werden rückgängig gemacht.

■ **1981** Belize wird von Großbritannien unabhängig.

■ **1982–1983** Höhepunkt des Bürgerkriegs in Guatemala unter den Generälen Efrain Ríos Montt und Oscar Mejía Víctores: Genozid an der Maya-Bevölkerung des Hochlands.

■ **1986** Der Christdemokrat Vinicio Cerezo Arévalo gewinnt die ersten freien Wahlen in Guatemala nach mehr als 40-jähriger Militärherrschaft.

■ **1992** Rigoberta Menchú erhält den Friedensnobelpreis in Anerkennung ihres Kampfes für die Rechte indigener Völker (s. S. 83).

◀ **Jademaske aus Tikal**
▲ **Rigoberta Menchú**

■ **1994** 1. Januar: Das Nordamerikanische Freihandelsabkommen (NAFTA) zwischen den USA, Kanada und Mexiko tritt in Kraft. Am selben Tag erhebt sich das Nationale Zapatistische Befreiungsheer (ELZN) in Chiapas (s. S. 268 f.).

## Gegenwart

■ **1996** Friedensvertrag in Guatemala zwischen Guerilla und Regierung. Bilanz nach 36 Jahren Bürgerkrieg: 440 zerstörte Dörfer, hunderttausende Flüchtlinge, mehr als 200 000 Opfer, zum größten Teil Indígenas.

■ **2004** Januar: Óscar Rafael Berger Perdomo wird Präsident Guatemalas. Mai: »Abkommen über die Zentralamerikanische Freihandelszone« (CAFTA). November: Ende der UN-Überwachungsmission in Guatemala (MINUGUA).

■ **2005** Emily, Stan und Wilma heißen die Hurrikane, die in den Staaten Mittelamerikas großen Schaden anrichten. Stan trifft vor allem Guatemala und Chiapas, Wilma die Touristenhochburg Cancún.

■ **2006** März: Mittellose Maya-Bauern fordern mit Protesten in Guatemala-Stadt Landzuweisungen durch die Regierung. Im Juli wird in Mexiko ein neuer Präsident gewählt. ■

# Die Maya – kulturelle Glanzleistungen vor Ankunft der Europäer

Die Maya besiedelten in präkolumbischer Zeit ein Gebiet, das sich heute auf fünf verschiedene Staaten Mittelamerikas verteilt: Guatemala und Belize, Chiapas und die Halbinsel Yucatán in Mexiko sowie die westlichen Landesteile von Honduras und El Salvador. Dieses Territorium umfasst mehr als 300 000 km² und gliedert sich in vier landschaftlich und klimatisch sehr unterschiedliche Regionen: das von kegelförmigen Vulkanen und zahlreichen Seen beherrschte Hochland, die feuchtheiße Pazifikküste, die nahezu undurchdringlichen tropischen Regenwälder des südlichen Tieflands und die savannenartige flache Kalksteintafel Yucatán im Norden. Diesen äußerst unterschiedlichen Lebensbedingungen passten sich die Maya an. Durch gemeinsame Religiosität, soziale Strukturen, Sprache und ähnliche Ausdrucksformen in Architektur und Kunst unterscheiden sie sich klar von den übrigen Völkern Mesoamerikas.

## Anfänge und Blüte

Die ersten dauerhaften Niederlassungen lassen sich in die frühe Präklassik (2000–800 v. Chr.) datieren. Ein gut erforschtes Beispiel ist Ocós an der westlichen Pazifikküste Guatemalas. Fisch, Muscheln, Krustentiere und Leguane bildeten in diesem Dorf die Nahrungsgrundlage der Bewohner. Wie in anderen frühen Siedlungen finden sich hier Tonstatuetten schön frisierter Frauen, die vielleicht Fruchtbarkeitskulten dienten.

Die Größe der Dörfer nimmt im Lauf der mittleren Präklassik (800–300 v. Chr.) kontinuierlich zu, so in Las Charcas im zentralen Hochland Guatemalas. Typisch für die mittlere und die späte Präklassik (300 v. Chr. bis 250 n. Chr.) ist die so genannte Usulután-Keramik mit weißen Streifen auf rotem Grund, die ihren Ursprung in El Salvador hat und sich über das gesamte Hochland ausbreitete. Künstliche Bewässerungssysteme erhöhen die landwirtschaftlichen Erträge, die ein starkes Be-

völkerungswachstum ermöglichen. Etwa zeitgleich mit der Errichtung der ersten steinernen Monumente entsteht die Hieroglyphenschrift.

Die meisten Maya waren einfache Bauern, die Mais, Bohnen, Kürbisse, Chili und andere Produkte kultivierten. Jede Familie lebte in kleinen ovalen strohgedeckten Hütten, wie man sie noch heutzutage auf Yucatán sehen kann. Diese wurden gewöhnlich auf einem niedrigen Steinfundament errichtet um das Mauerwerk aus Lehm und Flechtwerk vor aufsteigender Feuchtigkeit zu schützen.

Während der Klassik (250–900 n. Chr.) verewigten sich die Fürsten und der Adel eines jeden Stadtstaats mit steinernen Stelen und monumentalen Sakralbauten. Fein gearbeitete Reliefs, Wandmalereien und Inschriften halten historische Ereignisse fest und erzählen von der komplexen Mythologie und Götterwelt. In diese Blütezeit der Maya-Kultur datiert die Mehrzahl der Städte und religiösen Zentren, die über viele Generationen hinweg erweitert wurden.

◀ **Rekonstruktion der prä-
klassischen Pyramiden von
Río Azul im Petén**
▶ **Detail der Stele 31 aus Tikal**

Eine der wichtigsten und flächenmäßig größten archäologischen Stätten der späten Präklassik und Frühklassik (250–600 n. Chr.) ist Kaminaljuyú, das weitgehend den modernen Gebäuden der Hauptstadt Ciudad de Guatemala weichen musste. Die Stadt mit ihren mehr als 400 Zeremonialbauten, darunter Tempelplattformen und insgesamt 13 Ballspielplätzen, entwickelte sich zu einem Zentrum des Obsidianhandels zwischen dem Hoch- und Tiefland. In Architektur und Keramik spiegelt sich deutlich der künstlerische Einfluss Teotihuacáns wider, der mächtigen Handelsmacht im zentralen Hochland Mexikos.

## Städte und Kultzentren

Die bedeutendsten und auch heute noch eindrucksvollsten Städte der klassischen Zeit sind Tikal im Petén Guatemalas, Palenque und Calakmul in Mexiko, Caracol in Belize sowie Copán in Honduras. Die vielleicht beste Vorstellung vom Aussehen einer Maya-Metropole vor 1200 Jahren im tropischen Regenwald Mittelamerikas vermittelt Tikal. Archäologen schätzen, dass in dem annähernd 64 km² großen Stadtgebiet – in dem etwa 16 km² auf das Zentrum entfallen – mit nahezu 3000 Einzelbauten mehr als 50 000 Menschen wohnten. Um große repräsentative Plätze

### Der Peón – Rückgrat der Gesellschaft

Die Gesellschaft war streng hierarchisch gegliedert. An unterster Stelle standen die Bauern (»peones«), die die zahlenmäßig größte Klasse bildeten. Ihre Aufgabe war die Versorgung der Bevölkerung mit Nahrungsmitteln, zudem stellten sie die Mehrheit der Soldaten bei militärischen Konflikten. Besondere Bedeutung kam ihnen bei der Konstruktion der Monumentalbauten in den Städten zu. Diese wurden einzig durch menschliche Muskelkraft errichtet, denn Wagen oder Schubkarren sowie Zugtiere wie Pferde oder Mulis waren den Maya unbekannt.

gruppieren sich verwinkelte mehrstöckige Paläste und – vor allem aus damaliger Sicht – gigantische, deutlich über die Baumkronen reichende Pyramiden. Dazwischen streuen sich Gärten, Wasserreservoirs und zahllose, aus Holz errichtete Hütten der unteren Gesellschaftsschichten, die heute zumeist verrottet oder von der dichten tropischen Vegetation überwuchert sind.

▲ **Kopie des Templo Rosalila in Copán**
▶ **Gefangene auf Stele 12 aus Piedras Negras im Museo Nacional in Guatemala-Stadt**

## Meisterwerke der Architektur

Die formvollendete Architektur der Klassik ist eine der herausragendsten Leistungen der Maya. Hohe, harmonisch mit einzelnen Absätzen gestufte Pyramiden und Plattformen unterstreichen die Feierlichkeit der reich ausgestatteten Tempel und Paläste. Die meist kleinen kammerartigen Räume, die man – einmalig für die präkolumbischen Kulturen Amerikas – mit einem falschen Gewölbe (Kraggewölbe) deckte, wurden häufig mit leuchtenden Wandmalereien auf einer Stuckschicht und geschnitzten Türstürzen geschmückt. Erhabenheit verlieh man den Tempeln zusätzlich durch einen gigantischen reliefverzierten Dachkamm (crestería).

Erhöhte, mehrere Meter breite und mit einer hellen Kalkschicht überzogene Straßen, die *sakbeob* (*sakbé* = Weißer Weg), dienten als Transportwege. Sie verbanden sowohl die kultischen und politischen Zentren innerhalb der Städte als auch zahlreiche Staaten untereinander. Für die Beobachtung der Gestirne, von denen neben Sonne und Mond der Venus eine besondere Bedeutung zukommt, konstruierten die Maya komplizierte Observatorien, etwa den Caracol (»Schnecke«) genannten Rundbau in Chichén Itzá.

### Der Kalender der Maya

Für die Maya war die exakte Berechnung der Zeit von größter Wichtigkeit. Zur Beobachtung der Sonne, des Mondes und der Venus errichteten sie daher spezielle Observatorien, etwa in Chichén Itzá.

Im Lauf der Jahrhunderte entwickelten sie zwei verschiedene, miteinander kombinierte Kalendersysteme. Der Wahrsagekalender (»tzolkin«) besteht aus 20 Tageszeichen, die mit den Zahlen 1 bis 13 dargestellt werden und zusammen ein Jahr zu 260 Tagen ergeben. Dieser Zyklus hat vielleicht einen Bezug zur ungefähren Dauer der menschlichen Schwangerschaft. In einigen Maya-Gemeinden im Hochland Guatemalas, z. B. in Momostenango, wird dieser Kalender bis heute benützt. Dorfälteste wissen noch die genauen Omen der einzelnen Tage.

Der zweite Kalender (»haab«) orientiert sich am Sonnenjahr zu 365 Tagen. 18 Monate zu je 20 Tagen bilden einen Zyklus von 360 Tagen, dem man fünf Tage hinzufügte. Diesen Kurzmonat betrachtete man als unheilvolle Zeit, in der man keine Feldzüge, Heiraten etc. unternehmen sollte. Beide verzahnten Kalender kehren alle 18 980 Tage oder 52 Jahre zu ihrem Ausgangspunkt zurück (Kalenderrunde).

# Die Códices der Maya

Zu den herausragenden Hinterlassenschaften der Maya zählen die Códices, die aus der Rinde eines Amate genannten Feigenbaums (Ficus cotinifolia) gefertigt wurden. Dazu überzog man die langen Streifen nach ihrer Glättung mit einer feinen Stuckschicht und faltete sie, einem Leporello ähnlich, mehrmals in entgegengesetzter Richtung. Zu ihrem Schutz bewahrte man sie in Holzkästen auf. In der Regel hatten sie einen Einband aus Holz, besonders kostbare Exemplare sogar aus Jaguarfell.

Bis zur Ankunft der Spanier im 16. Jh. waren diese Bilderhandschriften bei Kulthandlungen in Gebrauch. Priester zogen sie zu Rate um die richtigen Rituale an den verschiedenen Tagen der beiden unterschiedlich langen Kalenderzyklen (s. S. 27) ausführen zu können. Diese heiligen Bücher enthielten Informationen über die Verehrung einzelner Götter, die Art bestimmter Opfergaben sowie astronomische Berechnungen. Beispielsweise erleichterte die Beobachtung der Gestirne die Bestimmung des geeigneten Zeitpunkts für die Aussaat des Maises.

▲ Detail des Codex Madrid
im Museo de América

Heutzutage kann man nur noch vier Maya-Códices bewundern, die wohl alle in der Postklassik entstanden sind und nach den Aufbewahrungsorten bzw. einer Galerie in den USA benannt wurden: Dresden, Madrid, Paris und Grolier. Vorsätzliche Zerstörungen der Spanier im 16. Jh., feuchtes Klima und schlechte Lagerung in europäischen Kunstkammern vernichteten nahezu den gesamten Bestand dieser Meisterwerke. So ließ 1562 Bischof Diego de Landa, der selbst eine umfangreiche Sammlung von ihnen besaß, in dem berühmten Autodafé von Maní Hunderte der Schriften verbrennen.

Der 365 cm lange Codex Dresden wird seit 1739 in der Sächsischen Landesbibliothek verwahrt und spielte im 19. Jh. eine Schlüsselrolle in der Forschung. Bei den mit schwarzer, roter, blauer und gelber Tinte gemalten Götterdarstellungen lassen sich mehrere Künstler voneinander unterscheiden. Die 78 Seiten enthalten Abhandlungen über die Mondgöttin Ix Chel und den Regengott Chaak, astronomische Vorhersagen wie Venus-, Sonnen- und Mondfinsternisse und legen gute und ungünstige Tage für zahlreiche Aktivitäten fest (Kopie im Museo Popol Vuh in Guatemala-Stadt).

Der 112 Seiten umfassende Codex Madrid im Museo de América wird nach seinen früheren Besitzern auch Codex Tro-Cortesianus genannt. Seine Bilder und Texte sind weniger sorgfältig als in den übrigen Exemplaren ausgeführt. Almanache auf der Grundlage des 260-tägigen Ritualkalenders (»tzolkin«) behandeln verschiedene Themenbereiche, etwa Handel, Jagd, Landwirtschaft und Bienenzucht.

Mit 22 Seiten ist der Pariser Codex in der Bibliothèque Nationale nur sehr fragmentarisch erhalten. Er beinhaltet Prophezeiungen für verschiedene Katun-Perioden zu 20 Jahren und berichtet von den 13 Sternbildern des Maya-Zodiaks sowie von der Erschaffung der Welt.

Der mit nur elf Seiten sehr schlecht erhaltene Codex Grolier wird heute in Mexiko-Stadt aufbewahrt und enthält wie der Dresdner Codex einen Venuskalender. Die Originalität des 1971 von Raubgräbern in einer trockenen Höhle in Chiapas entdeckten Faltbuchs wird heute auf Grund des Papiers aus vorspanischer Zeit und dem Stil der Zeichnungen nicht mehr bezweifelt. ■

## Das Ballspiel

Wie bei anderen Völkern Mesoamerikas kommt dem Ballspiel eine besondere Bedeutung zu. Hierfür konstruierte man schon in klassischer Zeit I- oder H-förmige Felder mit schräg oder senkrecht abfallenden Begrenzungsmauern. Gespielt wurde mit einem Ball aus Kautschuk, den man aus dem Saft des Zapotebaumes gewann (s. S. 182). Die gegnerischen Mannschaften versuchten dabei, den schweren Ball wohl mit ihren gepolsterten Hüften durch einen steinernen Ring zu schleudern. Das *pitsil* genannte Ritual, das auch im *Popol Vuh* (s. S. 31) erwähnt wird, wurde vielleicht als Kampf zwischen Sonne und Mond, Tag und Nacht, Leben spendenden Göttern und Unterweltsdämonen verstanden. Darstellungen auf bemalten Keramiken und Steinreliefs zeigen, dass man bei besonderen Anlässen die unterlegene Partei rituell opferte.

## Steinerne Stelen

In nahezu allen größeren Städten der Klassik erheben sich vor den Tempelpyramiden steinerne Stelen. Ihr Ursprung lässt sich bis in die späte Präklassik zurückverfolgen. Früheste Beispiele für die Kombination von runden Altären vor aufrecht stehenden Platten oder Pfeilern finden sich in Izapa bei Tapachula in Chiapas. Die Maya nannten die Stelen *lakam tuun* (»großer Stein«) und errichteten sie zu besonderen Anlässen, etwa dem Regierungsjubiläum eines Fürsten. Einst bunt bemalte Hieroglyphen und Reliefs berichten von historischen Ereignissen, beispielsweise von Geburt, Inthronisation, politischen Heiraten und erfolgreichen Feldzügen gegen benachbarte Stadtstaaten.

## Kriegerische Fürsten

An der Spitze der Maya-Gesellschaft stand der Fürst, der die religiöse und militärische Macht des Staates vereinte. An seinem Hof lebten neben Priestern und Astronomen auch Künstler und Schreiber, die selbst zum Adel gehörten. Der wohl berühmteste Herrscher der klassischen Zeit ist Pakal der Große (615–683), dessen Grabkammer 1952 unversehrt unter dem *Templo de las Inscripciones* in Palenque gefunden wurde.

▲ Terrakottastatuette eines
Fürsten im Museo Nacional de
Antropología in Mexiko-Stadt

Jahrzehntelang herrschte in der Forschung die Meinung vor, dass die Maya-Elite in klassischer Zeit äußerst friedliebend war und sich fast ausschließlich mit Astronomie, Kunst und Wissenschaft beschäftigte. Die Entzifferung der Hieroglyphenschrift ab den 1950er Jahren zeigte jedoch auch die kriegerische Seite der Maya: Wie andere Völker Mesoamerikas führten die einzelnen Stadtstaaten eine Vielzahl von Feldzügen untereinander, bei denen oftmals der unterlegene Gegner geopfert wurde. Eindrucksvoll ist die Vorbereitung eines Kriegszugs und die Opferung des besiegten Fürsten zusammen mit Mitgliedern seines Adels auf den weltberühmten Wandmalereien von Bonampak in Chiapas dargestellt.

## Niedergang einer Hochkultur

Während der Endklassik (9. Jh. n. Chr.) ging die Blütezeit der klassischen Maya-Kultur allmählich zu Ende. Dies spiegelt sich am deutlichsten in den beschrifteten Monumenten wider. Copán errichtete die letzte dynastische Stele 820, Caracol 859, Tikal 879, Uaxactún 889. Mögliche Ursachen für diesen Niedergang wurden in der Altamerikanistik intensiv diskutiert, gesicherte Erkenntnisse gibt es bislang noch nicht: Überbevölkerung, Bodenzerstörung, Epidemien, Klimaverschiebungen, soziale Umstürze, Veränderung des politischen Gleichgewichts, kulturelle Dekadenz und feindliche Invasionen sind einige der häufigsten Theorien.

Einige Forscher sehen in der vollständigen Aufgabe der prächtigen städtischen Zentren im tropischen Regenwald des südlichen Tieflands keinen Verfall, sondern nur eine Verschiebung des kulturellen Schwerpunkts auf die trockene savannenartige Halbinsel Yucatán. Bedeutendste Stadt im Norden war zunächst Uxmal in der hügeligen Puuc-Region,

### Chak Mool
→ in der Amerikanistik seit 1875 fälschlicherweise gebrauchtes Wort (Maya-Wort für »Roter Jaguar«) für einen Skulpturtypus der Tolteken, bei dem eine menschliche Figur mit angewinkelten Beinen und aufgestützten Ellenbogen halb auf dem Boden liegt.

trum Tula (Tollan) im mexikanischen Hochland war, brachten wohl auch den Kult des Quetzalcoatl nach Yucatán. Diese gefiederte Schlange wurde auf Yucatán als Kukulkan, bei den Quiché im Hochland Guatemalas als Kukumatz verehrt. Von Chichén Itzá als überregionalem religiösem Zentrum zeugt der Heilige Cenote, ein mit Grundwasser

die durch ihre einzigartige, reich verzierte Architektur weltberühmt wurde.

Die Geschicke der yukatekischen Halbinsel lenkte während der frühen Postklassik (900 bis 1200) Chichén Itzá, das der Legende nach von den Itzá aus dem südlichen Tiefland gegründet wurde. In der Architektur vereint es traditionelle Elemente mit solchen aus Zentralmexiko und der Golfküste. Dieser toltekische Einfluss mit repräsentativen Säulenhallen, mächtigen Pfeilern in Form einer Klapperschlange und Chak-Mool-Figuren zeigt sich besonders augenfällig am größten Ballspielplatz Mesoamerikas, am Tempel der Krieger und an der El Castillo genannten Hauptpyramide. Die Tolteken, deren politisches Zen-

gefüllter, durch Einsturz der oberen Kalkschichten entstandener Brunnen. In ihm fanden sich neben menschlichen Skeletten, die wohl als Menschenopfer zu deuten sind, tausende Objekte aus Gold, von denen manche aus Costa Rica und Panama importiert wurden.

### Befestigte Städte
Nach dem Niedergang Chichén Itzás etablierte sich während der späten Postklassik (1200 bis 1523 n. Chr.) Mayapán zur Hegemonialmacht der Itzá. Sie forderte von den Städten im nördlichen Yucatán über 200 Jahre lang Tribut, bis es den Vasallen von Maní 1461 gelang, die einflussreiche Handelsstadt zu erobern und die herrschende

Cocom-Dynastie niederzumetzeln. Von dieser kriegerischen Zeit zeugt die etwa 8 km lange Mauer, die das 5 km² große Stadtgebiet mit seinen 3600 Einzelbauten umschließt.

Eine weitere blühende Stadt zu dieser Zeit war das rechteckig angelegte Tulum, das ein wichtiger Knotenpunkt des Fernhandels war. Die Verteidigungsmauer, die Tulum (»Verschanzung, Festung«) an drei Seiten umschließt, gab der Stadt ihren Namen. Ein Charakteristikum der Architektur an der Ostküste Yucatáns sind die Miniaturtempel, die meist einräumig in Gruppen oder einzeln errichtet wurden.

und Zaculeu der Mam. Bis zur Ankunft der Spanier 1523 bildeten die Quiché, die wohl schon in der frühen Klassik in das zentrale Hochland einwanderten, durch geschickte Diplomatie und Feldzüge den mächtigsten Staat. Von ihren Mythen, der Geschichte ihrer Expansion sowie von der Schöpfung der Welt und dem Kampf der Götter um die Weltherrschaft berichtet das »Popol Vuh«. Seit der Veröffentlichung 1861 durch den französischen Abbé Charles Étienne Brasseur de Bourbourg gilt das heilige Buch der Quiché, das als Kopie aus dem 18. Jh. erhalten ist, als das bedeutendste Werk indianischer Literatur.

## Verfeindete Fürstentümer

Zur gleichen Zeit kämpften im Hochland Guatemalas mehrere mächtige Fürstentümer erbittert um die Vorherrschaft. Ihren meist auf einem Bergsporn befestigten Hauptstädten boten tiefe Schluchten und Flüsse einen zusätzlichen Schutz: Utatlán (Kumarkah) der Quiché, Iximché der Cakchiquel, Mixco Viejo (Mixcu) der Pocomám

◀ Jaguar-Altar oder -Thron
im El Castillo von Chichén Itzá
▲ Kopie der Murales von
Uaxactún, Museo Nacional de
Arqueología in Guatemala-Stadt

## Religiöse Vorstellungen

Die Lebenswelt der Maya ist von tiefer Religiosität geprägt. In präkolumbischer Zeit dachten sie sich die Götter als Schöpfer der Welt und der Menschen, die ihnen als Dankbarkeit für ihre Existenz rituelle Opfer darbrachten. Wichtige Quellen für das Verständnis der Schöpfungsmythen und der Kosmografie sind neben Stuckreliefs, Terrakotten und bemalten Keramiken vor allem die Darstellungen auf Stelen und in den Códices (s. S. 28).

Nach ihrer Vorstellung war die Welt flach und quadratisch, manchmal wurde sie auch als der Rücken eines Krokodils angesehen, das in einem riesigen Teich zwischen Wasserlilien schwimmt. Den Himmel stützen vier mythische, Bacab genannte Brüder. Diese überlebten die Sintflut, die der jetzigen Welt voranging, und wurden mit den Farben der vier Himmelsrichtungen identifiziert

Höchste Gottheit des Maya-Pantheons war Itzamná, der bei der Schöpfung der Welt mitwirkte und als Beschützer der Schreiber und Künstler verehrt wurde. Seine Gefährtin war Ix Chel (»Frau Regenbogen«), die Göttin der Webkunst und des Wassers, das sie auf Darstellungen aus einem Gefäß schüttet. Charakteristisch für beide sind greisenhafte Gesichtszüge und eine hakenförmige Nase. Alle übrigen Gestalten des Pantheons sind Nachkommen dieses göttlichen Paares.

## Die Eroberung Yucatáns

Die erste spanische Expedition in das Siedlungsgebiet der Maya leitete 1517 Francisco Hernández de Córdoba. Auf der Suche nach Sklaven und Edelmetallen umsegelte er die Nordküste Yucatáns und entdeckte dabei die Isla Mujeres. Schwer verwundet musste er nach einem Angriff der Maya den Rückzug nach Kuba antreten. Auf seiner Fahrt in den Golf von Mexiko folgte ihm Hernán Cortés. Der Konquistador des Azteken-Reiches landete 1519 auf der Isla de Cozumel und hielt dort die erste christliche Messe in Mittelamerika. Im weiteren Verlauf seines Eroberungszuges dienten ihm Malinche (Marina), eine indianische Prinzessin, und Gerónimo de Aguilar, ein seit 1511 bei den Maya lebender spanischer Schiffbrüchiger, als Dolmetscher.

Angespornt durch die von Cortés in Mexiko erworbenen Reichtümer unternahm der mit dem Ehrentitel *adelantado* ausgestattete Francisco de Montejo 1527–1528 eine Expedition nach Yucatán, die jedoch wegen dem heftigen Widerstand der einheimischen Bevölkerung erfolglos blieb. Lediglich seinem Kampfgefährten Alonso Dávila gelang es an der Ostküste die Kolonie Villa Real de Chetumal zu gründen. Erst nach jahrelangen Kämpfen konnten Francisco de Montejo und sein Sohn die Halbinsel für die spanische Krone gewinnen: 1540 gründeten sie Campeche, 1542 Mérida, 1544 Valladolid.

## Legendäre Grausamkeit

Die Eroberung der Maya-Staaten im Hochland gelang Pedro de Alvarado, einem Mitstreiter von Hernán Cortés bei der Zerstörung der Azteken-

### Die Lange Zählung

Um gleichnamige Tage unterschiedlicher Kalenderrunden zu je 52 Jahre unterscheiden zu können, bedienten sich der Maya der so genannten Langen Zählung. Hierbei gaben sie die seit der Schöpfung der Welt vergangene Zeit mit folgenden Perioden an: Baktun (20 × 144 000 Tage), Katun (20 × 7200 Tage), Tun (20 × 360 Tage), Winal (18 × 20 Tage) und Kin (1 × 20 Tage).

Die Umrechnung des Maya-Kalenders in den julianisch-gregorianischen Kalender erfolgt mit der Korrelationskonstante 584 285. Sie gibt die genaue Anzahl der Tage an, die beide Kalender unter Berücksichtigung des jeweiligen Nulldatums voneinander trennen. Die Erschaffung der Welt, das Nulldatum der Maya, ist 13 Baktun, 0 Katun, 0 Tun, 0 Winal und 0 Kin (13.0.0.0.0) und entspricht dem 13. August 3114 v. Chr. Auf den beschrifteten Stelen wird im Anschluss an die Lange Zählung meist die jeweilige Kalenderrunde aufgeführt, die für das Nulldatum 4 Ahau 8 Kumku lautet. Einigen Maya-Priestern zufolge wird das Ende dieses Zeitalters am 23. Dezember 2012 erreicht, wenn der große Zyklus des Kalenders vollendet ist.

Hauptstadt Tenochtitlán. Auf seinem Weg nach Honduras durchquerte er 1523–1524 Guatemala. Mit Hilfe der Cakchiquel besiegte er in der Schlacht von Olintepeque bei Quetzaltenango die mächtigen Quiché und tötete der Überlieferung nach selbst ihren Anführer Tecún Umán im Zweikampf. Nach der Zerstörung der Quiché-Hauptstadt Utatlán unterwarf er mit beispielloser Grausamkeit die übrigen Stämme des Hochlands. In Iximché, dem kulturellen Zentrum der Cakchiquel, gründete er die erste Hauptstadt Guatemalas. Bereits 1527 wird die Verwaltung nach Santiago de Guatemala, dem heutigen Ciudad Vieja bei Antigua, verlegt.

Bis zum Tod Alvarados 1541 wurde der größte Teil des von Maya besiedelten Hochlands dem neuen Vizekönigreich Neu-Spanien eingegliedert.

Als letzter Maya-Stamm konnten die Itzá ihre Unabhängigkeit bewahren. Umgeben von nahezu undurchdringlichem Regenwald bildete ihre Hauptstadt Tayasal auf der Insel Noj Petén, das heutige Flores im Lago Petén-Itzá, eine Enklave im spanischen Kolonialreich. Erst 1697, fast zwei Jahrhunderte nach dem ersten Zusammentreffen zwischen Spaniern und Maya, gelang es Martín de Ursúa mit einem groß angelegten militärisch-missionarischen Eroberungszug *(entrada)* den Widerstand des Fürsten Kanek zu brechen und Tayasal im Sturm zu nehmen.

## Systematische Unterdrückung

Eine Folge der spanischen Eroberung war die nahezu vollständige Entvölkerung ganzer Landstriche. Zahlreiche verheerende Epidemien wie Masern und Pocken sowie die aus der Alten Welt importierte Viehwirtschaft, die die Erosion der fruchtbaren Böden begünstigte, führten zu dieser Katastrophe. Eine weitere Ursache war die *encomienda* (»Auftrag, Schutz«) genannte Zwangsarbeit der Indígenas. Mit ihr übertrug die spanische Krone indianische Arbeitskräfte einem Eroberer oder Grundbesitzer in einem lehensrechtlichen Verhältnis. In der Praxis führte dies zur skrupellosen Ausbeutung der Indianer durch den *encomendero*. Gegen das unmenschliche Wirtschafts-

◀ Francisco de Montejo – der Gründer Méridas
▲ Dominikanische Mönche bekehren Maya zum Christentum

system, das in veränderter Form bis heute auf den zahlreichen *fincas* weiterbesteht, erhoben sich die Maya wiederholt während der Kolonialzeit und nach der Unabhängigkeit von Spanien. So versuchten beispielsweise die Tzeltal in Chiapas 1712, 1868 und 1994 ihre bedrückenden Lebensverhältnisse mit einem Aufstand zu verbessern.

Mit der militärischen Unterwerfung des Landes ging die christliche Missionierung der indigenen Bevölkerung einher. Vor allem die Bettelorden der Dominikaner und Franziskaner betrieben die Bekehrung zum neuen Glauben mit besonderem Eifer. Ihr politischer und gesellschaftlicher Einfluss in den neuen Kolonien kommt durch die Pracht und die Größe ihrer städtischen Klöster zum Ausdruck, die häufig vier statt nur einen Wohnblock *(cuadra)* einnehmen.

Der bekannteste Franziskaner ist Bischof Diego de Landa, der 1549 als 25-jähriger Mönch nach Yucatán kam und die Zerstörung von Maya-Kultstätten veranlasste. Höhepunkt seiner missionarischen Tätigkeit ist das Autodafé von Maní 1562, in der unzählige Códices und Kunstwerke vernichtet wurden. Da er mit diesem Ketzergericht seine Machtbefugnisse überschritten hatte, musste er sich vor der spanischen Krone rechtfertigen. Im Kerker verfasste er 1566 seine »Relación de las cosas de Yucatán«. Ironischerweise ist dieser

»Bericht aus Yucatán«, in dem er die Kultur der Maya genau beschreibt, eine der wichtigsten Quellen zur Erforschung der präkolumbischen Zeit. Nach seinem Freispruch kehrte der religiöse Fanatiker 1572 nach Yucatán zurück, wo er als Bischof 1579 in Mérida starb.

## Alltag unter spanischer Herrschaft

Eine einschneidende Veränderung der Lebensweise erfuhren die Maya mit der Umwandlung der traditionellen Streusiedlungen in so genannte *reducciones*. In diesen planmäßig nach spanischem Muster angelegten Dörfern gruppierten

Quaubtemallā.

sich die Kirche und das Rathaus *(municipalidad)* um den zentral gelegenen Platz *(plaza)*. Für die Spanier war es somit leichter die indianische Bevölkerung zu missionieren und die von ihnen zu entrichtenden Tribute zu kontrollieren.

Obwohl einige Maya in den Dörfern kleine Verwaltungsposten innehatten, konnten sie keine wirkliche Macht ausüben. Sie versuchten vielmehr im Rahmen der spanischen Kolonialpolitik ihre religiösen und gesellschaftlichen Traditionen zu erhalten. Eine Form der indianischen Selbstverwaltung, die von den spanischen Behörden geduldet wurde und bis heute besteht, sind die *cofradías* genannten Laienbruderschaften zur Verehrung der Dorfheiligen (s. S. 88).

## Reorganisation der Kolonien

Mehr als zwei Jahrhunderte nach der Conquista gelang es isoliert in den Bergen gelegenen Maya-Gemeinden sich weitgehend vor spanischen Übergriffen und Zerstörungen zu schützen. Diese Situation verschlechterte sich jedoch drastisch während des 18. Jhs., als die bourbonischen Monarchen in Spanien die wirtschaftliche Ausbeutung des Vizekönigreichs stärker vorantrieben. Zu diesem Zweck reorganisierten sie die Kolonien mit der Unterteilung in *intendencias* und *partidos*. Zudem wurden indianische Beamte in verstärktem Maße ihres Amtes enthoben und durch Kreolen *(criollos)*, in Amerika geborene Nachkommen der Spanier, ersetzt.

Zur gleichen Zeit versprachen Kulturpflanzen wie Sisal, Tabak, Zuckerrohr und Baumwolle auf dem europäischen Markt riesige Gewinne. Hierfür musste die spanische Verwaltung die Größe und die Produktivität der *haciendas* steigern. Sie erreichten dies mit einer weiteren Beschlagnahme indianischen Gemeindelands und zusätzlichen Arbeitsleistungen, die eine Form informeller Sklaverei darstellten.

Während der Unabhängigkeitskämpfe am Anfang des 19. Jhs. wurden die Indígenas immer noch als unterste soziale Schicht gering geschätzt. Ihre Bräuche und Glaubensvorstellungen wurden weitgehend missachtet, wenn nicht vollständig ignoriert. Sie selbst hatten zu dieser Zeit kaum eine Ahnung von den glanzvollen Errungenschaften ihrer Vorfahren, von denen viele Elemente – Sprache, Kleidung, soziale Strukturen und religiöse Vorstellungen – entgegen aller Unterdrückung und Zerstörung überlebten.

## Die Entzifferung der Maya-Hieroglyphen

Auf ungezählten Kunstwerken hinterließen die Maya, die das komplexeste Schriftsystem der Neuen Welt entwickelten, unzählige Hieroglyphentexte. Ihre Kenntnis, die über viele Jahrhunderte von den zum Adel gehörenden Schreibern tradiert wurde, verlor sich mit dem Beginn der spanischen Kolonialzeit. Bischof Diego de Landa beschreibt in seinem »Bericht aus Yucatán« unter anderem auch den Kalender und die Schrift der Maya, die er alphabetisch zu deuten versucht. Das so genannte Landa-Alphabet erweist sich später als Schlüssel zum Verständnis.

Der erste wichtige Schritt gelang zunächst dem Bibliothekar Ernst Förstemann, der ab 1880 einzig und allein durch intensives Studium des Dresdner Codex (s. S. 28) die Lange Zählung, die Venus- und Mondtafeln, den *tzolkin* (s. S. 27) sowie das Vigesimalsystem, d. h. 20 (statt 10) als Basis für mathematische Berechnungen, entdeckte.

Nach diesen großartigen Erfolgen stockte die weitere Arbeit für mehrere Jahrzehnte. Ab Ende des 19. Jhs. teilte sich die Forschung in zwei Lager mit gänzlich unterschiedlichen Ansichten über den Charakter der Maya-Schrift: Die eine Partei mit überwiegend deutschen Amerikanisten, allen voran Eduard Seler, war von der logografischen Natur der Hieroglyphen überzeugt, d. h. von einer abstrakten, nicht voll funktionsfähigen Bilder- schrift. Dieser Meinung schloss sich etwa auch Richard Lang an, der den amerikanischen Völkern jede höhere Kulturentwicklung absprach und gar von einer »Embryoschrift« der Maya ausging.

Die zweite große Gruppe war von einem rein phonetischen oder einem gemischt logografisch- phonetischen Charakter überzeugt: Die Hierogly- phen geben nicht nur abstrakte Bilder wider, sondern auch einzelne Laute und Silben. Bedeu- tendste Vertreter dieser Richtung waren der fran- zösische Orientalist León de Rozny und der ame- rikanische Jurist Cyrus Thomas. Nach Benjamin Lee Whorf mussten die Hieroglyphen wie jede an- dere Schrift auch ein tatsächlich gesprochenes Idiom darstellen. Ein erbitterter Gegner dieses phonetischen Ansatzes war der einflussreiche bri- tische Forscher Sir Eric Thompson, der einen aus- schließlich kalendarischen, mythologischen und astronomischen Inhalt der Texte vertrat. 1945 kam schließlich Paul Schellhas, der selbst die Göt- ter mit ihren Glyphen identifizieren konnte, zum dem Schluss, dass die Entschlüsselung der Maya- Schrift ein unlösbares Problem sei.

## Der Durchbruch

In dieser scheinbar aussichtslosen Pattsituation ge- lang dem russischen Linguisten Juri W. Knorosow 1952 der entscheidende Durchbruch. Auf der Grundlage des »Landa-Alphabets« und der yukate- kischen Sprache wies er schlüssig die phonetische

◀ **Zeitgenössische Darstellung der Unterwerfung der Cakchiquel durch Pedro de Alvarado**
▶ **Pedro de Alvarado – der Konquistador Guatemalas**

bzw. syllabische Bedeutung einzelner Zeichen im Codex Dresden nach. Danach ging die weitere Dechiffrierung relativ schnell voran: So entdeckte der deutsche Kaufmann Heinrich Berlin 1958 die »Emblemhieroglyphen«, mit denen die Maya ein- zelne Orte oder Dynastien bezeichneten. Die rus- sische Architektin Tatiana Proskouriakoff 1960 anhand der Stelen von Piedras Negras den historischen Charakter der Monumentalinschrif- ten nach. Schon 1962 konnte Dave Kelley erst- mals eine historische Persönlichkeit, nämlich den Hauptmann Kakupacal in Chichén Itzá, identi- fizieren. Die komplette Rekonstruktion der Dy-

nastiegeschichte von Palenque gelang der Ameri- kanerin Linda Schele, während ihr Landsmann Michael Coe die beschriftete Maya-Keramik er- forschte. Von den zahlreichen richtigen Identifi- zierungen der letzten Jahre sei nur die Entschlus- selung der *nagual*-Glyphe durch den deutschen Ethnologen Nicolai Grube und die der Künstler- signaturen durch David Stuart erwähnt.

Wenngleich die Deutung mancher Texte noch umstritten und die Bedeutung einzelner Hierogly- phen noch unbekannt sind, gilt die Maya-Schrift nach fünf Jahrhunderten des Vergessens als ent- schlüsselt. Wie einst zur Hochblüte der Maya-Kul- tur sprechen heute die Priester und Schreiber, die Fürsten und ihre Gattinnen unmittelbar zu uns. ■

# Den Geheimnissen der Vergangenheit auf der Spur

**A**rchäologen, Linguisten, Ethnologen und Kunsthistoriker fügen aus einer Vielzahl einzelner Erkenntnisse ein lebendiges Bild einer Zivilisation zusammen, die von gottähnlichen Fürsten in mehr als 50 Stadt-

staaten, darunter Tikal, Palenque, Copán, Calakmul und Caracol, regiert wurde. Die Maya-Gesellschaft während der Klassik (250–900) definierte sich über Fernhandel, religiöse Feste, Rituale sowie Feldzüge und hinterließ ein einzigartiges kulturelles Erbe: Hieroglyphische Inschriften, großartige Monumentalarchitektur, kostbarer Jadeschmuck, exzellente Keramiken und Terrakotten sind eine unschätzbare Quelle zum Verständnis von Mythologie, Weltsicht, Staatswesen, Wissenschaften und Alltagsleben. Vor allem die reliefierten Stelen verraten Einzelheiten aus dem Leben der Herrscher, von Geburt, Inthronisation, Heirat, Feldzügen und Tod.

### Archäologen im Kampf gegen Grabräuber

Kultische Texte im Innern von Gräbern helfen die Geheimnisse der Maya-Kultur zu enträtseln, doch häufig werden sie von Grabräubern auf der Suche nach Kunstobjekten für den lukrativen internationalen Schwarzmarkt zerstört. Die Archäologen kämpfen stetig mit der Zeit, um noch unbekannte Ruinen zu entdecken und zu schützen – oft leider vergeblich. Heutzutage wird die Erkundung antiker Stätten (Prospektion) mit naturwissenschaftlichen Methoden wie Bodenwiderstandsmessung und Luftbildarchäologie erleichtert.

▶ **Königliche Stelen**
Die im Hochrelief skulptierten Stelen von Copán sind die wohl qualitätvollsten in der gesamten Maya-Kunst.

▶ **Repräsentative Sakralbauten**
Der restaurierte Tempel II von Tikal erstrahlt in der Morgensonne.

▲ **Hoch aufragende Pyramiden**
Tempel I von Tikal nach seiner Freilegung von der tropischen Vegetation.

▶ **In der Unterwelt**
Zahlreiche Höhlen mit reichem Grabinventar warten in Belize und auf Yucatán noch auf ihre Entdeckung.

◀ **Edzná**
Die im Chenes-Stil errichteten Bauten Edznás werden von einem fünfstöckigen, mit Masken verzierten Tempel überragt.

▲ **Farbenfrohe Murales**
Wandmalereien liefern wichtige Informationen zum alltäglichen Leben der Maya, insbesondere zu Handel, Arbeit und Feldzügen.

## Frühe ärchäologische Expeditionen

Die wissenschaftliche Maya-Forschung begann 1839–1841 mit der Expedition des Amerikaners John L. Stephens und des Briten Frederick Catherwood durch Guatemala, Chiapas und Yucatán. Ihr Reisebericht und die ausgezeichneten Lithografien zahlreicher, von üppiger Vegetation überwucherter Stätten fanden eine weite Verbreitung in Europa und Nordamerika. Erst 40 Jahre später setzten Forschungsreisende unter großen Strapazen ihr Werk mittels neuer Glasplattenkameras fort: Der frühere britische Kolonialbeamte Alfred P. Maudslay (s. Abb. oben) dokumentierte ab 1881 die Ruinen vor allem des südlichen Tieflands. Die Architektur auf der Halbinsel Yucatán hielt der deutsch-österreichische, einst in mexikanischen Diensten stehende Hauptmann Teobert Maler 1885–1894 fotografisch fest.

▲ **Reisen im 19. Jh.**
Frederick Catherwood hielt die Strapazen früher Forschungsreisen auf zahlreichen Lithografien fest.

▶ **Edle Jade**
Statuette eines großen Hortfundes mit kostbaren Jadeobjekten aus Altún Ha (Belize).

# Die Maya-Welt heute

Nach dem Niedergang der klassischen Maya-Kultur im 9. Jh. n. Chr. verlagerten sich die städtischen und dörflichen Zentren vom tropischen Regenwald des südlichen Tieflands (Petén) in den savannenartigen Norden der Halbinsel Yucatán sowie in das Hochland *(tierras altas)* von Guatemala und Chiapas. Dort blühte in den folgenden Jahrhunderten das kulturelle Leben in zahlreichen Stadtstaaten bzw. in kleinen, aber mächtigen Fürstentümern. Mit der spanischen Eroberung *(conquista)* im 16. Jh. setzte eine demografische Katastrophe bisher unbekannten Ausmaßes ein, hervorgerufen vor allem durch aus Europa eingeschleppte Epidemien, unmittelbare kriegerische Einwirkungen sowie durch die barbarische Zwangsarbeit auf den großen *fincas.* Doch die Maya verschwanden nicht.

## Maya und Ladinos

Heute leben schätzungsweise 9 Mio. Maya in Guatemala, Belize, in den westlichen Landesteilen von Honduras und El Salvador sowie in Chiapas und auf Yucatán in Mexiko – etwa die Hälfte der Gesamtbevölkerung der Region. Sie sind die unmittelbaren Nachfahren der genialen Astronomen und Mathematiker, Architekten und Schreiber, Bauern und Soldaten, deren Kultur und künstlerische Hinterlassenschaften jährlich Tausende von Touristen bestaunen.

Ähnlich wie in präkolumbischer Zeit sind auch die Maya der Gegenwart weit entfernt von einer homogenen ethnischen Gruppe. Sie sprechen heute 31 verschiedene Sprachen und bekennen sich sowohl zur römisch-katholischen Kirche als auch zu zahlreichen evangelikalen Sekten. Viele von ihnen üben religiöse Praktiken aus, die über ungezählte Generationen tradiert wurden und heute zum Teil mit westlichen Glaubensvorstellungen verschmolzen sind: So gebrauchen Schamanen den *tzolkin* genannten 260-tägigen Wahrsagekalender (s. S. 27) ebenso wie sie christliche Heiligentage feiern. Nach Jahrhunderten der kulturellen Unterdrückung und wirtschaftlichen Ausbeutung durch eine kleine, europäisch – und seit einigen Jahrzehnten auch nordamerikanisch – geprägte Minderheit durchdringen gemischte religiöse Vorstellungen die indianischen Gemeinden.

Die zweite große Bevölkerungsgruppe der Region sind Mestizos, d. h. Mischlinge indianisch-

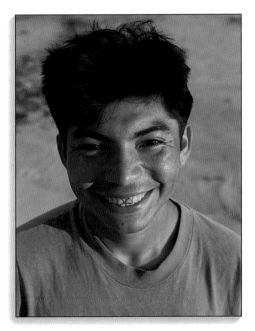

europäischer Abstammung, die vor allem in Guatemala als Ladinos bezeichnet werden. Trotz ihrer teilweisen, häufig sogar überwiegend indigenen Herkunft sind sie meist einseitig westlich orientiert – in Sprache, Kleidung, Essgewohnheiten und Wertvorstellungen. Als Ladinos gelten auch Indianer, die ihre traditionelle Lebensweise aufgegeben haben und statt einem Maya-Idiom ausschließlich oder überwiegend Spanisch sprechen.

Die Nachfahren der in der Neuen Welt geborenen spanischen Kolonisten werden bisweilen zu den Ladinos gerechnet, gewöhnlich aber als eine eigene ethnische Gruppe aufgefasst und Kreolen *(criollos)* genannt (zur Vermeidung von Missverständnissen häufig auch weiße Kreolen im

◀◀ **Besucher eines Stierkampfs in Tizimín (Yucatán)**
◀ **Mitglied der Cofradía de San Gaspar in Chajul (Guatemala)**
▶ **Maya in Akumal (Yucatán)**

Gegensatz zu den schwarzen Kreolen). Seit der spanischen Eroberung stellen sie in den meisten lateinamerikanischen Staaten auf politischer und wirtschaftlicher Ebene die herrschende Schicht.

Maya und Ladinos nehmen mit mehr als 90 % die überwiegende Mehrheit der Bevölkerung ein, doch gibt es noch zahlreiche weitere ethnische Minderheiten, vor allem in Belize.

## Ethnische Vielfalt in Belize

Die einen englischen Dialekt sprechenden schwarzen Kreolen sind die Nachkommen afrikanischer Sklaven und europäischer Siedler, insbe-

Mischvolk mit einer reichen Kultur (s. S. 233). Auf Grund ihrer afrikanischen und karibisch-indianischen Wurzeln werden die etwa 17 000 Angehörigen manchmal auch schwarze Kariben genannt, sie selbst bevorzugen jedoch in Anlehnung an ihre Sprache Garinagú die Bezeichnung Garífuna. Ihre Gemeinschaften findet man außer in Belize auch auf den Islas de la Bahía in Honduras sowie in kleinerem Umfang in Guatemala (etwa 15 000) und Nicaragua.

Mit 44 % oder etwa 106 000 Einwohnern stellen die Ladinos die größte ethnische Gruppe. Durch den Zustrom von Bürgerkriegsflüchtlingen

sondere britischer Piraten. Sie stellen etwa 30 % der 280 000 Einwohner und prägen das Erscheinungsbild vor allem der größeren Städte wie Belize City. Kulturell fühlen sie sich mehr mit Jamaika und den übrigen Westindischen Inseln verbunden als mit den benachbarten lateinamerikanischen Staaten. Dies zeigt sich beispielsweise während der ausgelassenen Feste, bei denen Reggae, Soca und Calypso gegenüber anderen Musikrichtungen dominieren.

Die zweite schwarze Bevölkerungsgruppe Belizes sind mit 7 % die Garífuna, ein relativ junges

**Ladinisierung**
→ gänzliche oder weitgehende Aufgabe indigener Traditionen zu Gunsten der ladinischen Lebensweise. Dazu gehören insbesondere die Sprache, Kleidung und Wertvorstellungen.

aus den benachbarten Ländern, besonders aus El Salvador und Nicaragua, vergrößerte sich ihre Zahl in den vergangenen zwei Jahrzehnten beträchtlich. Sie leben hauptsächlich als Bauern oder Händler im nördlichen Landesteil oder im Cayo District an der Grenze zu Guatemala.

Annähernd 26 000 Maya (11 %) sind in isolierten Gemeinden über das ganze Land verstreut. Im Norden, in der Umgebung von Orange Walk Town, siedeln Yukateken, im Zentrum überwiegend Mopán und in den südlichen Landesteilen Kekchi, die vor allem in den vergangenen Jahrzehnten während des Bürgerkriegs in Guatemala in das Land flüchteten. Die restlichen 8 % der Bewohner Belizes verteilen sich auf Europäer, darunter Mennoniten (s. S. 185), Nordamerikaner, Chinesen und Inder.

### Guatemala – ein komplexes Sprachenmosaik

In Guatemala werden heute 24 verschiedene Idiome gesprochen: vornehmlich Spanisch *(castellano)* an der Pazifikküste und im östlichen Drittel

aufsplittern, sind sie insgesamt doch sehr geschlossen über das zentrale, westliche und nördliche Hochland bis hinab in den Petén verbreitet.

Die mit schätzungsweise 1,5 Mio. Sprechern zahlenmäßig bei weitem stärkste Gruppe bilden die Quiché in der weiteren Umgebung von Quetzaltenango, San Cristóbal Totonicapán und Chichicastenango. Sie drangen vermutlich bereits in der Frühklassik (250–600 n. Chr.) in ihren heutigen Siedlungsraum vor und schufen in der späten Postklassik (1200–1523 n. Chr.) das mächtigste Fürstentum im Hochland. Als geschickte Händler und Unternehmer gelangten manche von ihnen

des Hochlands, Garinagú an der Karibikküste, insbesondere in Lívingston, und Xinca im Verwaltungsbezirk *(departamento)* Santa Rosa. Letztere wird nur noch von wenigen alten Menschen gesprochen und ist eine in ihrer Existenz bedrohte indigene Sprache, die jedoch mit keinem Maya-Idiom verwandt ist.

Die verbleibenden 21 Sprachen gehören zur großen Maya-Familie, der insgesamt 31 Idiome mit ungezählten Dialekten angehören. Obwohl sie sich zum Teil auf kleinste isolierte Sprachinseln

zu relativem Wohlstand. Die bekannteste Quiché ist Rigoberta Menchú, die Friedensnobelpreisträgerin von 1992 (s. S. 83).

Mam wird von etwa 700 000 Indígenas im Westen bei San Marcos und Huehuetenango gesprochen. Ihr Terrain erstreckt sich über die Grenze bis nach Chiapas in Mexiko. Die wegen ihrem Pferderennen und der traditionellen Tracht zweifellos bekannteste Mam-Gemeinde ist Todos Santos Cuchumatán (s. S. 135).

Mit annähernd 650 000 Angehörigen drängen sich die Cakchiquel in dem verhältnismäßig kleinen Gebiet zwischen dem Lago Atitlán und Guatemala-Stadt zusammen. In postklassischer Zeit kämpften sie mit den Quiché und den übrigen

◀ Cofrade in Chichicastenango
▲ Indígenas in Joyabaj

Stämmen erbittert um die Vorherrschaft im Hochland. In ihrem Siedlungsgebiet gründeten die Spanier nacheinander alle vier Hauptstädte des Landes – einschließlich Antigua – und erhoben Cakchiquel vorrübergehend zur Amtssprache des gesamten Hochlands. Auf Grund ihrer Nähe zu den Verwaltungszentren sind sie stärker als die anderen Maya-Gruppen am kulturellen und politischen Geschehen beteiligt und pflegen ihre Sprache in einer eigenen Akademie in Chimaltenango.

Die viertgrößte Gruppe stellen mit etwa 400 000 Sprechern die Kekchi in den *departamentos* Alta Verapaz und Isabal sowie im Süden

des Petén. Viele von ihnen sind – wie auch zahlreiche Indígenas vor allem des westlichen Hochlands – bis heute nur einsprachig. In den letzten Jahrzehnten wanderten viele Kekchi auf der Suche nach neuen landwirtschaftlichen Nutzflächen von den nördlichen *tierras altas* in das tropische Tiefland ab.

Weitere bedeutende Maya-Gruppen in Guatemala sind die Kanjobal (110 000) im Nordwesten, die Tzutuhil (85 000) südlich des Lago Atitlán, die Chortí (60 000) im Osten an der Grenze zu Honduras sowie die Ixil (80 000), die – wie die Mam und Quiché – besonders unter den Massakern der Militärs während des Bürgerkriegs litten. Die kleinsten Sprachinseln sind Teco (2500) zu Füßen des Vulkans Tacaná im Westen, Uspanteco (2000), Achí (500) sowie schließlich Itzá (300), das nur noch in San José und San Andrés am Lago Peten-Itzá gesprochen wird.

## Die Maya in Mexiko

Maya leben in den fünf mexikanischen Bundesstaaten Chiapas, Tabasco, Campeche, Yucatán und Quintana Roo. Mit 1,2 Mio. Sprechern bilden die Yukateken im Norden der gleichnamigen Halbinsel die größte Gemeinschaft, die – trotz eines starken kulturellen Drucks von Seiten der Mestizos – traditionelle soziale Strukturen und religiöse Vorstellungen bewahren konnten. Nachdem sich ihre wirtschaftliche und politische Situation nach der Unabhängigkeit von Spanien 1821 deutlich verschlechtert hatte, erhoben sie sich 1847 gegen die mexikanische Regierung im so genannten Kastenkrieg und konnten zeitweise sogar einen eigenen Staat errichten.

### Die Maya-Sprachfamilie

Die 31 heute von den verschieden Maya-Gruppen gesprochenen Idiome gehen alle auf das »Protomaya« zurück. Sie wurde von Linguisten mittels der Glottochronologie rekonstruiert, d. h. dem Vergleich verwandter Sprachen, um den Zeitpunkt ihrer Trennung zu bestimmen. Das Protomaya existierte etwa um 2000 v. Chr. in mehreren Dialekten, die sich im Lauf der Zeit zu selbstständigen Sprachen entwickelten. Diese splitterten sich über die Jahrhunderte hinweg wiederum auf. Einzelne Maya-Sprachen sind heute so nahe miteinander verwandt wie etwa Deutsch und Holländisch, andere dagegen sind so verschieden wie beispielsweise Italienisch und Englisch. Somit ist es nicht ungewöhnlich, dass sich zwei unmittelbar benachbarte Dörfer, durch die eine Sprachgrenze verläuft, nur mit großer Mühe oder überhaupt nicht miteinander verständigen können. Obwohl Spanisch bis heute nur von einem Teil der Indígenas, gesprochen wird, ist es unentbehrliches Kommunikationsmittel im Verkehr mit staatlichen Institutionen als auch für den Umgang der Maya-Gruppen untereinander, z. B. bei überregionalen und internationalen Kongressen.

Berühmt wurden die Lacandonen im tropischen Regenwald von Chiapas, die oftmals romantisch als die letzten unmittelbaren Nachfahren der klassischen Maya verklärt werden. Während der frühen Kolonialzeit flohen sie vor den Itzá im Petén und siedelten sich erst im 17. oder 18. Jh. in der *Selva Lacandona* westlich des Río Usumacinta an. Die Lacandonen wurden nicht – wie häufig zu lesen – erst im 20. Jh. »entdeckt«, sondern standen in den vergangenen Jahrhunderten trotz ihrer Abgeschiedenheit stets im Kontakt mit der Außenwelt. Im Gegensatz zu den meisten anderen Maya bekennt sich bis heute nur ein kleiner Teil von ihnen zum Christentum. Die kleine Gruppe mit etwa nur 500 Mitgliedern lebt heute hauptsächlich in dem Dorf Lacanjá bei Bonampak.

Die bedeutsamsten Gruppen sind im Hochland von Chiapas neben den Tzeltal und Tojolobal vor allem die etwa 200 000 zählenden Tzotzil. Sie leben in kleinen Dörfern, z. B. San Juan Chamula und Zinacantán, in der Umgebung der alten Kolonialstadt San Cristóbal de las Casas. Seit 1994 versuchen die Zapatisten genannten Untergrundkämpfer gegen Diskriminierung, politische und kulturelle Bevormundung sowie wirtschaftliche Ausbeutung der Indígenas durch die Oligarchie zu kämpfen (s. S. 268 f.). In Chiapas ist es seither gelungen, insgesamt 28 selbstverwaltete Gemeinden zu bilden. Die Regierung von Vicente Fox sicherte den Gebieten 2001 die Autonomie zu. 2006 mischten sich die Zapatisten mit einer »Anderen Kampagne« in den Wahlkampf ein und starteten eine pazifistische Initiative für ganz Mexiko.

## Ungleiche Lebensbedingungen

Hinsichtlich der wirtschaftlichen Existenzbedingungen und alltäglichen Verhältnisse unterscheiden sich die ethnischen Gruppen der Region zum Teil eklatant. So erreichen beispielsweise in Guatemala die Maya nur eine durchschnittliche Lebenserwartung von 48 (Männer) bzw. 49 (Frauen) Jahren, die Ladinos dagegen 65 bzw. 67 Jahre. Diese Zahlen gehören zu den niedrigsten auf der gesamten Welt, vergleichbar beispielsweise mit Schwarzafrika. Nach eigenen Schätzungen der guatemaltekischen Regierung leben 81 % der Maya in Armut, 75 % sind Analphabeten. In Chiapas und auf Yucatán sind die Lebensbedingungen

◄ **Mennoniten in Belize**
▶ **Garífuna aus Dangriga**

der Indígenas etwas besser, jedoch liegen sie auch dort weit unter dem nationalen Durchschnitt.

Neben den ungleichen Bildungschancen und den sehr eingeschränkten Mitwirkungsmöglichkeiten am politischen Geschehen sind die Maya vor allem bei der Landverteilung benachteiligt. Sowohl in Mexiko als auch in Guatemala besitzt eine kleine Minderheit von Großgrundbesitzern *(latifundistas, terratenientes)*, ausnahmslos Weiße oder Ladinos, die weitaus größten und fruchtbarsten landwirtschaftlichen Nutzflächen. Die Indígenas wurden während der Kolonialzeit, in Guatemala noch im verstärkten Ausmaß im 19. Jh.,

eines Großteils ihres privat oder gemeinschaftlich genutzten Landes zwangsenteignet. Vielen indianischen Bauern *(campesinos)* blieben nur weit entfernte, mühsam zugängliche und oftmals karge Felder, mit denen sie ihre kinderreichen Familien kaum ernähren können. Zahlreiche Maya sind daher gezwungen als schlecht bezahlte Tagelöhner auf den großen Bananen- und Zuckerrohrplantagen an der Karibik- und Pazifikküste ihren Lebensunterhalt zu verdienen – oft in monatelanger Abwesenheit von ihren Familien und unter schwierigsten Arbeitsbedingungen.

Diese ungleiche und ungerechte Besitzverteilung, die für viele lateinamerikanische Staaten charakteristisch ist, halten Regierung und Militär mit ausländischer Hilfe – und häufig auch maß-geblich von der katholischen Kirche unterstützt – mit Waffengewalt aufrecht. Nirgends jedoch ver-teidigte die Oligarchie ihre Privilegien und ihren Großgrundbesitz mit solcher Konsequenz und Brutalität wie in Guatemala in den vergangenen Jahrzehnten.

## Politische Apathie

Eines der größten Probleme der Region ist auch die politische Teilnahmslosigkeit, die sich in den Wahlen, vor allem zum Präsidentenamt, nieder-schlägt. Für viele Maya steht das eigene Dorf im

Lebensmittelpunkt. Sie identifizieren sich mit der ihnen angehörenden Sprachgruppe, kaum mit ei-nem modernen und abstrakten, häufig schwerfäl-ligen und fast immer korrupten Staatsgebilde. Ihrem Selbstverständnis zufolge sind politische Wahlen für eine von Ladinos beherrschte Regie-rung auch eine Angelegenheit von Ladinos. Seit Jahrhunderten verwalten sie ihre Gemeinden un-ter Wahrung traditioneller Strukturen weitgehend selbstständig, ohne Mitsprache oder Einfluss von Außenstehenden. Wann immer es möglich war, wurde die politische Macht während der spani-schen Kolonialzeit und nach der Unabhängigkeit von den Dorfältesten, dem Bürgermeister *(alcal-de)*, den Laienbruderschaften (*cofradías; s.* S. 88),

den Schamanen (*aj taij;* s. S. 88), Lehrern und Hei-lern *(curanderos)* ausgeübt. Ähnliches gilt für die Jurisdiktion, bei der die traditionellen Gesetze des Dorfes maßgebender sind als nationale Gesetzes-werke. Stärkeren Einfluss hatte der Staat meist nur in größeren Städten; so haben manche Orte mit gemischter Bevölkerung, z. B. Chichicasten-ango und Sololá in Guatemala, je einen Rat für La-dinos und für Maya.

Diese apolitische Einstellung zahlreicher Maya zu regionalen oder landesweiten Wahlen wird auch durch fehlende finanzielle Mittel und den weit verbreiteten Analphabetismus begünstigt, die die Möglichkeiten zur Information und politischer Bildung erschweren oder gar verhindern. Trotz lobenswerter Anstrengungen einzelner Organisa-tionen, beispielsweise der *Vicente Menchú Foun-dation* der Friedensnobelpreisträgerin Rigoberta Menchú (s. S. 83), die indigene Wählerschaft zu registrieren, bleibt die Wahlbeteiligung in dieser Bevölkerungsschicht nach wie vor enttäuschend niedrig. Dies war einer der Gründe, weshalb Al-fonso Portillo und der frühere Diktator Efrain Ríos Montt von der *Frente Republicano Guatemalteco* (FRG) die Präsidentschaftswahlen 1999 in Guate-mala gewinnen konnten.

## Die Rennaissance der Maya

In jüngster Zeit gründeten Maya eigene Verlage, die mit bescheidenen Mitteln sowohl wissen-schaftliche Werke als auch Belletristik publizieren. In privaten Schulen und Akademien lehrt und pflegt man mit Stolz verschiedene indigene Spra-chen, Intelektuelle wie der mexikanische Schrift-steller Humberto Ak'abal oder die Führerin der Organisation der Kriegswitwen Rosalina Tuyuc in Guatemala treten selbstsicher in der Öffentlichkeit auf. In Kooperativen vermarkten manche Bauern ihre Produkte gemeinsam auf dem Markt, Selbst-hilfegruppen fördern Gesundheitsprojekte auf dem Land. Junge Maya bekennen sich außer zum katholischen Glauben auch überzeugt zu traditio-nellen religiösen Riten.

Nach Generationen der Resignation sind sich die Maya seit über einem Jahrzehnt ihrer indiani-schen Identität wieder selbst bewusst. ∎

◀ Ladinisierter Maya auf Yucatán
▶ Büßer während der prächtigen Karfreitagsprozession in Antigua

# Kulinarische Streifzüge

In der Mythologie der Maya erschufen die Götter die Menschen aus Mais, nachdem frühere Versuche mit Holz und Ton erfolglos verliefen (s. S. 93). Bis heute besitzt der Mais für die Indígenas der gesamten Region einen fast heiligen Status und ist ganz sicher mehr als nur ein wichtiges Grundnahrungsmittel.

## Tortillas und Tamales

Etwa um 5000 v. Chr. gelang es Ackerbauern erstmals Mais zu kultivieren – eine folgenreiche Entwicklung, die der Urbevölkerung Mesoamerikas die Anlage permanenter dörflicher Siedlungen ermöglichte und später zur Blüte der Maya-Zivilisation führte. Die tägliche Nahrung der Maya in vorspanischer Zeit unterschied sich kaum von der noch heute in Mittelamerika verbreiteten: Mais *(maíz)*, Bohnen *(frijoles)*, Kürbisse *(calabazas)* und Chili isst man mehrmals am Tag.

Am häufigsten wird Mais zu *tortillas* verarbeitet, dünnen runden Teigfladen, die man entweder von Hand (vor allem in Guatemala) oder mit Maschinen (überwiegend in Mexiko) formt. Anschließend werden sie auf großen Platten *(comales)*, die traditionell aus Ton, heute aber auch aus Metall sind, über dem offenen Feuer gebacken. In ländlichen Gemeinden Guatemalas sind die ersten Laute des Tages – neben dem des unvermeidlichen Hahnes – das Klatschen der Frauen, die mit ihren Händen die Tortillas formen, lange vor dem Sonnenaufgang.

Tortillas isst man in Guatemala als Beilage zu wirklich jedem Gericht. Sie werden stets warm in Körbchen serviert und sind häufig zusätzlich in ein kleines Baumwolltuch eingeschlagen. Frische warme Tortillas sind vorzüglich und verbinden nicht selten den wunderbaren, leicht rauchigen Geschmack des Holzfeuers mit einer dichten, aber flexiblen Konsistenz.

In Mexiko sind Tortillas die Grundlage einer Reihe guter Gerichte, die man zum Teil auch in anderen Regionen der Welt schätzt: *enchiladas* sind mit Hackfleisch oder Käse gefüllte Tortillas; *quesadillas* nennt man Tortillas mit geschmolzenem Käse; *tacos* sind frittierte, gefüllte Tortillas; knusprige kalt gegessene Tortillas mit Salat bezeichnen die Mexikaner als *tostadas*. Weitere Varianten sind *flautas, chimichangas* und *tlacoyos*.

Außer Tortillas isst man den Mais vor allem in Form von *tamales:* Dazu füllt man den Teig mit et-

was Fleisch oder einer süßen Creme, schlägt ihn in Mais- oder Bananenblätter ein und dünstet ihn zuletzt in Wasserdampf. Diese Art der Zubereitung geht – ähnlich wie bei den Tortillas – weit in präkolumbische Zeit zurück. In Guatemala bezeichnet man kleine Tamales als *chuchitos,* die häufig an Imbissständen auf der Straße angeboten werden.

In Belize orientieren sich die Essensgewohnheiten an den verschiedenen ethnischen Gruppen. Während Maya und Ladinos Tortillas, Tamales und Tacos bevorzugen, essen Kreolen und Garífuna überwiegend gekochte, gut gewürzte Bohnen mit Fleisch, Fisch und Krustentieren oder auch mit Reis *(rice 'n' beans)*.

◀ Antojitos – mit Fleisch zubereitete Tortillas in Guatemala
▶ Im Hotel Mesón del Marqués in Valladolid (Mexiko)

## Rote und schwarze Bohnen

Bohnen *(frijoles)* sind nach Mais der zweitwichtigste Bestandteil der regionalen Küche. Für die überwiegende Mehrheit der Bevölkerung, die sich nur selten teures Fleisch leisten kann, sind sie der bedeutendste Proteinlieferant. Bohnen werden häufig zusammen mit Mais angepflanzt. In diesem Fall ranken sie sich um die hohen Stängel und werden etwas später als die Maiskolben geerntet.

Schwarze Bohnen sind die meistverbreitete Art, rote *(pintos)* sind jedoch fast ebenso beliebt. Sie werden entweder als Ganzes in einer Soße, häufig mit etwas Knoblauch und Zwiebeln *(vol-*

### Fleischlose Gerichte

In Touristenzentren wie Antigua, Mérida, San Cristóbal de las Casas oder Panajachel gibt es mehrere Restaurants, die auch vegetarische Gerichte servieren. Die Kellner sind dort mit den Vorlieben der Vegetarianos vertraut. Des Weiteren findet man – wenn auch selten – rein vegetarische Lokale, die häufig von US-Amerikanern oder Europäern geführt werden. Die angebotenen fleischlosen Gerichte der internationalen Küche sind eine gute Option zu den traditionellen »frijoles« und »huevos«.

*teados)* serviert oder gekocht, püriert und schließlich in einer Pfanne frittiert *(refritos)*. Manchmal mischt man dem Brei auch ein wenig Sahne *(crema)* oder eine zerkleinerte pikante Wurst *(chorizo)* bei. In der gesamten Maya-Welt wird nahezu immer, unabhängig von der Tageszeit, zusätzlich zum Hauptgericht *(plato fuerte)* eine Portion *frijoles* serviert. Unverzichtbar sind ebenso Eier *(huevos)* – gerührt *(revueltos)*, mit einer Tomatensoße *(rancheros)* oder als Spiegelei *(estrellados)*.

## Vitaminspender

Wie in Südamerika war Kürbis *(calabaza)* schon vor Jahrtausenden eine der beliebtesten Feldfrüchte. Auch heutzutage wird er noch gerne auf den Feldern *(milpas)* kultiviert und nach dem Mais und den Bohnen geerntet.

Chili, überaus reich an Vitamin C, ist gleichfalls eine der charakteristischsten Nutzpflanzen Mittelamerikas und wird in mehr als 100 verschiedenen Arten konsumiert. Die extrem scharfen roten Schoten werden gewöhnlich zu einer dicklichen Soße *(salsa, picante)* verarbeitet, die an keinem Esstisch fehlt.

Eine große Bandbreite weiterer Gemüsesorten kennzeichnet die regionale Küche: Karotten, Paprika, Zwiebeln, Kohl, Avocados, Tomaten, Spinat, grüne Bohnen und nicht zuletzt Brokkoli, der auch nach Nordamerika exportiert wird. Die zahlreichen, äußerst unterschiedlichen Klimazonen ermöglichen auch den Anbau verschiedenster Früchte, die oft zu einem Shake *(licuado)* gemixt werden. Bananen *(plátano)* findet man wirklich überall, aber auch Brombeeren, Äpfel, Orangen, Himbeeren, Limonen, Papayas und Mangos fehlen auf keinem Markt. Von den weiteren exotischen Vitaminspendern sei nur die Zapote *(zapote blanco)* erwähnt, deren rosafarbenes Fruchtfleisch gelegentlich als Dessert angeboten wird.

## Fleisch- und Fischgerichte

Traditionell werden Truthahn, Wildschwein und Leguan gerne verzehrt, aber mit Ausnahme von manchen Dschungelregionen offerieren die Speisekarten Gerichte mit Schwein *(cerdo)*, Rind *(res)* und vor allem Huhn *(pollo)*, entweder gegrillt, frittiert oder seltener geschmort. Ausgenommen in teuren Restaurants ist das Fleisch zwar geschmackvoll, meist aber recht zäh.

Fisch und Krustentiere, etwa Hummer, Muscheln und Krabben, bereitet man vor allem an der Pazifik- und Karibikküste zu – sehr häufig nur frittiert und für den Gourmet eine Enttäuschung. Roher Fisch mit Zitronensaft mariniert *(cebiche)* ist daher eine gute, wenngleich auch für manchen Gaumen eine ungewöhnliche Alternative.

## Restaurantes und Comedores

Die beste und abwechslungsreichste Küche zeichnet zweifellos Mexiko aus. In Belize findet man geschmackvolle und billige Meeresfrüchte an der Küste und auf den Cayes, aber außer in Luxushotels sind im Landesinneren die Menüs recht bescheiden. In Guatemala ist die gastronomische

Hunger zu stillen, mit einfachen, schnell servierten lokalen Gerichten.

Überall in der Maya-Region sieht man auf der Straße und an Busbahnhöfen zahlreiche verlockende Stände. Da die hygienischen Standards jedoch oftmals recht bescheiden sind, sollte man im Zweifelsfall auf solche Imbisse verzichten. In größeren Städten sind amerikanische Fastfoodketten weit verbreitet, außerdem nationale Entsprechungen, etwa *Pollo Campero,* die vor allem Gerichte mit frittiertem Huhn führen. Chinesische Lokale, die auch vegetarische Gerichte anbieten, finden sich ebenso in größeren Orten.

Landschaft deutlich in billige und teure Lokale zweigeteilt (siehe Kasten).

Jede Gaststätte auf Yucatán und in Guatemala, die sich *restaurante* bezeichnet, hat relativ gehobene Ansprüche: Häufig werden Wein und Desserts angeboten, zusammen mit einer Palette unterschiedlichster Menüs, die preislich über dem Durchschnitt liegen. Im Gegensatz dazu ist der *comedor* die preiswerte Alternative, um seinen

◄ Früchte findet man auf den Märkten zu jeder Jahreszeit
▲ Das elegante Restaurant La Pigua in Campeche

### Kosmopolitische Küche

In Guatemala sind die Speisen – oft nur Bohnen, Eier und Tortillas – in ländlichen Gebieten gewöhnlich recht einfach, aber sehr billig und reichlich.
Eine gänzlich andere Situation findet man in Touristenzentren. So offerieren die Restaurants in Ciudad de Guatemala, Antigua und Panajachel eine große Auswahl lokaler und internationaler Gerichte zu relativ hohen Preisen.
Tipp: Zahlreiche Restaurants bieten täglich ein spezielles günstiges Menü mit Vorspeise, Hauptgericht, Dessert und Getränk (»menú del día«).

## Durstlöscher

Viele Einheimische trinken zu den Mahlzeiten eine mit Eiswürfeln gekühlte *fresca* mit etwas Zitronen- oder Orangensaft, doch ist dieses Erfrischungsgetränk meist einfaches Leitungswasser. Beliebt sind auch die international bekannten Limonadenmarken (*gaseosas*; auch *aguas*, was für ausländische Gäste verwirrend sein kann), von denen Coca-Cola und Pepsi in Mittelamerika allgegenwärtig sind.

Typischer sind die häufig pur getrunkenen (*jugos*) oder mit Wasser bzw. Milch gemischten (*licuados*) Fruchtsäfte, die mit Ausnahme von

### Kakao – die »Speise der Götter«

Kakao kultivierten die Maya schon in der mittleren Präklassik (800–300 v. Chr.) in Regionen mit über das ganze Jahr hohen Temperaturen sowie Niederschlägen, etwa der Pazifikküste. Die bis zu 20 cm langen Früchte wachsen direkt aus dem Stamm und bestehen aus etwa 60 Bohnen, eingebettet in weißes, angenehm süß schmeckendes Fruchtfleisch. Der Genuss von »kakaw« war der Maya-Elite vorbehalten. Das Getränk, das mit Wasser zubereitet und mit verschiedensten Zutaten wie Chili und Honig gewürzt wurde, war so kostbar, dass es in eigens dafür gefertigten und kunstvoll bemalten zylinderförmigen Gefäßen bei Banketten gereicht wurde. In postklassischer Zeit (900–1523 n. Chr.) dienten die Bohnen sogar als Zahlungsmittel für Dienstleistungen und Waren.

Belize auf jedem Markt und Busbahnhof des Mundo Maya zubereitet werden. Orangensaft (*jugo de naranja*) ist mit einem eingeschlagenen rohen Ei besonders populär.

## Café und Té

Obwohl in Mittelamerika und besonders in Guatemala weltweit eine der besten und aromatischsten Kaffeesorten gedeihen, ist *café* eine große Enttäuschung. In manchen Touristenzentren findet man ein geschmackvolles Gebräu, sonst ist er aber meist zu wässrig, zu süß oder wird aus billigem Instantpulver gemacht.

Dank des britischen Einflusses ist schwarzer Tee (*té*) vor allem in Belize verbreitet. In Mexiko

und Guatemala wird bisweilen nur Kamillentee (*té de manzanilla*), manchmal auch sehr süßer Kakao (*cacao*) serviert.

## Alkohol

Bier (*cerveza*) ist in der gesamten Region recht beliebt und am besten und billigsten in Mexiko: Sol, Bohémia und XX (Dos Equis) sind beispielsweise helle, Negra Modelo und XXX (Tres Equis) dunkle Sorten. In Guatemala hat Gallo nahezu ein nationales Monopol; andere Marken sind etwa Cabro und das dunkle Moza. Teuer ist Bier in Belize, wo unter mehreren lokalen Marken Beliken am kräftigsten ist.

Aus Zuckerrohr gebrannter Rum (*ron*) ist in ganz Mittelamerika verbreitet. Mezcal (der mit dem Wurm!) wird in Mexiko gern getrunken, das Nationalgetränk ist jedoch der aus Agaven gewonnene Tequila. Die bekanntesten Rummarken in Guatemla sind Quezalteca und Venado. Bei beiden Arten ist *reposado* die klare helle Variante, während *añejo* dunkel, mehrere Jahre in Eichenfässern gelagert und daher auch teurer ist. *¡Salud!* ■

◀ **Fisch, Meeresfrüchte und Reis
– ein typisch kreolisches Gericht**
▶ **Exotische Speisen im La Fonda
de la Calle Real in Antigua**

# Outdoor-Abenteuer

Mit mehr als 30 bis zu 4220 m hohen Vulkanen, langen Küsten entlang dem Pazifik und der Karibik, großflächigen Regionen unberührten tropischen Regenwalds, ausgedehnten Savannen, Sumpfgebieten, einzigartigen Nebelwäldern, interessanten Kalksteinhöhlen und nicht zuletzt mit dem zweitgrößten Korallenriff der Welt ist der Mundo Maya überaus reich an Naturschönheiten und ein Paradies für Wanderer, Sporttaucher, Höhlenkundler sowie Tier- und Pflanzenliebhaber.

Die Regierungen und Tourismusministerien Mexikos und Guatemalas beginnen erst damit, dieses Potenzial zu realisieren und entsprechend in Europa und Nordamerika zu vermarkten. Die Belizer hingegen erkannten die Chance für Abenteuertourismus in ihrem Land schon früher: Im ökotouristisch noch unterentwickelten Mittelamerika nimmt Belize nach Costa Rica den zweiten Rang ein. So gibt es dort zahlreiche spezialisierte Agenturen, die geführte Wanderungen, Radtouren, Rafting und Tauchkurse anbieten.

## Trekking im Hochland

Der Lebensraum der Maya bietet im Regenwald, im Gebirge und in Küstennähe einige der besten Wandermöglichkeiten auf der Welt. In Guatemala ist die spektakuläre Szenerie des Hochlands die Hauptattraktion: Hier bezaubern den Besucher hochragende ebenmäßige Vulkane, grüne Flusstäler, dichte Pinienwälder sowie kolonialzeitliche Kirchen und farbenfrohe Wochenmärkte in den traditionellen, häufig noch mit luftgetrockneten Lehmziegeln *(adobe)* errichteten Indianerdörfern. Ein dichtes Netz an ungeteerten Straßen wie auch zum Teil sehr schmalen Pfaden, die die Einheimischen tagtäglich auf dem Weg zu ihren Feldern und Märkten nutzen, verbindet die einzelnen Gemeinden miteinander und macht das Wandern zu einem wahren Vergnügen. In den größeren Dörfern gibt es häufig einfache Übernachtungsmöglichkeiten in *hospedajes* oder *posadas,* und *comedores* bieten lokale preisgünstige Gerichte.

◄ Schnorcheln im Parque
Nacional Laguna Chankanoab
► Surfer vor der Küste Cancúns

Eine der schönsten Trekkingregionen in den Bergen Guatemalas breitet sich in der Umgebung von Todos Santos Cuchumatán im *departamento* Huehuetenango aus. Auf zahlreichen Wegen lassen sich hier die Täler und Dörfer der **Cordillera de los Cuchumatanes,** deren Bewohner Mam sprechen, genießen. Besonders beliebt ist eine sechsstündige, über einen Pass führende Tour von Todos Santos in das traditionelle San Juan Atitán.

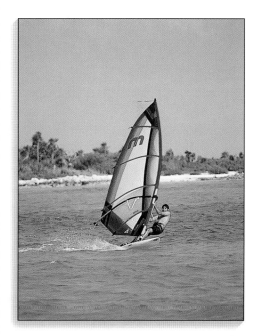

Die Landschaft im **Triángulo Ixil** mit den Gemeinden Nebaj, Chajul und San Juan Cotzal (Departamento Quiché) ist für Naturliebhaber ein gleichfalls lohnendes Ziel mit atemberaubenden zerklüfteten Bergen, weiten grasbewachsenen Talbecken, einfachen Bauernhäusern, Maisfeldern und reißenden Flüssen. Auf der Wanderung von Nebaj nach Acul passiert man eine italienisch-guatemaltekische Finca, auf der es einen der wohlschmeckendsten Käse im ganzen Land gibt.

Der **Lago Atitlán** mit seinen 13 pittoresken Dörfern, ein Hauptziel jedes Guatemala-Reisenden, ist ein ebenso empfehlenswertes Trekkingparadies. Eine Vielzahl kleiner Pfade schlängelt sich über die steilen Ufer und Abhänge der Vulkane hinweg durch kleine Maisfelder, Gemüsegärten mit Avocadobäumen und Kaffeeplantagen. Eine Umrundung des gesamten Sees zu Fuß dauert drei Tage, von denen das etwa fünfstündige Teilstück zwischen Santa Cruz La Laguna und San Pedro La Laguna wohl am stimmungsvollsten ist.

## Vulkanbesteigungen

Eine spektakuläre Kette mit mehr als 30 Vulkanen formt in Guatemala eine Barriere zwischen der Küstenebene und den Tälern des Hochlands. Um die technisch leicht zu meisternden Riesen zu besteigen benötigt man keine spezielle Ausrüstung,

lediglich robuste Wanderschuhe sowie Zelt und warme Kleidung, falls man die Nacht auf einem Gipfel verbringen möchte.

Höhenkrankheit tritt in Einzelfällen schon ab 2000 m auf. Für eine Bezwingung des **Tajumulco** (4220 m) oder **Tacaná** (4093 m) sollte man bestens akklimatisiert sein und bei ersten Symptomen wie Schlaflosigkeit und Kopfschmerzen unverzüglich absteigen.

Einer der populärsten Vulkane ist der **Agua** (3766 m) hoch über dem kolonialzeitlichen Antigua, dessen Gipfel von Santa María de Jesús in einem etwa fünfstündigen, gleichmäßig ansteigenden Weg zu erreichen ist. Von den drei kegelförmigen Vulkanen am Lago Atitlán ist der

**Volcán San Pedro** (3020 m) von San Pedro La Laguna aus in fünf Stunden am leichtesten zu besteigen. Dagegen stellen **Tolimán** (3158 m) und **Atitlán** (3537 m) eine größere Herausforderung dar. Ausgangspunkt für die etwa sechs- bzw. achtstündigen Touren sind die Dörfer Santiago Atitlán oder San Lucas Tolimán an der Südseite des Sees.

Bei Quetzaltenango (Xela) sind zahlreiche weitere Gipfel zu erobern, von denen der konische **Santa María** (3772 m) am augenfälligsten ist. Bezaubernd ist der Krater des **Volcán Chicabal** mit einem tiefblauen See in 2900 m Höhe. Dreitägige Expeditionen zum **Tajumulco,** dem höchsten Vulkan Mittelamerikas, beginnen weiter westlich in San Marcos oder San Pedro Sacatepéquez.

Von den etwa einem Dutzend, relativ niedrigen Vulkanen im östlichen Hochland zieht der **Ipala** (1650 m) bei Agua Blanca besondere Aufmerksamkeit auf sich: Gleich dem Volcán Chicabal ist seine Caldera von dichtem Wald umgeben und mit Wasser gefüllt.

## Mountainbiking

Die kleinen, meist ungeteerten Straßen im Hochland Guatemalas und in den westlichen Distrikten in Belize eignen sich hervorragend zum Mountainbiking. Antigua und Panajachel mit ihren zahlreichen Reiseagenturen sind ideale Ausgangspunkte um die »tierras altas« mit dem Fahrrad zu entdecken. **Maya Mountain Bike Tours** und **Old Town Outfitters** organisieren geführte Touren in die landschaftlich reizvolle Umgebung von Antigua und um den Lago Atitlán. Viele Strecken führen um Vulkane herum und durchqueren kleine Dörfer, Kaffeeplantagen und Maisfelder. In Quetzaltenango bietet die Agentur **Xela Sin Limites** organisierte Touren in die raue Bergwelt des Westens.

In Belize findet man in den Regionen der Mountain Pine Ridge, des Macal River und der Maya Mountains ein weitläufiges Netz fast gänzlich verlassener Waldwege vor. Das touristische Zentrum an der Grenze zu Guatemala ist San Ignacio mit mehreren Reiseagenturen und einfachen Unterkunftsmöglichkeiten; komfortablere Zimmer offerieren hingegen die Dschungellodges in den Reservaten. Unterwegs im tropischen Regenwald passiert man oftmals unvermittelt Wasserfälle, zerklüftete Berggipfel und schmale Flüsse.

**Aktive Vulkane**

Der spektakulärste aller Vulkane Guatemalas ist der Pacaya (s. S. 63), der seit 1965 ständig aktiv, jedoch meist ungefährlich ist. Magmaströme, Explosionen und Lavabomben sind selten zu sehen. Jährlich besteigen Hunderte von Menschen den 2552 m hohen Gipfel um die schwefelhaltigen Fumarolen und die bunten Porphyrite zu bestaunen. Geführte Touren zum Pacaya veranstaltet fast jede Agentur in Antigua und Guatemala-Stadt.

Seit 1999 ist auch der Volcán de Fuego (3763 m) bei Antigua mit mächtigen Rauchsäulen wieder aktiv. Seine schwierige Besteigung dauert mindestens sieben Stunden und ist nur mit einem Führer zu empfehlen (s. S. 351).

## Wilde Tiere und Ruinen

Im Tiefland ist vor allem Belize ein spektakuläres Trekking- und Tierbeobachtungsgebiet. Nahe dem Karibischen Meer sind die tropische Vegetation mit Farnen und Epiphyten üppiger und dichter, die Wälder mit Mahagoni- und Kapokbäumen *(ceibas)* höher als im Hochland. In den Bergwäldern, in denen unter anderem Greifvögel, Tapire und Jaguare beheimatet sind, laden zahlreiche Reservate zu ein- und mehrtägigen Wanderungen ein. Weltruhm erlangte das **Cockscomb Basin Wildlife Sanctuary,** das vom Dorf Maya Center am Southern Highway zu erreichen ist (s. S. 195). Größte Herausforderung in diesem Schutzgebiet ist die Besteigung des Victoria Peak, zu dessen 1120 m hohen Gipfel ein Dschungelpfad führt.

Weitere gute Wandermöglichkeiten bieten in Belize die **Mountain Pine Ridge** und das Gebiet des **Macal River.** Hier an der Grenze zu Guatemala fesseln den Besucher die **Río-On-** und **Thousand-Foot-Wasserfälle** und südlich davon die weitläufigen, bisher nur zu einem kleinen Teil ausgegrabenen Ruinen von Caracol. In die Region **Mountain Pine Ridge,** in der es einige luxuriöse Unterkünfte gibt, organisieren mehrere Büros in San Ignacio (Cayo) Ausflüge mit einem einheimischen Führer.

◄ ► Jet-Skiing und Angeln sind zwei der beliebtesten Sportarten vor der Ostküste Yucatáns

Fast auf Meereshöhe erstrecken sich zu beiden Seiten der mexikanisch-guatemaltekischen Grenze ausgedehnte tropische Regenwälder, die im 1. Jt. v. Chr. die Wiege der großartigen Maya-Kultur waren. Dutzende verlassene Städte dieser Zivilisation warten in der **Reserva Biósfera Maya** und den angrenzenden Wäldern noch auf ihre wissenschaftliche Erforschung. Abgelene Stätten wie El Perú, Río Azul, Nakbé und El Mirador besucht man am besten mit einer organisierten Expedition von Flores bzw. Santa Elena im zentralen Petén aus. In beiden Orten gibt es spezialisierte Agenturen, die die notwendigen Führer, Proviant und ge-

genfalls Pferde bereitstellen. Ein besonderes Erlebnis ist die Besichtigung der Ruinen von Yaxchilán und Piedras Negras, für die man mehrere Stunden in einem Boot den Río Usumacinta hinabfährt. Eine der beliebtesten, zwei- bis dreitägigen Exkursionen führt westlich des **Parque Nacional Tikal** in den **Biotopo El Zotz,** in dem man während der Dämmerung unzählige Fledermäuse beobachten kann.

Jenseits der mexikanischen Grenze ist die **Reserva de la Biósfera de Calakmul** die beste Region um die unberührte Fauna und Flora des tropischen Regenwaldes zu studieren. Hauptanziehungspunkt des Schutzgebiets ist die archäologische Stätte Calakmul.

### Tauchen am Großen Mayariff

Entlang der gesamten Karibikküste des Maya-Gebiets, von Cancún in Mexiko über Belize bis zu den Islas de la Bahía in Honduras erstreckt sich das zweitgrößte **Barriere Riff** der Welt, das 1996 von der UNESCO zum Welterbe erklärt wurde. Ähnlich dem australischen Great Barrier Reef ist das Unterwasserparadies für Sporttaucher nicht eine durchgehende steile Riffwand, sondern besteht aus einzelnen, oft viele Kilometer langen Korallenbänken *(arrecifes)*, die meist unmittelbar unter der Wasseroberfläche wachsen. Zudem gibt es hunderte kleine und große, aus Korallen aufge-

Oberfläche. Wer es noch bequemer haben will: Es starten auch Glasbodenboote.

Tauchschulen in den Ferienorten bieten Kurse für Anfänger und Fortgeschrittene und halten beste Ausrüstungen bereit. Gute Tauchmöglichkeiten erwarten den Abenteurer nicht nur bei den vorgelagerten Riffen, sondern auch im Landesinneren in eingestürzten, großen und mit Süßwasser gefüllten Höhlen *(cenotes)*. Hierfür ist neben Geschicklichkeit eine lange Taucherfahrung unabdingbar, ohne die man nur mit einem qualifizierten Lehrer in die Tiefen abtauchen sollte. Spezielle Kurse bieten einige Schulen in den genannten Orten.

baute Inseln *(cayes)*, unterseeische Bergrücken und vier Atolle.

Ob vor Cancún oder an der Riviera Maya zwischen Puerto Morelos und Tulum, ob vor den Inseln Contoy, Mujeres oder ganz besonders vor Cozumel – überall finden Taucher herrliche und ökologisch intakte Tauchgründe. Besonders anspruchsvoll ist das **Palancar Riff** mit seiner riesigen Korallenwand vor Cozumel, das der französische Meeresbiologe und Forscher Jacques Cousteau weltberühmt machte.

Viele Korallenbänke sind nicht nur für Taucher, sondern auch für Schnorchler ein Traum. Und Lagunen wie Yal Ku bei Akumal und Xel-Ha nahe Tulum erlauben das Unterwassererlebnis dicht an der

In Süden des Bundesstaats Quintana Roo wurden die Sumpfgebiete der **Reserva de la Biósfera Sian Ka'an** unter Naturschutz gestellt. Die Reservatsgrenzen umfassen auch die vor der Küste gelegenen Korallenbänke, die man von dem kleinen Fischerdorf Punta Allen aus erreicht. Das letzte Juwel der Unterwasserwelt Mexikos ist **Banco Chinchorro,** ein unberührtes Atoll etwa 30 km vor dem Ort Majahual.

### Höhepunkte unter Wasser in Belize

Belize verfügt über die wohl besten Tauchgründe in der westlichen Hemisphäre: Erstaunlich ist schon allein die Anzahl und Vielfalt der Plätze, zudem ist die Unterwasserwelt gut geschützt. Besuchenswert sind die Riffe von **Ambergris Caye** und **Caye Caulker,** aber die interessantesten Plätze liegen etwa 70 km weiter draußen im Karibischen Meer. Man erreicht sie am leichtesten mit einer Agentur oder Tauchschule, die auch Boote mit Kojen organisieren, auf denen man in der Regel übernachten muss.

Am bekanntesten ist zweifellos das **Lighthouse Reef,** in dessen Zentrum sich das viel gepriesene

### Atoll
→ flache Korallenriffe, die in tropischen Meeren ringförmig um einen Vulkankegel oder eine untergetauchte Insel angeordnet sind und eine Lagune einschließen.

rine Reserve. Das seit 1993 geschützte Atoll bezaubert durch riesige Riffwände und ausgedehnte Schnorchelgärten, wurde jedoch – wie viele Inseln des Barrier Reef – 1998 durch den Hurrikan Mitch geschädigt. Doch glücklicherweise erholten sich in der Vergangenheit die Riffe meist nach einigen Jahren wieder von derartigen Katastrophen. Ein besonderes Erlebnis der vielfältigen Unterwasserwelt sind die mächtigen Walhaie, die jeden Oktober am Glover's Reef vorbeiziehen.

Blue Hole öffnet, eines der schönsten Atolle der Welt. Mehrere große Wracks formten hier künstliche Riffs, und die **Half Moon Caye Natural Monument Reservation** wurde 1982 als erstes Riff in Belize zum Reservat erklärt.

Weiter südlich warten weitere *arrecifes* auf ihre Entdeckung, besonders Tobacco Reef, Columbus Reef und South Water Caye. Traumziel eines jeden Tauchers ist jedoch das **Glover's Reef Ma-**

◀ **Gut markierter Pfad im Cockscomb Basin Wildlife Sanctuary**
▲ **Drachenfliegen über dem Lago de Atitlán**

## Tauchgründe in Guatemala und Honduras
Guatemala besitzt an der Karibikküste einige kleine Riffe, die meisten Taucher suchen jedoch die **Hunting** und die **Sapodilla Cayes** von Belize im Golfo de Honduras auf, die man mit organisierten Touren von Lívingston aus ansteuern kann.

Ein Tauchgebiet ganz anderer Art ist in den *tierras altas* der Lago Atitlán auf 1562 m Höhe. Nach dem Auftauchen blickt man auf dicht bewachsene Vulkane – eine ungewöhnliche Erfahrung.

Mit erstklassigen Tauchgründen bei den **Islas de la Bahía** am südlichen Ende des Barrier Reef wartet schließlich auch Honduras auf. Die Inseln sind von La Ceiba aus schnell mit dem Boot zu erreichen, die lang gestreckte Hauptinsel Roatán zusätzlich auch mit dem Flugzeug. **Utila,** dessen Riffwände vor der Nordküste richtig Ehrfurcht gebietend sind, ist der wohl billigste Platz in der Karibik um tauchen zu lernen. Auf **Roatán** finden sich die meisten Tauchschulen, die ebenfalls recht preiswert sind. **Guanaja** im Osten des Archipels wird wegen seiner Korallenriffe von Tauchern gleichfalls gerne aufgesucht. Vom Hurrikan Mitch stark verwüstet, wird der Nationalpark mit mehreren Wasserfällen nun wieder aufgeforstet.

### Xibalbá

→ Im »Ort des Fürchtens« saßen dem »Popol Vuh« zufolge die Herrscher der Nacht, die über Finsternis, Kälte und Feuer, die Jaguare, die Obsidianmesser und das Fledermaus-Haus wachten.

Zahlreiche Agenturen organisieren Boots- und Kajaktouren auf dem **Macal, Sibul** und **Mopán River.** Weitere Abenteuer versprechen weiter südlich die Big Falls, Placencia Lagoon und South Stann Creek.

### Höhlenerkundungen

Für die Maya der präkolumbischen Zeit waren Höhlen *(grutas)* Eingänge in die Unterwelt *(xibalbá)*. Jüngste Forschungen ergaben, dass ein Großteil der Städte in unmittelbarer Nähe einer Höhle errichtet wurden. *Grutas* spielten in der religiösen Vorstellung der Maya eine wichtige Rolle, und obwohl nie permanente Siedlungen in ihnen angelegt wurden, weist nahezu jede Höhle Spuren menschlicher Anwesenheit lange vor ihrer Entdeckung auf.

Außer so genannten *show caves,* sind die eindruckvollsten Höhlen, z. B. Naj Tunich in Guatemala, für die Öffentlichkeit nicht zugänglich. Eine faszinierende Tour nach *xibalbá* organisiert in Belize die **Caves Branch Jungle Lodge.** 21 km südlich von Belmopan am Hummingbird Highway gelegen, bietet sie die besten geführten Höhlenbegehungen in der gesamten Maya-Welt. Die Lodge am Ufer des Cave Branch River zwischen dem Blue Hole National Park und der **St Herman's Cave** bietet Unterkunftsmöglichkeiten von komfortablen Schlafräumen bis zu abgeschiedenen Hütten *(cabañas)*.

Auf Yucatán lädt der **Cenote X-Kekén** bei Dzitnup 7 km südwestlich von Valladolid mit seinem natürlichen Pool, der durch eine schmale Öffnung in der Decke Sonnenlicht empfängt, zum Schwimmen ein. Die **Grutas de Balankanché** 3 km östlich von Chichén Itzá sind archäologisch äußerst interessant. Hier kann man in einzelnen Hallen originalgetreu große Keramikgefäße und sonstige Opfergaben für den Gott Tlaloc bzw. Chaak bestaunen.

Adressen der einzelnen, auf Trekking, Tauchen, Rafting und Höhlenbegehungen spezialisierten Veranstalter siehe Seite 348 ff. ■

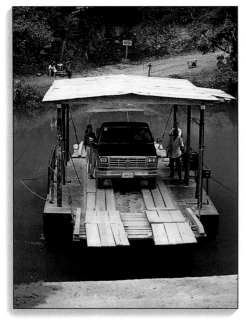

### Reißende Flüsse in dichter Vegetation

Die Maya-Region bietet ganzjährig phänomenale Möglichkeiten für Rafting. Mindestens ein Dutzend außergewöhnlicher Flüsse in Belize und Guatemala warten mit allen Schwierigkeitsgraden von eins (leicht) bis fünf (sehr anspruchsvoll) auf.

Das Angebot reicht von einfachen Tagesfahrten, z. B. auf dem **Río Naranjo,** bis zu dreitägigen Expeditionen auf dem **Río Cahabón**. Die vielleicht bemerkenswerteste Bootstour führt den **Río Usumacinta,** den Grenzfluss zwischen Guatemala und Mexiko, hinab. Dabei besichtigt man auch die Ruinen von Yaxchilán und Piedras Negras.

In Belize finden sich die interessantesten Rafting-Möglichkeiten im gebirgigen Cayo District.

◀ **Fähre über den Belize River nach Xunantunich**
▶ **Die Sapodilla Cayes**

# Im Kampf mit den Naturgewalten

Vulkanausbrüche, Erdbeben und Hurrikane – im Lebensraum der Maya ereignen sich mit periodischer Regelmäßigkeit natürliche Katastrophen und menschliche Tragödien. Tatsächlich bestehen gewisse Parallelen zwischen der Geologie Mittelamerikas und der Geschichte seiner Bewohner. Oftmals bestimmten Naturgewalten die Geschicke des Landes, veranlassten die Verlegung von Hauptstädten, dezimierten Völker und zerstörten ganze Volkswirtschaften. Doch die Kraft und Wucht dieser Natur-

erscheinungen formten auch die spektakulären Landschaften, für die Guatemala, Belize und Yucatán so berühmt sind.

## Hurrikane und tropische Stürme

Tropische Wirbelstürme bilden sich gewöhnlich im Golf von Mexiko und ziehen dann südwärts entlang dem Isthmus von Mittelamerika. Westlich der Route der Hurrikane gelegen, wird Belize von ihnen meist verschont – mit einigen verheerenden Ausnahmen: 1931 kamen 15 % der Bevölkerung dabei

▲ Satellitenaufnahme des Hurrikans Mitch (1998)

ums Leben. Hurrikan Hattie machte 1961 Belize City dem Erdboden gleich und veranlasste die planmäßige Anlage der modernen Hauptstadt Belmopan und den Umzug sämtlicher Ministerien. 1967 zerstörte Hurrikan Janet das Fischerdorf Sarteneja an der Bahía de Chetumal. Die vorerst letzte Katastrophe war Hurrikan Keith Anfang Oktober 2000. Er richtete einen Sachschaden von 200 Mio. US-$ an und vernichtete Ernten und Häuser in den Distrikten Orange Walk, Corazal und Belize.

Die Zerstörungen des Hurrikans Mitch (1998) wurden von zwei Wirbelstürmen im Oktober 2005 bei weitem übertroffen: Hurrikan Stan verwüstete mit starken Regenfällen und dadurch ausgelösten Überflutungen und Erdrutschen das Hochland Guatemalas. Zwei Dörfer wurden vollständig unter Schlammlawinen begraben, insgesamt fanden etwa 1550 Menschen den Tod, 500 000 wurden obdachlos. Wenige Tage später raste Hurrikan Wilma, der stärkste Wirbelsturm überhaupt im Atlantik seit Beginn der Aufzeichnungen im Jahr 1851, mit Windböen bis 340 km/h über den Norden Yucatáns, wobei etwa acht Menschen starben und verheerender Sachschaden entstand.

## Tektonische Aktivität in Guatemala

Minutiöse Bewegungen der Kontinentalplatten verursachen immer wieder seismische Erschütterungen und Vulkanausbrüche in einer der tektonisch aktivsten Regionen der Erde. Die gesamte mittelamerikanische Westküste ist ein Teil des »Pazifischen Feuerrings«. Hier schiebt die riesige Pazifikplatte die Cocos-Platte unmerklich in nordöstliche Richtung. Zwischen dem Pazifischen Ozean und dem Karibischen Meer erstreckt sich durch das ganze guatemaltekische Hochland eine Kette meist kegelförmiger Vulkane, dessen höchste Erhebung der Tajumulco mit 4220 m ist.

Nur zwei Tage nachdem Pedro de Alvarados Witwe Beatriz 1541 als Regentin in Ciudad Vieja eingesetzt wurde, begrub eine Schlammlawine des Vulkans Agua die erst 1527 gegründete Hauptstadt mitsamt ihren Bewohnern – ein Ereignis, das mit Genugtuung in den Annalen der Cakchiquel erwähnt wird. 1543 verlegten daraufhin die Spanier ihre Hauptstadt Santiago de los Caballeros, das heutige Antigua, 8 km weiter in das Valle de Panchoy, bis ein katastrophales Erdbeben 1773 die Metropole völlig zerstörte und drei Jahre später eine abermalige Neugründung nötig machte.

In der heutigen Hauptstadt Ciudad de Guatemala im Valle de la Ermita bebte wiederholt die Erde, z. B. 1917 und 1918. Katastrophal wirkte sich jedoch das Erdbeben von 1976 aus, das 7,5 auf der Richterskala maß und sein Epizentrum in Chimaltenango hatte. Annähernd 27 000 Todesopfer waren zu beklagen, mehr als 1 Mio. Menschen wurden obdachlos. Eine unmittelbare Folge war die unkontrollierte

unteren Abhängen und die Höhenlage von 900 bis 2000 m bilden dabei die idealen Voraussetzungen für ausgedehnte Kaffeeplantagen, die mehr als jedes andere landwirtschaftliche Produkt die Geschichte und Gesellschaft Guatemalas seit der zweiten Hälfte des 19. Jhs. veränderten.

## Der aktivste der Vulkane

Die meisten der mehr als 30 Vulkane Guatemalas erheben sich gleichsam schlafend über den indiani-

Landflucht und das rasante Anwachsen der Slums in der Hauptstadt. Das vorerst letzte katastrophale Beben ereignete sich im Januar 2001. Es hatte sein Epizentrum vor der Küste El Salvadors und war sogar in Mexiko-Stadt deutlich zu spüren.

## Fruchtbare vulkanische Böden

Die Sierra Madre im mexikanischen Bundesstaat Chiapas markiert den Anfang einer langen vulkanischen Kette, die den Isthmus von Mittelamerika durchquert. Diese Vulkane bilden, nicht zuletzt durch den Einfluss des Pazifischen Ozeans im Westen und des Karibischen Meers im Osten, eine Vielzahl von Mikroklimata mit speziellen ökologischen Nischen. Fruchtbare, verwitterte Asche an ihren

schen Dörfern des Hochlands. Außer den Rauchfahnen des Vulkans Fuego bei Antigua zieht vor allem der Vulkan Pacaya südlich von Ciudad de Guatemala die besondere Aufmerksamkeit auf sich. Seit 1965 reicht seine beständige Aktivität von Gasausstößen und kleinen Explosionen bis zu gewaltigen Ausbrüchen mit Magmaströmen und Lavabomben bis in 12 km Höhe. Obwohl solche heftigen Erruptionen eher selten zu beobachten sind, ragt der Vulkan drohend über dem Dorf San Vicente Pacaya, das bisweilen evakuiert werden muss. Zu organisierten Vulkanbesteigungen siehe Seite 351. ■

▲ Der Vulkan Pacaya über dem Lago de Amatitlán in Guatemala

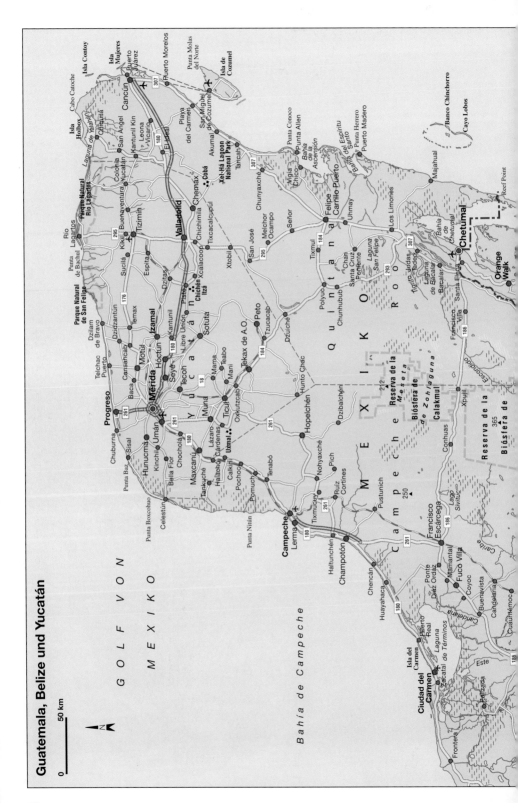

# Guatemala, Belize und Yucatán

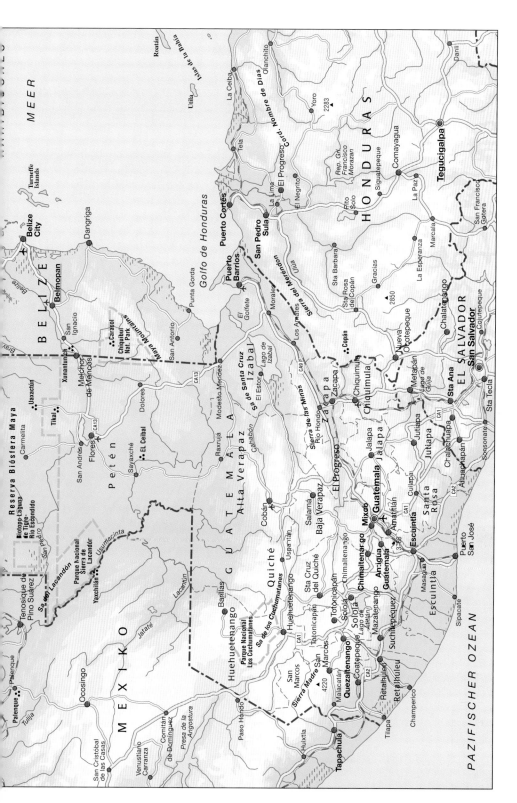

69

# Guatemala

Guatemala, ein kulturell unglaublich reichhaltiges und bezauberndes Land, ist von jeher das Herz der Maya-Welt. Etwa 7 Mio. Indígenas, d. h. Ureinwohner Amerikas, leben heute in diesem Staat und bilden dabei mit über 60 % die absolute Bevölkerungsmehrheit. Ihre Dynamik und einzigartigen kulturellen Traditionen sind die hervorstechendsten Merkmale der Region, die in ganz Amerika – neben dem Altiplano in Südperu und Bolivien – am stärksten indianisch geprägt ist. Ihre verschiedenartigen Sprachen, Feste und Tänze, religiösen Vorstellungen, kunstvoll gewebten Kleider sowie ihr Lebensgefühl überdauerten eine 500-jährige Kolonialherrschaft und fortwährende Ausbeutung und Unterdrückung.

## Der Naturraum und seine Bewohner
Mit 108 889 km² ist Guatemala nach Nicaragua und Honduras der größte Staat Mittelamerikas und vereint eine Vielfalt unterschiedlichster Landschaften. Fast endlos erscheinende tropische Regenwälder bedecken das Tiefland des Petén, das nördliche Drittel der Landesfläche. Es ist spärlich besiedelt, aber gesegnet mit einer weithin unberührten Tier- und Pflanzenwelt und fantastischen archäologischen Stätten. Im Gegensatz dazu ist das ebenfalls humide Flachland des Río Dulce und der Unterlauf des Río Motagua an der Karibikküste vornehmlich von Garífuna bewohnt. Dieses Mischvolk aus schwarzen Sklaven und karibischen Indígenas bildet mit einer eigenen Sprache und eigenen Sitten eine bemerkenswerte ethnische Gruppe am Golf von Honduras.

Den mit Kakteen zum Teil fast wüstenhaft erscheinenden Osten an der Grenze zu El Salvador und Honduras besiedeln überwiegend Mestizos, d. h. indianisch-weiße Mischlinge, die in Guatemala und den Nachbarländern meist Ladinos genannt werden. Sie bestellen auch mehrheitlich die ausgedehnten Baumwoll- und Zuckerplantagen entlang der savannenartigen, äußerst schwülen Pazifikküste mit ihren schwarzen Sandstränden.

Der Mehrzahl der Maya, aufgesplittert in 21 unterschiedliche Sprachgruppen, drängt sich in den breiten Tälern und Becken des Hochlands zusammen, besonders zwischen Ciudad de Guatemala und San Marcos. Es wird von mächtigen, teilweise noch aktiven Vulkanen bekrönt, deren aus zahlreichen Eruptionen stammende Asche fruchtbare Böden bildet und das Land ideal für den Kaffeeanbau macht. Hauptattraktion der *tierras altas* ist der tiefblaue Lago Atitlán – mit seinen traditionellen Dörfern und ebenmäßigen Vulkanen zweifellos einer der schönsten Seen der Welt.

In den unzähligen kleinen Gemeinden orientiert sich das Leben an den über viele Jahrhunderte tradierten Bräuchen. Obwohl sich die meisten Indígenas nominell entweder zum Katholizismus oder einer evangelikalen Sekte bekennen, sind sowohl vorspanische Weltsicht als auch Riten, Zeremonien und Glaubensvorstellungen noch heute lebendig. Bohnen, Chili und Kürbisse werden als Grundnahrungsmittel auf kleinen Feldern kultiviert, aber am bedeutendsten ist der Mais, dem auch ein heiliger Aspekt zuiommt: In der Mythologie wurde der Mensch aus Maismehl erschaffen. Daher bezeichnen sich die Maya selbst auch als *hombres de maíz* – Maismenschen.

## Politik und Wirtschaft
Die politische und wirtschaftliche Macht ist in den Händen einer kleinen Minderheit aus Ladinos und weißen Kreolen *(criollos),* d. h. in Amerika geborenen Nachkommen der spanischen Kolonialherren, konzentriert. Die tiefe Kluft der beiden großen Gruppen der guatemaltekischen Gesellschaft – Maya einerseits und Ladinos bzw. Kreolen andererseits – ist ein latenter Konfliktstoff. Die Kultur der Ladinos, auch *mestizaje* genannt, ist vom übrigen Lateinamerika und den USA geprägt: Man hört karibische Rhythmen, isst Hamburger, sieht Spielfilme aus Hollywood und folgt westlichen Wertvorstellungen. Die Mestizos beherrschen auch das gesamte Militär – von der Unabhängigkeit 1821 bis heute die mächtigste Kraft in Guatemala. Nach einem 36-jährigen Bürgerkrieg

◄◄ **Sonnenuntergang am Lago de Atitlán – Blumenverkäuferinnen vor der Kirche Santo Tomás in Chichicastenango**
◄ **Die farbenprächtige Fassade der Kirche San Andrés Xecul bei Quetzaltenango**

mit nahezu 200 000 überwiegend indianischen Opfern wurde die politisch und rassistisch motivierte Gewalt 1996 mit einem Friedensvertrag zwischen Guerillas und Regierung beendet. Er lässt eine friedvollere Zukunft für das Land hoffen, obgleich die Kriminalität gestiegen ist, wichtige Klauseln des Abkommens bis heute nicht erfüllt wurden und die alles entscheidende Landreform noch aussteht.

## Kulturelles Zentrum Mittelamerikas

Das Hochland Guatemalas und der Petén sind seit Jahrtausenden der kulturelle und wirtschaftliche Brennpunkt Mittelamerikas. Hier blühten bereits in der mittleren und späten Präklassik (800 v. Chr. bis 250 n. Chr.) so bedeutende Handels- und Kultzentren wie Kaminaljuyú und El Mirador. Während der klassischen Zeit (250–900), dem Höhepunkt der Maya-Kultur in Architektur, bildenden Künsten, Wissenschaft und Astronomie, dominierten Tikal und Calakmul Dutzende selbstständige Stadtstaaten.

Von Mexiko kommend, gründete 1524 Pedro de Alvarado, der Konquistador Guatemalas, im zentralen Hochland die neue spanische Hauptstadt in Iximché, ehe er weiter nach Honduras zog. Ab 1543 entwickelte sich Santiago de los Caballeros, das heutige Antigua, mit zahlreichen Kirchen und Klöstern sowie einer Universität zu einer prosperierenden Metropole, neben Ciudad de México und Lima die prächtigste Stadt der Neuen Welt. Heutzutage ist Guatemala mit annähernd 14 Mio. Einwohnern der bevölkerungsreichste Staat Mittelamerikas, und Ciudad de Guatemala, die vierte Hauptstadt des Landes, das bedeutendste Industrie- und Handelszentrum der Region.

## Das Klima

»Land des ewigen Frühlings« wird das liebliche Hochland Guatemalas häufig genannt – und tatsächlich sind fast das ganze Jahr über die Tage angenehm warm und die Nächte mild, das Klima insgesamt sehr gesund.

Der wichtigste Faktor dabei ist die Höhenlage. Der größte Teil der *tierras altas,* einschließlich Guatemala-Stadt, Antigua, Lago Atitlán, Chichicastenango und Huehuetenango, liegen 1300 bis 1800 m über dem Meeresspiegel, mit Tagestemperaturen von 18 bis 28 °C. Über 2100 m, beispielsweise in Quetzaltenango, kann es vor allem während der Nacht recht kalt werden. An der Pa-

zifik- und Karibikküste sowie im Petén ist die Hitze, zusammen mit hoher Luftfeuchtigkeit, mitunter sehr belastend. Tagestemperaturen von über 30 °C über das Jahr hinweg sind dabei die Regel. Auf Grund dieser vielfältigen Klimazonen sollte man sowohl weite luftige als auch warme Kleidung mitnehmen.

In Guatemala wie im übrigen Mittelamerika gibt es nur zwei ausgeprägte Jahreszeiten. Während des so genannten Winters *(invierno),* d. h. von Mai bis Oktober, ist Regenzeit. Die Niederschläge, meist am Nachmittag, sind kurz, dafür aber sehr heftig. Die Vormittage sind häufig klar mit guten Fernsichten. Der Sommer *(verano)* dauert von November bis April. Paradoxerweise fallen in diese ausgeprägte Trockenzeit die kühlsten Nachttemperaturen im Dezember und Januar. Dies ist die beste Zeit das Land zu besuchen, im April und Anfang Mai überschreiten die Tagestemperaturen bisweilen 30 °C.

## Touristische Höhepunkte

Neben dem Lago Atitlán und dem kolonialzeitlichen Juwel Antigua ziehen im zentralen und westlichen Hochland vor allem die lebendigen Märkte die besondere Aufmerksamkeit auf sich. Der wegen seiner ehrwürdigen Kirche und farbenprächtigen Textilien sicherlich bekannteste und meistbesuchte *mercado* findet jeden Donnerstag und Sonntag in Chichicastenango statt. Weitere, von Touristen weniger besuchte Märkte findet man z. B. in San Francisco El Alto, San Cristóbal Totonicapán, Sololá, Todos Santos Cuchumatán und Chimaltenango. In Guatemala-Stadt sind die bedeutendsten Attraktionen neben der großen Reliefkarte des Landes der Parque Central mit dem Nationalpalast und der Kathedrale sowie die Museen, allen voran das Museo Nacional de Antropología y Etnografía, das Museo Popol Vuh und das Museo Ixchel. Archäologische Glanzpunkte sind Quiriguá mit den höchsten Maya-Stelen überhaupt und die zahlreichen, oftmals weitläufigen Ruinen im Petén, so etwa El Ceibal, Aguateca, Piedras Negras und Uaxactún. Alle überstrahlt an Eleganz und Größe das weltberühmte Tikal im gleichnamigen Nationalpark, der ein Paradies zur Beobachtung wilder Tiere ist. ∎

▶ **Indígenas aus Joyabaj im westlichen Hochland Guatemalas**

# Militärdiktaturen und Repression – Guatemala im 19. und 20. Jahrhundert

Guatemala erklärte sich am 15. September 1821 formell unabhängig von Spanien. Kurze Zeit später wurde es Mexiko angegliedert, das das Zentrum des spanischen Vizekönigreichs war und nun von einem Kaiser, Agustín Iturbide, regiert wurde.

1823 gelang es Guatemala, Honduras, El Salvador, Nicaragua und Costa Rica sich zu den »Vereinigten Provinzen Zentralamerikas« mit Regierungssitz in Guatemala-Stadt zusammenzuschließen. Diese von Machtkämpfen geprägte Föderation, dessen erster Präsident der Guatemalteke Manuel José Arce war, dauerte jedoch nur sechs Jahre. 1829 nahmen rebellierende Truppen aus Honduras, die sich selbst »Vereinte Armee zum Schutz des Gesetzes« nannten, unter General Francisco Morazán Guatemala-Stadt ein.

## Despotisches Erbe

Morazán war der erste in einer langen Reihe von Diktatoren in Guatemala. 1830 erklärte er sich selbst zum Regierungschef des Staatenbundes und schuf damit einen Präzedenzfall. In den nächsten acht Jahren gestaltete er eigenmächtig das Land um: Privilegien der katholischen Kirche wurden abgeschafft, Landbesitz umverteilt und zahlreiche Siedlungen gegründet. 1833 verlegte er die Hauptstadt nach San Salvador in El Salvador. Guatemala selbst wurde von Mariano Galvez, später von Rafael Carrera regiert. Mit wachsenden Schwierigkeiten kämpfte der Diktator um den Erhalt der Föderation, die schließlich 1838 auseinander brach.

Von 1839 bis 1871 wurde Guatemala von den Konservativen beherrscht: bis 1865 von General Rafael Carrera, gefolgt von Vicente Cerna. Wie zur Kolonialzeit war die politische Macht in den Händen einer kleinen Minderheit von Ladinos. Die Maya, die Bevölkerungsmehrheit im Land, wurden fast vollständig vom politischen Prozess ausgeschlossen und ihres privaten oder gemeinschaftlich genutzten Landes *(ejido)* beraubt.

Diese schwierige Situation verschärfte sich nochmals während der liberalen Wirtschaftspolitik der Generäle Justo Rufino Barrios (1873 bis 1885) und Estrada Cabrera (1898–1921). Nach Erfindung synthetischer Farbstoffe um die Jahrhundertmitte verfielen die Weltmarktpreise von Indigo und Koschenille, der beiden wichtigsten

Exportprodukte Guatemalas. Stattdessen setzte man auf den flächenraubenden Anbau anderer Produkte, vor allem mit deutschem Kapital auf Kaffee und später zusätzlich auf Bananen. Hierzu etablierte sich die *United Fruit Company* (UFCo) in Boston (s. S. 155), die im Lauf der Zeit ihren Einfluss auf die gesamte Politik, Wirtschaft und Gesellschaft ausdehnen konnte. »Eine kleine Ladino-Elite und US-amerikanische Firmen bereicherten sich an den Gewinnen und vertrieben die indianischen Bauern nicht nur von ihrem Gemeinschaftsland, sondern zwangen sie auch – teilweise mit militärischer Gewalt und meist unter menschenunwürdigen Bedingungen –, ihre Plantagen abzuernten.« (S. Kurtenbach).

◀ **Kaffeefinca im Jahr 1885**
▶ **General Justo Rufino Barrios**

Eine Reihe schwacher Präsidenten und Militärputsche kennzeichnete die 20er Jahre des 20. Jhs. Mit US-amerikanischer Hilfe ging 1931 in gefälschten Wahlen General Jorge Ubico als Sieger hervor. In nur 13 Jahren brachte der größenwahnsinnige Diktator, der ein glühender Verehrer Napoleons I. war, Guatemala an den Rand des Abgrunds: Politische Prozesse und Morde waren an der Tagesordnung, die Alphabetisierung vor allem der ländlichen Bevölkerung wurde gezielt unterbunden, die UFCo entwickelte sich zum Staat im Staat mit eigenen Gesetzen, die Industrialisierung stand den Interessen der herrschenden guatemal-

schen Strukturen einen moderen Staat nach demokratischen Prinzipien zu formen. Unter anderem wurden Sozial- und Krankenversicherung eingeführt, Presse-, Versammlungs- und Meinungsfreiheit garantiert, die Alphabetisierung vorangetrieben, die Industrialisierung gefördert und Gewerkschaften zugelassen. Diesen Reformkurs führte 1951 Jacobo Arbenz Guzmán fort, der die alles entscheidende Agrarfrage anging. Gegen finanzielle Entschädigung enteignete und verteilte er das brach liegende Land der UFCo an besitzlose Bauern. Der bei den Einheimischen verhasste Konzern besaß 42 % der landwirtschaftlich nutz-

tekischen Minorität im Wege und wurde deshalb blockiert. Ubico führte auch die so genannten Vagabundengesetze seiner Vorgänger wieder ein, die die Maya zu Arbeitsleistungen auf den Plantagen verpflichtete. Auf Druck der USA musste er, der mit Mussolini und Hitler sympathisierte, auch die deutschen Kaffeebarone *(cafefinqueros, cafeteros)* enteignen.

## Die »Dekade der Reformen«

Nach dem Sturz Ubicos 1944 wurden zum ersten Mal in der Geschichte Guatemalas freie Wahlen abgehalten. Der neue Präsident Juan José Arévalo (1945–1951) setzte sich zum Ziel, aus dem heruntergewirtschafteten Land mit seinen feudalisti-

baren Fläche Guatemalas, bebaute davon aber lediglich 15 %.

Auf Veranlassung der UFCo startete das amerikanische Außenministerium eine internationale Hetzkampagne gegen Arbenz, dessen Regierung als kommunistisch verfemt wurde. Mit militärischer und logistischer Unterstützung der CIA marschierte 1954 eine »Befreiungsarmee« unter der Führung von Carlos Castillo Armas von Honduras aus nach Guatemala-Stadt. Zahlreiche Offiziere liefen über, Arbenz selbst wurde wenige Tage später zum Rücktritt gezwungen. In ganz Lateinamerika brach ein Sturm der Entrüstung los, und in zahlreichen Städten demonstrierte das Volk gegen die imperialistische Politik der USA.

## Der Beginn des Bürgerkriegs

Für die nächsten Jahrzehnte kehrte Guatemala zur Militärdiktatur zurück. Der von den USA hofierte Castillo Armas machte sämtliche demokratischen Errungenschaften seiner beiden Vorgänger sowie die Agrarreform wieder rückgängig. Mittels einer »schwarzen Liste« wurden mehr als 40 000 politische Gegner, Gewerkschafter, Intelektuelle und Führer verschiedener Basisbewegungen verfolgt, ermordet oder ins Exil getrieben. 1957 wurde Armas im Nationalpalast ermordet.

Eine indirekte Folge des durch den Putsch 1954 gewaltsam beendeten Demokratisierungsgen die Regierungstruppen und kontrollierte zeitweise große Gebiete in den östlichen Verwaltungsbezirken. Durch spezielle Antiguerillaeinheiten längst aufgerieben, versuchten sie noch 1970 mit letzten Verzweiflungstaten das Blatt zu wenden. Paramilitärische Terrorkommandos unter Carlos Arana Osorio (1970–1974), der vom Volk *araña* (»Spinne«) genannt wurde, beendeten den letzten Widerstand der Rebellen.

Nach einigen Jahren relativer Ruhe, in die auch das schwere Erdbeben 1976 fiel, wurde Guatemala in der zweiten Phase des Bürgerkriegs zu einem Massengrab.

prozesses war ein Bürgerkrieg, der Guatemala fast vier Jahrzehnte heimsuchte. Beeindruckt von der geglückten Revolution Fidel Castros auf Kuba 1959 glaubten linksgerichtete Soldaten, dass nur durch einen bewaffneten Konflikt die herrschenden Militärdiktatoren in Guatemala-Stadt beseitigt werden könnten. Von 1960 bis 1968 kämpfte eine kleine Gruppe von nur etwa 600 Guerilleros unter dem Namen *Fuerzas Armadas Rebeldes* (FAR) ge-

◀ Panzós – ein typisches Dorf
**Guatemalas am Ende des 19. Jhs.**
▲ **Maya aus Santiago Atitlán
zu Beginn des 20. Jhs.**

### Genozid und Politik der verbrannten Erde

1978 übernahm der Großgrundbesitzer und General Romeo Lucas García die Regierungsgeschäfte. Korruption, Verbrechen, Wirtschaftskrise und Gewalt erreichten einen vorläufigen Höhepunkt, ebenso die Repression gegenüber der indigenen Bevölkerung. Diese sozialen und wirtschaftlichen Spannungen stärkten die Aktivität von Untergrundkämpfern, die sich in vier unterschiedlichen Gruppen mit zum Teil abweichenden Zielen von neuem formierten. Mit linksgerichteten Parolen suchten die Guerilleros, die sich überwiegend aus Studenten, Gewerkschaftern, kommunistischen Parteiangehörigen und weiteren politischen Gegnern der Militärdiktatur zusammensetzten, insbe-

# Evangelikale Sekten

Obwohl Guatemala offiziell ein römisch-katholisches Land ist, gewannen in den 1970er und 1980er Jahren evangelikale Sekten zahlreiche Anhänger unter den Ladinos und den Maya. Der Katholizismus wurde von den Spaniern und der nationalen Elite in den politischen Zentren und den unzähligen Dörfern seit nahezu 500 Jahren propagiert. Während dieser Zeit wurden jedoch kaum Anstrengungen unternommen die Bibel in die verschiedenen indigenen Sprachen zu über-

setzten. Zudem war die Liturgie für die Maya oftmals unverständlich.

Während des seit 1960 andauernden Bürgerkriegs arrangierte sich – wie schon die Jahrhunderte zuvor – ein Großteil des hohen Klerus mit den Machthabern und ergriff offen Partei für die Militärdiktaturen. In dieser von Gewalt und Mord gekennzeichneten Zeit unterstützten aber auch zahlreiche katholische Priester, Laien und Katecheten ländliche Entwicklungsprojekte und Bauernvereinigungen und halfen den Unterdrückten bei der Bewältigung von Alltagsproblemen. Diese Akti-

▲ Efrain Ríos Montt – ein religiöser Fanatiker

vitäten erweckten jedoch den Argwohn der Regierung, die sie als Kommunisten und angebliche Guerillasympathisanten verfolgte. Paramilitärische Todesschwadronen ermordeten in wenigen Jahren hunderte von ihnen, sodass sie sich aus den ländlichen Gebieten weitgehend zurückzogen.

Dieses Vakuum füllten in der Folgezeit etwa 200 evangelikale Sekten vor allem aus den USA, etwa die Methodisten, Baptisten, Zeugen Jehovas und Nazarener, vor allem aber die Anhänger der Iglesia de los Santos de los Últimos Días, die die »Urkirche« erneuern wollen. Die Prediger übersetzten die Bibel in die indianischen Sprachen, lehren politische Passivität und lehnen – ganz im Sinne der herrschenden Minderheit – Basisorganisationen wie Gewerkschaften ab. Die besondere Anziehungskraft auf Ladinos wie auf Maya liegt vor allem in der Art des öffentlichen Auftretens begründet: Die Botschaften werden auf Plätzen und in den reich geschmückten Kirchen lautstark mit Mikrofonen verkündet, wobei besonders während der Gottesdienste mit peppiger moderner Musik eine Art Volksfeststimmung unter den Zuhörern aufkommt.

Besonders nach dem verheerenden Erdbeben 1976 wurde die Missionierung im Zuge der gesendeten Hilfslieferungen vorangetrieben. Bis zu Beginn der 1980er Jahre wuchsen die verschiedenen evangelikalen Kirchen zu einer bedeutenden politischen Macht in Guatemala. Diesen starken Einfluss auf die Gesellschaft konnten sie weiter ausdehnen, als 1982 General Efrain Ríos Montt die Staatsführung übernahm.

Der Diktator, der seit den 1970er Jahren ein Mitglied der »El Verbo«-Sekte (Pfingstbewegung) ist, wurde der erste protestantische Präsident Guatemalas. Obwohl er international wegen des Genozids an den Maya zur Zeit des Bürgerkriegs geächtet ist, brachte ihm seine kompromisslose Botschaft von »Gesetz und Ordnung in einer gottlosen Gesellschaft« auch zahlreiche politische Anhänger.

Seine Popularität setzte sich in den 1990er Jahren fort. Seine Partei, die Frente Republicano Guatemalteco (FRG) gewann 1999 die Wahlen; er selbst wurde zum Präsidenten des Kongresses gewählt. Diese Tatsache zeigt, dass die evangelikalen Sekten mit heute etwa 40 % der Gesamtbevölkerung eine bedeutende Rolle spielen. ■

sondere auch die Unterstützung der auf dem Land lebenden Indígenas. Ihr Erfolg war meist gering – nur verhältnismäßig wenige Maya identifizierten sich mit ihren Idealen und schlossen sich ihnen an. Um ihre Kampfkraft zu stärken, vereinigten sich die verschiedenen Verbände 1982 zur *Unión Revolucionaria Nacional Guatemalteca* (URNG). Von den ungezählten Verbrechen während der Amtszeit Garcías sei nur das Massaker von Panzós 1978 erwähnt, bei dem das Militär hunderte Indígenas niedermetzelte, die friedlich gegen die Vertreibung von ihren Feldern durch Viehzüchter protestiert hatten. 1980 stürmten Soldaten die

das *Triángulo Ixil,* in denen die Regierung Guerillaeinheiten- und Sympathisanten vermutete, wurden flächendeckend bombardiert. Paramilitärische Todesschwadronen, so genannte Selbstverteidigungspatrouillen, ermordeten in nur wenigen Monaten hunderte katholische Katecheten, Priester und Führer von Basisorganisationen (s. S. 80) sowie zigtausende Maya auf dem Land, allein 9000 im September 1982. Zur »Politik der verbrannten Erde« gehörte auch die Abschlachtung des Viehs und die Zerstörung der Häuser. Stattdessen errichtete man so genannte Modelldörfer, mit denen man die Identität der Maya

Spanische Botschaft: Sie wurde von 32 indianischen Bauern besetzt, die damit die Weltöffentlichkeit auf die unerträgliche Lebenssituation der Maya und auf den Terror in Guatemala aufmerksam machen wollten – in den Flammen starb unter anderem Vicente Menchú, der Vater der Friedensnobelpreisträgerin von 1992.

1982 putschte sich General Efraín Ríos Montt an die Macht. Mit ihm und seinem Nachfolger Óscar Mejía Víctores erreichte das Grauen seinen Höhepunkt. Ganze Landstriche, beispielsweise

zu brechen versuchte. Hunderttausende Indígenas, die in dem Bürgerkrieg gleichsam zwischen den Fronten standen, flüchteten ins Ausland, vor allem nach Chiapas in Mexiko.

Die Repression der Militärs und der Genozid an den Maya wurde maßgeblich von anderen Staaten, insbesondere den USA gefördert – logistisch mit Militärberatern und materiell mit Waffenlieferungen. Diese als »humanitäre Hilfe« deklarierte massive Unterstützung wurde lediglich für kurze Zeit von Präsident Jimmy Carter unterbrochen. Ein großer Teil des Klerus ergriff für die Militärregierungen offen Partei; so sprach Erzbischof Casariego in Anspielung auf die Gewalt im Land von der »Glückseligkeit der Armen«.

▲ **Gedenkstätte in Nebaj für die indigenen Opfer des Bürgerkriegs**

## Der lange Weg zum Frieden

Mit der Wahl zu einer verfassungsgebenden Versammlung setzte 1984 ein langsamer politischer Öffnungsprozess ein; Korruption und Menschenrechtsverletzungen gehörten nichtsdestoweniger weiterhin zum Alltag in Guatemala. Die Präsidentschaftswahlen 1985 gewann der Christdemokrat Vinicio Cerezo Arévalo, der im darauf folgenden Jahr als erster ziviler Präsident seit drei Jahrzehnten sein Amt antrat. Im Rahmen des zentralamerikanischen Friedensprozesses begannen 1987 in Madrid die ersten schwierigen Kontakte zwischen der Regierung und der URNG.

1994 wurde ein Abkommen über die Ansiedlung der Flüchtlinge unterzeichnet und die Bildung einer »Kommission zur historischen Aufklärung der Menschenrechtsverletzungen« (CEH) beschlossen.

Bei den Präsidentschaftswahlen 1995 setzte sich Álvaro Arzú, ein Geschäftsmann und ehemaliger Bürgermeister von Guatemala-Stadt, mit seiner »Nationalen Fortschrittspartei« (PAN) durch. Während seiner Amtszeit (1996–1999) ging Arzú entschlossen gegen die anhaltende Korruption sowie gegen den Drogenhandel vor, in den höchste Angehörige der Regierung und des Militärs verstrickt sind. Sein größter Erfolg war jedoch die Un-

terzeichnung des Friedensabkommens Ende 1996 zwischen der Regierung und der Guerilla.

Nach fünf Jahren intensiver Nachforschungen legte 1999 die CEH ihren Bericht vor: In dem 36 Jahre dauernden Bürgerkrieg wurden 440 Dörfer zerstört und mehr als 1100 Massaker begangen; annähernd 200 000 Menschen kamen in dem Konflikt um, etwa 80 % davon waren Indígenas. 93 % der dokumentierten Gewalttaten wurden von Regierungstruppen oder paramilitärischen Todesschwadronen verübt, 3 % von Guerilleros.

## Endlich Frieden?

Am 14. Januar 2004 trat Óscar Rafael Berger Perdomo von der »Großen Nationalen Allianz« (GANA) das Amt an, nachdem er sich 2003 bei der Präsidentschaftswahl u. a. gegen den Ex-Diktator Ríos Montt durchgesetzt hat. Er nahm den Plan seines Vorgängers Alfonso Portillo (FRG) wieder auf, »Entschädigungszahlungen« an die Mitglieder der 1996 aufgelösten Paramilitärischen Todesschwadronen (PAC; s. S. 81) zu leisten.

Im Mai 2004 vereinbarten die USA mit Guatemala und fünf weiteren Staaten das »Abkommen über die Zentralamerikanische Freihandelszone« (CAFTA), gegen das insbesondere die Maya-Bauern wegen der übermächtigen US-Landwirtschaft protestierten.

Nach Ablauf ihres Mandats zog sich am 15. November 2004 die UN-Überwachungsmission in Guatemala (MINUGUA) zurück. Als Erfolge konnte sie das ansatzweise Ende der staatlich unterstützten Menschenrechtsverletzungen und die Verkleinerung der Armee beobachten, doch gibt es bis heute wenig Fortschritte bei der Bekämpfung der Korruption und der – seit dem Bürgerkrieg stark gestiegenen – Gewalt- und Bandenkriminalität, der Linderung der Armut v. a. auf dem Land, der Konsolidierung des Rechtsstaats, der Entschädigung der Kriegsopfer sowie der Rassendiskriminierung.

Für einen wirklichen dauerhaften Frieden in Guatemala ist jedoch neben einer längst überfälligen Agrarreform ein neues Bewusstsein in der Gesellschaft nötig, geprägt vor allem von der Achtung gegenüber der indigenen Lebensweise: Denn »Frieden ist mehr als nur die Abwesenheit von Krieg« (R. Menchú). ■

◀ **Álvaro Arzú – Präsident Guatemalas von 1996 bis 1999**

# Rigoberta Menchú

Der bekannteste Guatemalteke ist nicht der Präsident, ein Drogenbaron oder ein Sportstar, sondern die Quiché und Menschenrechtlerin Rigoberta Menchú Tum, die 1992 den Friedensnobelpreis für ihren unermüdlichen Einsatz zu Gunsten der indigenen Bevölkerung in Guatemala und auf der Welt verliehen bekam. Menchú ist in ihrer Heimat eine umstrittene Figur, verherrlicht von den Maya und der politischen Linken, verdammt von der herrschenden Elite als Exguerillera und subversive Kraft, die das internationale Ansehen des Landes schädigt.

Rigoberta Menchú wurde 1959 nahe dem Städchen Uspantán im Departamento Quiché geboren. In ihrer 1983 veröffentlichten Autobiographie »Rigoberta Menchú – Leben in Guatemala« beschreibt sie, wie die unvorstellbare Brutalität des guatemaltekischen Militärs ihre Familie während des Bürgerkriegs erfasste, wie Mutter, Vater und Brüder als angebliche Guerillasympathisanten verfolgt und schließlich in ihrem Kampf um den familieneigenen Landbesitz grausam umgebracht wurden. In kraftvoller und eindeutiger Sprache verweist Menchú, die als Frau, Indianerin und Arme gegen ein übermächtiges Klassensystem kämpfte, auf die Ungleichheit der guatemaltekischen Gesellschaft: die kulturelle Kluft zwischen Ladinos und Maya, die offensichtliche Ungerechtigkeit hinsichtlich Wohlstand, Gesundheitsvorsorge und Bildungsmöglichkeiten zwischen den Besitzlosen und den Reichen des Landes. Sie erzählt auch davon, dass sie selbst nie eine Schule besuchte, wie ihre Familie gezwungen war unter menschenunwürdigen Bedingungen auf den Plantagen der Pazifikküste zu arbeiten und wie sie schließlich 1981 ins Exil nach Mexiko floh. Diese Ereignisse dokumentiert sie auch in dem 1992 erschienen Werk »Klage der Erde«, in dem sie auch die Entwicklung des Komitees der Landarbeiter (CUC) darstellt.

»Leben in Guatemala« wurde ein weltweiter Bestseller und stellte die Autorin ins internationale Rampenlicht. Menchú wurde ein vertrautes Gesicht bei den Vereinten Nationen in Genf. Unermüdlich setzte sie sich für die Rechte der Indígenas in Guatemala ein und schloss sich mit unterdrückten Minderheiten in anderen Staaten zusammen. Diesen Abschnitt ihres Lebens führt sie in ihrem 1998 erschienenen Buch »Die Enkelin der Maya« aus. Im Schlusskapitel geht sie auch auf die Kontroverse ihrer Nobelpreisverleihung ein: Während sie von politischen Anhängern und der indianischen Mehrheit im Land enthusiastisch gefeiert wurde, blieb Präsident Jorge Serrano Elías wegen angeblicher Ohrenschmerzen den Feierlichkeiten in Oslo fern.

1995 kehrte Menchú nach Guatemala zurück. Das Ansehen, das ihrem unterdrückten Volk weltweite Aufmerksamkeit brachte, konnte auch der amerikanische Anthropologe David Stoll nicht schä-

digen, der ihr 1998 kleine Ungereimtheiten und Fehler in ihrer Autobiographie nachwies. Rastlos kämpft sie in der UNO für die Rechte der indigenen Völker auf der Welt und mit ihrer Stiftung für politischen und sozialen Ausgleich in Guatemala. Nachdem die Quiché alle formalen Kriterien, einschließlich des notwendigen Mindestalters, für eine Präsidentschaftkandidatur erfüllt hat, gilt sie bei den nächsten Wahlen als aussichtsreiche Kandidatin. ■

▲ Die Quiché Rigoberta
Menchú – Hoffnungsträgerin
der unterdrückten indianischen
Mehrheit in Guatemala

# Maya-Alltag im Hochland

Die überwiegende Mehrheit der annähernd 7 Mio. Maya Guatemalas lebt in Kleinstädten und Dörfern des zentralen und westlichen Hochlands.

Für Großfamilien, die noch heute bei den Maya weit verbreitet sind, ist es üblich, dass drei bis vier Generationen in einem Haushalt zusammenleben. So bleiben oftmals – in einem eigenen Zimmer für die Familie – verheiratete Söhne weiterhin im Familienverband der Eltern. Junge Männer führen ein relativ eingeschränktes Leben unter der Autorität des Vaters, und lediglich diejenigen, die als Händler oder Saisonarbeiter außerhalb der Gemeinde arbeiten, sind von ihm unabhängig. Nur wenige Kinder haben auf Grund der schlechten wirtschaftlichen Situation der meisten Familien die Möglichkeit für ein paar Jahre eine Schule zu besuchen. Ältere Mädchen helfen gewöhnlich ihrer Mutter im Haus und kümmern sich um die jüngeren Geschwister, während Jungen ihre Väter zur Arbeit auf dem Feld begleiten.

## Landwirtschaft

Die Existenz eines Dorfes basiert weitgehend auf Subsistenz-Landwirtschaft. Zahlreiche Bauern besitzen eigene Parzellen landwirtschaftlicher Nutzfläche *(milpa)* um ihre kinderreichen Familien mit Mais und Bohnen zu versorgen. Manchmal erlaubt das Feld auch den Anbau von Kürbissen, Zwiebeln, Avocados oder Karotten, die dann auf dem Wochenmarkt verkauft werden. In der zweiten Hälfte des 19. Jhs. wurde jedoch das fruchtbarste Gemeindeland *(ejido)* der meisten Dörfer zur Anlage der flächenraubenden Kaffeeplantagen zwangsenteignet. Diese Tatsache sowie das verbreitete Prinzip der Erbteilung, womit ein Vater die eigenen Felder unter seinen Söhnen aufteilt, führten zu einer stetigen Verkleinerung der *milpas*. Seit Generationen können sich daher viele Familien nicht mehr allein mit ihren landwirtschaftlichen Erträgen versorgen. Sie sind gezwungen auf den riesigen Zuckerrohr- und Baumwollfincas an der Pazifikküste oder auf den

Kaffeeplantagen im Hochland als schlecht bezahlte Tagelöhner zu arbeiten – oft unter menschenunwürdigen Bedingungen.

Mais ist das Hauptnahrungsmittel der Indígenas. Zudem hat er eine mysthische Bedeutung, da dem *Popol Vuh* zufolge die Götter die Menschen aus Maismehl formten (s. S. 93). Nahezu schwarze und rote, ebenso wie die weiter verbreiteten gelben und weißen Sorten sind für Guatemala

charakteristisch, und manche Archäologen vermuten, dass deshalb diese vier Farben den Maya in präkolumbischer Zeit heilig waren.

## Tiefe Religiosität

Die Religion ist für die Maya von fundamentaler Bedeutung und durchdringt das alltägliche Leben. Die Mehrheit bekennt sich zum katholischen Glauben, viele praktizieren jedoch auch einen einzigartigen Volkskatholizismus, bei dem alte indianische und europäische Vorstellungen miteinander verschmelzen. Ein schönes Beispiel für diesen Synkretismus ist der Kult des Maximón oder San Simón (s. S. 123). Während der spanischen Kolonialzeit war es für die Maya verhältnismäßig

◀ **Cofrades in Chichicastenango**
▶ **Die Bearbeitung der Felder ist hauptsächlich Handarbeit**

leicht, christliche Glaubensinhalte zu übernehmen: Aufwändige, von Weihrauch *(kopal)* begleitete Zeremonien waren von jeher ein fester Bestandteil des religiösen Lebens, ebenso wie die Ehrerbietung des Kreuzes, eines wichtigen Symbols in vorspanischer Zeit. Pagane Gottheiten wurden einfach mit katholischen Heiligen identifiziert und wie zuvor verehrt.

Um die Missionierung zu erleichtern wurden von den Spaniern die *cofradías* eingeführt. Bald gewannen diese Laienbruderschaften aber eine eigene Bedeutung. Obwohl in manchen traditionellen Dörfern wie Chichicastenango, Nebaj und

Santiago Atitlán bis zu zehn *cofradías* die Heiligenverehrung organisieren, ging ihr gesellschaftlicher Einfluss seit der Mitte des 20. Jhs. beständig zurück.

## Schamanen

Außer Priestern in den Kirchen predigen heutzutage noch zahlreiche traditionelle Schamanen an bestimmten Heiligtümern in den Bergen. Diese Mittler zwischen Mensch und übernatürlicher Welt erteilen Ratschläge, beschwören Geister, verkünden oder bannen Flüche, sagen die Zukunft voraus, heilen Krankheiten und führen Regenzeremonien durch. Bei nahezu allen Opfern verbrennen die Priester Kerzen und *kopal,* häufig auch zusätzlich Hühner. Vor allem kennen sie auch die Bedeutung der einzelnen Tage des 260-tägigen, *tzolkin* genannten Wahrsagekalenders (s. S. 27). Weitere Aufgaben sind Gebete für das Wohlergehen der Gemeinde und den Erfolg der Ernten.

## Farbenfrohe Trachten

Die Ureinwohner Guatemalas und Chiapas' identifizieren sich hauptsächlich mit ihrem Dorf, weniger mit einem modernen Staat. Heiraten zwischen Mitgliedern verschiedener Gemeinden sind relativ selten, und das Selbstverständnis der Dorfgemeinschaft drückt sich vor allem in den verschiedenen, heute noch von der Mehrheit der Frauen getragenen Trachten aus.

Die traditionelle Kleidung der Indígenas kann in drei Kategorien eingeteilt werden: Stücke für den täglichen Gebrauch, kunstvollere Stücke für spezielle Anlässe und zeremonielle Trachten für

### Niedergang der Cofradías

Jede Laienbruderschaft (»cofradía«) verehrt einen einzelnen katholischen Heiligen und organisiert die notwendigen Riten und Prozessionen. Das Bildnis des Schutzpatrons hütet der Chef-Cofrade in seinem Haus, das den Status einer Kapelle annimmt. Die Mitglieder werden jährlich von den angesehensten Männern und Frauen der Gemeinde gewählt. Der oberste Cofrade ist bisweilen auch ein praktizierender Schamane.

In jüngster Zeit übernahmen kirchliche Komitees zahlreiche traditionelle Aufgaben der Cofradías, etwa die Pflege der Kirche, das Bereitstellen von Blumen und die Teilnahme an Begräbniszeremonien. In vielen Gemeinden führte dies zu beträchtlichen Spannungen zwischen den Cofrades und den Gemeindepfarrern, nicht zuletzt weil manche Zeremonien der Bruderschaften von schamanistischen Ritualen und reichlichem Alkoholgenuss begleitet werden. Für den Niedergang der Cofradía tragen auch die hohen Kosten einer Mitgliedschaft bei, denn im Gegensatz zu früher beteiligt sich nicht mehr die ganze Gemeinde an den finanziellen Ausgaben für die Ausrichtung des Patronatsfests.

die *cofradías*. Obwohl Farben, Muster, Webtechniken und Drapierung von Dorf zu Dorf variieren, tragen die Mädchen und Frauen alle die gleichen Kleidungsstücke: ein rechteckiges, häufig aus mehreren Teilen bestehendes blusenähnliches Obergewand *(huipil)* und einen in der Ikat- bzw. der Jaspe-Technik verzierten, mit einer Schärpe *(faja)* gehaltenen Wickelrock *(corte, refajo)*. In zahlreichen Gemeinden, z. B. Zunil bei Quetzaltenango und Nebaj im Triángulo Ixil, werden zusätzlich Haarbänder *(cintas de pelo)* und quadratische Tücher *(tzutes)* für vielerlei Zwecke verwendet. Einzig die breiten Röcke werden von

typischen *huipil, faja, corte* und *tzute* ihres Dorfes. Heutzutage tragen manche Frauen – aus persönlicher Vorliebe und wirtschaftlichen Gründen – auch Kleidungsstücke anderer Gemeinden. So werden beispielsweise nahezu alle Kragen der *huipiles* in Quetzaltenango maschinell und nicht mehr von Hand bestickt. Statt der herkömmlichen Baumwolle verwenden die Weberinnen oftmals billige Akrylfäden, meist für die *fajas*. Weitgehend unberührt von modernen Veränderungen blieben die *cortes:* Lediglich in Alta Verapaz und Quetzaltenango wurden die handgewebten Röcke durch maschinell produzierte abgelöst.

## Ikat-verzierte Röcke

Die Gemeinden Salcajá und Totonicapán (im Departamento Quetzaltenango) spezialisierten sich auf das Weben attraktiver, mittels der Ikat- oder Jaspe-Technik verzierter Röcke (»cortes«) und Tücher (»tzutes«), die auf den Märkten des gesamten Hochland feilgeboten werden.

Bei dieser Technik werden die Kettfäden in bestimmten Intervallen mit Schnüren o. Ä. abgebunden. Beim anschließenden Färben behalten diese Stellen ihre ursprüngliche Farbe. Die dadurch erzielten Muster reichen von einfachen geometrischen Figuren bis zu komplizierten Pflanzen- und Menschendarstellungen.

Die Arbeit findet zum Teil im Freien statt, da die oft 50 m langen gefärbten Kettfäden vor der Montage am Webstuhl ausgebreitet und geordnet werden müssen.

Männern in speziellen Werkstätten auf dem Trittwebstuhl hergestellt. Alle übrigen Kleidungsstücke fertigen Mädchen und Frauen kniend zu Hause auf dem Rückenbandwebstuhl, dessen einfache, aber effektive Konstruktion sich seit Jahrtausenden nicht verändert hat (s. S. 138 f.).

Noch vor zwanzig Jahren war es ein Leichtes, die Herkunft einer Indígena zweifelsfrei bestimmen zu können, denn sie trug ausnahmslos den

Ein weiterer Grund für die partielle oder vollständige Übernahme westlicher Kleidungsstücke ist neben den geringeren Kosten die weit verbreitete Diskriminierung der Indígenas durch Weiße und Ladinos. So versuchten während des Bürgerkriegs in den 1980er Jahren zahlreiche, vom Land in die relativ sicheren Städte geflohene Maya dadurch ihre wahre Identität und Herkunft zu verbergen und nicht als angebliche Guerillasympathisanten verfolgt zu werden. In jüngster Zeit beschleunigt sich dieser Prozess dadurch, dass immer mehr junge Frauen und Mädchen in größeren Städten, vor allem in Ciudad de Guatemala, arbeiten als früher und dadurch der Dorfgemeinschaft zunehmend entfremdet werden.

◀ **Junge Atitecos in traditioneller und moderner Kleidung**
▶ **Cofrade aus Chajul im Triángulo Ixil**

Trotz solcher Veränderungen tragen heutzutage immer noch die Mehrzahl aller Mädchen und Frauen im Hochland Guatemalas und Chiapas' ihre herkömmlichen, auf dem Rückenbandwebstuhl gefertigten Trachten, z. B. in Nebaj, Santa Catarina Palopó und San Pedro Sacatepéquez.

## Männertrachten

Die traditionelle Kleidung der Männer ist in nur einigen wenigen Dörfern lebendig, vor allem am Lago Atitlán sowie in der Cordillera de los Cuchumatanes. Im Gegensatz zu den Frauen, die häufig nie Haus und Dorf verlassen haben, waren die

Berühmt wurde die Tracht der Männer von Todos Santos Cuchumatán und San Juan Atitán im Departamento Huehuetenango: Hier trägt man zu roten Hosen und weißen Hemden mit breiten handgewebten Kragen zusätzlich geschlitzte Überhosen bzw. weiße Hosen und dunkle gegürtete Umhänge *(capisayos)*.

## Handwerk und Märkte

Für die Wirtschaft eines Dorfes war das Handwerk von jeher bedeutend. Einige Gemeinden spezialisierten sich sogar auf die Herstellung bestimmter Güter, die im gesamten Hochland vermarktet wer-

Männer stets offener für fremde Einflüsse. Seit Generationen arbeiten viele außerhalb der Gemeinde als Händler in den Städten oder als Saisonarbeiter auf den großen *fincas,* einige wenige sogar auch in den USA. Für sie war es immer vorteilhafter in westlicher Kleidung für Ladinos statt Indígenas gehalten zu werden.

In Santiago Atitlán und Santa Catarina Palopó am Lago Atitlán tragen noch zahlreiche Männer knielange gestreifte Hosen *(calzoncillos)* mit gestickten Vögeln bzw. mit broschierten geometrischen Motiven, die von breiten *fajas* gehalten werden. In San Antonio Palopó und Sololá findet man bisweilen zusätzlich ein wollenes Kleidungsstück *(rodillera)* um die Hüften gewickelt.

den. So ist Momostenango bekannt für Wolldecken und San Pablo La Laguna sowie San Juan Cotzal für Textilien aus Agavefasern. Santiago Atitlán ist das Zentrum für Schilfmatten als Unterlage beim Maismahlen als auch für Schmuck aus kleinen farbigen Perlen, während San Cristóbal Totonicapán glasierte Keramikschalen und Kochtöpfe produziert.

Wichtigster Absatzmarkt für landwirtschaftliche und handwerkliche Produkte ist der *mercado*

▲ **Schweinemarkt in Olintepeque**
▶ **Maskierte Tänzer des Baile de la Conquista in Chichicastenango**

in der Stadt oder im Dorf. Der Markttag ist zudem ein wichtiges soziales Ereignis, bei dem auch Neuigkeiten aus den einzelnen Dörfern ausgetauscht werden. Die Mehrzahl der Dörfer veranstaltet ein- oder zweimal pro Woche einen Markt, der gewöhnlich um den Hauptplatz *(parque central)* und in den angrenzenden Straßen stattfindet. Tägliche Märkte, z. B. in Antigua, oder überdachte Mercados, etwa in San Juan Chamelco, sind die Ausnahme.

Bauern und Händler sind oft viele Stunden zu Fuß oder mit dem Bus unterwegs um zu den großen Märkten, z. B. San Francisco El Alto, zu

Der wohl bekannteste Markt in Guatemala findet sich in Chichicastenango (Do und So), der sich hauptsächlich zu einem Kunsthandwerksmarkt für Touristen mit geschnitzten Masken und Textilien entwickelt hat. Weitere spezialisierte Mercados sind beispielsweise Almolonga (Sa) für Obst und Gemüse sowie Olintepeque (Di) für Vieh.

## Fiestas und Reinas de Belleza

Jedes Dorf hat einen heiligen Schutzpatron, deren man alljährlich mit einem drei- bis fünftägigen Fest *(fiesta)* gedenkt. Bei diesem Ereignis, zu dem Händler und Besucher aus dem ganzen Land zu-

gelangen. Während Frauen die Waren gewöhnlich in Körben auf dem Kopf tragen, transportieren sie Männer in Säcken auf dem Rücken mit einem Tragegurt, der von der Stirn gehalten wird.

sammenkommen, verwandeln sich die Orte in richtige Rummelplätze mit zahlreichen Verkaufsständen sowie Karussells und kleinen Riesenrädern etc. für Kinder.

### Broschierte Meisterwerke

Mit Ausnahme der Röcke (s. S. 89) werden nahezu alle traditionellen Kleidungsstücke der Indígenas mit der Technik der Broschur verziert. Dabei wird nicht ein schon fertiges Stück nachträglich mit Garnen bestickt, sondern das noch unfertige Gewebe am Rückenbandwebstuhl zusätzlich zu den regulären Schussfäden mit bunten Musterfäden langsam aufgebaut. Zahlreiche komplizierte Varianten dieser uralten Technik machen so aus einfachen Kleidungsstücken wahre Meisterwerke der Textilkunst: einseitiges oder doppelseitiges Broschieren; mit geöffnetem oder geschlossenem Fach; kurze oder lange Flottierungen; einfache oder sekundäre Kettmuster etc.

Zu Beginn der Feierlichkeiten wird eine Schönheitskönigin *(reina de belleza)* gewählt und anschließend auf einem Wagen durch die Straßen gefahren. Die Dorfverwaltung und häufig auch private Sponsoren organisieren populäre Tänze und Musikgruppen, die auf dem Hauptplatz auftreten. Dabei ist es nicht ungewöhnlich, dass innerhalb von 20 m drei Bands drei verschiedene Melodien gleichzeitig spielen!

Keine Fiesta ist wirklich erfolgreich, wenn nicht mindestens eine wohlhabende Person die Aufführung eines Maskentanzes stiftet. Diese fallen in zwei Kategorien: einfache, meist von Ladi-

nos dargestellte komische Charaktere und traditionelle, besonders bei den Maya beliebte Tänze mit kunstvollen Kostümen. Letztere spielen die spanische Eroberung Amerikas *(baile de la conquista)* und den Kampf zwischen Mauren und Christen *(moros y cristianos)* nach. Traditionelle Tänze begleitet man mit Trommeln, Flöten und insbesondere mit der überaus beliebten Marimba, einem Xylophontyp, den wohl schwarze Sklaven von Afrika nach Mittelamerika mitbrachten.

Höhepunkt eines jeden Festes ist die Prozession des Dorfheiligen, bei der eine Figur des Patrons von Musikern, Maskentänzern und Heiligen niederen Ranges begleitet wird, ehe das Fest mit einem großen Feuerwerk beendet wird.

## Feuerwerke und religiöse Feiern

Feuerwerke waren von jeher im gesamten Hochland ein wesentlicher Bestandteil der jährlichen Fiestas. Die Feuerwerkskörper reichen von einfachen Knallfröschen und Donnerschlägen zu komplizierten – und oft gefährlichen – Rohrkonstruktionen, die, nachdem man sie einem als Ochsen verkleideten Schausteller auf den Rücken gebunden hat, Raketen in alle Richtungen abschießen.

Besonders farbenprächtig sind die Festlichkeiten in Patzún an Corpus Christi (Ende Mai oder Anfang Juni), in Chichicastenango (18.–21. Dezember), in Sololá (11.–17. August) und Nebaj (12.–15. August). Am 1. und 2. November gedenken alle Maya ihrer Verstorbenen auf eine besondere Art: Die Familien versammeln sich auf den Friedhöfen und picknicken an den Gräbern ihrer Verstorbenen, begleitet von Marimba-Bands. In Santiago Sacatepéquez bringt man zudem riesige runde Flugdrachen *(barriletes gigantes)* mit bunten Darstellungen zu den Friedhöfen – ein unglaubliches Schauspiel, wenn der Wind stark genug ist. In Todos Santos Cuchumatán fällt auf dieses Datum das Fest des Dorfpatrons, das für sein Pferderennen bekannt ist.

In ganz Guatemala feiert man die Semana Santa mit überaus aufwändigen Prozessionen an Gründonnerstag und Karfreitag. Weltbekannt ist diejenige in Antigua, für die man die Straßen mit großen Teppichen aus Blumen und gefärbtem Sägemehl schmückt, über die dann die Teilnehmer der Prozession mit Figurengruppen schreiten. In manchen Maya-Gemeinden führen Schauspieler auch die Passion mit dem Letzten Abendmahl in der Pfarrkirche auf, die mit der Kreuzigung Jesu und der Schächer kulminiert.

Wichtige Feste werden so langfristig organisiert und optisch fesselnd auf verschiedenste Weise gefeiert, häufig mit einem jahrhundertealten Symbolgehalt aus christlichen und indianischen Elementen. Tatsächlich spiegeln sich manche Charakteristika in den auffälligen handgewebten, von Männern und Frauen getragenen Trachten wider, insbesondere in den *huipiles* der *cofradías,* nicht nur die Identität jedes einzelnen Dorfes zum Ausdruck bringen, sondern auch den sozialen Status des Trägers innerhalb der Gemeinde. ∎

◀ **Festival de los Barriletes
in Santiago Sacatepéquez**

# Die Maismenschen

Neben Bohnen und Kürbissen ist Mais seit Menschengedenken das Grundnahrungsmittel der Maya. Noch heute wird er fast unverändert wie zu Beginn der Kultivierung um 5000 v. Chr. angebaut. Gegen Ende der Trockenzeit im April säubern die Bauern ihre Felder (»milpas«), indem sie wild wucherndes Buschwerk verbrennen. Mit einem einfachen Stock graben sie Löcher in den Boden und setzen in jedes ein Maiskorn. Wenn der Regen nicht ausbleibt, können im November die reifen Kolben geerntet werden. Oft wird das Säen und Ernten von mehreren Familien eines Dorfes in Gemeinschaftsarbeit ausgeführt, was die sozialen Bindungen untereinander stärkt.

Die Körner werden mit speziellen Reibsteinen (»metates«) und Walzen (»manos«) gemahlen, in Wasser eingeweicht, mit etwas Kalk vermischt und anschließend auf verschiedene Weise weiterverarbeitet: Für Tamales gart man den in Bananen- oder Maisblätter gewickelten Teig im Dampf, für Tortillas werden die Fladen auf einer Platte (»comal«) aus Ton oder Blech über dem offenen Feuer gebacken. Ein Getränk aus Wasser und Maisteig ist Atole, das die Maya je nach Geschmack mit Salz, Honig oder Chili würzen.

Mais hatte auch immer eine wichtige symbolische Bedeutung für die Maya. Das »Popol Vuh«, das heilige Buch der Quiché, beschreibt die Erschaffung des Universums. Zuerst machten die Götter die Menschen aus Schlamm, der weggewaschen wurde. Dann fertigten sie die Menschheit aus Holz, fanden diese Geschöpfe jedoch leblos und starr. Im dritten Versuch gaben die Gottheiten ihnen Körper aus Fleisch und Blut, aber die Kreaturen wandten sich dem Schlechten zu und wurden von der Erde getilgt. Schließlich entschieden sie sich die Menschen aus Maismehl zu formen: »die Modellierung unseres ersten Elternpaars, mit gelben Körnern, weiße Körner für das Fleisch, für die menschlichen Beine und Arme, für unsere ersten Väter.«

Der Fruchtbarkeit des Maises war im Pantheon der Maya der Gott E zugeordnet, dessen menschlicher Kopf in einen Maiskolben übergeht. In postklassischer Zeit ist er mit Tonsur und Schädeldeformation der Prototyp des Hun Hunahpu, des Vaters der heroischen Zwillinge im »Popol Vuh«.

Der heilige Aspekt der Kulturpflanze hat bis in die Gegenwart überlebt. Zeremonien, die die Fruchtbarkeit der Erde sichern sollen, sind noch heute in den Dörfern des guatemaltekischen Hochlands weit verbreitet. Die religiöse Bedeutung des Maises wurde auf brillante Weise von Miguel Angel Asturias (1899–1974) in seinem Roman »Die Maismenschen« (»Hombres de maiz«) aufgenommen. Der Ladino, der als erster Autor Lateinamerikas 1967 den Nobelpreis für Literatur verliehen bekam, interessierte sich immer für die sozialen Verhältnisse der größtenteils armen Maya in seinem Heimat-

land. In seinem an Bildern und Metaphern reichen Werk stützt er sich, ähnlich wie bereits in dem 1930 publizierten »Legenden aus Guatemala« (»Leyendas de Guatemala«) auf Quellen wie das »Popol Vuh« und die Chilam-Balam-Bücher und entwirft damit ein umfassendes Bild indianischen Lebens sowie eine magisch wahrgenommene Welt, in der zwischen Wirklichkeit, Träumen, Mythen und Legenden keine Trennung besteht. ∎

▲ Die Erschaffung der Menschen aus Mais – Mural von Fernando Castro Pacheco im Palacio de Gobierno in Mérida

# Die Tierwelt Guatemalas

Eine große Bandbreite verschiedener Klimata und Lebensräume sowie die Lage auf dem Isthmus zwischen Nord- und Südamerika verhalfen dem relativ kleinen Guatemala zu einer bemerkenswerten Biodiversität. Leider wurden durch menschliche Eingriffe ehemals reiche Habitate schwer geschädigt und in einigen Fällen unwiderbringlich zerstört. Seit den 1950er Jahren jedoch bemüht man sich in verstärktem Maße die bedeutendsten Ökosysteme zu erhalten. So wurden bis heute etwa 40 Naturschutzgebiete eingerichtet.

Guatemala kann grob in drei Regionen unterteilt werden: die ca. 40 km breite savannenartige Pazifikküste, das zentrale Hochland mit mehreren langen Bergketten und zahlreichen Talbecken, und der Petén, ein von tropischem Regenwald bedecktes Flachland. Zwei kleinere Tiefebenen erstrecken sich vom Karibischen Meer entlang dem Río Motagua bzw. Río Dulce in das Landesinnere.

Wie die übrigen, am »pazifischen Feuerring« gelegenen Länder Mittelamerikas wird auch Guatemala häufig von Erdbeben erschüttert. Parallel zum Pazifik verläuft eine Kette mit etwa 30 zum Teil noch aktiven Vulkanen, dessen höchster der Tajumulco mit 4220 m ist. Die Niederschlagsmenge variiert von 500 bis 5000 mm pro Jahr. Zusammen mit der Höhenlage und weiteren Faktoren ergeben sich daraus über ein Dutzend verschiedene Vegetationszonen, von Halbwüste über Savanne bis zu Nebelwäldern, in denen der Niederschlag das ganze Jahr über nahezu konstant ist.

## Waldreiches Land

Der Name »Guatemala« leitet sich von einem Wort aus dem Nahuatl ab und bedeutet »waldreiches Land« – trotz weitflächiger Rodungen trifft dies noch immer ein Drittel der Landesfläche. Der Petén ist das geografische Zentrum des größten tropischen Regenwalds Mittelamerikas. Noch vor den Korallenriffen stellen diese uralten Wälder hinsichtlich Artenvielfalt in Flora und Fauna das weltweit reichste Ökosystem dar. Die Biodiversität

bei den Pflanzen reicht von zierlichen, in etwa 500 Arten vertretenen Orchideen bis zu den mehr als 30 m hohen Kapokbäumen *(ceibas)*.

## In den Mangroven

An beiden Meeren erstrecken sich ausgedehnte Gürtel mit Mangroven. Diese hoch spezialisierten Küstengehölze entwickeln sich auf nährstoffreichen Schlickböden, die bei Flut überschwemmt

werden und bei Ebbe trockenfallen. Besonders die geschützten Buchten und Flussmündungen sind der ideale Lebensraum für Fische und Krustentiere, zudem nisten hier zahlreiche Vogelarten wie Reiher, Störche, Kraniche und Eisvögel.

Vom Aussterben bedrohte Spezies wie Krokodile, Leguane, Otter und die des wohlschmeckenden Fleisches wegen früher gnadenlos gejagte Manatis (Rundschwanzseekühe) kann man im **Biotopo Chocón-Machaca** am Río Dulce beobachten. Ebenfalls an der karibischen Küste liegt der **Biotopo Punta de Manabique,** dessen Hauptattraktionen neben einer seltenen Palmenart *(confra)* Meeresschildkröten sind, die hier an den Sandstränden ihre Eier ablegen.

◀ **Seerosen auf dem Río Dulce**
▲ **Klammeraffe im**
**Parque Nacional Tikal**

## Größtes Reservat im Mundo Maya

1989 erklärte die Regierung das ganze Territorium nördlich von 17° 10' N zur **Reserva Biósfera Maya,** insgesamt 15 % des Staatsgebiets. Diese riesige Region im Departamento Petén umfasst mehr als 1 Mio. Hektar – oder mehr als 2 Mio. Hektar, wenn man die stark geschädigten »Pufferzonen« hinzurechnet – und umschließt mit seinen Grenzen mehrere Schutzgebiete, etwa den **Parque Nacional Mirador – Dos Lagunas – Río Azul.** Das Reservat, das an zwei weitere bedeutende Schutzgebiete in Mexiko und Belize grenzt, wird von dem »Nationalen Rat für geschützte Gebiete« (CONAP) verwaltet, das Verwaltungsorgan für alle Parques Nacionales und Biotopos.

## Die Fauna des Reservats

Die Reserva Biósfera Maya ist der Lebensraum einiger der spektakulärsten Arten der Region, etwa des Mittelamerikanischen Tapirs *(Tapirus bairdi),* des größten Säugetiers im Petén. Charakteristikum dieser sehr scheuen, harmlosen und bis zu 300 kg schweren Paarhufer sind die zu einem kurzen Rüssel verwachsene Nase und Oberlippe. Mit etwas Glück kann man sie während der Dämmerung an Wasserläufen beobachten.

### Drollige Nasenbären

Unter den Tierarten, die man in Tikal beobachten kann, ist der gesellige Weißrüsselbär (Nasua narica) der vielleicht beliebteste. Die in Guatemala »pizotes« genannten Kleinbären sind in den tropischen Regenwäldern von Tabasco bis Südbrasilien verbreitet. Die sehr gut kletternden Tagtiere erreichen eine Körperlänge von etwa 60 cm. Mit ihren an allen Beinen fünf langen Krallen suchen sie im Erdreich und in alten Baumstümpfen emsig nach Würmern und Insekten, die sie mit ihrer verlängerten, unglaublich feinen Nase aufspüren.

Weitere für den tropischen Regenwald typische Säugetiere sind Pekaris (Nabelschweine), Hirsche, Stachelschweine, Gürteltiere *(armadillos)* und die zur Familie der Beutelratten gehörenden Opossums. Jaguare, die größten Katzen der Neuen Welt, sind im Gegensatz zu den in Gruppen auftretenden Klammeraffen und den unüberhörbaren Guatemalabrüllaffen *(monos aulladores)* kaum zu beobachten. Für ausgedehnte Touren durch den dichten Dschungel *(selva)* empfiehlt es sich einen kundigen Führer zu nehmen, der auch die bevorzugten Rastplätze der Tiere kennt.

Allein im **Parque Nacional Tikal,** der weniger als 6 % der Fläche des Biosphärenreservats einnimmt, zählt man mehr als 300 Vogelarten, darunter farbenprächtige Hellrote Aras, Sittiche und Tukane, winzige Kolibris sowie Webervögel, die kunstvolle, etwa 1 m lange Nester flechten. Besonders attraktiv ist der Pfauentruthahn *(Agriocharis ocellata)*, dessen Gefieder in den verschiedensten Farben schimmert.

## Überflutete Täler

Während der Regenzeit von Mai bis November tritt der Río Escondido im Petén über die Ufer und bildet das größte zusammenhängende, unter Naturschutz gestellte Sumpfgebiet Mittelamerikas: den **Biotopo Laguna de Tigre – Río Escondido.**

## Sierra de las Minas

Nördlich des Río Motagua erstreckt sich der schwer zugängliche **Parque Nacional Sierra de las Minas,** ein einzigartiges Refugium endemischer Tier- und Pflanzenarten, die zum Teil wissenschaftlich noch nicht bestimmt sind. Bekannt ist das Gebirge vor allem durch seine stattlichen Jadevorkommen, die einzigen in Mittelamerika, die die Maya in präkolumbischer Zeit für die Fertigung kostbaren Schmucks ausbeuteten.

Neben Jaguar, Puma und Hirsch lebt in den unteren Zonen die Harpyie, einer der größten Greifvögel Amerikas. In den oberen Höhenlagen, die

Ökosysteme dieses Typs sind in anderen Regionen des Landes weitgehend der Urbarmachung durch Drainage zum Opfer gefallen.

Nördlich des Lago Petén-Itzá breitet sich der **Biotopo El Zotz – San Miguel – La Pelotada** aus. Der Maya-Name *zotz* verweist auf ein Schauspiel besonderer Art: Um Beute zu fangen verlassen jeden Abend inmitten des tropischen Regenwalds abertausende Fledermäuse in riesigen Schwärmen ihre Höhlenwohnungen.

◄ Nasenbären (»pizotes«) – allgegenwärtig in den Ruinen Tikals
▲ Pfauentruthahn

**Tipps für Vogelbeobachter in tropischen Regenwäldern**
• Die beste Zeit zur Beobachtung der meisten Arten sind die frühen Morgenstunden.
• Fruchtbäume und Ameisenstraßen locken viele Vögel an. Ruhiges Verweilen hier oder da ist ratsamer als rastloses Umhergehen.
• Vögel optimal fotografieren zu können erfordert unbedingt ein Stativ, empfindliches Filmmaterial, starke Teleobjektive und viel Geduld. Daher ist es meist sinnvoller die Zeit zum Beobachten zu nutzen statt in nichts sagende Fotos zu investieren.

mit dem Cerro Raxón 3015 m errei-chen, breitet sich üppiger Nebelwald *(bosque nuboso)* aus. Dieses hoch spezialisierte Habitat ist die Heimat des Quetzals, des Wappentiers Gua-temalas (s. S. 99). Die das ganze Jahr über verteilte hohe Luftfeuchtigkeit, vor allem bedingt durch die häufigen feinen Nieselregen *(chipi-chipi)*, be-günstigen das Wachstum von Moo-sen, Epiphyten wie Bromelien und den bis zu 8 m hohen Baumfarnen *(cipes blancos)*, die zu den äl-testen Pflanzenarten der Welt gehören.

> **Lebende Fossilien**
> → Der Ursprung der nur in der Neuen Welt in 20 Arten verbreiteten Gürteltiere geht bis in das Eozän zurück, d. h. bis auf ca. 54 Mio. Jahre.

Dem Projekt gelang es zahlreiche Gemeinden vom ideellen Wert und prakti-schen Nutzen des *bosque nuboso* zu überzeugen und die Brandrodung zu stop-pen. Den Bewohnern lehrte man effektivere Methoden der Landwirtschaft um da-mit die Ernten zu steigern. Erste Erfolge konnten in den vergangenen Jahren mit Brachen, Terrassierungen, Mulchen und der Diversifizierung der Nutzpflanzen erreicht wer-den. Neben dem Ökotourismus bietet den Kekchi-Bauern der Anbau gewinnträchtiger Früchte wie Pfirsiche und Äpfel eine zusätzliche Einkommens-quelle. Bei einem Besuch des Projekts und des Nebelwaldes, zu dem ein Schlafsack, Regenschutz und warme Kleidung notwendig sind, wohnt man mit einer Kekchi-Familie zusammen und lernt so-mit deren Alltagsleben kennen (s. S. 99 und 340).

## Ökotourismus

Ein ähnliches Ziel – Schutz des tropischen Regen-waldes und gemäßigter Tourismus – setzte sich die Organisation zur Rettung und Bewahrung der Natur (*Asociación de Rescate y Conservación de Vida Silvestre,* ARCAS). Die Vereinigung organi-siert geführte Touren durch die Reserva Biósfera Maya, bei denen man die heimische Tierwelt be-obachten und den Bauern bei der Ernte helfen kann. Diese *Caminos Mayas* eignen sich auch um entfernt gelegene Maya-Ruinen zu besichtigen. In der von ARCAS gegründeten *Alianza Verde* ver-pflichten sich die Bauern ihre Erträge unter be-stimmten Umwelt- und Wirtschaftsrichtlinien zu produzieren. Infos zu Volontariaten bei ARCAS (www.arcasguatemala.com) und Fundary (www. guate.net/fundarymanabique).

## Naturschutz am Lago Atitlán

Die **Reserva Natural San Buenaventura** nahe Panajachel am Lago de Atitlán breitet sich auf dem Gelände einer ehemaligen Kaffeefinca aus und um-fasst ein Schmetterling- und Vogelhaus, einen Gar-ten mit etwa 50 verschiedenen Orchideenarten sowie einen während der Regenzeit (Mai–Nov.) attraktiven Wasserfall. Wanderwege führen durch einen angrenzenden, 100 Hektar großen Wald. ■

## Projecto Ecológico Quetzal

Der Schutz des Quetzals, verbunden mit privater Entwicklungshilfe für die Maya, macht sich der unter der Leitung eines deutschen Biologen ste-hende *Projecto Ecológico Quetzal* zur Aufgabe. In den 1980er Jahren entdeckte man in den abgele-genen tropischen Nebelwäldern bei Cobán im De-partamento Alta Verapaz eine ungewöhnlich hohe Populationsdichte von Quetzals, die in ganz Mit-telamerika vom Aussterben bedroht sind. Die dort lebenden Kekchi zerstörten in der Vergangenheit große Teile des Waldes um die landwirtschaftli-chen Nutzflächen *(milpas)* vor allem für Mais und Bohnen auszuweiten und dadurch ihre Familien versorgen zu können.

◀ **Hellroter Ara**

# Der prächtigste der Vögel

Außerordentlich schön, aber selten zu bewundern ist der Quetzal (Pharomachrus mocino), Akteur in alten Legenden und als der prächtigste Vogel des tropischen Amerika gepriesen.

Der Quetzal gehört zur Familie der Trogonidae und ist das Wappentier Guatemalas, dessen Landeswährung er den Namen gab. Banknoten zeigen ihn im Flug mit langen wehenden Schwanzfedern.

Der selten gewordene Vogel ist ausschließlich in unberührten tropischen Nebelwäldern in einer Höhe von 1500 bis 3000 m beheimatet. Ursprünglich war er in ganz Mittelamerika verbreitet, aber die Zerstörung des natürlichen Lebensraumes sowie die ungehemmte Jagd nach seinen Federn brachten ihn an den Rand des Aussterbens.

Das ausgewachsene Männchen hat ein irisierendes grünes Federkleid mit tiefroter Brust und einen außergewöhnlichen, mehr als 1 m langen Schwanz. Diese Federn schätzten die präkolumbischen Völker Mesoamerikas auf das Höchste und verwendeten sie als Tribut sowie als rituellen Rücken- und Kopfschmuck für Priester, Krieger und hohe Würdenträger (einziges erhaltenes Exemplar ist der fälschlicherweise »Krone des Montezuma« genannte Kopfschmuck im Museum für Völkerkunde in Wien). Die besondere Wertschätzung des Tiers, das die Azteken »quetzalli« und die Maya »kuk« nannten, spiegelt sich im Namen mehrerer Maya-Fürsten wider. Der Chronist Bernal Díaz del Castillo erwähnt sogar Quetzals im Zoo Motecuhzomas II. Zu einer der wichtigsten Gottheiten des mesoamerikanischen Pantheons verschmolz der Vogel mit der Klapperschlange zur »gefiederten Schlange« Quetzalcoatl bzw. Kukulkan.

Das Tier erscheint auch in der Mythologie der Maya. Der »Schicksalsdoppelgänger« (»nagual«) Tecún Umáns war ein Quetzal, der nach seinem Tod weiter gegen die Spanier kämpfte. Der Überlieferung zufolge setzte er sich nach der Schlacht von Olintepeque auf die tödliche Wunde des Quiché-Fürsten und trägt seitdem eine rote Brust.

Der starke Rückgang der Quetzals ist auch durch ihre Spezialisierung auf bestimmte Nahrung bedingt. Obwohl er verschiedene Beeren- und Insektenarten frisst, ist seine Existenz von den Aguacatillos, den Früchten einer Baumart, abhängig.

Quetzals nisten in Baumhöhlen, aber im Unterschied zu Spechten sind ihre Schnäbel zu schwach um einen Stamm auszuhöhlen. Sie nutzen deshalb Bruthöhlen, die bereits von anderen Vögeln angelegt wurden. Die Vögel verbringen die meiste Zeit in den Baumkronen und sind deshalb schwer zu beobachten. In der Brutperiode jedoch von März bis Mai kann man sie am leichtesten bewundern. Dann nämlich fliegen sie in den unteren Bereichen des Waldes zu ihren Höhlen etwa 3–5 m über dem Erdboden. Manchmal ist es möglich, die Männchen wegen ihrer auffälligen Schwanzfedern zu ent-

decken, die aus den Baumhöhlen herausragen. Die beste Zeit sie zu beobachten ist – wie bei den meisten tropischen Vögeln – der frühe Morgen, wenn sie am aktivsten sind. Kurz vor Einbruch der Dämmerung sind sie ebenfalls häufig zur Nahrungssuche unterwegs.

Geschützte tropische Nebelwälder mit großen Quetzal-Populationen sind der Biotopo del Quetzal bei Purulhá in Baja Verapaz (s. S. 150) und der Projecto Ecológico Quetzal bei Cobán in Alta Verapaz (s. S. 150 und 357). ∎

▲ **Ein Quetzal mit seiner liebsten Frucht – einer Aguacatillo**

# Guatemala – kultureller Reichtum, natürliche Vielfalt

Kein Land Mittelamerikas verbindet derart unterschiedliche Landschaften und Vegetationsformen mit einzigartigen archäologischen Schätzen und künstlerischem Reichtum wie Guatemala. In dem sympathischen Land sind lebendige farbenfrohe Märkte, sinnlich mit Marimba-Musik begangene Feste und religiöse Prozessionen fester Bestandteil des kulturellen Lebens.

Guatemala bezaubert durch eine Vielfalt von Naturschönheiten, zu denen im Hochland der berühmte Lago de Atitlán, die Sierra de los Cuchumatanes und wohlgeformte, teilweise noch aktive Vulkane gehören. Höhepunkte der dicht bewachsenen Karstlandschaft in den beiden Veraspaces sind der Biotopo del Quetzal, die Höhlen von Lanquín und La Candelaria sowie die Kalksinterterrassen von Semuc Champey. Neben Stränden mit schwarzem Lavasand an der Pazifikküste laden zahlreiche Reservate und Naturschutzgebiete im Petén und an der Karibikküste zum Erholen und Entspannen ein, insbesondere die Laguna Lachuá, der Río Dulce mit dem Lago de Izabal und der Parque Nacional Tikal. Letzterer beherbergt auch die schönste und bedeutendste archäologische Stätte des Landes, Tikal, mit einer faszinierenden Tier- und Pflanzenwelt. Weitere sehenswerte archäologische Stätten der Maya sind im Tiefland Uaxactún, Ceibal, Yaxhá, Nakbé, Piedras Negras, Aguateca, Quiriguá und El Mirador, in den tierras altas Zaculeu, Mixco Viejo und Zimché.

Die Metropole Ciudad de Guatemala lohnt einen Besuch nur wegen einiger historischer Gebäude und hervorragender Museen, während die im Hochland verstreuten Dörfer der Indígenas insbesondere an den Markttagen die Aufmerksamkeit der Touristen auf sich ziehen, allen voran Chichicastenango mit der bekannten Kirche Santo Tomás. Eine der schönsten barocken Städte Lateinamerikas ist unstreitig die ehemalige Hauptstadt Antigua – ein kolonialzeitliches Juwel mit mehr als zwei Dutzend Klöstern.

## Semana Santa

Absoluter Höhepunkt des jährlichen Festzyklus sind die Fastenzeit *(Cuaresma)* und die Karwoche *(Semana Santa)*, die mit prachtvollen, weihrauchgeschwängerten Prozessionen und viel Musik im ganzen Land begangen werden, zweifellos am eindrucksvollsten und aufwändigsten in Antigua. Ungezählte Gläubige, als Büßer, Römer und Juden verkleidet, schreiten langsam durch die Gassen der Stadt, mit Statuengruppen katholischer Heiliger und der Passionsgeschichte auf großen hölzernen Plattformen, die von bis zu 80 Mann getragen werden. Die Prozessionen an Karfreitag *(Viernes Santo)*, finden seit der spanischen Eroberung statt, zuerst in Ciudad Vieja, seit 1543 in Antigua.

### Bunte Alfombras

Die langen und mit viel Fantasie gestalteten Teppiche *(alfombras)* aus Blumen, gefärbtem Sägemehl und bisweilen Früchten stellen eines der wichtigsten Charakteristika der Feierlichkeiten während der Semana Santa dar. Ihr Ursprung lässt sich auf zwei verschiedene Wurzeln zurückverfolgen: Spanische Chronisten und indianische Zeugnisse des 16. Jhs. berichten, dass Priester und hohe Würdenträger in präkolumbischer Zeit bei bestimmten Zeremonien über Teppiche aus Blumen,

◄ **Abendstimmung**
**m Lago de Atilán**
**Blick vom Cerro de la Cruz**
**uf Antigua und**
**den Volcán de Agua**

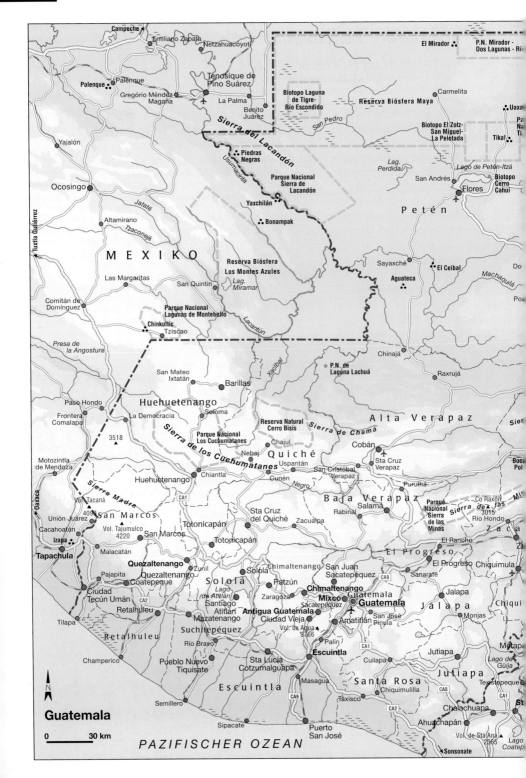

**Guatemala**

0     30 km

PAZIFISCHER OZEAN

Piniennadeln und Federn hoch geschätzter Vögel wie dem Quetzal, Kolibri oder Papagei schritten. Ebenso stark ist der spanische Einfluss dieser Tradition. Auf den Kanarischen Inseln fertigte man schriftlichen Quellen zufolge bereits im 7. Jh. Teppiche aus verschiedenfarbigen Sanden und Blumen. In Katalonien pflegte man diesen Brauch für die Corpus-Christi-Feierlichkeiten, bei denen man die *alfombras* aus wohlriechenden Pflanzen, vor allem Rosmarin, Lorbeer und Rosenblättern bildete und damit ein sowohl städtisches als auch ländliches Ambiente während der Prozession schuf.

Die Kunst der farbigen Teppiche ist Ausdruck der tiefen guatemaltekischen *religiosidad popular* und des Zusammengehörigkeitsgefühls, da sie in der Regel von einzelnen Gruppen oder ganzen Familien geschaffen werden.

## Penitentes und Cucuruchos

Den Eindruck der Prozession bestimmen am nachhaltigsten die unzähligen Büßer *(penitentes)* mit ihren langen Roben bzw. Pilgermänteln *(eslavinas, paletinas)* und hohen kapuzenartigen Kopfbedeckungen *(cucuruchos)*. Ähnlich wie bei den Teppichen lässt sich der Ursprung dieser Kleidung viele Jahrhunderte zurückverfolgen: Bereits im Frühmittelalter verwendeten sie Mönche in europäischen Abteien und Klöstern. Seit dem 9. Jh. trugen sie auch Pilger auf dem Weg zu den großen Wallfahrtsstätten, beispielsweise Santiago de Compostela (Spanien), bei den Kreuzzügen seit dem 11. Jh. auch im Nahen Osten. Im 16. Jh. fanden die *eslavinas* und *cucuruchos* weite Verbreitung in Mittelamerika; in Guatemala wurden sie erstmals 1596 anlässlich der *Procesión de Jesús de Candelaria* erwähnt.

Seit dieser Zeit blieb das Büßergewand nahezu unverändert, lediglich seine Farbe variiert an den verschiedenen Feiertagen und Anlässen: Während der Fastenzeit und der Karwoche sind die *eslavinas* dunkelviolett, aus Trauer zur Kreuzigung Jesu am Karfreitag schwarz und zur Jesús-de-Candelaria-Prozession weiß. ■

# Ciudad de Guatemala

Seite
104

**Die Hauptstadt Guatemalas ist ein hässlicher Moloch: laut und chaotisch.
Doch ist sie unleugbar ein Brennpunkt des kulturellen Lebens,
der einige architektonische Sehenswürdigkeiten sowie exzellente Museen bietet.**

Obwohl Ciudad de Guatemala, meist nur kurz »Guate« oder »la Capital« genannt, der politische, wirtschaftliche und administrative Mittelpunkt des Landes ist, sind die für den Touristen interessanten Attraktionen recht gering. In diesem unruhigen städtischen Strudel konzentrieren sich in besonderer Weise die Probleme des Landes: durch Hunderte von Bussen und ungezählten Autos verursachte hohe Luftverschmutzung, Verkehrschaos im Zentrum nicht nur zu den Stoßzeiten, ineffiziente Verwaltung, stetig zunehmende Raubüberfälle und Morde, korrupte Polizei, schnell wachsende Slums in den Landbezirken sowie krasse soziale Unterschiede. Viele Straßen sind nach Einbruch der Dunkelheit wie ausgestorben. In den wohlhabenden Vierteln ist die Atmosphäre ruhiger und entspannter, doch auch hier ist sich die Oberschicht der hohen Kriminalität gewahr und schützt ihre Häuser mit Hunden und Stacheldraht vor Einbrechern.

Dennoch, will man Guatemala in seiner Komplexität wirklich kennen lernen, ist ein Besuch der Hauptstadt für ein oder zwei Tage unerlässlich. Zudem ist das Klima in 1500 m Höhe meist angenehm frühlingshaft.

Die vierte Hauptstadt der *Capitanía General de Guatemala* entwickelte sich anfangs nur sehr langsam. Erst nach dem verheerenden Erdbeben von 1902, das die westlichen Verwaltungsbezirke heimsuchte, nahm die Bevölkerungszahl rasch zu, da viele Bewohner Quetzaltenangos in die Hauptstadt umsiedelten. Besonders stark waren das Wachstum und die damit verbundenen sozialen Probleme in den letzten Jahrzehnten gewesen. Während des Bürgerkriegs und insbesondere nach dem katastrophalen Erdbeben 1976, das hunderttausende Menschen des zentralen Hochlands obdachlos machte, strömten zahllose landlose Bauern in die Metro-

TOP**50** Seite 354

## Geschichte

Ciudad de Guatemala ❶ wurde 1776, drei Jahre nach der Zerstörung Antiguas durch ein Erdbeben als La Nueva Guatemala de la Asunción im Valle de la Ermita gegründet. In diesem auch Valle de las Vacas genannten Talkessel breitete sich in präkolumbischer Zeit das prosperierende Handelszentrum Kaminaljuyú aus, das eine der wichtigsten Städte im Maya-Gebiet war (s. S. 113).

◄ **Farbenprächtige Textilien vor dem Palacio Nacional**
► **»Choclos«-Verkäuferin im Parque Central**

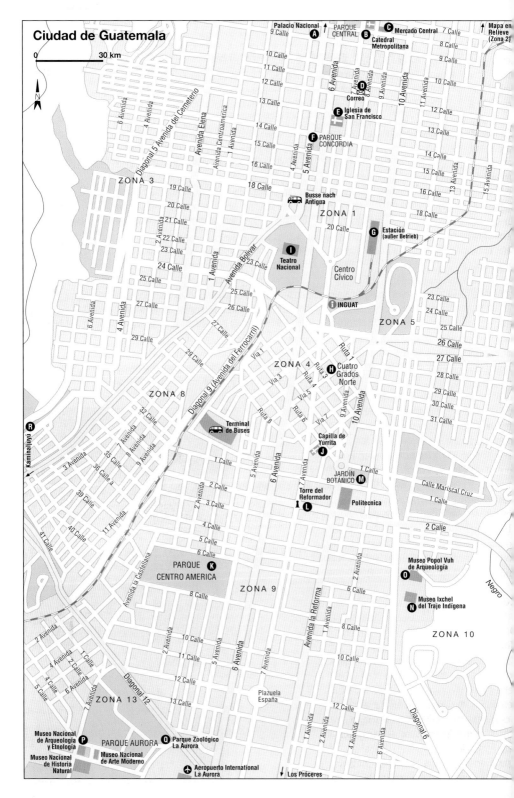

# Ciudad de Guatemala

0       30 km

N

Palacio Nacional Ⓐ
PARQUE CENTRAL Ⓑ
Mercado Central Ⓒ
Catedral Metropolitana
9 Calle
7 Calle
8 Calle
9 Calle
10 Calle
11 Calle
12 Calle
13 Calle
14 Calle
15 Calle
16 Calle
18 Calle

Mapa en Relieve (Zona 2)

Correo Ⓓ
Iglesia de San Francisco Ⓔ
PARQUE CONCORDIA Ⓕ

6 Avenida
7 Avenida
8 Avenida
9 Avenida
10 Avenida
11 Avenida
12 Calle
13 Calle
14 Calle
15 Calle
16 Calle
13 Avenida
15 Avenida

Avenida Elena
Avenida Centroamérica
1 Avenida
4 Avenida
5 Avenida
2 Avenida
4 Avenida
3 Avenida
5 Avenida Diagonal 5 Avenida del Cementerio

ZONA 3
19 Calle
20 Calle
21 Calle
22 Calle
23 Calle
24 Calle
25 Calle
27 Calle
29 Calle

18 Calle
Busse nach Antigua

ZONA 1
20 Calle
Estación (außer Betrieb) Ⓖ

Teatro Nacional Ⓘ
Centro Cívico
23 Calle
24 Calle
25 Calle
26 Calle
27 Calle
28 Calle
29 Calle
30 Calle
31 Calle

ZONA 5

INGUAT ⓘ

6 Avenida
4 Avenida
1 Avenida
Avenida Bolívar
Diagonal 9 (Avenida del Ferrocarril)

ZONA 4
Cuatro Grados Norte Ⓗ
Ruta 1
Ruta 3
Ruta 4
Ruta 5
Ruta 6
Via 1
Via 3
Via 5
Via 7
Ruta 8
9 Avenida
10 Avenida

ZONA 8
32 Calle
35 Calle
36 Calle a
39 Calle
40 Calle
41 Calle
3 Avenida
35 Avenida
36 Avenida

Kaminaljuyú Ⓡ

Terminal de Buses
7 Avenida
8 Avenida
9 Avenida
11 Avenida

Capilla de Yurrita Ⓙ
JARDÍN BOTÁNICO Ⓜ
Torre del Reformador Ⓛ
Politecnica

1 Calle
2 Calle
3 Calle
4 Calle
5 Calle
6 Calle
8 Calle

1 Avenida
2 Avenida
5 Avenida
6 Avenida
7 Avenida

Avenida la Reforma
Avenida la Castellana

Calle Mariscal Cruz
1 Calle
2 Calle

PARQUE CENTRO AMERICA Ⓚ

ZONA 9

Museo Popol Vuh de Arqueología Ⓞ
Museo Ixchel del Traje Indígena Ⓝ

ZONA 10

Negro

10 Calle
11 Calle
12 Calle
13 Calle
5 Avenida
6 Avenida
7 Avenida
2 Avenida
4 Avenida
1 Avenida
Diagonal 12
Diagonal 6

8 Calle
10 Calle
12 Calle

Plazuela España

ZONA 13

Museo Nacional de Arqueología y Etnología Ⓟ
Museo Nacional de Historia Natural
PARQUE AURORA
Museo Nacional de Arte Moderno
Parque Zoológico La Aurora Ⓠ
Aeropuerto International La Aurora ✈
Los Próceres

ole. Ihre Hoffnung auf ein besseres Leben wurde meist enttäuscht, viele mussten sich am Stadtrand ansiedeln, in der Nähe tiefer Erosionsschluchten (barrancos) und staubiger Ausfallstraßen.

Ciudad de Guatemala steht wie viele Metropolen in der Welt vor schier unlösbaren Aufgaben. Die Reichen zogen sich schon vor langer Zeit in die grünen, großzügig angelegten Viertel im Süden der Stadt zurück; dem verwahrlosten Zentrum fehlen Investitionen und infrastrukturelle Verbesserungen. Trotz einiger sehenswerter Gebäude wird es noch lange Zeit dauern, bis »Guate« eine liebenswerte Stadt ist.

## Erste Orientierung

Glücklicherweise befinden sich nahezu alle Sehenswürdigkeiten auf engem Raum, den so genannten Zonen: Zonas 1 und 2 im Norden, Zona 4 im Zentrum sowie Zonas 9, 10 und 13 im Süden. Wie viele lateinamerikanische Städte wurde auch »Guate« in einem rechtwinkligen Straßensystem angelegt: alle Calles (C) laufen in West-Ost- und alle Avenidas (Av) in Nord-Süd-Richtung; eine Ausnahme davon bildet lediglich Zona 4: ihre Vías und Rutas sind um 45° versetzt angeordnet.

Adressen werden immer mit der zugehörigen Zone angegeben. So bedeutet z. B. 10a (auch 10 geschrieben) C, 11–15, Zona 1«: Das Gebäude befindet sich in der Zona 1 in der 10. Calle zwischen der 11. und 12. Avenida, Hausnummer 15.

## Zona 1

Obwohl der **Parque Central** heute im Norden der Stadt liegt, ist er das Herz von Ciudad de Guatemala und der Nation. Von hier werden alle Distanzen im Land gemessen. Prunkvolle Bauten umgeben den großzügig angelegten Platz, der – im Gegensatz zu anderen lateinamerikanischen Hauptplätzen in den Metropolen – verhältnismäßig ruhig und unbelebt ist, außer an Feiertagen sowie Sonntagen, wenn zahlreiche indianische Händlerin-

nen ihre Textilien feilbieten. Lediglich eine riesige Staatsflagge, ein imposanter Brunnen und ein ewiges Friedensfeuer mildern die Monotonie des weitgehend schmucklosen Platzes.

Die gesamte Nordseite des Parque wird vom massiven **Palacio Nacional ❷** beherrscht, der nach Entwürfen des Architekten Rafael Pérez de León 1939–1943 während der Diktatur Ubicos errichtet wurde. Ehemals beherbergte er die Amtsräume des Präsidenten, seit 1998 dienen seine Säle einem interaktiven **Museo Nacional de Historia** (kostenlose Führungen auf Spanisch und Englisch). Seine reich gegliederte Fassade aus hellgrünem Stein mit vorspringendem Mitteltrakt und akzentuierten Ecktürmen zeigt deutlich Einflüsse der Neogotik und des Mudéjarstils. Zwei reizende, mit Palmen bepflanzte Höfe gliedern den monumentalen Bau im Inneren. Beeindruckende riesige Wandgemälde (murales) von Alfredo Gálvez Suárez stellen in idealisierter Weise die

Seite 108

TOP50 Seite 344

► **Blick in die Vierungskuppel der Iglesia de San Francisco**

Geschichte Guatemalas dar, und in der Empfangshalle *(sala de recepción)* im ersten Stockwerk zieht ein massiver Lüster mit vier bronzenen Quetzales die Aufmerksamkeit auf sich. (Tgl. 9–16.45 Uhr.)

An der Ostseite des Parque Central erhebt sich die **Catedral Metropolitana ❸**, errichtet von 1782 bis 1868 im klassizistischen Stil mit zahlreichen barocken Elementen, etwa der auffälligen, mit blauen Kacheln verkleideten Kuppel. Die Kathedrale gehört nicht zu den effektvollsten Gotteshäusern in Guatemala, doch überdauerte ihre stabile Konstruktion unbeschadet zwei schwere Erdbeben. 16 mit Blattgold verzierte Altäre lockern den nüchtern wirkenden dreischiffigen Innenraum etwas auf (tgl. 8–13, 15–19 Uhr).

Hinter der Kathedrale in der 8a C versteckt sich in einem hässlichen dreistöckigen Betonblock der **Mercado Central ❼**, ein guter, wenn auch nicht einladender Ort um Lebensmittel, Textilien, Leder- und Korbwaren sowie anderes Kunsthandwerk

▲ **Cashewnüsse** (»**marañones**«)
▼ **Hunderte Busse verkehren im Stadtzentrum**

zu erwerben. Beliebt bei Einheimischen sind die zahlreichen *comedores* im Mittelgeschoss, die einfache und preiswerte Speisen anbieten (Mo–Sa 6–18, So 9–12 Uhr).

Auf dem Weg vom Parque Central Richtung Süden stößt man in der 7a Av auf den **Correo ❹**, der mit einem mächtigen Bogen die 12a C überspannt. Wie viele andere neoklassizistische Gebäude des Zentrums wurde auch die pinkfarbene Hauptpost in der ersten Hälfte des 20. Jhs errichtet.

Nahe dem festungsähnlichen Polizeihauptquartier ragt aus der mit Straßenhändlern *(vendedores ambulantes)* und Imbissständen sehr lebhaften Umgebung die **Iglesia de San Francisco ❺** in der 6a Av – 13a C heraus. Für den Mörtel der Kirche, die ab 1830 im italienischen klassizistischen Stil ausgeführt wurde, verwendeten die Maurer eine Mischung aus Milch, Zuckerrohrsirup und Eiweiß. Zur Kirche gehört das **Museo Fray Francisco Vásquez** mit kolonialzeitlicher Kunst.

Eine kleine grüne Oase an der 6a Av ist
er **Parque Concordia** ❻. Schuhputzer
*mpiabotas)*, lautstarke Prediger evan-
:likaler Sekten, Losverkäufer, Straßen-
:instler und quacksalbernde Arzneihänd-
:r finden sich in diesem gern besuchten
irk zusammen.

Gegenüber einem kleinen Platz an der
3a C – 9a Av liegt der alte, außer Betrieb
:findliche **Bahnhof** *(Estación)*. Von hier
;hren früher die Züge zu den beiden
;chtigsten Exporthäfen des Landes, nach
uerto San José an der Pazifik- bzw. nach
uerto Barrios an der Karibikküste. Heute
:herbergt das Gebäude das **Museo de**
:rrocarril ❼, das mit mehreren alten
:ampfloks und Personenwagen die Ge-
;hichte des guatemaltekischen Zugver-
:hrs dokumentiert und nicht nur für aus-
:sprochene Eisenbahn-Fans lohnend ist.
1 hektischen und teilweise recht schäbi-
:n Umkreis der Estación fahren Busse in
le Richtungen des Landes ab, etwa nach
ntigua von der 18a C – 5a Av.

## Centro Cívico und Zona 4

Das **Centro Cívico** genannte Ensemble
grauer Hochhäuser verbindet die südlichen Häuserblocks *(cuadras)* der Zona 1
mit den reicheren Zonas 4, 9 und 10. Hier
findet man neben dem Banco de Guatemala zahlreiche Ministerien wie das
Oberste Gericht, das Finanzamt, die Stadtverwaltung sowie an der 7a Av INGUAT,
das guatemaltekische Tourismusinstitut.
Neuer Brennpunkt des hauptstädtischen
Kulturlebens ist in Zona 4 das **4 Grados
Norte** ❽ genannte Viertel zwischen der 7.
und 9. Avenida. Insbesondere in der Via 5
konzentrieren sich zahlreiche Cafés, Boutiquen, Restaurants und Bars.

Das **Teatro Nacional** ❾ wurde als Teil
des *Centro Cultural Miguel Angel Asturias* über der spanischen Festung San José
errichtet. Hoch über dem umgebenden
Park gelegen, genießt man von hier an
klaren Tagen einen schönen Blick auf die
den Talkessel umrahmenden Berge, ein-

Seite
108

**INGUAT**
(Instituto Guatemal-
teco de Turismo):
7a Av 1–17, Zona 4,
Centro Cívico,
Tel. 331-1333,
E-Mail:
inguat@guate.net

▼ **Der
eigenwillige
Bau des
Teatro Nacional**

**Sicherheit**
Erhöhte Vorsicht vor Diebstählen ist in Zona 4 am Terminal de Buses (zweite Klasse) sowie in Zona 1 im Umkreis des Bahnhofs und der 18a C angebracht. Nach Einbruch der Dunkelheit immer ein Taxi nehmen!

Seite 339 **TOP 50**

schließlich des Volcán de Pacaya. Das Nationaltheater ist das wohl eigenwilligste Gebäude der zweiten Hälfte des 20. Jhs.: Nach Entwürfen von Efraín Recinos ausgeführt und 1978 eingeweiht, erinnern seine geschwungenen blau-weißen Formen mit den charakteristischen Fenstern an einen Ozeanliner. Zum Kulturzentrum gehört außerdem eine Freilichtbühne, eine Kunstschule, ein Opernsaal, eine Kammerbühne sowie ein kleines Waffenmuseum.

Im Süden der Zona 4 springt die skurrile **Capilla de Yurrita** ❶ (Ruta 6 – Vía 8) ins Auge. Als kleine Privatkapelle wurde sie von der gleichnamigen Familie in einem Mischstil, unter anderem mit russisch-orthodoxen, neogotischen und maurischen Elementen in Auftrag gegeben.

## Zonas 9 und 10

Diese zwei nobleren Viertel werden von der Avenida la Reforma, einem sechsspurigen Boulevard, voneinander geschieden. In Zona 9 im Westen breitet sich der **Parque Centro América** ❸ aus.

Am Schnittpunkt von 7a Av – 2a C ließ in den 1930er Jahren Diktator Jorge Ubico zu Ehren von Präsident Justo Rufino Barrios (1873 bis 1885) die **Torre del Reformador** ❶ errichten, eine Miniaturkopie des Eiffelturms in Paris, die ein wichtiger Orientierungspunkt in der Stadt ist.

Jenseits der Avenida la Reforma, in der Zona 10, siedelten sich schon Ende des 19. Jhs. die Wohlhabenden an. In diesem auch *Zona Viva* genannten Viertel mit seinen Diskotheken, Bars, Restaurants und Luxushotels erwacht abends erst richtig das Leben. Unweit des Obelisken am nördlichen Ende der Avenida la Reforma – 1 C (Calle Mariscal Cruz) liegt das **Museo de Historia Natural y Jardín Botánico** ❹ eine Insel der Ruhe mit annähernd 100 verschiedenen Pflanzenarten sowie präparierten Vögeln aus dem ganzen Land (Mo–Fr 8–15, Sa 9–12 Uhr).

Ciudad de Guatemala und Umgebung

# Museen

Auf dem Campus de la Universidad Francisco Marroquín in Zona 10 liegen zwei der interessantesten Museen der Stadt (6a C Final). Das **Museo Ixchel del Traje Indígena ⓩ** vermittelt mit Videos, Gemälden, Fotografien des frühen 20. Jhs. sowie einer kleinen Auswahl der mehrere tausend Textilien umfassenden Sammlung einen hervorragenden Überblick über Techniken, Materialien und Muster der indianischen Trachten des Landes (Mo–Fr 9–17, Sa 9–12.50 Uhr). Unmittelbar daneben überrascht das **Museo Popol Vuh de Arqueología ⓞ** mit qualitätvollen Kunstwerken der präkolumbischen Zeit. Besondere Aufmerksamkeit verdienen eine Kopie des Codex Dresden (s. S. 28), die bemalten Keramiken aus dem Petén und die postklassischen Urnen des Hochlands (Mo–Fr 9–17, Sa 9–13 Uhr).

Von mehreren Museen in Zona 13 westlich des internationalen Flughafens zieht das **Museo Nacional de Arqueología y Etnología ⓟ** die meisten Besucher an. Höhepunkte des bedeutendsten archäologischen Museums Guatemalas sind Keramiken und Skulpturen aus Kaminaljuyú, ein großes Holzmodell von Tikal (. Abb. S. 169) sowie in einer Rotunde dutzende klassische Stelen aus dem Petén (alle Museen: Di–Fr 9–16, Sa/So 9–12, 13.30–16 Uhr). Auf dem gleichen Gelände fanden im **Parque Zoológico La Aurora ⓠ** zahlreiche Tierarten aus der ganzen Welt ein neues Zuhause (Di–So 9 bis 17 Uhr).

# Kaminaljuyú ⓡ

Nahezu alle der ursprünglich über 200 monumentalen Pyramiden, Ballspielplätze und Tempel Kaminaljuyús, das in präkolumbischer Zeit eine der bedeutendsten Städte Mesoamerikas war, wurden durch die Ausdehnung der Hauptstadt im 20. Jh. zerstört. Lediglich einige grasbewachsene Hügel und drei kleine ausgegrabene Areafinden sich noch in Zona 7 im Westen der Stadt (tgl. 9–16 Uhr).

# Umgebung von Ciudad de Guatemala

Seite
108

Die interessantesten Dörfer an der Straße nach Salamá sind **San Pedro Sacatepéquez ❷** und **San Juan Sacatepéquez ❸**. In beiden Orten, die für ihre schönen *huipiles* im ganzen Land berühmt sind, wird täglich ein kleiner Markt an der Plaza abgehalten. Weiter nördlich breitet sich **Mixco Viejo ❹** über mehrere, steil zum Río Motagua abfallende Hügel aus. Mehr noch als die restaurierten Tempel und Ballspielplätze der ehemaligen Hauptstadt der Pocomám fasziniert die eindrucksvolle Lage im Gebirge (tgl. 8–17 Uhr).

Etwa 30 km südlich der Metropole liegt am Fuß des Pacaya der **Lago de Amatitlán ❺**, ein beliebtes Ausflugsziel der *capitalinos*. Unglücklicherweise ist das Wasser dieses schönen Sees stark verschmutzt, doch laden heiße, in Becken gefasste Quellen und der Vergnügungspark Las Ninfas zum Verweilen ein. ■

**Mapa en Relieve**
Originell und sehr aufschlussreich ist ein 1905 aus Beton geformtes, 990 m² großes Modell Guatemalas und Belizes, bei dem die Gebirgszüge und einzelnen Vulkane zur besseren Anschaulichkeit fünffach überhöht sind (Zona 2, Parque Minerva, Bus 1 ab 5a Av in Zona 1; tgl. 8–17 Uhr).

▶ **»Festival de barriletes gigantes«** am 1. November in Santiago Sacatepéquez

# Antigua

Seite 112

**Das zauberhafte Antigua ist das barocke Juwel Guatemalas und eine der schönsten Städte Lateinamerikas. Dutzende Sakral- und Profanbauten zu Füßen dreier mächtiger Vulkane verleihen der alten Kolonialstadt einen unvergleichlichen Charme. Absoluter Höhepunkt der jährlichen Festlichkeiten ist die Semana Santa mit ihren unvergesslichen Prozessionen – den gewiss prächtigsten und imposantesten auf der ganzen Welt.**

Die ehemalige Hauptstadt **Antigua** ❻ ist ein städtebauliches Meisterwerk, das auf Grund seiner außerordentlichen kulturellen und künstlerischen Bedeutung bereits 1944 zum Nationaldenkmal und 1979 von der UNESCO zum Weltkulturerbe der Menschheit erklärt wurde: ausladende repräsentative Paläste, Schatten spendende Plazas mit gepflegten Grünanlagen, pastellfarbene Fronten restaurierter Adels- und Bürgerhäuser, stille, teilweise wieder aufgebaute Kreuzgänge in ehrwürdigen Klöstern, überreich mit feinen bemalten Stuckreliefs dekorierte Kirchenfassaden. Dazu passend die bunten Textilien, die Indigenas in den malerisch mit Natursteinen gepflasterten Gassen feilbieten. Dem Liebreiz dieser 43 000 Einwohner zählenden Stadt kann sich kein Besucher Guatemalas entziehen; so werden heute zahlreiche Restaurants, Cafés und Hotels von Ausländern geführt, die neben dem freundlichen Charakter der Einheimischen insbesondere das gesunde frühlingshafte Klima in 1520 m Höhe schätzen.

Ebenso spektakulär wie das architektonische Erbe ist die Lage in einem breiten Tal mit Kaffeepflanzungen zwischen den Vulkanen Agua (3766 m), Acatenango (3976 m) und dem noch aktiven Fuego (3763 m).

dete Pedro de Alvarado 1543 im nur 5 km entfernten Valle de Panchoy das politische Zentrum neu. Wie ihre Vorgänger nannte man es *Santiago de los Caballeros de Guatemala*, zu Ehren des Schutzheiligen und Heidenbezwingers Jakobus (span. Santiago). Die Lage der sich rasch entwickelnden Stadt in einem landwirtschaftlich günstigen Gebiet war gut gewählt. Innerhalb weniger Jahrzehnte errichteten verschiedenste christliche Orden große Klöster, Kirchen und Schulen. Reiche Händler bestimmten das öffentliche Er-

TOP50 Seite 354

## Gründung und Zerstörung

Nachdem eine durch ein Erdbeben ausgelöste Schlammlawine des Vulkans Agua 1541 die zweite Hauptstadt der *Capitanía General de Guatemala*, das heutige Ciudad Vieja (s. S. 122), begraben hatte, grün-

◀ **Blick vom Cerro de la Cruz auf Antigua und den Volcán de Agua**
▶ **Das Wahrzeichen der Stadt – der Arco de Santa Catalina**

# Die Architektur Antiguas

Antiguas zahlreiche Kirchen, Klöster und Paläste sind das imposanteste Zeugnis der einst immens wohlhabenden Stadt. Um den ständigen Erdbeben (»terremotos«) zu widerstehen, die die Metropole seit ihrer Gründung 1543 heimsuchten, entwickelten die Baumeister einen eigenen charakteristischen Stil, der auch als »Erdbebenarchitektur« bezeichnet wird: Bisweilen kolossale Fundamente stützen wuchtige untersetzte Pfeiler und Säulen sowie außergewöhnlich dicke Mauern, die aus groben Bruchsteinen, riesigen Mengen von Kalk und dazwischen liegenden Ziegelschichten bestehen. Zudem schrieb man eine Maximalhöhe für private wie öffentliche Bauten vor. Diese Konstruktion verleiht den Kirchen ein breites, gedrungenes Aussehen, das man mit einem hellen Anstrich, feiner Stuckornamentik und der Betonung der Vertikalen abzuschwächen versuchte.

◀ Ein Meisterwerk des Churriguerismo – die Fassade von La Merced

Mehr als ein Dutzend schwere Erdbeben, häufig auch von Ausbrüchen des Volcán de Fuego begleitet, vor allem 1586 und 1717, beschädigten oder zerstörten die prachtvollen Gebäude, die von den Antigueños immer wieder restauriert oder neu errichtet wurden. Am 29. Juli 1773 jedoch kam das vorläufige Ende der Stadt: Dem Erdbeben widerstand kaum ein Haus, ungezählte Bewohner wurden vom Schutt und den gewaltigen Trümmern begraben. Eine gute Vorstellung von der Wucht und Gewalt des Bebens vermitteln heute noch eindrucksvoll die riesigen Gewölbefragmente im Kloster La Recolección am westlichen Stadtrand.

Paradoxerweise rettete die fast völlige Zerstörung die Stadt: Die nachfolgende Aufgabe der Gebäude und die Verlegung der Regierung in die neue Hauptstadt Ciudad de Guatemala verschonten das architektonische Schmuckstück – im Gegensatz zu manch anderen Städten des Kontinents – von den Auswüchsen des Industriezeitalters, von Überbevölkerung, hässlichen Betonklötzen und Verkehrschaos. Antigua, so wie es sich heute dem Besucher darbietet, ist komplett eine hispanoamerikanische Stadt des 18. Jhs. Abgesehen von einigen wenigen älteren Kunstwerken ist der alles beherrschende Stil, hauptsächlich an den zahlreichen Kirchenfronten, der iberischamerikanische Barock – pompös, dekorativ und äußerst pittoresk. Nach dem angesehenen Architekten José Churriguerra (1650–1723) wird diese Ausprägung des Spätbarock als Churriguerismo bezeichnet. Die gewiss schönsten Beispiele der detailreich mit Stuck verzierten Fassaden, »atarique« genannt, sind neben La Merced die Iglesia de Nuestra Señora de El Carmen (3a Av Norte) und die Ermita de la Santa Cruz südöstlich des Stadtzentrums. Mehr als 30 Kirchen im Umkreis des Parque Central spiegeln den Prunk des Klerus wider, dessen Reichtum sich auf die Produktion von Zucker, Weizen, Tabak und vor allem Indigo und Koschenille gründete. ■

cheinungsbild zusammen mit Klerus, erwaltungsbeamten – und schwarzen nd indianischen Sklaven. Im 17. Jh. war ie »äußerst vornehme und sehr loyale adt« *(muy noble y muy leal ciudad)* mit nnähernd 75 000 Einwohnern neben ma und México die glänzendste Metro- ole der Neuen Welt. 1660 stellte man ne Druckerpresse auf, die dritte Ameri- as, 1676 wurde die Universidad de San arlos de Borromeo gegründet.

Bereits 1717 verheerte ein schweres rdbeben zahlreiche Bauwerke, die bin- en weniger Jahre wieder aufgebaut wur- en. Das Ende der Pracht und des luxu- ösen Lebensstils kam jedoch nur wenige hrzehnte später: Am 29. Juli 1773 legte as bis dahin schwerste *terremoto* die ühende Metropole in Schutt und Asche. r Dekret des spanischen Königs muss- n, zumindest vorerst, die überlebenden ewohner die zerstörten Gebäude verlas- n und sich in *La Nueva Guatemala de la suncíón,* der heutigen Hauptstadt Ciu-

dad de Guatemala (s. S. 107 ff.), neu an- siedeln. Trotzdem gaben die Bürger die Stadt nie ganz auf, bauten vor allem ihre Häuser mit den reizenden Innenhöfen *(patios)* wieder auf und nannten die kunsthistorische Perle fortan »die Alte«: La Antigua.

## Parque Central

Das Herz der nach spanischer Art in Schachbrettmuster angelegten Altstadt bildet die Plaza Mayor, auch **Parque Central** genannt, dessen Mitte die restaurier- te, 1739 aufgestellte Fuente de las Sirenas von Diego de Porres schmückt. Hier fan- den früher Prozesse, Stierkämpfe, Hin- richtungen und militärische Paraden un- ter reger Aufmerksamkeit der Indígenas wie Ladinos und Criollos statt. Die Ost- seite begrenzen der **Palacio Episcopal** (Erzbischöflicher Palast) und die **Catedral Metropolitana** **A**. Bischof Francisco Ma- rroquín begründete die Kathedrale 1545,

Seite 117

**Escuelas de Español**
Antigua besitzt zahlreiche Spanisch- schulen, in denen Studenten individuell von einer Lehrkraft unterrichtet werden. Informationen zu seriösen und empfehlenswerten Schulen s. S. 350.

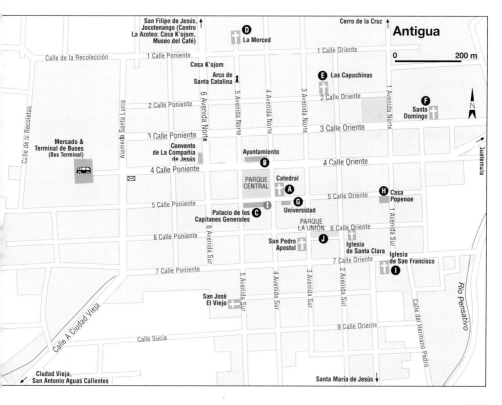

▲ Büste des
Fray Bartolomé
de las Casas
vor La Merced
▼ Indígenas am
Waschhaus
(»pila«) vor
Santa Clara

doch wurde sie schon 1583 durch ein Erdbeben schwer beschädigt. Die prächtig mit Statuen von Kirchenvätern, Evangelisten und weiteren Heiligen dekorierte Fassade stammt im wesentlichen aus den Jahren 1669 bis 1678. Das Innere wirkt heute recht schlicht, da die ehemals kostbare Ausstattung nach 1773 großenteils nach Ciudad de Guatemala überführt wurde. Eine Vorstellung von den ursprünglich riesigen Ausmaßen des Bauwerks vermitteln die immer noch eindrucksvollen, über ein südliches Portal zugänglichen Mauerreste und Kuppelansätze. Hier sind auch in mittlerweile verschütteten Krypten neben dem Gründer der Kathedrale der Chronist Bernal Díaz del Castillo sowie Pedro de Alvarado und Doña Beatriz bestattet.

### Diego de Porres
→ der Stararchitekt Guatemalas zwischen dem Erdbeben 1717 und seinem Todesjahr 1741. Neben mehreren Bauten in Antigua selbst lieferte er auch die Pläne für die Kathedrale in León (Nicaragua).

An der nördlichen Seite der Plaza lie das **Ayuntamiento** ❽, auch Casa del C bildo genannt. Das Rathaus mit seine doppelstöckigen wuchtigen Arkadengä gen, das zugleich als Gefängnis dient wurde 1740–1743 ausgeführt und wid( stand großenteils d( Erschütterungen v( 1773. Heute beherber es zwei interessan Sammlungen: Das M seo de Santiago (Mus( de Armas) zeigt auß indianischen und spa( schen Waffen insbeso dere kolonialzeitlic Möbel, Gemälde, g sierte Keramiken (maj licas), Silberschmu und Gewänder; bemerkenswert ist neb( einer Marimba (17. Jh.) ein Porträt Alva( dos (Kopie) und das Schwert des Hau( gens. Die Geschichte des Buchwesens Guatemala dokumentiert das **Museo d**

bro Antiguo, in dem eine Nachbildung
er ersten Druckerpresse (1660) und
licher des 16.–18. Jhs. ausgestellt wer-
en. (Beide Museen: Di–So 9–16 Uhr.)
Die Südseite des Parque beherrscht der
alacio de los **Capitanes Generales** ❻,
er Palast der Generalkapitäne, d. h. der
rtreter des spanischen Königs in Guate-
ala. Seine Räume nahmen auch die
ünze, das Oberste Gericht, Kanzleien
r die Verwaltung und eine Dragoner-
serne auf. Der erste große Bau im Re-
issancestil (1558) wurde durch das
*rremoto* 1717 völlig zerstört. Sein jetzi-
s, relativ schmuckloses Aussehen mit
, in zwei Stockwerken übereinander
stellten Bögen geht auf die Restaurie-
ng nach 1773 zurück. Ein von zwei
wen flankiertes Wappen demonstriert
e Macht der bourbonischen Könige
aniens. Das Gebäude dient heute der
lizei, der Administration des Departa-
ento Sacatepéquez und der Touristen-
formation.

## Nördlich der Plaza ▬

Auf dem Weg vom Parque Central entlang
der 5a Av N stößt man auf das Wahrzeichen Antiguas, den gelben **Arco de Santa
Catalina.** Er gehörte zum 1609 von vier
Nonnen des Klosters La Concepción gegründeten und 1613 eingeweihten Konvent Santa Catalina Virgen y Mártir. Ende
des 17. Jhs. war der Orden mit einer bedeutenden Schule und mehr als 100 Nonnen einer der einflussreichsten und größten Antiguas, sodass man auf der
gegenüberliegenden Straßenseite ein weiteres Konventsgebäude errichten musste.
Der 1833 restaurierte Bogen, der auf
wundersame Weise allen Erdbeben der
Zeit widerstand, erlaubte den Catalinen –
fern aller weltlichen Reize – die Straße zu
überqueren.
Ein Musterbeispiel für die überreiche
Stuckornamentik in der Sakralarchitektur
Mittelamerikas ist **La Merced** ❼. Im Stil
des Churriguerismus gestaltet, bedecken

Seite
117

**Cerro de la Cruz**
Die beste Aussicht
auf Antigua genießt
man vom Cerro de
la Cruz aus; Zugang
über die 1a Av Norte
in einem 15-minü-
tigen Spaziergang.
Die Touristenpolizei
bietet zweimal
täglich Gruppen
ihre Begleitung an
(gelegentliche
Überfälle!).

▼ **Die Karfreitags-
prozession**

Seite 340 **TOP 50**

**Proyecto Cultural El Sitio**
Das 1993 gegründete private Institut fördert das kulturelle Leben Guatemalas mit einer breiten Palette von Projekten und Programmen, darunter Konzerte, Lesungen, Bibliothek, Theater, Videothek, nichtkommerzielles Kino und Ausstellungen; 5a Calle Poniente 15, Tel. 78 32 30 37, elsitio@guate.net, www.elsitiocultural. org, Di–So 11–19 Uhr, Mo geschl.

weiße Rosetten, Putten, Muscheln, Blumen und filigrane Weinranken die in Form eines barocken Hochaltars *(retablo)* gegliederte Fassade. Die Kirche, mit deren Bau man 1749 nach Plänen des Architekten Juan de Díos Estrada begann, konnte 1767 eingeweiht werden. Bereits sechs Jahre später wurde das zugehörige Kloster mit dem riesigen, für Fischzucht genutzten Brunnen im Patio des Kreuzgangs *(claustro)* weitgehend zerstört.

Gewiss eines der interessantesten Klöster ist **Las Capuchinas ❺**, das von Kapuzinerinnen, einem Zweig des Franziskanerordens, bewohnt wurde. Die Nonnen, die erst ab 1725 aus Spanien kamen, waren strengsten Regeln unterworfen, die selbst den Kontakt mit Verwandten auf ein Mindestmaß beschränkte. Für die Aufnahme in das Kloster verlangte man keine hohe Mitgift wie sonst üblich, weshalb auch mittellose Frauen eintreten konnten. Einzigartig in Antigua ist der 1736 vollendete »Turm der Zurückgezogenheit« (Torre del

Retiro) von Diego de Porres: Von eine[r] kreisförmigen Patio gehen 18 kleine Zelle[n] ab, die alle eine eigene Toilette mit d[a]runter liegendem Wasserkanal besitze[n]. Eine schmale Treppe führt in den gleic[h-] falls runden Keller (mit fantastische[m] Echo), den die Bräute Christi wegen s[ei-] ner kühlen Temperaturen sehr wah[r-] scheinlich als Speisekammer benützte[n] (Di–So 9–17 Uhr).

Das größte und prächtigste Kloster w[ar] **Santo Domingo ❻**, das 1664 gegründ[et] und 1773 zerstört wurde. Mit denkm[al-] pflegerischem Sachverstand richtete ma[n] in den Überresten das gleichnamige N[o-] belhotel ein, dessen öffentlich zugäng[li-] che Gärten und Säle einen Besuch unb[e-] dingt lohnen. Neben dem ehemalige[n] Patio und den immer noch gewaltige[n] Mauern der Dominikanerkirche find[et] man hier eine Kerzenwerkstatt sow[ie] zwei kleine Museen für präkolumbisch[e] und kolonialzeitliche Kunst.

## Südlich und östlich der Plaza

Unmittelbar neben der Kathedrale lie[gt] die ehemalige **Universidad San Carlos [de] Borromeo ❼**, nach México und Lima d[ie] drittälteste Amerikas. Bereits 1559 erb[at] Bischof Marroquín die Gründung ein[er] Hochschule, die – als Konkurrentin d[er] zahlreichen Ordensschulen – nach lange[m] Kampf zwischen König und Klerus e[rst] 1681 mit 70 Studenten den Betrieb a[uf-] nehmen konnte. Neben den Fächern P[hi-] losophie, Recht, Medizin und Theolog[ie] lehrte man hier auch Cakchiquel; jedo[ch] war den Indígenas der Besuch der Univ[er-] sität im Allgemeinen verwehrt. Stimmun[gs-] voll ist der große Patio mit Blumenbeet[en] und zentralem Brunnen, den kunstvoll i[m] Mudéjarstil gestaltete Arkaden umgebe[n]. Auffallend sind die auch an anderen Pf[ei-] ler- und Mauergliederungen Antiguas v[or-] kommenden Almohadillo-Motive, die a[n] einander gestapelten Kissen *(almohad[as)]* ähneln. In den Räumen dahinter richte[te] man das **Museo de Arte Colonial** mit Pl[as-] tiken und Gemälden des 17./18. Jhs. e[in]

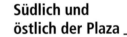

◀ **Prächtiger Teppich (»alfombra«) aus Früchten und Gemüse in La Merced während der Semana Santa**

Eines der wenigen öffentlich zugänglichen Privathäuser ist die **Casa Popenoe** . 1632 für einen hohen königlichen Richter erbaut, erwarb 1929 Dr. Wilson Popenoe, vermögender Agronom im Dienst der UFCo, das Anwesen. Mit Gegenständen aus anderen Häusern, darunter Möbeln, glasierten Kacheln, Kandelabern, geschnitzten Betten und Holztüren, restaurierte er die Mehrzahl der Zimmer, die heute noch – außerhalb der Öffnungszeiten – von seinen Nachkommen bewohnt werden. (Mo–Sa 14–16 Uhr.)

Die Franziskaner kamen 1530 nach Guatemala und begannen bereits 1543, dem Gründungsjahr Antiguas, mit dem Bau der Kirche und des Klosters **San Francisco** ❶, dessen Schule eines der bedeutendsten religiösen und künstlerischen Zentren Mittelamerikas war. Von der einstigen überaus prachtvollen Dekoration und Ausstattung, zu der auch eine massive Decke im Mudéjarstil gehörte, vermitteln heute nur noch Reste von Malereien und Stuckornamenten im Refektorium und Kreuzgang sowie einige Altäre im Kircheninneren eine Vorstellung. Dort findet man auch ein Wallfahrtsziel der Einheimischen, das Grab des Pedro de San José de Betancur, kurz Hermano Pedro genannt. Als Gründer der Bethlehemiter (»Dritter Orden«) und eines eigenen Hospitals widmete der strenge Asket sein ganzes, nur 41 Jahre dauerndes Leben aufopferungsvoll der Pflege Armer und Kranker, denen er – um die Heilung zu beschleunigen – sogar die Wunden leckte.

Ein Fest der Farben ist der **Parque La Unión** ❷, in dem täglich Indígenas aus den umliegenden Dörfern Textilien, Schmuck und Kunsthandwerk feilbieten. Die Ostseite der Grünanlagen begrenzt ein breites überdachtes Waschhaus *(pila)*, dahinter breitet sich die **Iglesia de Santa Clara** mit dem zugehörigen Convento aus. Die Klarissinnen kamen 1699 aus Puebla (Mexiko) und machten schon bald in der ganzen Stadt von sich Reden – statt der Keuschheits- und Armutsgelübde wegen ihrer Querelen und des luxuriösen Lebensstils als auch ihrer vorzüglichen Küche, insbesondere Huhn in Kakaosoße *(mole poblano)* und den knusprigen Mürbeteigplätzchen. Auf der anderen Seite des Parque liegt die Kirche **San Pedro Apostol,** dem ein 1663 gegründetes Hospital angeschlossen ist.

## Westlich der Plaza

Den **Convento de La Compañía de Jesús** bewohnten die Jesuiten von der Gründung des Gebäudes 1626 bis zu ihrerer Vertreibung aus Amerika 1767 durch den spanischen König Karl III. Der sorgfältig restaurierte Konvent mit zwei geräumigen Patios beherbergt heute ein **Kulturzentrum,** unter anderem mit einer informativen Fotodokumentation zur Architektur der Stadt.

Am westlichen Rand der Centro Histórico liegt der **Terminal de Buses** und der **Mercado,** in dem täglich Kunsthandwerk, Lebensmittel und Gegenstände des Alltags angeboten werden.

Seite 117

TOP50 Seite 343

TOP50 Seite 350

▲ **Rumwerbung**
▶ **Eine Marimba-Band fehlt bei keinem Fest in Guatemala**

Seite
117
112

**Comalapa,**
13 km nördl. Zaragozas an der Panamericana, ist bekannt für die Produktion der konkaven Tonplatten (»comales«) zum Backen von Tortillas als auch für naive Malerei; Patronatsfest 22.–26. Juni; jed. Di Markt auf der Plaza neben der Iglesia de San Juan Bautista (1564); Busse ab Chimaltenango.

Seite 347 TOP 50

Seite 352 TOP 50

## Umgebung

Etwa 2 km außerhalb des Stadtzentrums liegt **Jocotenango** mit einer schönen Kirchenfassade an der Plaza, das wegen zwei kleinen Museen auf dem Gelände des **Centro La Azotea** einen Ausflug lohnt. In der **Casa K'ojom** ❻ (Haus der Musik) lässt sich mit unterschiedlichsten Instrumenten, beispielsweise Marimbas, Muscheln *(caracoles)* und Schildkrötenpanzern *(ayotl)* sowie Videofilmen die traditionelle Musik der Maya studieren. Unmittelbar daneben lernt man im **Museo del Café** mit heute noch benützten Maschinen den langwierigen Prozess der Kaffeeproduktion kennen. (Beide Museen: Calle final del Cementerio, Mo–Fr 8.30 bis 16.30, Sa 8.30–14 Uhr.)

Mit mehr als 500 m Höhendifferenz wird Antigua im Süden von dem Dorf **Santa María de Jesús** ❼ überragt, Ausgangspunkt für die Besteigung des allgegenwärtigen Volcán de Agua. Die Mehr

◀ **Der Volcán de Agua ist vor allem nachmittags oftmals in Wolken gehüllt**

zahl der Frauen tragen noch ihre traditionellen *huipiles* mit Rauten und stilisierten Tieren auf rotviolettem Grund. (Fiest vom 1. bis 5. Januar; Markttage: Montag Donnerstag, Samstag.)

Im Valle de Almolonga, etwa 5 km vo Antigua entfernt, liegt der Ort **Ciuda Vieja** ❽, der 1527 als zweite Hauptsta des Generalkapitanats Guatemala gegrün det wurde. Pedro de Alvarado, der stet auf Kriegszügen unterwegs war, weilt nur selten in dem Palast, und Doña Bea triz de la Cueva, nach dem unerwartete Tod des Gatten in Mexio 1541 alleinig Regentin des Reichs, kam kurz darauf be der Zerstörung der Stadt um. Sehenswe ist heute nur noch die von Franziskaner errichtete **Iglesia La Immaculada Cor cepción** mit einer stattlichen Retablo-Fa sade zwischen zwei wuchtigen gedrunge nen Glockentürmen.

Pittoresk schmiegt sich 3 km weiter, i Schatten des Volcán de Acatenango, **Sa Antonio Aguas Calientes** ❾ in einen vo kleinen Feldern *(milpas)* begrenzten Ta kessel. Die heißen Quellen *(aguas calier tes)* versiegten als Folge des Erdbeben 1976. Die Weberinnen sind in ganz Gua temala berühmt für ihre außerordentlic qualitätvollen *huipiles,* die in oftmals mo natelanger Handarbeit mit zweiseitig pos tiv erscheinenden Motiven – Früchter Vögeln, Blumen oder geometrischen Mus tern – broschiert sind.

Alljährlich am 1. November (Allerheil gen bzw. Tag der Toten, *día de los mue tos)* feiert **Santiago Sacatepéquez** ❿ ei unvergessliches Festival: Auf dem Fried hof lassen die Dorfbewohner riesige, b zu 9 m messende kreisrunde Flugdrache aus Seidenpapier steigen. Charakteristisc für diese *barriletes gigantes* sind bunt be malte Motive, die meist auf ein soziale oder politisches Problem hinweisen, etw den weit verbreiteten Analphabetismu oder die 500-jährige Unterdrückung de Maya. (Mittwochs und freitags Markt.)

Eine der bekanntesten Kultstätten de Maximón (s. S. 123) findet man in **Sa Andrés Itzapa** ⓫, wenige Cuadras von de Dorfkirche entfernt. (Freitags Markt.) ∎

# Der Kult des Maximón

Der indigen-pagane Kult des Maximón oder San Simón ist der rätselhafteste in Guatemala. Seine Ursprünge verlieren sich im Dunkeln, doch Maximón wird allgemein als ein schelmischer Heiliger angesehen, als eine machtvolle Gestalt, die Frauen schwängern, Krankheiten heilen und unterschiedlichste Unglücksfälle über seine Feinde bringen kann.

Obwohl Maximón im gesamten Hochland Guatemalas verehrt wird, ist seine äußere Erscheinung bemerkenswert einheitlich. Auf den ersten Blick ist er eine etwas komische Figur, eine leblos wirkende Statue mit häufig zu kurzen Armen und Beinen, einem breitkrempigen Hut und einem Holz- oder Plastikkopf, dessen Gesichtszüge unverkennbar ladinisch sind. In seinem Mund steckt meist eine glühende Zigarre, und zahlreiche Tücher um seinen Hals saugen den verschütteten Alkohol («aguardiente») auf, den Assistenten und Gläubige ihm regelmäßig einflößen. Das Heiligtum Maximóns ist gewöhnlich ein recht obskurer Raum: Die Luft ist dick von Kerzenruß und dem Qualm der Zigarren, über den Boden sind leere Schnapsflaschen und kleine Modelle des Heiligen verstreut.

Die drei berühmtesten Kultstätten befinden sich in Zunil, San Andrés Itzapa und Santiago Atitlán, wenngleich man auf ihn auch in vielen anderen Dörfern des Hochlands stößt. In Zunil (s. S. 136) unweit von Quetzaltenango. trägt Maximón eine Sonnenbrille und bunte Halstücher, in denen oft Geldscheine seiner Verehrer stecken. Besonders attraktiv ist der Kult in San Andrés Itzapa (s. S. 122). Täglich zieht er hunderte Gläubige – Maya wie Ladinos – an, die sich von ihm Heilung von Krankheiten und Schutz vor Feinden erhoffen. So sind auch die Wände mit Votivtafeln aus Guatemala, ja sogar aus Mexiko und El Salvador bedeckt.

In Santiago Atitlán (s. S. 127) kommt Maximón eine besondere symbolische Bedeutung zu. Jeden Karfreitag wird in Begleitung von Trommlern und Bläsern sein Bildnis von speziellen Trägern («telinel») aus dem Heiligtum durch die Straßen zur großen Plaza getragen. Dort warten bereits gespannt hunderte Dorfbewohner neben der katholischen Kirche auf das Erscheinen der Christusstatue. Diese Gegenüberstellung Maximóns mit Christus spiegelt wohl den Konflikt zwischen traditionellen Maya-Priestern («costumbristas») mit christlichen Missionaren wider.

Bei einem Besuch Maximóns sind Zurückhaltung und Respekt vor den Gefühlen der Gläubigen angebracht. Mit Ausnahme von San Andrés Itzapa wechselt er jährlich das Haus, sodass man Einheimische nach seinem derzeitigen Aufenthaltsort fragen muss. Von Touristen wird manchmal ein kleines Eintrittsgeld verlangt; zum Fotografieren sollte man stets die Erlaubnis der Assistenten einholen – und ein Verbot auch respektieren. ■

▶ Das Heiligtum des Maximón in Santiago Atitlán

# Das westliche Hochland

Seite
126

Das westliche Hochland ist das Hauptsiedlungsgebiet der Maya.
Uralte Traditionen wie die Patronatsfeste in den Dörfern,
religiöse Zeremonien und symbolträchtige Tänze sind in der schönsten
Landschaft Guatemalas heute lebendig wie eh und je.

Die in manchen Gegenden wild zerklüfteten Berge und die äußerst vitale Mayakultur sind für die meisten Besucher das eindrucksvollste Erlebnis in Guatemala. Die Landschaft ist wirklich einmalig, mit dem weltberühmten Atitlán-See und einer Kette kegelförmiger Vulkane, zwischen denen sich in den breiten Tälern liebevoll angelegte Mais- und Bohnenfelder ausbreiten. Farbenfrohe abwechslungsreiche Wochenmärkte in kleinen Indianerdörfern bilden das stimmungsvolle Pendant zu heißen Thermalbädern, Wanderungen in abgelegenen Gebieten und reizend in Pinienwäldern gelegenen archäologischen Stätten.

## Lago de Atitlán ❶

Der über 400 m tiefe Lago de Atitlán ist das wohl beeindruckendste Naturschauspiel Guatemalas. Am Ufer des 1562 m hoch gelegenen Sees reihen sich 13 Dörfer mit fast ausschließlich indigener Bevölkerung aneinander. Je nach Tageszeit wechselt die Farbe des Wassers von Tiefblau am Morgen bis nahezu Schwarz am Abend, dazu eine unvergessliche, sich stetig ändernde Wolkenstimmung. Majestätisch erheben sich im Süden die drei Vulkane San Pedro (2995 m), Tolimán (3134 m) und Atitlán (3537 m), die alle relativ einfach bestiegen werden können. Dieses einzigartige landschaftliche Ensemble, verbunden mit einem ganzjährig überaus angenehmen Klima, bezaubert seit Jahrhunderten Reisende, etwa den englischen Romancier Aldous Huxley, der den See als den schönsten auf der ganzen Welt pries, oder John Lloyd Stephens, der den Wasserspiegel mit einer glitzernden Fläche geschmolzenen Silbers verglich.

### Panajachel ❷

Am gleichnamigen Fluss gelegen und häufig nur kurz »Pana« genannt, ist dies der einzige Ort am See, der seinen Charakter in den letzten Jahrzehnten grundlegend geändert hat. Aus einem ehemals kleinen Indianerdorf wurde in verhältnismäßig kurzer Zeit eines der bedeutendsten Touristenzentren Guatemalas. Von der Panamericana über Sololá kommend reisen hier fast alle Besucher Guatemalas einmal durch. Trotz der negativen Begleiterscheinungen des Massentourismus bildet *Gringotenango* (»der Ort, wo die Gringos sind«, d. h. im weiteren Sinne alle

◀ **Blick durch die üppige Vegetation des Volcán San Pedro zum Volcán Tolimán**
▶ **Abendstimmung am Strand von Panajachel**

▲ In »Pana« stellt man sich auf den Geschmack der Touristen ein

weißen Touristen) mit dutzenden Hotels und Pensionen *(hospedajes)* jeder Preiskategorie, von denen viele von Europäern und Nordamerikanern sowie Ladinos geführt werden, für die Erkundung des Sees eine gute Ausgangsbasis. Schnell und problemlos kann man mit Booten *(lanchas)*, Bussen *(camionetas)* oder auf der Ladefläche von Sammeltaxis *(pikops)* die anderen Dörfer erreichen. Entlang der etwa 1 km langen Calle Santander reihen sich zahlreiche Restaurants mit lokaler und internationaler Küche sowie etliche Läden und Stände mit Souvenirs von Kitsch bis zu qualitätvollen Textilien *(típicas)*.

## Das Westufer

Auf der Fahrt entlang des westliche Ufers hält das Boot zuerst in **Santa Cru La Laguna** ❸, einem Cakchiquel-Do hoch über dem See, dessen Unterkunft möglichkeiten für manche Besucher ein reizvolle Alternative zu Panajachel da stellen. Von hier kann man kurze Wand rungen mit schönen Fernsichten über Sa Jorge La Laguna zurück nach »Pana« od weiter nach Jaibalito und Tzununá (beic mit schönen kleinen Lodges) unternehme

Neben dem Feldbau trägt in **San Ma cos La Laguna** wie auch im Nachbardo **San Pablo La Laguna** die Fertigung vc

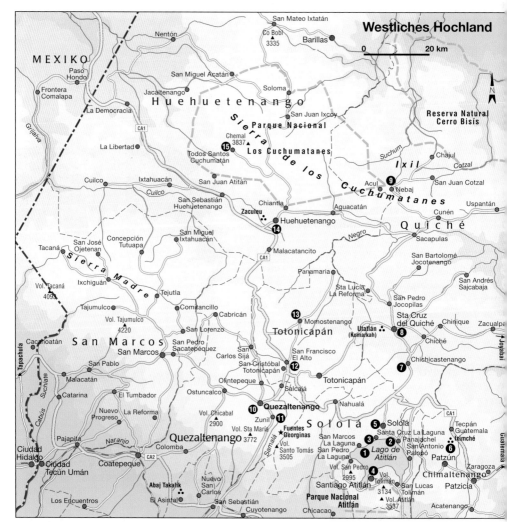

Matten, Taschen und Seilen aus Agavenfasern wesentlich zum Lebensunterhalt der Indígenas bei. Kurz nach **San Juan La Laguna** im äußersten Westen des Sees liegt **San Pedro La Laguna,** das seit Jahren ein beliebter Treff für Individualreisende und Ausgangsort für die lohnende Besteigung des gleichnamigen Vulkans ist. An dessen Fuß liegen die spärlichen Reste von Chuitinamit, der ehemaligen Hauptstadt der Tzutuhil in präkolumbischer Zeit. Höhepunkt des Dorflebens ist das Patronatsfest vom 27. bis 30. Juni. Alle Bewohner des südwestlichen Ufers, von San Pablo La Laguna bis Santiago Atitlán, sind Tzutuhil, die sich mit ihren unmittelbaren Nachbarn am See, den Cakchiquel, kaum in ihrer indigenen Sprache, sondern nur in Spanisch verständigen können.

> ### Xocomil
> → »Wind der Sünde« nennen die Maya den gefährlichen Nachmittagswind, der eine Fahrt über den See oft recht turbulent gestaltet und schon so manches Menschenleben gefordert hat.

*huipiles* der Frauen und Mädchen, die an den Kragen zusätzlich mit Blumen geschmückt sind. Die eigentliche Attraktion der weiblichen Tracht sind jedoch die *tocoyales,* die heute fast nur noch zu Festen getragen werden: Ein mehrere Meter langes orangefarbenes Band wird um den Kopf gewickelt, so dass eine Art Nimbus entsteht. Dieser gewiss ungewöhnliche, auch *halo* genannte Kopfschmuck ist auf der 25-Centavos-Münze abgebildet.

## Das Ostufer
**San Lucas Tolimán** zeichnet sich durch seine günstige Lage zwischen dem Lago de Atitlán und der wirtschaftlich bedeutenden Pazifikküste aus. Markttage in San Lucas sind Donnertag und Sonntag, Festtage vom 15. bis 20. Oktober.

Seite 126

**Santa María Visitación**
Herrliche Aussichten auf den See genießt man während einer Wanderung von San Pablo La Laguna über die hoch gelegenen Dörfer Santa María Visitación und Santa Clara La Laguna nach San Pedro La Laguna; von dort gibt es Boote zurück nach Panajachel.

## Santiago Atitlán ❶
Zwischen die Ausläufer des Vulkans Tolimán und eine schmale Bucht zwängt sich das bedeutendste Dorf am See (30 Min. mit dem Schnellboot von Pana). Bekannt sind die *Atitecos* in Guatemala als geschickte Händler sowie Hersteller kleiner Einbäume *(cayucos),* mit denen sie – ergänzend zur Landwirtschaft – Fischfang betreiben. Sehenswert ist neben dem **Heiligtum des Maximón** (s. S. 123) die große **Plaza,** ein kleines **Textilmuseum** unweit der Bootsanlegestelle und der **Hochaltar** von Miguel de Aguirre in der stattlichen Kirche aus dem Jahr 1547, einem Zentrum der Franziskaner zur Missionierung des Hochlands. Santiago war während des Bürgerkriegs unter allen Dörfern am See am schlimmsten von den Verbrechen der Militärs betroffen; innerhalb weniger Jahre wurden mehr als 300 Bewohner getötet.

Ansprechend ist die traditionelle Kleidung: Bunte gestickte Vögel zwischen roten Streifen zieren die weißen knielangen und von einer breiten Schärpe *(faja)* gehaltenen Hosen der Männer sowie die

► **Campesino aus Santiago Atitlán bei der Bohnenernte**

# Die Geschichte des Lago de Atitlán

Die Region im Umkreis des Lago de Atitlán ist seit mindestens 12 Mio. Jahren vulkanisch aktiv. Damals erstreckte sich eine kolossale Caldera, wesentlich größer als der heutige See, mehrere Kilometer weiter nach Norden. Die heutige Gestalt des Lago de Atitlán ist das Ergebnis einer gewaltigen Explosion vor annähernd 85 000 Jahren. Die vulkanischen Kräfte schirmten die immer noch beachtliche Caldera vom übrigen Hochland ab, sodass die Zuflüsse den heutigen, 1562 m hoch gelegenen See bildeten. Spätere Eruptionen schufen die drei gewaltigen Kegel der Vulkane Atitlán, Tolimán und San Pedro, die das Erscheinungsbild des Sees maßgeblich bestimmen. Als letztes kam schließlich der Cerro de Oro zwischen den beiden Dörfern Santiago Atitlán und San Lucas Tolimán hinzu.

Erste Spuren menschlicher Besiedelung lassen sich bis in die frühe Präklassik

◄ Der Lago de Atitlán – eingebettet in eine grandiose Vulkanlandschaft

(2000–800 v. Chr.) zurückverfolgen, als kleine Dörfer auf der Grundlage von Fischfang und Ackerbau die Pazifikküste säumten. Ein bedeutendes politisches Zentrum wurde der Lago de Atitlán jedoch erst in postklassischer Zeit, als die Tzutuhil – in Nachbarschaft zu den Cakchiquel – an der unteren Abhängen des Volcán San Pedro ihre Hauptstadt Chuitinamit gründeten. Der Legende zufolge vergrub man nach de Conquista 1524 alle Schätze im Cerro de Oro – dem »Hügel des Goldes«.

Während der Kolonialzeit war Santiago Atitlán mit seiner stattlichen Kirche auf Grund der leichten Zugänglichkeit zur Pazifikküste das größte und wichtigste Dorf.

In den vergangenen hundert Jahren änderten sich der Charakter, die Umwelt und die Wirtschaft des Lago de Atitlán grundlegend. Zuerst errichtete man in den 1930er Jahren eine Straße nach Sololá, die drei Jahrzehnte später bis nach Panajachel verlängert wurde und das ehemals beschauliche Dorf in ein Touristenhochburg verwandelte. In den 1970er Jahren war die Umgebung des Sees der Schauplatz zahlreicher Gefechte zwischen Guerilla und Militär, das u. a. in Santiago Atitlán ein Blutbad unter den Dorfbewohnern anrichtete.

Die größte Herausforderung im 21. Jh. ist die Bewahrung der natürlichen Lebensbedingungen, die sich in jüngster Zeit verschlechtert haben – durch den Bevölkerungsdruck mit insgesamt etwa 100 000 Einwohnern in den umliegenden Dörfern, durch die infolge der Landwirtschaft überbeanspruchten Böden sowie die Auswirkungen des Tourismus. An den Abhängen der Vulkane werden die Felder stetig höhe und höher angelegt, die zum Teil chemischen Abwässer der Dörfer und hunderter Ferienhäuser mindern beträchtlich die Wasserqualität. Ein alamierendes Zeichen ist etwa das Aussterben des Atitlán-Seetauchers, eines endemischem, flugunfähigen Vogels, dessen Brut dem in den 1950e Jahren für die Sportfischerei ausgesetzten Schwarzen Barsch zum Opfer fiel. ■

Steil reihen sich die Häuser in **San An-onio Palopó** den Hang hinauf. Von der rhöht gelegenen Kirche aus dem 16. Jh. enießt man eine fantastische Aussicht uf den See. In der **Blanco Barranco** ge-annten Höhle in der Felswand hoch über em Dorf bringen Indígenas noch häufig ituelle Opfer dar. Vom 12. bis 14. Juni fei-rn die Antoneros ihren Namenspatron.

Die Tracht der Frauen besteht aus inem blauen *corte* und einen *huipil* mit ielen feinen Streifen, bei denen rote, bis-eilen auch grüne Töne den Gesamtein-ruck bestimmen (s. S. 139). Dazu tragen e gewöhnlich silber- oder goldfarbene erlenketten, im Haar bunte Bänder.

Lediglich 4 km von Panajachel ist das benfalls von Cakchiquel bewohnte **Santa :atarina Palopó** entfernt. Aus Lehm *adobe)* errichtete man, wie teilweise uch in den anderen Dörfern am See, die Mehrzahl der Häuser und die zentral an inem kleinen Platz gelegene Kirche, in er die zahlreichen, auf langen Bänken

entlang der Wände aufgereihten Heiligen-statuen bemerkenswert sind. Vom 24. bis 26. November feiern die Catarinecos ihre *fiesta* zu Ehren der Virgen Santa Catarina de Alejandría.

Die *huipiles* mit kleinen Vögeln und geometrischen Mustern auf grünblauem Grundton gehören zweifellos mit zu den geschmackvollsten in ganz Guatemala. Auf dem Kopf tragen die Frauen und Mädchen breite blaue oder violette Bän-der, die effektvoll zum schwarz glänzen-den Haar kontrastieren.

## Sololá und Iximché

Ein schöner Blick auf den Lago de Atitlán bietet sich von dem 2113 m hoch gelege-nen **Sololá ❺**, das vor allem an den Markt-tagen (Di und Fr) sowie an den Festtagen vom 11. bis 17. August von Indígenas aus der weiteren Umgebung aufgesucht wird. Der Ort, in dem neben annähernd 9000 Cakchiquel insbesondere Ladinos leben,

**Seite 126**

▲ Der nimbusar-tige Kopfschmuck (»tocoyales«) der Indígenas in Santiago Atitlán
▼ Blumen-verkäuferinnen vor der Iglesia de Santo Tomás in Chichicastenango

**Kulthöhlen**
Für religiöse Zeremonien wurde unterhalb der Ruinen von Utatlán bereits in vorspanischer Zeit eine künstliche Höhle angelegt. Schamanen und Priester zelebrieren noch heute vor dem Eingang ihre traditionellen Gebete und Opfer. Taschenlampe nicht vergessen und Vorsicht bei der Erkundung, da es unvermutet auch tiefe Schächte in den Seitenarmen gibt!

wurde 1547 von Juan Rogel, einem Mitstreiter Pedro de Alvarados, auf der Siedlung Tzololá neu gegründet. Sehenswert sind an der Plaza die **Iglesia Nuestra Señora de la Asunción** mit Silberarbeiten im Inneren. Markant erhebt sich die schon von weitem zu sehende **Torre Centroamérica** mit Uhren an ihren vier Seiten, die 1914 von Präsident Estrada Cabrera in Erinnerung an die Zentralamerikanische Konföderation (1823–1839) in Auftrag gegeben worden ist.

Unverwechselbar ist die Tracht der Solotecos: Frauen hüllen sich in einen schwarzrot gestreiften *huipil* und einen schwarzen *corte;* Männer tragen zu langen, ebenso wie die *huipiles* in Ikat-Technik verzierten Hosen und Hemden eine charakteristische Jacke, auf deren Rückenteil eine Fledermaus *(murciélago)*, das Totemtier der Cakchiquel, gestickt ist. Zur traditionellen Kleidung gehört auch ein dunkler, mit einem Ledergürtel gehaltener wollener Überrock *(rodillera).*

◀ **Mais (»maiz«) – neben Bohnen das Grundnahrungsmittel der Maya**

Etwa 5 km von dem an der Paname cana gelegenen Tecpán Guatemala er fernt sieht man die kleinen, historisch doch sehr bedeutsamen Ruinen v **Iximché ❻**, dem politischen und kultur len Zentrum der Cakchiquel in vorspa scher Zeit. Lieblich von Pinien umrahn fällt das Terrain, ein beliebtes Ausflugsz der Guatemaltecos, an drei Seiten steil tiefe Schluchten *(barrancos)* hin ab. D Stadt wurde um 1470 zum Schutz geg die um die Hegemonie im Hochland riv lisierenden Quiché gegründet. 1524 z der mit den Cakchiquel verbündete Ped de Alvarado ein. Schon nach kurzer Z zerstörte sein Bruder Jorge die Stadt, m zelte einen Großteil der Bevölkerung m samt ihren Häuptlingen *(caciques)* nied und ließ nicht weit davon entfernt die e te Hauptstadt der *Capitanía General* Guatemala errichten.

Um insgesamt vier Plazas mit zahlr chen Altären reihen sich die restauriert Gebäude der Stadt: zwei Ballspielplät zwei verhältnismäßig große Paläste u erhöhte Hallen. Typisch für die sieben a gegrabenen Pyramiden sind die nach nen zurückgesetzten Ecken (ähnlich v in Tikal), die wohl mexikanisch bee flusste Konstruktion der Außenmauern schräge Sockelzonen *(talud)* und se rechte Abschlüsse *(tableros)* sowie mehrfache Überbauung der Tempel. Wald hinter Plaza D, in dem sich no viele weitere unerforschte Gebäude bef den, bringen Maya-Priester noch ritue Opfer dar. (Geöffnet tgl. 8–17 Uhr.)

## Chichicastenango ❼

17 km nördlich der Straßenkreuzung Encuentros wird jeden Donnerstag u Sonntag der berühmteste Markt Gua malas abgehalten. Zu diesen Tagen st men ungezählte indianische Händler u ganze Busladungen von Touristen na Chichicastenango (meist nur kurz Ch genannt), das religiöse Zentrum Quiché. Auf der großen Plaza und in d Seitengassen findet man dicht gedrä einen Stand nach dem anderen, mit

quitäten, Keramiken, Holzmasken, Gür-
l, Schmuck und vor allem einem über-
ältigenden Angebot an alten authen-
schen sowie für den Geschmack der
sländischen Touristen gefertigten Texti-
en – oft auch zu über-
öhten Preisen.

Der alte Name Chi-
icastenango leitet sich
on *chichicaste*, einer
urpurviolett blühenden
esselpflanze, und dem
ehrmals im guate-
altekischen Hochland
orkommenden Suffix
*nango* ab, was »der
rt, wo … ist« bedeutet.

as 2071 m hoch gele-
ne »Chichi« war seit der Conquista eine
r bedeutendsten katholischen Stätten
r Dominikaner zur Missionierung der
dígenas, doch existieren in kaum einem
deren Dorf alte religiöse Vorstellungen
offen neben dem Christentum wie hier.

**Kopal**
→ aztekische Bezeichnung
eines von den Maya als
»pom« geschätzten, sehr
geruchsintensiven Räucher-
harzes, das bis heute ausschließlich für religiöse
Rituale in Form schwarzer
Brocken verbrannt wird.

Seit Generationen leben in der Stadt
neben Quiché auch viele Ladinos, weshalb die Gemeinde genauso wie auch
Sololá zwei Bürgermeister *(alcaldes)* hat,
je einen für jede Volksgruppe.

Überaus feierlich –
und sehr ausgelassen mit
reichlichem Alkoholkon-
sum – ehrt man vom 18.
bis 21. Dezember mit
einer großen *fiesta* den
Dorfheiligen Santo To-
más, organisiert von der
in *Chichi* sehr einflussreichen *cofradía*. Dann
ist die Luft dick mit
Kopal und dem Rauch
unzähliger Knallkörper
erfüllt, Tänze und Prozessionen halten die
Besucher in Spannung, und Neugeborene
aus nah und fern werden in der Kirche
mit Vorliebe auf Tomás oder Tomasa getauft. Die *cofrades* sind mit knielangen
schwarzen Hosen, schwarzen Umhängen

Seite
126

▲ **Die Tracht
der Indígenas
in Nebaj ist
eine der
schönsten in
ganz Guatemala**
▼ **Maisfelder in
den Tierras Altas**

**Joyabaj**
Ein »palo volador«
wird auch in dem
kleinen Joyabaj zur
Fiesta vom 9. bis
15. August aufge-
stellt, bei der auch
der alte Hirschtanz
(»baile del venado«)
aufgeführt wird.
Charakteristikum der
»huipiles« sind breite
Streifen im Brustbe-
reich mit abstrahier-
ten Blütenmotiven. –
54 km östlich von
Santa Cruz del
Quiché an den süd-
lichen Ausläufern der
Sierra de Chuacús.

**Seite 344** TOP **50**

und bunten *tzutes* (s. Abb. S. 86) beklei-
det; die Frauen tragen, wie auch sonst
im alltäglichen Leben, dunkle *huipiles*
mit vielfarbigen kleinteiligen Mustern
oder stilisierten doppelköpfigen Adlern.
Die Hauptattraktion des Fests sind die
*voladores,* vier fliegende Menschen, die
an einem Seil gebunden von der Spitze eines etwa 25 m hohen Mastes *(palo volador)* kopfüber in rotierenden Bewegungen
langsam zu Boden gleiten. In Veracruz am
Golf von Mexiko beheimatet, verbreitete
sich dieses Ritual, das die stetige Wieder-
kehr der Sonne symbolisiert, über weite
Gebiete Mesoamerikas.

### Sehenswürdigkeiten

Die **Iglesia de Santo Tomás** ist eine der
imposantesten ganz Guatemalas. Sie wurde 1540 von den Dominikanern über dem
Fundament eines alten Maya-Tempels gegründet. Insbesondere an den Markt- und
Festtagen beten Indígenas, fortwährend
Räucherkessel schwingend, auf der halb-
kreisförmig angelegten Treppe vor de
weiß getünchten Fassade. Frauen verkau
fen auf den untersten Stufen dicke Bü
schel prächtigster Blumen, darunter di
großen trichterförmigen Callas, Prieste
verbrennen beständig auf einem kleine
Altar in der Mitte *pom* (Kopal) – ein un
vergessliches Erlebnis!

Im Inneren gedenken Maya nach ura
tem Brauch den Seelen der Verstorbener
indem sie während der Gebete auf einer
Teppich aus Piniennadeln zarte Rosenblä
ter, Kerzen und Schnaps *(aguardiente)* op
fern. Durch den Ruß und Weihrauch vie
ler Jahrhunderte ist das Blattgold de
Hochaltäre mittlerweile von einer schwa
zen Schicht bedeckt und kaum noch z
erkennen. Von den zahlreichen **Heiliger
figuren** in den Schreinen sind an der li
ken Wand vor allem Lazarus, Anna un
Johannes bemerkenswert, die Beschütze
der Schwangeren. Das Holzkreuz wird b
den Prozessionen der Semana Santa vo
den Indígenas abwechselnd getragen, ur
die Leiden Christi zu teilen.

Um die Andacht der Gläubigen nich
zu stören, sollten Touristen den Kircher
raum, in dem absolutes Fotografierverbc
gilt, nicht über die Haupttreppe, sonder
durch einen Seiteneingang des danebe
liegenden **Dominikanerklosters** betre
ten. Es wurde 1542 mit einem rech
schlichten Kreuzgang errichtet. In seine
Mauern entdeckte Abbé Brasseur d
Bourbourg eine Abschrift des »Popol Vuh
aus dem 16. Jh., des heiligen Buchs de
Quiché, die er 1861 in französische
Übersetzung publizierte. Auf der Südsei
der Plaza findet man das **Museo Mun
cipal,** in dem die sehenswerte, jedoc
schlecht präsentierte Keramik- und Jad
sammlung des Paters Ildefonso Rossbac
ausgestellt ist (Mi–So 8–12, 14–16 Uhr)

Gegenüber der Iglesia Santo Tomás e
hebt sich die **Capilla del Calvario,** vo
der man das lebhafte Markttreiben beo
achten kann. Zur Kirche gehört der dahi
ter auf einer Anhöhe liegende große Frie
hof *(cementerio),* der mit seinen bla
und türkisfarbenen Grabmälern einer d
ehrwürdigsten des Landes ist.

◄ **Zahlreiche
neoklassizis-
tische Häuser
schmücken
das Zentrum von
Quetzaltenango**

Etwa 2 km außerhalb von »Chichi« egt im Wald auf dem Hügel La Democra-a die Stätte **Pascual Abaj.** Hier beten In-genas, meist an den Markttagen, zu ei-em uralten steinernen Bildnis des Turkaj, em Gott des Regens und reicher Ernten. riester und Schamanen *(curanderos)* op-rn für die Gläubigen Kerzen, Eier, Hüh-er, Alkohol, Reis und vieles mehr. Die *dolo* genannte Figur und die sie umrah-enden christlichen Kreuze erfreuen sich öchster Verehrung und sind von den un-ihligen Opferfeuern schwarz gefärbt.

## anta Cruz del Quiché ➌

as Verwaltungszentrum des Departa-ento Quiché, liegt 19 km nördlich von *hichi* unweit der kleinen Laguna de Le-oa in einer mit Schluchten gegliederten andschaft. Die große, wenig eindrucks-olle **Kirche** wurde mit Steinen aus dem erstörten Utatlán von Dominikanern er-chtet. Hinter ihr findet täglich ein klei-

ner Markt statt, der mit einem breiten An-gebot an Lebensmitteln fast ausschließlich von Einheimischen aufgesucht wird. Auf der **Plaza** erinnert eine Statue an den Quiché-Häuptling Tecún Umán.

4 km westlich von Santa Cruz liegen die größtenteils noch nicht ausgegrabenen Überreste von **Utatlán.** Wie die meisten Zentren des Hochlands in vorspanischer Zeit wurde auch die Quiché-Hauptstadt strategisch günstig auf einem kleinen Bergrücken im 13. oder 14. Jh. gegründet. Der eigentliche Name ist *Kumarkah* (»Ort des alten Schilfrohrs«), doch wurde sie von den mexikanischen Verbündeten Pe-dro de Alvarados nach ihrem Einzug in die Stadt Utatlán genannt. Kurze Zeit spä-ter deckte der Eroberer einen Komplott gegen sich auf und ließ aus Rache die bei-den Führer der Quiché lebendig verbren-nen, die übrige Bevölkerung töten oder zwangsumsiedeln und die Stadt total zer-stören. Daher faszinieren heute mehr die schönen Fernsichten in die Umgebung

**Seite 126**

**San Andrés Xecul**
Eine der ältesten und zugleich schönsten Kirchenfassaden Mittelamerikas findet man 8 km nördlich von Quetzaltenango in dem kleinen Quiché-Dorf San Andrés Xecul – ein Fest der Farben mit üppigster Stuck-verzierung.

▼ **Detail der Kirchenfassade von San Andrés Xecul**

Quezaltenango

und der liebliche Pinienwald auf dem Plateau als die überwachsenen Ruinen. Eine gute Vorstellung vom ehemaligen Aussehen der Stätte vermittelt ein Modell im Museum am Eingang (tgl. 7–18 Uhr).

## Triángulo Ixil

Das charmante **Sacapulas** am Río Chixoy (Rio Negro) zeichnet sich durch heiße Quellen *(aguas calientes)* und bereits während der Kolonialzeit abgebaute Salzlagerstätten aus. Die 1554 zur Zeit Fray Bartolomé de Las Casas errichtete Iglesia de Santo Domingo lohnt wegen ihrer kunstvollen Silberarbeiten einen Besuch (Do und So Markt). Etwas beschwerlich, doch mit unvergesslichen Eindrücken einer herrlichen Gebirgsszenerie, erreicht man von Sacapulas das *Triángulo Ixil*.

Das landschaftlich bezaubernde »Ixil-Dreieck« breitet sich zwischen der Nordflanke des östlichen Teils der **Sierra de los Cuchumatanes** und den südlichen Aus-

▲ **Chili findet man auf jedem Mercado Guatemalas**

▼ **Morgennebel in der Sierra de los Cuchumatanes**

läufern der **Sierra de Chamá** aus. Benannt ist die Region nach der hier verbreiteten Maya-Sprache, Ixil, und den drei wichtigsten Dörfern Nebaj, Chajul und San Juan Cotzal. Obwohl die Ixil schon im 16. Jh. von den in Sacapulas ansässigen Dominikanern missioniert wurden, lebten sie bis weit in das 19. Jh. relativ isoliert unter sich. Seither änderte sich ihre traditionelle Lebensweise, zuerst durch die Großgrundbesitzer, die ihnen für den exportorientierten Kaffeanbau die besten Böden raubten und sie zu sklavenähnlichen Tagelöhnern machten, dann durch die Militärs mit der »Politik der verbrannten Erde«. Während der 1970er und frühen 1980er Jahre machten die guatemaltekische Armee nahezu jedes Dorf im Gebiet dem Erdboden gleich und zerstörten systematisch die Lebensgrundlage der Indígenas. Tausende Bauern wurden mit ihren Familien gefoltert und getötet, die Überlebenden zur besseren Kontrolle in »Modelldörfern« angesiedelt.

## Nebaj

Das 1920 m hoch gelegene Nebaj ist
er Hauptort der Ixil. Mit Ständen auf der
laza und mit Kooperativen in manchen
er Adobe-Häuser bieten Frauen traditio-
elle Textilien *(típicas)* an, die mit Recht
ι den bekanntesten und schönsten des
ιnzen Landes gehören. Zu einem roten
ɔrte tragen sie einen weißen oder grü-
ɔn *huipil,* der bei den qualitätvollsten
:ücken in überaus kunstvoller Weise
ɔmplett mit Vögeln, Pferden und biswei-
n Menschen in verschiedensten Farben
roschiert ist. Als Kopfschmuck dient eine
ɔhr breite, etwa 3 m lange *cinta de pelo,*
ɔ um die Zöpfe gewickelt und zu einem
ranz geschlungen wird, wobei die dicken
ɔuasten nach hinten hängen (s. Abb.
10/11). Diese unverkennbare Kleidung
ιnn man am besten an den Marktagen
)o und So) oder während des Fests vom
2. bis 15. August erleben.

Von Nebaj lassen sich (aus Sicherheits-
ründen am Besten mit Guide einer der
kalen Agenturen) mehrere Wanderungen
nternehmen, z. B. nach **Cocop, Salquil
rande** oder nach **Acul,** das als eines der
sten »Modelldörfer« des Triángulo 1983
ɔu erbaut wurde. Ebenfalls wegen der
:hönen Trachten ist ein Besuch der bei-
ɔn Nachbardörfer **San Juan Cotzal** (Sa
larkt) und **Chajul** (Di, Fr Markt; *fiesta*
1.–24. Juni) mit dem Bus, einem *pikop*
ɔammeltaxi) oder zu Fuß empfehlenswert.

## uetzaltenango ⑩

1 km südlich des bedeutenden Verkehrs-
hotenpunkts Cuatro Caminos liegt in ei-
ɔm breiten Tal die mit etwa 140 000 Ein-
rohnern zweitgrößte Stadt Guatemalas.
n Lauf der Kolonialzeit und vor allem
rährend des Kaffeebooms an der Wende
ɔm 19. zum 20. Jh. entwickelte sich aus
ɔm kleinen Ort ein einflussreiches wirt-
:haftliches und kulturelles Zentrum. Be-
ɔits 1820 erklärte sich die bis heute meist
ɔelajú oder kurz *Xela* genannte Stadt zum
ɔerwaltungssitz des von der Zentraleri-
anischen Föderation (s. S. 77) unabhän-
gen Staates Los Altos, dessen Souverä-

nität jedoch schon 1840 endete. Heute ist
Quetzaltenango, dessen Nächte auf
Grund der Höhenlage von 2335 m häufig
recht kalt und nebelig sind, ein wegen seiner Sprachschulen und vielfältigen Aus-
flugsmöglichkeiten gern besuchter Ort.

Im lang gestreckten **Parque Centroamérica** ❹, dem Herzen der Altstadt
*(centro histórico),* laden zahlreiche Bänke
am Fuß korinthischer Säulenstellungen
zum Verweilen ein. An der Ostseite erhebt sich neben der monumentalen, im
klassizistischen Stil errichteten Municipalidad (Stadtverwaltung; 1897) die **Catedral Espíritu Santo** ❺. Wie viele andere
Gebäude wurde auch sie durch das
schwere Erdbeben 1902 fast völlig zerstört. Lediglich die hochbarocke Fassade
aus dem 17. Jh. mit den Stuckornamenten
widerstand den Erschütterungen. Sehr
nüchtern wirkt das Kircheninnere, das
größtenteils aus Beton neu konstruiert
wurde. Die Südseite der Plaza begrenzt
die **Casa de la Cultura** ❻, in der man das

Seite
126
133

**Caldo de Frutas**
Unbedingt probieren
sollte man in Salcajá
den »caldo de
frutas«, einen süßen
kräftigen Obst-
schnaps. Das wich-
tigste Produktions-
zentrum der im
ganzen Hochland
getragenen Röcke
in Jaspe-Technik
liegt zwischen
Cuatro Caminos und
Quetzaltenango.

▶ **Eine
Hochzeitsband
auf dem Weg
zum Fest in
Todos Santos
Cuchumatán**

Seite 347 TOP**50**

Seite 351 TOP**50**

▲ Lasten
werden von den
Maya meist
auf dem Kopf
getragen
▼ Beim Tomaten-
verkauf in San
Francisco El Alto

**Museo de Historia Natural** einrichtete; sehenswert sind die Sammlungen mit präkolumbischen Artefakten, präparierten Tieren und alten Marimbas, die jedoch schlecht präsentiert sind (Mo–Fr 8–12, 14–18, Sa 9–13 Uhr).

Einige Häuserblocks *(cuadras)* nördlich der Plaza (14a Av – 1a C) steht das 1895 ausgeführte **Teatro Municipal ❿**. Statuen nationaler Musiker und Poeten dekorieren die Säulenfront.

### Umgebung von Quetzaltenango

*Xela* eignet sich ideal als Basis für Ausflüge in die nähere Umgebung. 9 km südlich liegt am Río Salamá das kleine Dorf **Zunil ⓫** mit einer der bekanntesten Maximón-Kultstätten des ganzen Hochlands (s. S. 123). Neben der weiß gekalkten Kirche mit der fein stuckierten Fassade lohnt insbesondere ein Besuch der etwa 8 km entfernten **Fuentes Georginas** an den Abhängen des Pico Zunil. Inmitten dichten Nebelwaldes mit prachtvollen Baumfarnen

entspringen klare, ca. 48 °C heiße Schwefelquellen, in denen man sich herrlich entspannen kann. Zu den Thermalquelle gehören ein Restaurant und Bungalow (Mo–Sa 8–17, So 8–16 Uhr).

In **San Francisco El Alto ⓬**, von desse 2640 m Höhe man eine hervorragend Aussicht auf die umgebenden Täler un den kegelförmigen Volcán Santa Mar (3772 m) hat, findet jeden Freitag m Hunderten von Händlern der wohl größt *mercado* ganz Guatemalas statt. Das bu te Treiben auf der großen Plaza und de vielen, mit Menschen und Ständen übe vollen Gassen lässt sich vom Dach de **Iglesia de San Francisco** gut beobachte

In dem noch sehr traditionellen **M mostenango ⓭**, auch nur »Momo« g nannt, benützen Maya-Priester bis heu immer noch den alten 260-tägigen Wah sagekalender *(tzolkin, s. S. 27)*. Sonnta ist Markttag, und im ganzen Land g schätzt sind die hier gewebten dicke Wolldecken *(chamarras)*.

# ierra de los
# uchumatanes

as mit durchschnittlich 3700 m höchst-
legene Plateau *(altiplano)* Mittelameri-
us ist durch zahlreiche schroff abfallende
iler zergliedert. Heute gehört das über-
iegend von Mam bewohnte Gebirge zu
en ursprünglichsten, gleichzeitig aber
uch zu den ärmsten Regionen Guatema-
s, in dem die Analphabetenrate beson-
ers hoch und die medizinische Versor-
ung sehr schlecht ist.

**Huehuetenango** ⓮ liegt südlich der
erra nahe der Panamericana. Sein schö-
er Parque Central wird an der Ostseite
on der 1874 vollendeten Kathedrale und
em Gebäude der Gobernación Depar-
mental mit dem **Torre** (Uhrturm) be-
enzt. Die eigentliche Attraktion von
*uehue* sind jedoch die Ruinen der alten
am-Hauptstadt **Zaculeu,** etwa 5 km
estlich des Zentrums. Im Auftrag der
FCo wurde die archäologische Stätte mit

Plazas und Tempelpyramiden, einem Ballspielplatz und zwei lang gestreckten Gebäuden 1946–1950 teilweise ausgegraben und unschön mit Zement restauriert
(tgl. 8–18 Uhr).

Die zweifellos bekannteste Mam-Gemeinde ist **Todos Santos Cuchumatán** ⓯,
benannt nach der spektakulären *fiesta*
vom 29. Oktober bis 1. November, die an
Allerheiligen *(Todos Santos)* ihren Höhepunkt erreicht: Dann nämlich findet das
viel besuchte traditionelle »Pferderennen«
statt, bei dem nicht der schnellste Reiter
gewinnt, sondern derjenige, der sich nach
jeder Runde mit überreichlichen Konsum
von hochprozentigem *aguardiente* am
längsten auf dem Pferd halten kann!

Mittwochs und samstags ist *mercado,*
zu dem die Todos Santeros in ihrer einmaligen Tracht aus der näheren Umgebung
zusammenkommen: rotweiß gestreifte
Hosen und weiße, ebenfalls gestreifte
Hemden mit kunstvoll verzierten breiten
Kragen – ein Unikum in *Indioamérica.* ∎

Seite
**133**
**126**

**San Juan Atitán**
Eine reizvolle mehr-
stündige Wanderung
mit grandiosen Fern-
sichten führt von
Todos Santos Cuchu-
matán über einen
Pass in das Nachbar-
dorf San Juan Atitán.

▼ **Die
typische Tracht der
Todos Santeros –
einzigartig
in ganz Amerika**

# Indianische Trachten in Regenbogenfarben

**D**ie schönsten Textilien ganz Mittelamerikas sind die traditionellen, farbenfrohen Trachten der Maya, die die Indígenas für sich und ihre Familien weben. Die kompliziertesten Muster fertigen die Frauen mit

dem einfachen Rückenbandwebstuhl, der bereits in präkolumbischer Zeit in Gebrauch war. Dabei werden die vertikal verlaufenden Kettfäden an zwei Stäben befestigt; der obere Stab wird mit einer Schnur an einem festen Punkt, etwa einem Pfahl, fixiert, während der untere durch einen Gurt mit der Weberin verbunden ist. Durch Bewegungen der Hüfte wird die Kette gespannt oder gelockert, mittels des Litzen- und des Trennstabs werden Fächer für die horizontal verlaufenden Schussfäden geschaffen; eigens eingebrachte Musterfäden bilden hierbei kunstvolle Motive in der Technik der Broschur (»brocado«).

▲ **Identität**
Die Tracht kennzeichnet die Zugehörigkeit zu einem bestimmten Dorf, hier Santiago Atitlán.

▼ **Tzutes**
Indígenas tragen die quadratischen »tzutes« als Sonnenschutz, Mehrzwecktuch oder als Kopfbedeckung bei Zeremonien.´

## Materialien

Noch immer ist Baumwolle (»aldogón«), die heutzutage nur noch selten von Hand versponnen wird, die am häufigsten verwendete Faser (früher wurde vielfach auch die Henequén-Agave verarbeitet). Seit der Mitte des 20. Jahrhunderts gewinnen jedoch die bunten, hell leuchtenden Akrylfäden zunehmend an Beliebtheit, in jüngster Zeit auch feine Metallbänder und glänzende Kunstseide.

▼ **Spinnen**
Die bunten Fäden für die Trachten werden heute nur noch selten von Hand gesponnen.

▼ **Baumwolle**
Weiße und die seltenere braune Baumwolle (»cuyuscate«) sind traditionell der Rohstoff der Weberin.

▶ **Gemischte Motive**
Auf den broschierten Kleidern begegnen einander präkolumbische und europäische Motive, sakrale und weltliche Bilder.

**◄ Rückenbandwebstuhl**
Seit Jahrhunderten werden mit dem einfachen Rückenbandwebstuhl komplizierteste Muster gezaubert.

**▲ Souvenirs**
Der Verkauf von Andenken, etwa Freundschaftsbändchen, trägt zum Familieneinkommen bei.

**◄ Fest der Farben**
Bunte »fajas«, hier auf dem Markt in Chuarrancho, ziehen Einheimische und Touristen gleichermaßen in ihren Bann.

**▲ Farbenprächtige Symbole**
Unverwechselbar sind die Muster der meisten Gemeinden, beispielsweise von San Mateo Ixtatán.

## Muster und Motive in allen Formen

Die Trachten des Hochlands sind mit verschiedensten Motiven, insbesondere Pflanzen, Vögeln und anderen Tieren sowie geometrischen Mustern, verziert – alle frei aus dem Gedächtnis und ohne eine Vorlage. Einige Tiere wie Pferd, Pfau und Huhn, sind zweifellos kolonialzeitlicher Herkunft, da sie erst mit den Spaniern in die Neue Welt kamen. Andererseits sind beispielsweise Hirsch, Kojote und Quetzal bereits in der Kunst der klassischen Zeit verbreitet. Das größte Spektrum dieser Motive weisen die wunderschönen, für viele Zwecke verwendeten Tücher (»tzutes«) auf, etwa die aus Chichicastenango. Hier findet man auch den doppelköpfigen Adler. Alten traditionellen Ornamenten sind die für Zeremonien getragenen »huipiles« verbunden. Die Röcke, stets in der Reservetechnik (»ikat«, »jaspe«) gefärbt und auf dem Trittwebstuhl gefertigt, sind häufig mit Bäumen, Menschen und lyraähnlichen Mustern dekoriert.

139

# Die Pazifikküste

Seite
143

**Badestrände mit schwarzem Lavasand, geschützte Mangrovengürtel sowie außergewöhnliche archäologische Stätten inmitten ausgedehnter Kaffee-nd Zuckerrohrplantagen sind die Höhepunkte der längsten Küste Guatemalas.**

ie etwa 50 km breite und 300 km lange zifikküste Guatemalas, auch Costa Sur annt, ist der wirtschaftliche Motor des des. Bereits zur Kolonialzeit wurden r die auf dem Weltmarkt begehrten bstoffe Indigo und Koschenille produ-rt. In einem das ganze Jahr über feucht-ßen Klima gedeihen auf riesigen *fincas* äufig verbunden mit extensiver Vieh-cht – Zuckerrohr, Baumwolle, Bananen d andere tropische Früchte sowie in höheren Lagen Kaffee: Güter, die für Weltmarkt produziert und von Puerto José aus verschifft werden.

Seit präkolumbischer Zeit wurde die annenartige Küstenebene neben den ya auch von den Nahua sprechenden il bewohnt, die aus Mexiko einwan-ten. Sie werden häufig, ebenso wie die on früher ansässigen Xinca, mit be-nmten Kunststilen in Verbindung ge-cht, deren zeitliche Einordnung eben-unsicher ist wie das Auftauchen der il selbst. Maya leben an der Pazifik-ste heute meist nur noch als Saison-citer während der Erntezeit.

## der Grenze El Salvador

dad **Pedro de Alvarado** ist neben dem Hochland gelegenen San Cristóbal ntera der wichtigste Grenzübergang Guatemala nach El Salvador. Die dt bietet keine Sehenswürdigkeiten, ch laden die Dörfer **Las Lisas** (mit dem zenden Hotel Isleta de Gaia) und **Gari-Chapina** im Süden zum Baden ein. Vorbei an den beiden Vulkanen Moyuta 62 m) und Cruz Quemada (1690 m) eicht man **Chiquimulilla ❶**, ein Zen-m der Rinderzucht im Departamento ita Rosa, in dem vorzügliche Leder-

waren in mehreren Läden angeboten wer-den. In dem kleinen Ort **Taxisco,** 10 km weiter westlich auf der Carretera del Pací-fico, wurde Juan José Arévalo geboren, der Präsident, der die »Dekade der Refor-men« einleitete (s. S. 78).

## Biotopo Monterrico-Hawaii ❷

In Taxisco zweigt die Straße nach La Ave-llana ab. Dort bringt ein Boot Erholung Suchende nach **Monterrico,** dem wohl schönsten Strand Guatemalas an der ge-samten Pazifikküste. Diese *lancha pública* fährt ein Stück auf dem bekannten **Canal**

◄ **Zucker-rohr (»caña de azúcar«) ist eine der bedeutendsten Produkte der Costa Sur**
► **Eine Niña in Retalhuleu**

**Schildkröten-**
**rennen**
Jeden Samstag
zwischen September
und Januar entlässt
CECON frisch
geschlüpfte Schild-
kröten in einem
Wettkampf in die
Freiheit, indem die
Neugeborenen etwa
15 m vom Meer ent-
fernt in einer Linie
aufgereiht werden.

de Chiquimulilla, der etwa 100 km parallel zur Küste entlangführt. Vor allem an
Wochenenden und Feiertagen suchen die
*capitalinos* die sauberen, tiefschwarzen
Lavastrände zum Baden auf (Mo–Fr sind
diese meist leer; Vorsicht vor gefährlichen
Unterwasserströmungen!). Unterkunftsmöglichkeiten findet man am Strand in
kleinen Hotels verschiedener Kategorien
und in Hütten *(cabañas),* denen häufig
Restaurants angeschlossen sind.

1977 gründeten hier Biologen der Universität San Carlos ein ca. 2800 ha großes
Reservat. Der **Biotopo Monterrico-Ha-**
**waii** ist die Heimat von Alligatoren, Opossums, Leguanen *(iguanas verdes)* und
zahlreicher Vogelarten wie Pelikanen und
weißer Reiher *(garzas),* die man auf einer
Fahrt auf dem Chiquimulilla-Kanal in den
dichten Mangrovenwäldern beobachten
kann. Bedeutend sind die Strände des
Schutzgebiets als Eiablageplätze drei verschiedener Arten von Meeresschildkröten: der *parlama blanca* und der *parlama*

*negra tortuga* sowie der *baule tortug*
die von Juli bis Oktober bzw. Oktob
bis Januar nachts etwa 80–100 Eier i
warmen Sand ablegen. Besuchenswert
das *Centro de Estudios de Conservaci*
(CECON), in dem etwa 300 Alligatore
150 Schildkröten sowie Leguane aus;
brütet werden (tgl. 8–12, 14–17 Uhr).

## Im Departamento
## Escuintla

Sehr beliebt bei Guatemaltecos ist c
neben der Carretera del Pacífico geleg
ne private Zoo **Parque Auto Safari Cl**
**pín ❸**. In den Gehegen kann man neb
der Fauna der Neuen Welt, beispielswei
Jaguar und Tapir, vor allem Tiere a
Afrika studieren (Di–So 9–17 Uhr). D
wenig einladende **Escuintla,** mit 95 0
Einwohnern das Handels- und Industr
zentrum der Region, birgt wie nahezu a
großen Städte der Costa Sur keine tou
tischen Attraktionen.

Puerto San José ❹ ist der bedeutendste ~~H~~afen an der Pazifikküste und nach Puer~~to~~ Barrios bzw. Santo Tomás de Castilla ~~de~~r zweitwichtigste des Landes. Zahlrei~~ch~~e Straßen und die unmittelbar angren~~ze~~nden Strände sind verschmutzt und an ~~W~~ochenenden mit Hauptstädtern über~~la~~ufen, doch laden die nahe gelegenen ~~O~~rte Likín und Iztapa (mit wenigen Ho~~te~~ls) zum Baden ein. Da die Kaianlagen ~~i~~n Josés, bei denen meist ein Fischmarkt ~~ab~~gehalten wird, veraltet sind, wurde ~~10~~ km östlich ein neuer Containerhafen, ~~Pu~~erto Quetzal, konstruiert, über den der ~~gr~~ößte Teil des Exports läuft.

Einen Besuch lohnt La Democracia ❺, ~~au~~f dessen Plaza zahlreiche Skulpturen ~~au~~s der nahe gelegenen archäologischen ~~St~~ätte Monte Alto wieder aufgestellt wur~~de~~n. Die Plastiken lassen sich in zwei Ty~~pe~~n unterteilen: monumentale Köpfe mit ~~gr~~ob gearbeiteten Gesichtszügen, bei de~~ne~~n der olmekische Einfluss unverkenn~~ba~~r ist – insbesondere bei den wulstigen Lippen und den kaum hervortretenden Ohren –, sowie Gestalten im »Dickwanststil« mit eng anliegenden Beinen und Armen und einem vom fast kugelförmigen Körper nur schwach abgesetzten Kopf. Auf Grund stilistischer Vergleiche werden die Figuren meist in die mittlere Präklassik (etwa 800–300 v. Chr.) datiert.

Sehenswerte, doch schlecht präsentierte Objekte von Monte Alto findet man auch im Museo Rubén Chevez Van Dorne unmittelbar am Parque Central (Di–So 9–12, 14–17 Uhr).

## Santa Lucía Cotzumalguapa ❻

Die kleine unscheinbare Stadt, wurde durch die in ihrer Umgebung aufgefundenen steinernen Stelen und Plastiken in ganz Mesoamerika berühmt. Sie gehören dem Cotzumalguapa-Stil an, der über die gesamte Pazifikküste Guatemalas bis nach El Salvador verbreitet war und sich deut-

Seite 143

▲ »Jesus ist mein Fahrer« – eine häufig zu lesende Aufschrift auf Bussen

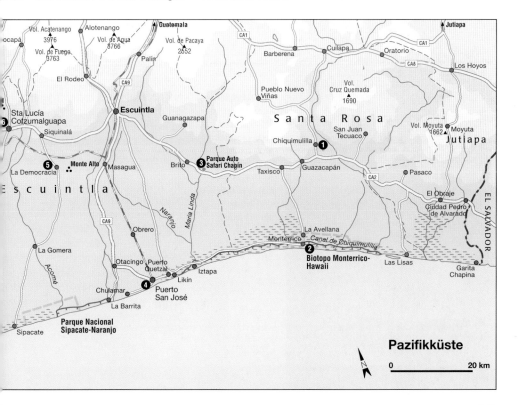

Pazifikküste

0          20 km

Seite
142
143

**Stelen in Izapa**
Weitere Monumente der späten Präklassik findet man jenseits der Grenze bei Tapachula in Chiapas. Inmitten weitläufiger Kakaopflanzungen ordnen sich mit Reliefs geschmückte Stelen des Izapa-Stils auf mehreren Plätzen vor Pyramiden an. Sie gelten als Übergang zwischen der olmekischen Kunst und der klassischen Maya-Ikonographie.

lich von der Maya-Kultur im Hochland und im Petén unterscheidet. Umstritten ist bis heute die zeitliche Einordnung dieses Stils: Gehören sie in die Klassik (250 bis 900 n. Chr.) oder in die frühe Postklassik (900–1200 n. Chr.)?

Kurz hinter dem nördlichen Ortsausgang findet man bei **Bilbao,** auch Las Piedras genannt, inmitten der Zuckerrohrfelder mehrere reliefierte Stelen, die unter anderem hohe Würdenträger darstellen. Sie gehörten zu ehemals monumentalen, aus Erde aufgeschütteten Terrassen und Pyramiden, die sich heute nur noch als flache überwachsene Hügel aus der Landschaft emporheben. Die schönsten Bildwerke brachte man bereits 1881 außer Landes, sie zählen heute zum kostbarsten Besitz des Museums für Völkerkunde in Berlin-Dahlem. Dutzende weitere bemerkenswerte Skulpturen wurden von den weitläufigen Feldern zu einem kleinen Museum neben der Zuckerfabrik *(ingenio)* der **Finca El Baúl** zusammengetragen. Be-

◀ **Kolossaler Kopf von Monte Alto vor dem archäologischen Museum in La Democracia**
▶ **Die Hängematte (»hamaca«) ist an der schwülen Costa Sur allgegenwärtig**

sonders bekannt sind die Stele 1 mit de[m] ältesten überlieferten Datum (36 n. Chr in Tikal; im Petén datiert das frühes[te] Denkmal 292 n. Chr.) und Stele 5, d[ie] einen Ballspieler mit helmartiger Mas[ke] und seinen unterlegenen Gegner zei[gt]. Etwa 3 km von der Fabrik entfernt, a[uf] einem Hügel unweit des Dorfs für d[ie] Saisonarbeiter *(pueblo Maya),* vollzieh[en] Indígenas heute noch ihre Opfer an zw[ei] Monumenten: eine reliefierte Stele sow[ie] Monumentalkopf 3 mit einem sorgfäl[tig] gearbeiteten Stirnband.

## Abaj Takalik

**Retalhuleu ❼,** meist nur kurz *Reu* g[e]nannt, ist der Verwaltungssitz des gleic[h]namigen Departamentos und der wi[rt]schaftliche Mittelpunkt der westlich[en] Costa del Pacífico. Einen Besuch lohnt [das] Rathaus *(municipalidad)* an der Plaza [und] Museo de Arqueología y Etnología, d[as] neben historischen Fotos v. a. Keramik[en] und Steinplastiken zeigt.

Eine der schönsten archäologisch[en] Stätten außerhalb des Petén ist **Ab[aj] Takalik ❽** unweit vom Dorf El Asintal. [In]mitten von Kaffeeplantagen, die sich üb[er] insgesamt neun riesige Terrassen ausbre[i]ten, wurden bisher lediglich einige Area[le] der drei untersten Absätze erforscht. D[ie] annähernd 9 km² große Abaj Takalik w[ar] während der mittleren und späten P[rä]klassik das führende Zeremonialzentru[m] der westlichen Küste. Charakteristisch f[ür] die Kunst sind die unverkennbar olme[ki]schen Einflüsse, etwa bei den *baby fa[ce]* genannten Gesichtern der Terrakott[en] und monumentalen Steinplastiken. Zu [ih]nen zählen – an der Ost- und Westsei[te] von Plattform 12 aufgereiht – auch Eul[en] als Tiere der Nacht, Frösche als Fruch[t]barkeitszeichen sowie die Stele 11 vor d[er] Treppe, die in das 2. Jh. datiert und a[uf] der Vorderseite einen Fürsten mit seine[m] Sohn darstellt. Führer zeigen auf Wuns[ch] auch schwer auffindbare Monumen[te,] etwa das sehenswerte Relief 14 mit eine[m] hockenden Mann und einem Jaguarun[g] im Arm (tgl. 7–17 Uhr). ■

# Das östliche Hochland und die Karibikküste

Seite 148

**Die Hauptattraktionen dieser landschaftlich sehr unterschiedlichen Region sind das Quetzal-Reservat im tropischen Nebelwald der Verapaces, die archäologischen Stätten von Copán und Quiriguá und die faszinierende Kultur der Garífuna am Golf von Amatique.**

ie östlichen Landesteile Guatemalas edern sich in drei klar von einander zu terscheidende Klimate und Vegetansformen: dichter tropischer Nebel-ld in den beiden, durch tiefe Täler stark gliederten Verapaces nördlich der uptstadt; Halbwüste mit Sukkulenten, r allem den mehrere Meter hohen Kanlaberkakteen in den Verwaltungsbeken Jalapa, El Progreso, Chiquimula d Zacapa; des Weiteren tropischer Renwald am Lago de Izabal und an der ts feuchtheißen Karibikküste.

Genauso verschieden wie die Landnaften sind auch deren Bewohner: Zu 1 Maya gehörend, leben Pocomchi in eiten Regionen der Baja Verapaz, Kekchi rdlich daran anschließend in der chenmäßig größeren Alta Verapaz; dinos siedeln überwiegend in den östlien Gebieten an der Grenze zu Hondu- und El Salvador; Lívingston an der hía de Amatique wird dagegen hauptchlich von Garífuna bewohnt.

Einer der mächtigsten Ströme Mittelierikas, der Río Motagua, durchfließt t starkem Gefälle die Departamentos El ogreso, Zacapa und Izabal, ehe er öst-1 des Biotopo Punta de Manabique in s Meer mündet. Seit Menschengeden-1 ist sein breites Tal einer der wichtigs-1 Verkehrswege Mesoamerikas: Schon hrend der präklassischen Zeit zogen iniische Fernhändler mit überaus geiätzten Gütern entlang seiner Ufer, vom chland hinab mit Obsidian aus El Cha-, Quetzalfedern aus den Verapaces so-e Jade aus der Sierra de las Minas und – umgekehrter Richtung – mit Kakao n Golf von Honduras. Heute verbindet

eine der meistbefahrenen Straßen des Landes, die Carretera del Atlántico, Ciudad de Guatemala mit den bedeutenden Exporthäfen Santo Tomás de Castilla und Puerto Barrios.

## Die Verapaces

Die Sierra de Chuacús in Baja Verapaz und die Sierra de Chamá in Alta Verapaz bilden eine der eindrucksvollsten tropischen Karstlandschaften der Erde, die durch mehr als 100 m hohe Kalkstein-

◀ **Die Stelen Copáns zählen zu den beeindruckendsten Werken der Maya-Plastik**
▶ **Das Castillo de San Felipe de Lara**

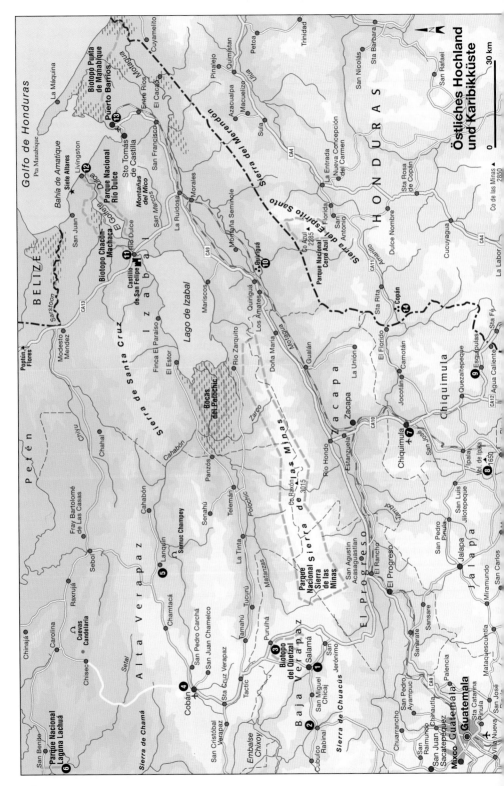

**Östliches Hochland und Karibikküste**

0     30 km

gel, Sinterterrassen und Schluchten arakterisiert ist. Durch gewaltige Ein- uchsdolinen, *ojos* (»Augen«) genannt, sen sich hier unterirdische Wasserläufe oftmals kilometerlangen Höhlen verfol- n. Auf Grund ganzjährig ausreichender ederschläge und hoher Temperaturen nnte sich im Lauf vieler Jahrtausende dichter Nebelwald mit Baumfarnen d verschiedensten Epiphyten, darunter posanten Bromelien, entwickeln.

Den Namen *Verapaz* (»wahrer Friede«) kamen die beiden Departamentos nach Missionierung in den 1530er Jahren rch den Dominikanermönch Fray Barto- né de Las Casas, der die hier lebenden comchi und Kekchi ohne Waffengewalt spanischen Herrschaft eingliedern nnte.

Die Verapaces, von Ciudad de Guate- la über El Rancho an der Carretera del ántico zu erreichen, gehören zu den dwirtschaftlich bedeutendsten Regio- n Guatemalas. Hauptprodukte sind im fland an der Grenze zum Petén Kakao d Achiote, aus dem ein roter Farbstoff wonnen wird. In den höheren Lagen stimmen große Kaffee- und Kardamom- ntagen die Landschaft, insbesondere weiteren Umkreis von Cobán. Sie wur- n seit Mitte des 19. Jhs. durch Zwangs- teignung indianischen Bodens fast aus- ließlich von deutschen Immigranten gelegt, die um 1900 mehr als ein Drittel gesamten guatemaltekischen Kaffees duzierten. Während des Zweiten Welt- egs verloren nahezu alle *cafefinqueros* en Besitz, doch konnten später manche ihnen die überschriebenen Länderei- zurückgewinnen.

## lamá und Rabinal

amá ❶, die Hauptstadt von Baja Vera- z, breitet sich in 940 m Höhe in einem kessel aus, umgeben von Gemüsefel- rn und Orangenhainen sowie stattli- en Pinienwäldern. Hier lernte von 03 bis 1907 als kleiner Junge der Lite- urnobelpreisträger Miguel Angel Astu- s (s. S. 93) die Kultur der Indígenas sei-

nes Landes kennen, nachdem sein Vater mit der Diktatur Estrada Cabreras in Kon- flikt geriet und aus dem Staatsdienst ent- lassen wurde. Neben einer Brücke aus der Zeit von Las Casas ist vor allem an der Pla- za die im 17. Jh. errichtete Kirche mit ver- goldeten Altären sehenswert, die zum Na- tionaldenkmal Guatemalas erklärt wurde.

19 km westlich liegt **Rabinal** ❷, 1537 von Las Casas gegründet. Zahlreiche Händler bieten jeden Sonntag auf dem Markt vielfältiges Kunsthandwerk an, da- runter eine qualitätvolle, mit Maya-Mo- tiven bemalte Keramik *(cerámica tornea- da)*. Vom 17. bis 25. Januar feiern die Bewohner ihre große *fiesta,* bei der bis- weilen noch das *Rabinal Achí* aufgeführt wird, das einzige aus präkolumbischer Zeit überlieferte Drama mit Maskentän- zen. Etwa 1 km nördlich des Ortes findet man auf dem **Cerro Cahyub** die Reste einer Pocomchi-Festung, von der aus man einen herrlichen Blick auf den Lauf des Río Urrám genießt.

Seite 148

▲ **Manuel Tot – die führende Persönlichkeit im Unab- hängigkeits- kampf der Verapaces**
▶ **Auf dem Hügel neben dem Templo el Calvario in Cobán**

**Museo El Príncipe Maya**
Kleines, aber wirklich besuchenswertes Privatmuseum präkolumbischer Kunst. Höhepunkt der Sammlung sind zahlreiche Terrakottastatuetten, die die vielfältige Maya-Gesellschaft illustrieren: Krieger, Fürsten, Bauern, Händler etc. (6a Av 4–26, Zona 3, Cobán; Mo Sa 9–18 Uhr).

## Quetzal-Reservat

Unmittelbar südlich von Purulhá, an der Straße nach Cobán (km 160,5), befindet sich eines der bekanntesten Naturschutzgebiete Guatemalas, der **Biotopo del Quetzal ❸**. Dem Schutz des durch rabiate Abholzung gefährdeten Nebelwaldes mit seiner einmaligen Flora und Fauna, insbesondere des Quetzals, des Nationalvogels Guatemalas (s. S. 99), setzte sich der 1981 ermordete Biologe und Rektor der Universidad de San Carlos, Mario Dary Rivera, zum Ziel. 1976 gründete er im Nordosten der Sierra de Chuacús das Reservat. Durch den dichten Wald führen zwei unterschiedlich lange Wege (2 bzw. 4 km) bis zu 300 m den Hang hinauf. Je nach Jahreszeit blühen in dem stets feuchten Ambiente Orchideen oder Bromelien, zwischen denen mit verschiedensten Epiphyten besetzte Baumriesen sowie eindrucksvolle, bis zu 7 m hohe Baumfarne *(cipes blancos)* emporwachsen. Vor allem

◀ **Die von üppiger Vegetation überwucherte Karstlandschaft in Alta Verapaz**

zwischen Oktober und Januar gehen d Niederschläge in der gesamten Region a feiner Nieselregen nieder, von den Kekc *chipi-chipi* genannt. Auch wenn man de sehr seltenen Quetzal nur mit viel Glüc sieht, ist eine beschauliche Wanderur durch den *bosque nuboso* mit seinen in gesamt rund 90 Vogelarten ein einmalig Erlebnis (tgl. 7–16 Uhr; sehr einfache ur billige Übernachtungsmöglichkeiten Holzhütten wenige hundert Meter vo Eingang entfernt).

## Cobán ❹

Die Hauptstadt (1320 m) des Depart mento Alta Verapaz wurde 1538 von L Casas gegründet und bereits 1544 vc Karl V. zur *Ciudad Imperial* (Reichsstac erhoben. Heute ist Cobán, in dem sich d meisten deutschen Immigranten niede ließen, mit etwa 70 000 Einwohnern d Zentrum der für den Export bedeutende Kaffee- und Kardamomproduktion. Eine Markt gibt es täglich in der Nähe des Bu bahnhofs *(terminal)*.

Die Ostseite des äußerst belebten Pa que Central beherrscht die breit gelager Fassade der mächtigen **Kathedrale, d** die Cobaneros zu Ehren des Santo D mingo errichteten. Bemerkenswerter i jedoch der **Templo el Calvario** auf de Cerro Chupanek etwas außerhalb d Stadt, zu dem 137, von kleinen Altäre gesäumte Treppenstufen führen. 155 weihten die Dominikaner an der Stelle, der einer Legende zufolge ein Maya e Kruzifix entdeckte, die Kapelle mit ein sehr ansprechenden Fassadengliederur Die Christusfigur im Inneren, die bei de Indígenas höchste Wertschätzung g nießt, stammt von Evaristo Zúñiga, eine spanischen Bildhauer des 17. Jhs.

Etwa 3 km außerhalb des Zentrums, der früheren Hauptstraße nach Cobán, b findet sich das **Vivero Verapaz** d deutschstämmigen Otto Mittelstaedt: seiner privaten Gärtnerei sammelt ur züchtet er mehr als 650 verschiede Orchideenarten aus der ganzen Welt m insgesamt 35 000 Pflanzen. Kuriositäte

ıd neben winzigen, nur wenige Milli-
eter großen Blüten eine aromatisch
ch Kokos riechende und eine nach ver-
esendem Fleisch stin-
ınde Art, die von Mos-
os bestäubt wird.

Eine der ältesten, mit
ıck dekorierten Sa-
albauten des Landes
ıihten die Dominika-
r 8 km südlich von
ıbán in **San Juan**
ıamelco. Die Bronze-
ocke, ein Geschenk Karls V., soll der
ıerlieferung von Juan Matalbatz, einem
ım Christentum übergetretenen Kazi-
ın der Kekchi, nach Guatemala gebracht
orden sein.

*Monja Blanca*
→ Die »Weiße Nonne« ge-
nannte Orchidee (Lycaste
skinneri alba) wurde 1934
zur Nationalblume Guatemalas erkoren.

## öhlen, Kaskaden
## ıd Lagunen

ıe der gewaltigsten – und auch leicht
gänglichen – Tropfsteinhöhlen Guate-

malas liegt in einer ausgeprägten Karst-
kegellandschaft etwa 40 Minuten zu Fuß
von **Lanquín ❺** entfernt. Insgesamt mehr
als 100 km Länge mes-
sen die **Grutas de Lan-
quín,** in denen der Río
Lanquín riesige, bis zu
50 m hohe, mit Stalakti-
ten besetzte Dome aus
dem Kalkstein gewa-
schen hat – ein unglaub-
liches speläologisches
Schauspiel! In präkolum-
bischer Zeit benutzten die Maya die Höhle für kultische Zwecke. Heute leben in
den Becken blinde Fische, und kurz vor
der Dämmerung verlassen innerhalb weniger Minuten ungezählte Fledermäuse
auf der Suche nach Insekten ihre Schlaf-
plätze (tgl. 8–12, 13.30–17 Uhr).

10 km südlich überrascht inmitten üppiger Vegetation eines der idyllischsten
Naturwunder Guatemalas: die Sinterterrassen von **Semuc Champey.** Der Río

**Seite
148**

**Proyecto Ecológico
Quetzal**
Dem Schutz des tro-
pischen Nebelwaldes
und des Quetzals,
einhergehend mit
sanftem Tourismus
und der notwendigen
Entwicklungshilfe
für die dort lebenden
Kekchi, setzt sich
der PEQ zum Ziel
(s. S. 98 und 340).

▼ **Pilgerbusse
nach Esquipulas**

Cahabón, der bedeutendste Fluss in Alta Verapaz, fließt hier größtenteils unterirdisch und gibt damit eine lange Kalkbrücke frei, in deren zahlreichen, von klarem Wasser gefüllten Becken man sich herrlich erfrischen kann.

Schon nahe der Grenze zu Mexiko, bei Playa Grande in der Franja Transversal del Norte, dem kaum erschlossenen Übergangsgebiet von Alta Verapaz in den Petén, liegt der 14 500 Hektar umfassende **Parque Nacional Laguna Lachuá ❻**, eines der am wenigsten besuchten Naturschutzgebiete Guatemalas. Nahezu unberührt von menschlichen Eingriffen umgibt dichtester tropischer Pflanzenreichtum einen kreisrunden blau-türkis-farbenen See *(laguna)*, der möglicherweise durch einen Meteoriteneinschlag entstanden ist. Am Ufer (173 m), das von Zedern und Mahagonis gesäumt wird, kann man zahlreiche Wildtiere, unter anderem Otter, Tukane und Papageien, beobachten. Erstaunlich ist der hohe Kalkgehalt des Sees,

Seite 353 **TOP 50**

durch den Bäume, die in das Wasser st[...] zen, innerhalb kurzer Zeit kalziniert u[...] daher konserviert werden (weitere Inf[...] mationen sowie organisierte Touren z[...] Laguna Lachuá, zu den Höhlen von L[...] quín und La Candelaria sowie nach [...] muc Champey bietet das Hostal de Acu[...] in Cobán).

# El Oriente

Von der Carretera del Atlántico zweigt [...] Río Hondo die Straße nach Copán in H[...] duras ab. Nach 25 km erreicht man **C[...] quimula ❼**, die Hauptstadt des glei[...] namigen Verwaltungsbezirks. In dies[...] Wirtschaftszentrum des östlichen Ho[...] lands, dessen Name sich von *chiquita n[...] la* (»kleiner Esel«) herleitet, wird tägl[...] ein Markt abgehalten. An der von Cei[...] beschatteten Plaza liegt der Templo S[...] tuario mit bunten Glasfenstern, etw[...] außerhalb des Zentrums die durch [...] Erdbeben 1765 beschädigte Iglesia Viej[...]

Der wohl reizvollste Vulkan im Os[...] Guatemalas ist der **Ipala ❽** mit einem t[...] blauen Kratersee auf dem 1650 m hoh[...] bewaldeten Gipfel, von dem man ei[...] herrlichen Blick in die umgebende La[...] schaft hat. Ausgangspunkt für die et[...] zwei- bis dreistündige Besteigung ist Ag[...] Blanca, das man von Chiquimula über [...] Dorf Ipala erreicht.

Schon aus der Ferne, bei der Einfa[...] in die Stadt, sieht man eine der gewal[...] sten Kolonialkirchen Amerikas, die we[...] Basílica Santuario von **Esquipulas ❾**, [...] ein Chortí-Kazike gleichen Namens 15[...] den Spaniern kampflos übergab. Je[...] Jahr pilgern mehr als 1 Million Mensch[...] im besonderen Indígenas, zu dieser gr[...] ten Wallfahrtskirche Mittelamerikas, [...] 1737 bis 1759 von Benediktinern erri[...] tet wurde. Ziel der Gläubigen ist [...] hochverehrte *Cristo Negro,* eine von d[...] portugiesischen Bildhauer Quirio Cata[...] um 1594 aus dunklem Holz geschaffe[...] Statue, die im Lauf der Jahrhunde[...] durch den Ruß unzähliger Kerzen t[...] schwarz wurde. Jedes noch so kleine [...] telzimmer ist am 15. Januar ausgebuc[...]

◀ **Die Basílica von Esquipulas – die größte Wallfahrtskirche Mittelamerikas**

em Höhepunkt der jährlichen Pilger-
hrt, wenn tausende Katholiken aus dem
1- und Ausland zur Basílica strömen. Es-
uipulas machte 1986 weltweit Schlag-
eilen: Hier fand der internationale Frie-
enskongress statt, der die Beendigung
er Bürgerkriege in Guatemala, Nicaragua
und El Salvador einleitete.

## randiose Maya-Stelen

**uiriguá ⓾**, eine der ersten wissenschaft-
ch erforschten Maya-Stätte überhaupt,
ontrollierte im späten Präklassikum den
ukrativen Handel mit Jade im Motagua-
al. Später stand das bedeutende Verwal-
ungs- und Zeremonialzentrum im Schat-
en der übermächtigen benachbarten
opáner Dynastie, ehe der 14. Fürst Stür-
uischer-Himmel die Glanzzeit der Stadt
nleitete: 738 n. Chr. besiegte er den
errscher 18-Kaninchen. Obwohl Quiri-
uá das benachbarte Copán nicht erobern
onnte, übernahm es für fast hundert Jah-

re die Vorherrschaft im Südosten des
Maya-Territoriums (s. S. 156 f.). Das nach
dem Sieg erstarkte Selbsbewusstsein spiegelt sich in riesigen reliefierten Stelen wider, die von der UNESCO zum Weltkulturerbe der Menschheit erklärt wurden.

Die gewaltigste je von den Maya aufgestellte Plastik ist die 30 Tonnen schwere
Stele E (771) mit 7,25 m Höhe. Stürmischer-Himmel trägt auf seinen Bildnissen
neben einem prächtigen Kopfschmuck
mit Quetzalfedern ein Zepter *(manikin)* in
Händen, das in einen Schlangenkopf bzw.
in das Haupt eines langnasigen Gottes
(Chak?) endet. Von der Erschaffung des
Universums (3114 v. Chr. nach dem traditionellen Maya-Kalender, s. S. 27) handelt
der Text an den Seiten der gleichfalls von
ihm 775 errichten Stele C. Bemerkenswert sind mehrere, bis zu 20 Tonnen
schwere Zoomorphe (tiergestaltige Plastiken), deren schönste Exemplare (G, O,
P) der 15. Fürst Himmel-Xul 785 bis
795 n. Chr. in Auftrag gab (tgl. 8–17 Uhr).

Seite
148

**Finca El Paraíso**
Ein Badeerlebnis be-
sonderer Art ist ein
heißer Wasserfall,
von dem man in
Becken mit kühlerem
Wasser eintauchen
kann. Boote von Río
Dulce nach El Estor
halten unterwegs an
der Finca El Paraíso
am Nordufer des Iza-
bal-Sees, von dort 45
Minuten zu Fuß.

▼ **Das Castillo de
San Felipe de Lara**

# Lago de Izabal

**Omoa**
Von Lívingston verkehren jeden Di und Fr um 7 Uhr Boote nach Omoa in Honduras, das für sein starkes Fort (18. Jh.) gegen britische Piratenangriffe berühmt ist (Rückfahrt ebenfalls Di und Fr um 10 Uhr). Von dort kann man über Puerto Cortés und San Pedro Sula weiter nach Copán fahren.

Seite 338 **TOP 50**

▼ Eine »lancha« auf der Fahrt von Lívingston nach Puerto Barrios

Eines der größten und wirtschaftlich bedeutendsten Departamentos Guatemalas ist Izabal, in dessen Zentrum der größte See des Landes, der **Lago de Izabal**, liegt. An seinem sumpfigen Westufer schuf man vor wenigen Jahren das 23 000 Hektar umfassende **Refugio de Vida Silvestre Bocas del Polochic,** in dem man außer 225 verschiedenen Vogelarten auch Leguane *(iguanas),* Alligatoren und Schildkröten beobachten kann.

Touristischer Mittelpunkt der Region mit Hotels ist El Relleno, besser bekannt als **Río Dulce ❶** am gleichnamigen Fluss, über den die Carretera von La Ruidosa nach Flores im Petén führt. 2 km westlich der hohen Brücke, an der Einmündung des Lago de Izabal in den Fluss, liegt das im 16. Jh. gegründete und 1651 mit Türmen und Wehrgängen ausgebaute **Castillo de San Felipe de Lara.** Nach dem spanischen König Philipp II. und dem spanischen Offizier Antonio de Lara benannt, versuch es britische Piraten die Zufahrt in de See zu blockieren – vergeblich, da Fre beuter wie Sir Francis Drake wiederhc das Landesinnere heimsuchten (tgl. 8 b 17 Uhr).

In seinem Mittellauf erweitert sich d Río Dulce zu einem 5 km breiten See, **Golfete** genannt. Ausflugsboote halte gerne bei den Aguas Calientes, heiße Quellen, die zu einem erholsamen Be einladen. An seinem nördlichen Ufer streckt sich der **Biotopo Chocón-Mach ca,** der zum Schutz der Manatis (Run schwanzseekühe), des Jaguars und Tapi eingerichtet wurde (tgl. 7–17 Uhr).

## Am Golf von Amatique

Auf der Weiterfahrt durch die bis z 100 m hohe, von exotischer tropisch Vegetation bedeckte Schlucht des Río Du ce erreicht man nach wenigen Kilomete **Lívingston ❷**. Die manchmal auch *La E*

### Die United Fruit Company

Das Symbol des US-amerikanischen Imperialismus schlechthin ist die 1899 durch Fusion entstandene United Fruit Company (UFCo), die mehr als ein halbes Jahrhundert die Wirtschaft mehrerer mittelamerikanischer Staaten kontrollierte. Innerhalb weniger Jahre streckte der »el pulpo« (»Krake«) genannte Betrieb mit Hilfe der nationalen Oligarchie seine Arme auf das gesamte Territorium Guatemalas aus und erwarb unter anderem das Monopol des Postwesens, des äußerst profitablen Bananenanbaus sowie des Eisenbahnverkehrs zwischen Puerto Barrios und Guatemala-Stadt. Dem bei den Einheimischen verhassten Konzern gewährte 1936 Diktator Ubico zusätzlich noch Steuerfreiheit und zollfreie Einfuhren. Nach einem Intermezzo während der »Dekade der Reformen« (s. S. 78) überschrieb die UFCo ihre Bananenplantagen 1972 der heute noch existierenden Firma Del Monte (»Chiquita«).

a (»der Mund«) genannte bedeutendste edlung der Garífuna (s. S. 233) in Guatemala ist bis heute nur mit dem Boot *(lancha)* von Puerto Barrios oder Río Dulce us zu erreichen. Sie wurde 1802 von em Haitianer Marcos Sánchez gegründet nd lebt hauptsächlich von der Fischerei nd dem Krabbenfang in der Bahía de matique. Zahlreiche gemütliche Strancafés in alten Holzhäusern, von hohen almen gesäumte weiße Sandstrände und st überall zu hörende karibische Rhythen, vor allem Bob Marley und belizher Punta Rock, verleihen Lívingston n romantisches exotisches Flair, das er die hohe Arbeitslosigkeit und soziale annungen bei den Bewohnern hinweguscht. Denn die Mehrzahl der Hotels nd Restaurants im Zentrum sowie am afen werden von Ladinos geführt, die arífuna – wie die Indígenas wegen ihrer ultur *(costumbres)* diskriminiert – leben seits des lukrativen Tourismusgeschäfts eigenen Vierteln.

6 km westlich liegen die **Siete Altares** (»sieben Altäre«), ein Paradies für Badefreunde. Der Urwaldfluss, der kurz vor seiner Mündung in das Meer über sieben kleine Kaskaden fließt, diente den frühen Tarzanfilmen als spektakuläre Kulisse.

**Puerto Barrios ⓮** an der Bahía de Amatique wird meist nur kurz auf der Durchreise nach Lívingston oder Punta Gorda in Belize besucht. Ende des 19. Jhs. gab Diktator Justo Rufino Barrios den Ausbau des Hafens in Auftrag, der sich in der Folgezeit zum größten Umschlagplatz der UFCo für die Ausfuhr von Bananen entwickelte. Diese wirtschaftliche Bedeutung übernahm seit den 1950er Jahren der Nachbarhafen Santo Tomás de Castilla, von dem heute etwa 80 % der Exportgüter Guatemals verschifft werden. An die Blütezeit von Puerto Barrios erinnern nur noch wenige alte Gebäude, darunter das 1904 aus Holz errichtete Hotel del Norte, von dem man eine schöne Aussicht auf das Meer genießt. ■

Seite 148

▲ **Stele E in Quiriguá**
▶ **»plátanos«** sind das wichtigste Produnkt auf den Plantagen an der Karibikküste

# Copán

Eine der großartigsten präkolumbischen Stätten der Neuen Welt ist **Copán ⑭** in Honduras, nur 2 km von dem Touristenzentrum Copán Ruinas und 12 km vom Grenzort El Florido in Guatemala entfernt.

Bereits 1839 erforschten John L. Stephens und Frederick Catherwood (s. S. 37) die damals noch völlig von tropischer Vegetation überwucherten Ruinen, dachten gar an einen – glücklicherweise nicht zustande gekommenen – Ankauf der Stelen für das New Yorker Metropolitan Museum of Art. In den 1890er Jahren begann das Peabody Museum der Harvard-Universität mit ersten umfangreichen Ausgrabungen. 1975 nahm die honduranische Regierung mit einem Team internationaler Wissenschaftler die Arbeit auf. Heute präsentiert sich die ehemals bedeutendste Stadt im Südosten des Maya-Gebiets als eine archäologische Perle, deren mit Hochreliefs

◀ **Stele H stellt eine hohe Würdenträgerin dar – vielleicht die Gemahlin von 18-Kaninchen**

dekorierte Stelen zu den qualitätvollsten Zeugnissen der Maya-Plastik überhaupt zählen (tgl. 8–17 Uhr).

## Geschichte

Der Anfang Copáns verliert sich weitgehend im Dunklen, da die frühesten Monumente mit Inschriften durch spätere Gebäude zerstört oder überbaut wurden. Als offizieller Dynastiegründer gilt Yax-Kuk-Moo (»Blauer-Quetzal-Ara«), der Stele 15 zufolge unter dem Einfluss Teotihuacáns 426 die Macht übernahm. Sein Geschlecht baute die Residenz innerhalb von vier Jahrhunderten zu einem blühenden Zentrum der Kunst und Wissenschaft aus – einem der prachtvollsten der klassischen Zeit.

Einer seiner bedeutendsten Nachfolger war der 12. Fürst Rauch-Imix-Gott-K, der 628 den Herrschertitel »ahau« annahm und bis zu seinem Tod 695 Copán zur Beherrscherin der Region, einschließlich Quiriguás, machte. Den repräsentativen Ausbau der Akropolis und der zentralen Plaza mit kunstvollen Stelen führte sein Sohn 18-Kaninchen fort. Doch anders als seine Vorgänger konnte er die Macht und den Einfluss Copáns nicht vergrößern, im Gegenteil: 738 wurde er in einer Schlacht von Stürmischer-Himmel, dem Fürsten Quiriguás, gefangen geommen und anschließend rituell geköpft. Ironischerweise bedeutete der Sieg Verrat, da Stürmischer-Himmel selbst 18-Kaninchen 14 Jahre zuvor auf den Thron verhalf! Trotz der verheerenden Niederlage konnte Quiriguá die Stadt nicht annektieren. Bereits 39 Tage später übernahm Rauch-Affe (738–749) die Nachfolge. Auf Rauch-Muschel (15. »ahau«), der die große Hieroglyphentreppe errichten ließ, folgte der letzte große Fürst: Yax-Pak, der aus einer Ehe mit einer Prinzessin aus Palenque hervorging, gestaltete das politische und religiöse Zentrum in seiner heute sichtbaren Form aus. Um 820 nahm die Dynastie ein Ende, und die Stadt wurde mit ihren prächtigen Bauten dem Verfall preisgegeben.

usgrabungsstätte
ie Mehrzahl der **Stelen** (A, B, C, D, F, H
nd 4) auf der **Großen Plaza** ließ 18-Ka-
inchen aufstellen, unter dessen Herrschaft
opán seinen künstlerischen Höhepunkt
reichte. Von dem bis dahin üblichen
achrelief gingen die Bildhauer zum Hoch-
elief über – mit einer in der Maya-Kunst
nzigartigen künstlerischen Qualität! Die
telen (beispielsweise B) zeigen den 13.
ürsten meist mit der für Copán typischen
urbanähnlichen Kopfbedeckung und
nem von beiden Händen über der Brust
ehaltenen Zepter. Stele H stellt ungewöhnlicherweise eine Frau mit einem bis
u den Knöcheln reichenden Jaguarfell und
nem wohl mit Jadeperlen verzierten
berrock dar.

Der **Ballspielplatz,** dessen letzte Bau-
hase ins letzte Regierungsjahr von 18-Ka-
inchen fällt, ist einer der harmonischsten
es gesamten Tieflands. Sechs stilisierte
apageienköpfe an Gebäude 10 ahmen
en mythischen Papageienberg nach.

Das zweifellos bedeutendste Monument
Copáns ist die 21 m hohe **Hieroglyphentreppe,** mit der sich Rauch-Muschel, der
vorletzte Fürst der Dynastie, ein bleibendes
Denkmal setzte. Von Stele M führen zu
Tempel 26 ursprünglich mindestens 64
Stufen empor, die vollständig mit mehr als
2200 Glyphen bedeckt sind – die längste
Inschrift Mesoamerikas! Große Teile der
Treppe brachen infolge von Erdbeben ab,
doch konnte der Text, der die Inthronisation und den Tod der Copáner Fürsten beschreibt, nach langwieriger Restauration
wenigstens teilweise entschlüsselt werden.

Eine der interessantesten Plastiken ist
**Altar Q** (Original im Museum) vor Tempel
16. Er wurde von Yax-Pak, dem 16. Herrscher, 776 in Auftrag gegeben und zeigt
ihn und seine 15 Vorgänger in chronologi-
scher Reihenfolge auf den jeweiligen Na-
menshieroglyphen sitzend. Auf der Westseite empfängt er (zweiter von rechts) von
Yax-Kuk-Moo das Zepter und führt damit
die Legitimation seiner Herrscherwürde bis
auf den Dynastiegründer
zurück. Ebenfalls auf der
Westlichen Plaza befin-
det sich **Stele P,** die den
bedeutendsten Fürsten
Copáns, Rauch-Imix-
Gott-K, darstellt.

Im großen Patio des
**Museo de Scultura
Maya** kann man eine
originalgetreue Kopie
des **Templo Rosalila**
studieren. Der Tempel
mit reichen, farbig be-
malten Stuckverzierun-
gen wurde 571 vom
10. Herrscher Rauch-
Jaguar geweiht, später
mit der Errichtung von
Tempel 16 kultisch über-
baut und schließlich
1992 mit Hilfe von Tun-
nels erforscht. Die Be-
sichtigung der Reliefs
am Originaltempel lohnt
kaum (hohe Eintrittsge-
bühr von 10 US-$). ∎

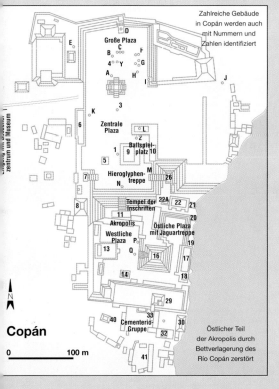

Zahlreiche Gebäude
in Copán werden auch
mit Nummern und
Zahlen identifiziert

Große Plaza

Zentrale
Plaza

Ballspiel-
platz

Hieroglyphen-
treppe

Tempel der
Inschriften

Akropolis
Westliche
Plaza

Östliche Plaza
mit Jaguartreppe

Cementerio-
Gruppe

Copán

0    100 m

N

Östlicher Teil
der Akropolis durch
Bettverlagerung des
Río Copán zerstört

# Der Petén

Seite 160

**Ein einzigartiges Spektrum verschiedenster Tier- und Pflanzenarten ≈eichnet den siebtgrößten tropischen Regenwald der Erde aus, in dessen Herzen die unbestrittene Perle aller klassischen Maya-Stätten glänzt: Tikal.**

▼er Petén nimmt mit 35 800 km² fast ein ʼittel der Landesfläche ein. Ursprünglich ɪr das größte Departamento Guatema-ᵴ, einschließlich der benachbarten Ge-ᵉte in Mexiko und Belize, vollständig n dichtem tropischem Regenwald be-ckt, dem größten Mittelamerikas. Vor ʼem seit Mitte des 20. Jhs., als die *Em-ʼesa Nacional de Fomento y Desarollo :onómico del Petén* (FYDEP) eine Kolo-ᵴierung des bis dahin fast menschenlee-ɴ Verwaltungsbezirks mit landlosen ɪuern aus dem Hochland einleitete, ᵯlzte man weite Flächen für Viehzucht . Um die bis heute stetig fortschreitende ᵣstörung des Waldes aufzuhalten – oder ᵤmindest zu verlangsamen – richtete ꓛNAP 1989 nördlich von 17° 10' N die ᵉserva Biósfera Maya ein, die mit 1 Mio. ᵉktar insgesamt 15 % des Staatsgebietes ɪnimmt.

Nur sehr wenige, oftmals ungeteerte ʼraßen erschließen bis heute das weitläu-ᵤe Gebiet, in dem abseits der Siedlungen ᵴ Pferd immer noch das wichtigste ɐnsportmittel ist. Etwa 500 000 Ein ᵒhner, die Mehrzahl von ihnen Ladinos, ᵂwirtschaften ca. 2 % des Bruttoinlands-ᵒdukts mit extensiver Landwirtschaft ᵈd der Produktion natürlichen Kau-ᵵhuks *(chicle)*. Lediglich in Flores bzw. ꞑnta Elena spielt der Tourismus eine be-ᵤutende Rolle. Neben sozialen, durch ᵤgerechte Verteilung des Grundbesitzes ꝛursachte Spannungen ist illegaler, auf ʼund spärlich vorhandener Infrastruktur ᵤum zu unterbindender Holzeinschlag ᵤes der größten Probleme des Petén. ᵃzu kam das lukrative Drogengeschäft ᵃrcotráfico), bei dem sich auch im ᵗtén stationierte Militärs beteiligen. Wie die sich nördlich anschließende ᵃlbinsel Yucatán ist auch der ganzjährig

feuchtheiße Petén aus verschieden harten Kalksteinen aufgebaut. Charakteristisch ist ein wellenförmiges Profil, das durch flache, meist in ostwestlicher Richtung verlaufende Bergrücken hervorgerufen wird. In manchen Niederungen bildeten sich Seen, von denen der fast 50 km lange und 10 km breite Lago de Petén-Itzá mit Abstand am größten ist.

## Flores ❶

Die Hauptstadt des Departamento Petén liegt auf einer kleinen Insel im Lago de Peten-Itzá und ist mit seiner reizenden Plaza sowie zahlreichen Restaurants, Ho-

◄ **Blick auf das Kronendach des tropischen Regenwaldes von Tempel IV in Tikal**
► **Der Lago Petén-Itzá mit dem Biotopo Cerro Cahuí im Hintergrund**

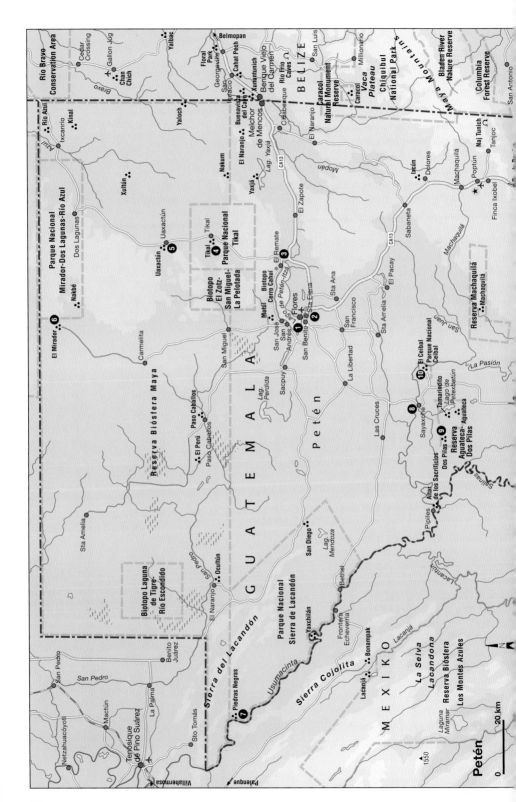

Petén

0    20 km

els und Reiseagenturen das touristische Zentrum der Region sowie der Ausgangspunkt für die Besichtigung Tikals. Das ehemalige Tayasal der Itzá, das als letzte unabhängige Maya-Stadt erst 1697 von den Spaniern erobert wurde, ist mit dem Festland durch einen Damm verbunden. Hier breiten sich die schnell wachsenden, wenig attraktiven Orte San Benito und Santa Elena ❷ aus, die auf Grund des Flughafens von Ciudad de Guatemala aus schnell zu erreichen sind.

## Umgebung von Flores

Ungefähr auf halbem Weg zwischen Flores und Tikal liegt **El Remate ❸**, dessen Unterkunftsmöglichkeiten für manche Besucher eine reizvolle ruhigere Alternative zu Flores sind. In Heimarbeit fertigen hier Familien Souvenirs aus Tropenholz, vor allem Tierfiguren und Gefäße, die in Tikal verkauft werden.

Etwa 2 km westlich erstreckt sich der 1989 eröffnete **Biotopo Cerro Cahuí** am Lago Peten-Itzá. Obgleich man im Parque Nacional Tikal sehr wahrscheinlich mehr Wildtiere beobachten kann, lohnt sich die Wanderung durch das 700 Hektar große Schutzgebiet tropischen Regenwaldes vor allem wegen der unberührten Flora sowie zweier schöner Aussichten auf den See.

## Tikal ❹

Inmitten des gleichnamigen, 576 km² umfassenden Parque Nacional liegt Tikal, das von Flores über eine 62 km lange, sehr gut ausgebaute Straße zu erreichen ist. Die wohl mächtigste aller Maya-Stätten, die bereits 1979 von der UNESCO zum Weltkulturerbe der Menschheit erklärt wurde, verzaubert jeden Besucher in zweifacher Hinsicht: durch ihre formvollendeten Monumentalbauten sowie durch die mannigfaltige Flora und Fauna: eine auf der Welt wohl einmalige Synthese von Natur und Architektur!

Mit annähernd 64 km² war das Siedlungsgebiet von Tikal die größte zusammenhängend besiedelte Fläche des gesam-

ten Maya-Gebiets. Allein der zentrale, heute teilweise öffentlich zugängliche Bereich nimmt etwa 16 km² ein. In ihm konnte man mehr als 3000 einzelne Baustrukturen identifizieren: Tempel, Paläste, und Ballspielplätze, aber auch Dammstraßen *(sakbeob, calzada)*, Schwitzbäder, Wasserreservoirs sowie Steinfundamente für einfache Wohnhäuser.

### Wissenschaftliche Erforschung

Nach einer ersten Expedition 1848 unter der Leitung des guatemaltekischen Oberst Modesto Méndez besuchte der Schweizer Arzt Gustav Bernoulli 1877 den Ort. Er ließ die kunstvoll aus Zapoteholz geschnitzten Türstürze der Tempel I und IV entfernen und ins Basler Museum für Völkerkunde transportieren. Die systematische Erforschung Tikals leitete der britische Pionier Alfred P. Maudslay ein, der 1881 und 1882 Tempel I und andere Bauten in schwerster Arbeit von der Vegetation befreite und sie einer größeren Öf-

**Seite 160**

**TOP50** Seite 340

**TOP50** Seite 347

**TOP50** Seite 351

▶ **Flores – die ehemalige Itzá-Hauptstadt Tayasal**

fentlichkeit bekannt machte (s. S. 37). 1956 begann die University of Pensylvania ein 11-jähriges Projekt, das erstmals umfangreiche Ausgrabungen und Restaurierungen vorsah.

## Geschichte

Früheste bescheidene Siedlungsspuren konnten für die Zeit um 600 v. Chr. im Bereich der Nord-Akropolis nachgewiesen werden, doch wuchs Tikal bis zur späten Präklassik (300 v. Chr.–250 n. Chr.) nicht über ein kleines unbedeutendes Dorf hinaus. Unklar ist bis heute, weshalb die Inschriften als Begründer der Fürstendynastie Yax-Moch-Xok (219–238) erwähnen, dem in Wirklichkeit bereits mehrere überragende Personen vorausgingen, wie Prunkgräber belegen. In der Folgezeit kämpften die Herrscher gegen die mächtige, nur 25 km nördlich gelegene Nachbarstadt Uaxactún, die Rauch-Frosch 378 in einem Feldzug besiegte und Tikal damit zum bedeutendsten Zentrum im zentra-

▼ **Das luxuriöse Hotel Camino Real Tikal am Lago Petén-Itzá**

len Petén machte. Zeitgleiche Einflüsse der mächtigen Handelsstadt Teotihuacán zeigen sich unter anderem in der Ikonografie und Architektur, etwa bei dem in Talud-Tablero-Abfolge mit Symbolen des Regengottes Tlaloc errichteten Gebäude an der östlichen Plaza.

Nach einer Zeit innerer Schwäche oder gar eines vorübergehenden Niedergangs (Hiatus), der sich in dem weitgehenden Fehlen schriftlicher Dokumente niederschlägt, wird das städtische Zentrum über mehrere Generationen hinweg überaus prunkvoll und repräsentativ ausgebaut. Während dieser Blütezeit der Spätklassik kämpfte Tikal mit anderen bedeutenden Städten, etwa Caracol oder El Perú, erbittert um die Vorherrschaft im südlichen Tiefland. So errang der 26., insgesamt 5 Jahre lang regierende Fürst Hasaw Ka K'awil (wie bei anderen Maya-Herrschern auch andere Schreib- und Namensvarianten möglich!) 695 gegen Jaguar-Tatze der mächtigen Calakmul (Mexiko) einen glän-

zenden Sieg, bei dem anschließend zwei adelige Gefangene geopfert wurden. Die Blüte Tikals währte noch ein weiteres Jahrhundert, bis um 850 die Stadt fast vollständig aufgegeben wurde und die bildlichen und hieroglyphischen Denkmäler ein Ende nehmen.

### Das kultische Zentrum

Neben dem Parkplatz am Eingang liegt im **Besucherzentrum ❹** das kleine **Museo Lítico** mit zahlreichen steinernen Denkmälern und einer fotografischen Dokumentation der Ausgrabungsgeschichte. Einen weiteren Teil der in Tikal gefundenen Artefakte findet man im nahe gelegenen **Museo Sylvanus G. Morley (Museo Tikal) ❺**. Neben zylindrischen Dreifußgefäßen und mit Palastszenen bemalten Keramiken ist im Besonderen Stele 31 (445) bemerkenswert, die Siyaj Chan K'awil während eines Visionsrituals zeigt, bei der er seine Ahnen und die Schutzgötter der Dynastie anruft. Eine ausgezeichnete Vorstellung einer Prunkbestattung vermittelt das nachgebildete Grab 116 von Hasaw Kan K'awil mit reichem Jadeschmuck, Knochenschnitzereien und vier bemalten Stuckfiguren des Gottes K'awil.

Kaum ein Platz in der Maya-Welt wirkt derart grandios und festlich wie die etwa einen Hektar umfassende **Gran Plaza ❻**, seit der präklassischen Zeit das politische und kultische Zentrum der Stadt. Vor der breiten Treppe zur Nord-Akropolis finden sich zwei lange Reihen mit runden Altären und skulptierten oder unverzierten Stelen, die über Gründungsdepots mit Muscheln und bizarr geformten Obsidian- und Feuersteinklingen (»exzentrische Flints«) aufgestellt wurden. An der Ostseite erhebt sich mit 44 m Höhe **Tempel I ❼** auf einer steilen neunstufigen Pyramide. Das auch *Templo de Gran Jaguar* genannte Bauwerk wurde von Hasaw Kan K'awil errichtet, den man unter der Pyramide 734 prunkvoll bestattete. Der eigentliche Tempel besteht aus drei schmalen, hinter-

Seite
160
165

◀ **Die Tempel I und II liegen sich an der Gran Plaza gegenüber**

▼ **Blick von der Großen Pyramide der Mundo-Perdido-Gruppe auf die Pyramide 5C-49 und Tempel IV**

**Salida del Sol**
Am stimmungs-
vollsten lässt sich der
Sonnenaufgang über
dem Kronendach des
tropischen Regen-
waldes in Tikal vom
Portal des Tempel IV
aus genießen. Busse
ab 5 Uhr morgens
von Flores aus.

einander liegenden Kammern, die mit einem Kraggewölbe gedeckt sind. Den gigantischen Dachkamm darüber verzierte man mit einem ehemals bunt bemalten Stuckrelief, das einen thronenden, von Schlangen flankierten Herrscher zeigt.

Die westliche Seite der Gran Plaza begrenzt der ebenfalls um 700 errichtete **Tempel II** ❸, dessen *cresteria* ein monumentales Gesicht mit rundem Ohrschmuck ziert, weshalb er auch *Templo de las Máscaras* bezeichnet wird. In der Gesamtkomposition ähnelt das ursprünglich 42 m hohe Bauwerk seinem Pendant gegenüber, nur tragen statt neun – eine den Maya heilige Zahl – drei gewaltige Absätze das imposante Heiligtum.

Das wohl eindrucksvollste Architektur-Ensemble Tikals ist die **Nord-Akropo-**

> **Cresteria**
> → in zahlreichen Maya-Stätten üblicher kunstvoll gestalteter Dachkamm auf Sakral- oder Profanbauten, der ihre Würde und Monumentalität zusätzlich betont.

**lis** ❼, an der man über ein Jahrtausend baute. Mittels Tunnels konnte man annähernd 100 verschiedene unterirdische Strukturen identifizieren, wobei die Akropolis Schicht um Schicht bis etwa 12 m Höhe errichtet wurde. Die heute 16 sichtbaren auf verschiedenen Ebenen gegründeten Tempel datieren vom 6. bis Anfang des 9. Jhs. Die Ausgrabungen brachten neben Gräbern auch große bemalte Stuckmasken zu Tage, mit denen man in präklassischer Zeit, ähnlich wie in Uaxactún (s. S. 166), die Treppenwangen dekorierte.

Südlich der Gran Plaza breitet sich die **Zentral-Akropolis** ❻ aus, die Residenz der Herrscher und des Hofadels. Um sechs unregelmäßige Innenhöfe *(patios)* gruppieren sich mehrere, auf verschiedenen Niveaus angelegte Flügel mit palastartigen Gebäuden sowie unzähligen kleinen Räumen, die untereinander mit unterirdischen Gängen, Treppen und Galerien verbunden sind. Die einem Labyrinth vergleichbare Anlage lässt keinen geordneten Plan erkennen; sie wurde vielmehr in fast 700 Jahren in unregelmäßiger Baufolge zu ihrer jetzigen Form ausgebaut. Ungewöhnlich klein ist der **Ballspielplatz,** den man zwischen der Zentral-Akropolis und Tempel I anlegte.

◀ **Kunstvoll bemaltes Gefäß im Museo Sylvanus G. Morley**

## Umgebung der Gran Plaza

Eine fantastische Aussicht bietet sich im Bereich der großenteils überwucherten **Süd-Akoropolis** von der restaurierten 58 m hohen Pyramide des **Tempels V** ❺. Zu den ältesten besiedelten Arealen in der Stadt gehört die »Verlorene Welt« westlich der Plaza de los Siete Templos (Platz der sieben Tempel). Zentrum dieser **Mundo-Perdido-Gruppe** ist die quadratische, ca. 30 m hohe und von allen vier Seiten über steile Treppen zugängliche **Große Pyramide** ❶. Charakteristisch für ihre Entstehung in präklassischer Zeit sind große, leider stark verwitterte Masken an den

Westseite. Etwa 100 m nordwestlich stößt man auf eine Pyramide (5C-49), die die für Mexiko typischen Talud-Tablero-Abfolge (s. S. 130) aufweist und deren verschiedene Bauphasen man deutlich an einer Ecke unterscheiden kann.

Auf dem Weg von der Gran Plaza zum U-förmig angelegten Fledermauspalast passiert man den mehr als 55 m hohen **Tempel III ❿**, dessen Pyramide noch von tropischer Vegetation bedeckt ist. Das Bauwerk ist auch »Tempel des Jaguarpriesters« bezeichnet, da der aus Zapoteholz geschnitzte Türsturz einen in ein Jaguarfell gehüllten Priester darstellt.

Am Ende der Calzada Tozzer erreicht man den von dem 27. Fürsten 747 errichteten **Tempel IV ⓚ**, mit nahezu 65 m eines der höchsten Gebäude Mesoamerikas. Von den Stufen zum Portal genießt man eine fantastische Aussicht auf das umliegende Kronendach des Regenwaldes sowie die *cresterías* der anderen Tempel. Die hölzernen reliefierten Türstürze des

mittleren und inneren Durchgangs wurden bereits 1877 nach Basel verbracht (s. S. 161). Über die annähernd 800 m lange Calzada Maudslay gelangt man zum großen **Komplex P ⓛ** mit gegenüber liegenden Pyramiden und der 751 aufgestellten Stele 20. Typisch für die Monumentalkunst Tikals ist die Darstellung eines gefesselten Gefangenen auf Altar 8.

Der Rückweg zur Gran Plaza führt über die Calzada Maler am Komplex Q ⓜ und Komplex R ⓝ mit Stelenreihen und Zwillingspyramiden vorbei. Am Ende eines Katun, d. h. einer Periode von 20 Jahren à 360 Tagen, errichtete man in Tikal Pyramiden dieses Typs, in diesem Fall unter der Herrschaft des 29. Fürsten.

Südöstlich des Zentrums, von der östlichen Plaza über die fast 1 km lange Calzada Méndez zugänglich, befindet sich der abgelegene **Tempel der Inschriften ⓞ**. Zum Tempel gehört Altar 9, der einen auf dem Bauch liegenden Gefangenen darstellt.

Seite 165

▲ **Die Pyramide des Tempels IV ist auch heute noch von dichter Vegetation bedeckt**

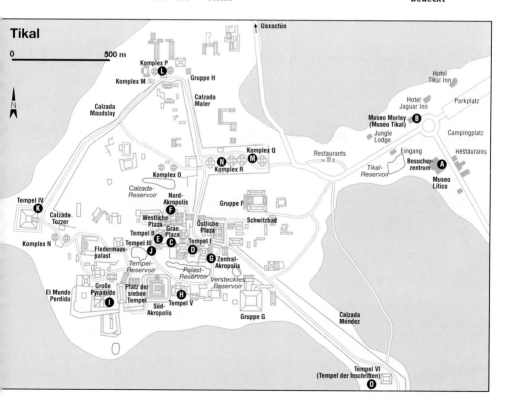

165

## Maya-Stätten im nördlichen Petén

**Topoxté**
Reisebüros in Flores organisieren Touren nach Topoxté – neben Yaxjá eine von einem deutsch-guatemaltekischen Archäologenteam 1989 bis 1999 erforschte Maya-Stätte auf einer Insel in der Laguna Yaxjá, ca. 8 km nördlich der CA 13 nach Belize.

Seite 350 TOP**50**

Zahlreiche weitere Maya-Stätten, beispielsweise El Perú und Nakum, sind über den gesamten Petén verstreut. Da sie häufig sehr abgelegen und schwer zugänglich sind, empfiehlt sich ihr ein- bis mehrtägiger Besuch im Rahmen einer organisierten Tour, die in Flores bzw. Santa Elena bei Agenturen gebucht werden kann und neben dem Transport auch Unterkunft und Verpflegung einschließt (s. S. 348).

24 km nördlich von Tikal liegt das kleine, politisch und kulturgeschichtlich jedoch sehr bedeutende **Uaxactún ❺**. Mit Unterbrechungen wurde die »Acht Steine« genannte Stadt von der mittleren Präklassik bis in das 9. Jh. n. Chr. besiedelt. Die interessantesten Bauten konzentrieren sich in Grupo E, bei der drei aneinander gereihte Tempel ein Observatorium bilden, mit dem man den Sonnenaufgang bei der Tag- und Nachtgleiche beobachten

kann. Berühmt wurde Struktur E-VII-Sub, das älteste, mit großen Stuckmasken verzierte monumentale Gebäude im südlichen Tiefland aus der späten Präklassik.

Nahe der Grenze zu Mexiko liegen Nakbé, Río Azul und die wahrhaft kolossalen Ruinen von **El Mirador ❻**. Die ehemals mehr als 16 km² große Stadt war vom 2. Jh. v. Chr. bis zum Ende der präklassischen Zeit das bedeutendste Zentrum des Petén. Unter den profanen und sakralen Strukturen ragen die beiden El Tigre und Danta genannten Pyramiden heraus, die sich mit annähernd sechs Hektar Grundfläche und fast 70 m Höhe weit über die Baumriesen des Regenwaldes erheben und zu den größten Bauwerken des präkolumbischen Amerika gehören.

**Piedras Negras ❼** liegt am guatemaltekischen Ufer des Río Usumacinta, etwa 40 km flussabwärts von Yaxchilán. Da ein Großteil der reliefierten Stelen nach Guatemala-Stadt gebracht wurde und die tropische Vegetation die meisten Ruinen wie

der überwuchert hat, lohnt sich eine Besichtigung vor allem wegen der reizvollen Bootsfahrt auf dem Fluss über Stromschnellen hinweg.

## Die Petexbatún-Region

Etwa 60 km südlich von Flores liegt **Sayaxché ❽**. Der Ort ist idealer Ausgangspunkt für die Erkundung der archäologischen Stätten El Ceibal und Altar de Sacrificios am Río de la Pasión sowie Dos Pilas, Tamarindito und Aguateca im Umkreis des Lago de Petexbatún.

Die erst 1954 entdeckten Ruinen von **Dos Pilas ❾** umfassen neben Pyramiden auch mehrere wohl als Residenzen zu interpretierende Gebäude. Aus den mehr als 35 beschrifteten Denkmälern der spätklassischen Zeit lässt sich erschließen, dass die Herrscherdynastie ehemals aus Tikal stammte und von dort vertrieben wurde. Wie die übrigen Staaten des südlichen Tieflands versuchte auch Dos Pilas durch Heirat und Kriege seine Macht zu vergrößern, bis es schließlich 731 n. Chr. von Aguateca besiegt wurde.

16 km von Sayaxché den Río de la Pasión aufwärts liegt **El Ceibal ❿**, der »Ort des Kapokbaums«. Im Gegensatz zu fast allen Städten des südlichen Tieflands erlebte El Ceibal in der ausgehenden Spätklassik keinen Niedergang, sondern eine späte Blüte und wurde bis in die Mitte des 10. Jhs. durch eine eingewanderte, nicht zu den Maya gehörende Volksgruppe besiedelt. Berühmt sind daher auch ihre zahlreichen reliefierten Stelen, die sich um die Plazas A und B sowie abseits davon gruppieren und in Ikonografie und Stil unverkennbar mexikanische Einflüsse zeigen. So stellt beispielsweise Stele 19 Quetzalcoatl/Kukulkan mit der entenschnabelförmigen Maske des Windgottes Ehecatl dar, Stele 3 (heute im Museo Nacional de Arqueología y Etnología in Guatemala-Stadt) hohe Würdenträger mit für die Maya untypischen Kopfbedeckungen. ∎

Seite
160

▲ **Stele 12 von Piedras Negras**
▼ **Sonnenuntergang am Lago de Petexbatún**

# Tikal – Juwel des tropischen Regenwaldes

▲ **Erhaben über dem Regenwald**
Blick von Tempel IV über das Kronendach auf die Tempel I, II und III.

**V**on der erregenden Wirkung der Denkmäler selbst, wie sie so dastehen in der Tiefe eines tropischen Waldes, schweigend und feierlich, von fremdartigem, wundersamem Entwurf, prächtig gemeißelt,

reich an Schmuck, abweichend von den Bildwerken aller anderen Völker, in tiefes Dunkel gehüllt, was ihren Sinn und Zweck und ihre ganze Geschichte betrifft, mit hieroglyphischen Zeichen bedeckt, die zwar alles erklären, uns aber gänzlich unverständlich sind – von dieser Wirkung werde ich mir nicht anmaßen, eine Vorstellung zu vermitteln. (…) Über das Alter dieser veröteten Stadt will ich hier und jetzt keine Mutmaßungen anstellen. Ein Schluss ließe sich vielleicht aus den hohen Erdschichten und aus den Riesenbäumen ziehen, die auf den in Trümmern zerfallenen Bauten wachsen, er würde doch nur vage und ungenügend sein.«

Mit diesen Worten drückt der Pionier der Amerikanistik, John Lloyd Stephens (s. S. 37), seine Eindrücke einer Maya-Stadt (Copán) aus. Bei einem Rundgang durch die großenteils noch üppig von Pflanzen überwachsenen Ruinen fällt es auch heute noch oftmals schwer sich die Ruinen als eine ehemals mit Leben erfüllte Stadt vorzustellen, mit spielenden Kindern, webenden und Tortillas backenden Frauen, umherstreunenden Hunden, vor Altären Opfer zelebrierenden Priestern, Lasten schleppenden Bauern und Händlern auf gewiss früher existenten, archäologisch jedoch kaum nachweisbaren Märkten.

▲ **Siyaj Chan K'awil**
Detail der Stele 31 mit dem Herrscher während eines Visionsrituals.

▶ **Totenmaske**
Die unter Tempel I in einem prunkvollen Grab entdeckte Jadeitmaske des Fürsten Ah Cacau.

▶ **Crestería**
Weitaus größer als der eigentliche Kultraum ist vielfach der ihn überragende Dachkamm, hier bei Tempel II.

### ▼ Heiliger Baum

Der Kapokbaum (»ceiba«; »yaxche«: erster Baum) symbolisiert für die Maya die Weltachse und die Verbindung zum Himmel.

### ▼ Monumentales Tikal

Holzmodell des Kultzentrums im Museo Nacional de Arqueología y Etnología in Ciudad de Guatemala.

## Die Naturwunder Tikals

Außer der Architektur und Bildkunst ist die Flora und Fauna des Nationalparks der Hauptanziehungspunkt Tikals. Allgegenwärtig sind die beliebten Weißrüsselbären (»pizotes«), doch kann man mit etwas Geduld und Aufmerksamkeit auch weitere verschiedene Säugetiere beobachten, etwa Klammer- und Brüllaffen sowie Füchse. Mehr als 300 Vogelarten konnten Ornithologen bisher identifizieren, darunter Pfauentruthähne, farbenprächtige Aras, Sittiche, Tukane, winzige Kolibris als auch Webervögel, die kunstvolle, etwa 1 m lange Nester flechten. Ebenso bemerkenswert ist die unglaubliche Pflanzenvielfalt, zu der beispielsweise der Mahagoni, die fächerförmige Coccothrinaxpalme und die Spanische Zeder gehören. Zahlreiche Baum- und Palmenarten entwickelten Brett- und Stelzenwurzeln, die die Belastung vermindern, die bei Stürmen von den Kronen der Urwaldriesen auf das Wurzelwerk ausgeht.

### ▲ Verborgene Architektur

Die Mehrzahl der Gebäude sind bis heute von dichter tropischer Vegetation überwuchert.

### ▶ Altar 5

Hasaw Kan K'awil (?) und ein Verwandter exhumieren die Knochen einer Adeligen (711 n. Chr.).

### ▶ Kultgerät

Möglicherweise für zeremonielle Opferungen verwendetes, reich verziertes Beil im Museo Tikal.

# Belize

**M**it einer geringen Bevölkerungszahl und einer im Verhältnis dazu großen Fläche sind die touristische Hauptattraktion Belizes die weitgehend unberührten Landschaften. Die schwülen, nahezu undurchdringlichen tropischen Regenwälder vornehmlich in der südlichen Landeshälfte bezaubern den Besucher mit einer unglaublichen Tiervielfalt. Hier kann man hunderte verschiedene Vogelarten, selten gewordene Klein- und Großkatzen wie Ozelot und Jaguar, urtümliche Reptilien und faszinierende Insekten beobachten. Die Wälder sind auch der Lebensraum tausender während oder nach der Regenzeit blühender Pflanzen, einschließlich mehr als 70 verschiedener Orchideenarten und annähernd 700 einheimischer Baumarten, beispielsweise Mahagoni und Zapote.

Einzigartig in der westlichen Hemisphäre ist das spektakuläre Barrier Reef, das sich die ganze Halbinsel Yucatán von Mexiko bis Honduras entlangzieht. Der schönste Abschnitt dieser langen Kette hunderter winziger Inseln und mehrerer Atolle erstreckt sich zweifellos vor der mit zahlreichen Buchten und Flussmündungen vielfältig gegliederten Küste Belizes. Die exotische Unterwasserwelt mit ihren eigenwillig geformten Korallenbänken und in allen Farben leuchtenden Fischen und Anemonen ist ein wahres Paradies für Segler, Taucher und Schnorchler.

Dieses außergewöhnliche Naturerbe schützen die umweltbewussten Belizer mit Dutzenden von Nationalparks und Reservaten. Beide, Bewohner und Naturschutzgebiete, machen das Land zu einem der weltweit begehrtesten Reiseziele für den immer populärer werdenden Ökotourismus.

## Ethnische und kulturelle Vielfalt

Einer der Hauptfaktoren für die bis heute weitgehend intakte Umwelt sowie vielfältige Fauna ist die geringe Bevölkerung von ca. 280 000 Einwohnern. Im Vergleich dazu wohnen beispielsweise im territorial noch kleineren El Salvador mehr als

6 Mio. Menschen. Mit 22 965 km² nimmt Belize lediglich ein Fünftel der Landesfläche des Nachbarlandes Guatemala ein. Eine natürliche Grenze der beider Staaten bildet im Süden des Toledo District der Río Sarstoon, während fast 300 km weiter nördlich der Río Hondo die Grenze zu Mexiko markiert.

Belize zeichnet eine sprachliche und kulturelle Vielfalt auf engstem Raum aus. Die Hauptgruppen sind mit 44 % Ladinos und mit 30 % Kreolen, daneben bilden Maya, Garífuna, Ostasiaten und Weiße bedeutende Minderheiten. Viele tausend Flüchtlinge der Bürgerkriege, überwiegend aus El Salvador und Guatemala, siedelten sich seit den frühen 1980er Jahren an. Sie veränderten die sprachliche Situation des Landes dahingehend, dass nunmehr die Mehrheit der Bevölkerung eher Spanisch statt Englisch spricht. Der überwiegende Teil dieser Flüchtlinge siedelte sich in der Umgebung der Hauptstadt Belmopan sowie im Westen des Landes an. Ihr Auskommen finden sie als Bauern *(campesinos)* und vor allem als Saisonarbeiter auf den Zitrus- und Bananenplantagen.

Die etwa 22 000 Maya sind in kleinen isolierten Gemeinden über ganz Belize verstreut. Im Norden siedeln neben den meisten Mestizos, d. h. indianisch-weißen Mischlingen, Yakatekisch sprechende Maya, die schon am Ende des 19. Jhs. vor dem Kastenkrieg in Mexiko nach Belize flohen. Die Mopán bewohnen die zentralen Landesteile, während die Kekchi vornehmlich im gebirgigen Süden ansässig sind. Alle drei Gruppen, deren Siedlungsgebiete in die Nachbarstaaten Guatemala und Mexiko reicht, leben überwiegend von der Subsistenz-Landwirtschaft. Ein innovatives Ökotourismusprojekt gewinnt in einigen Gemeinden des Toledo District zunehmende Beliebtheit und verhift den indianischen Bauern zu einer zusätzlichen Einkommensquelle.

Die Kreolen *(criollos)* dominieren weithin in der Politik und prägen das Erscheinungsbild der der früheren Hauptstadt Belize City. Sie sind Nachfahren schwarzafrikanischer Sklaven und britischer Piraten. Abgesehen von einigen wenigen Spaniern besiedelten die ersten Europäer Belize im 17. Jh. Auf Grund der Lage ihrer Kolonien am Golf von Honduras (Bay of Honduras) werden sie

◀◀ **Queen's Caye – Cockscomb Basin Wildlife Sanctuary**
◀ **Das Fort Street Restaurant in Belize City**

auch Baymen genannt. Zur Ausbeutung der reichen Mahagonibestände in den Wäldern des Hinterlands gründeten sie Holzfällercamps entlang der großen Flüsse. Im Lauf der Zeit entwickelten sich diese zu Dörfern und kleinen Städten, aber mit dem Niedergang der Holzwirtschaft in den 1960er Jahren versanken viele Orte in Armut. Einige suchten in der Landwirtschaft einen neuen Lebensunterhalt, andere siedelten um nach Belize City oder fanden in ökotouristischen Projekten eine neue Arbeit.

Die Mehrzahl der Städte an der Südküste, vor allem Dangriga, Hopkins, Seine Bight und Punta Gorda, bewohnen Garífuna. Sie sind ebenfalls ein Mischvolk – aus schwarzen Sklaven und karibischen Indígenas –, das 1797 von den Briten von der Insel St Vincent nach Roatán in Honduras deportiert wurde. Mit bemerkenswerter Beharrlichkeit bewahrten sie über viele Generationen ihre afrikanisch-karibische Kultur und Identität und gründeten an der Küste Guatemalas und Belizes weitere Gemeinden.

Das frühere British Honduras ist auch die Heimat einer kleinen, aber selbstbewussten und fleißigen Gruppe von Mennoniten. Auf der Suche nach neuen, für die Landwirtschaft geeigneten Nutzflächen immigrierten sie in den 1950er Jahren aus Mexiko und machten Belize bei Grundnahrungsmitteln wie Huhn- und Milchprodukten sowie Mais vom Ausland unabhängig.

## Politik und Wirtschaft

Auf politischer und wirtschaftlicher Ebene wird Belize gewöhnlich mit den anderen Englisch sprechenden Nationen der karibischen Inselwelt in einem Atemzug genannt. Wie diese war es einst britische Kolonie und ist seit seiner Unabhängigkeit 1981 immer noch Mitglied im British Commonwealth mit Königin Elisabeth II. als Staatsoberhaupt. Die derzeitige Regierung, die leicht links gerichtete *People's United Party* (PUP) ist seit 1998 nach einem Erdrutschsieg zum wiederholten Male an der Macht, doch werden die Handlungsmöglichkeiten des Premierministers Said Wilbert Musa durch strenge Auflagen des Internationalen Währungsfonds stark eingeschränkt.

Die Wirtschaft basiert neben dem Tourismus hauptsächlich auf dem Export. Wichtigste Devisenbringer sind mit 93 % landwirtschaftliche Produkte, allen voran Zucker, Bananen und Zitrusfrüchte. Die exportorientierte Wirtschaft macht das Land von den Hauptabnehmern USA und EU sehr abhängig. Eine wirtschaftliche Diversifizierung wird mit neuen Industrien und Produkten angestebt, beispielsweise der Shrimpszucht in den seichten Gewässern der Küste.

## Das Klima

Belize kennzeichnet ein subtropisches Klima mit oftmals über 30 °C reichenden Temperaturen und fast ganzjährig hoher Luftfeuchtigkeit. Charakteristisch sind zwei deutlich ausgeprägte Jahreszeiten: Die Trockenzeit von Januar bis Mai mit Spitzenwerten im Landesinneren von 38 °C und die Regenzeit von Mai bis Dezember mit meist kurzen, jedoch sehr starken Niederschlägen. Im November und Dezember fallen auf Grund kühler Winde die Tageswerte an der Küste manchmal auf 13 °C. Hurrikane suchen das Land während der Regenzeit von September bis November heim – allerdings nur im Abstand von vielen Jahren. Nach den Verwüstungen des Hurrikans Mitch im Oktober 1998 wurden das Vorwarnsystem verbessert und in zahlreichen Orten Schutzunterkünfte eingerichtet.

## Touristische Höhepunkte

Die vorzüglichsten Korallenbänke des Barrier Reef finden Taucher und Schnorchler im Norden bei Ambergris Caye und Caye Caulker sowie bei dem weit im offenen Meer gelegenen Lighthouse Reef mit der Half Moon Caye Natural Monument Reservation und dem weltberühmten Blue Hole, einem kreisrunden Atoll. In den südlichen Gewässern ist die Hauptattraktion zweifellos das Glover's Reef Marine Reserve mit seinen scheinbar unendlichen Riffwänden.

Im Landesinneren ragt unter den zahlreichen Reservaten vor allem das Cockscomb Basin Wildlife Santuary mit seiner einzigartigen Population von Jaguaren heraus. Weitere bemerkenswerte Schutzgebiete sind das Shipstern Nature Reserve mit zahlreichen Lagunen, für gute Beobachtungsmöglichkeiten von Guatemalabrüllaffen das Community Baboon Sanctuary und nicht zuletzt das landschaftlich sehr abwechslungsreiche Gebiet der Mountain Pine Ridge. Die vielfältige Fauna des Landes lässt sich auch ausgezeichnet im Belize Zoo westlich von Belize City studieren. ∎

▶ **Belize City**

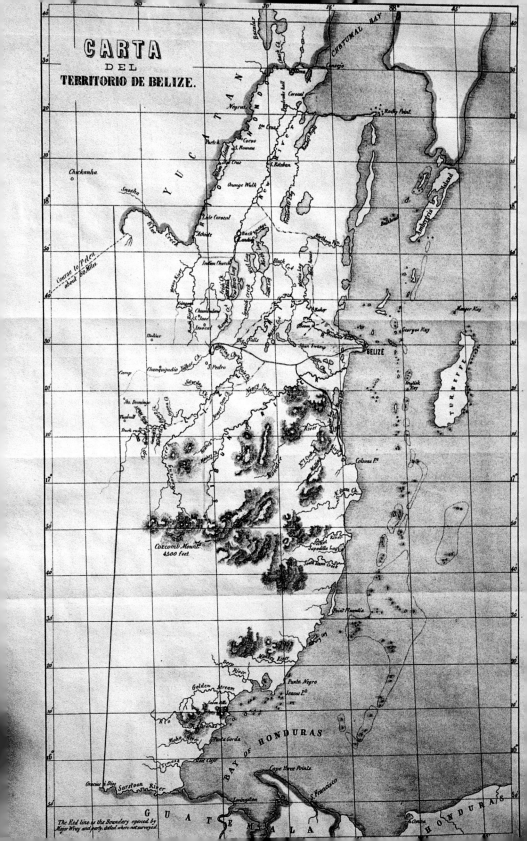

# CARTA
### DEL
## TERRITORIO DE BELIZE.

CHETUMAL BAY

YUCATAN

Chickanha

Snosha

Blue Creek

Course to Peten
about 50 Miles.

Bazalar

Regrito

Negras

S.ta Cruz

Corozo

Patch

S.t Romau

Sal. de Cruz

Orange Walk

Little Corozal

Achote

Backlanding
Landing

Indian Church

Irish Creek

Booth's River

Northern Riv.

Black Ck.

Ambergris Island

Rocky Point.

Belize R.

Mauger Kay

Big Falls

Chan Swamp

BELIZE

D.t Georges Kay

English Kay

TURNEFFE

Snosha

Kingest

Chumbulum

S.t Jose

S.t Lewent

Bobiac

Chunquajudio

Telbor Ck.

S.t Pedro

Camp

Sta. Domingo

Thalmal

Duck run

Coxcomb Mount.
4500 feet.

Colson Pt.

N. Stann Ck.

Hleet River

Sapodilla Lag.

South Stann Creek

Point Placentia

Monkey River

Deep River

Golden Stream

Colm hill

Rio Grande

Moho Riv.

Punta Gorda

Punta Negro

Seacos Pt.

Red Cliff

Temash

Gracias á Dios

Sarstoon River

Livingston

Cape Three Points.

S. Francisco

BAY OF HONDURAS

Somes

GUATEMALA

HONDURAS

The Red line is the Boundary opened by
Major Wray and partly dotted where not surveyed.

# Die moderne Geschichte Belizes

Nach dem Niedergang der Maya-Städte in Belize und gelegentlichen spanischen Eroberungszügen *(entradas)* besetzten im 17. Jh. vor allem britische Siedler, die so genannten Baymen, und ihre schwarzen Sklaven aus der Karibik das Territorium. Die neuen Bewohner waren an den reichen Waldbeständen im Hinterland interessiert, vor allem an Mahagoni und an Blauholz, das damals in europäischen Fabriken zum Färben von Baumwolle sehr begehrt war. Diese Holzfäller gründeten die erste Kolonie auf St George's Caye, einer Insel des Barrier Reef. Etwas später errichtete man eine größere Siedlung an der Mündung des Belize River, an der Stelle des heutigen Belize City.

1765 verabschiedete Admiral Sir William Burnaby, der Kommandant der englischen Flotte auf Jamaika, die erste Verfassung für das Gebiet. Der *Burnaby's Code* war viele Jahre lang die Grundlage für Gesetz und Verwaltung in Belize, bis 1787 der erste britische Verwaltungsbeamte ernannt wurde.

Zwei weitere Wellen mit Immigranten am Ende des 18. Jhs. veränderten den Charakter der Bevölkerung nachhaltig. Zuerst übersiedelte man mehr als 2000 Schwarze von der Mosquito Coast in Honduras und Nicaragua. Dann deportierte man 1797 die Garífuna, ein aus schwarzen Sklaven und karibischen Indígenas hervorgegangenes Mischvolk, von der Insel St Vincent nach Belize (s. S. 233). Seit damals etablierten sie sich zu einer starken und individuellen ethnischen Gruppe im Süden des Landes.

## Koloniale Konflikte

Während des 17. und 18. Jhs. war das Verhältnis zu den spanischen Gouverneuren in Guatemala meist recht gespannt, da britische Piraten die geschützten Buchten Belizes als Ausgangshäfen für ihre Beutezüge auf spanische Handelsschiffe nutzten. Eine Entscheidung brachte am 10. September 1798 die Seeschlacht von St George's Caye, in der

die spanische Flotte vernichtend geschlagen wurde. Nach dem Sieg fühlten sich die Siedler zum British Empire gehörig, obwohl British Honduras offiziell noch nicht existierte. 1802 erkannte Spanien mit dem *Treaty of Amiens* endgültig die englische Souveränität über das Gebiet an. Als Mexiko und Guatemala 1821 ihre Unabhängigkeit von Spanien erlangten, erhoben beide Anspruch auf das dünn besiedelte Land.

## Territorialansprüche Guatemalas

Bis zur Mitte des 19. Jhs. waren die regierenden Militärdiktaturen in Guatemala mehr mit einer möglichen Invasion durch die USA beschäftigt. Deshalb akzeptierten sie 1859 eine britische Konvention, die die Grenzen Belizes festschrieb. Mit dem Abkommen verpflichtete sich Großbritannien auch zum Bau einer Straße zwischen Guatemala-Stadt und Belize City, eine Zusage, die niemals erfüllt wurde. Drei Jahre später erklärte man Belize zur Kolonie, 1871 sogar zur Kronkolonie mit einem von Großbritannien berufenen Gouverneur. Mexiko verzichtete 1893 mit einem Vertrag auf seine territorialen Forderungen, während die Regierungen Guatemalas weiterhin die Herrschaft

◄◄ Belize City im 19. Jh.
◄ British Honduras im Jahr 1869
► Captain Morgan, einer der berüchtigsten Piraten der Karibik

über das Gebiet beanspruchten, auch nach der Unabhängigkeit Belizes von Großbritannien 1981. Erst mit der Rückkehr einer zivilen Regierung in Guatemala 1986 änderte sich das Verhältnis der beiden Staaten zueinander. 1991 erkannte die guatemaltekische Regierung das Recht der Belizer auf Selbstbestimmung an, während im Gegenzug Belize seine Seehoheit in der Bahía de Amatique auf drei Meilen begrenzte und damit Guatemala einen Zugang zur Karibik verschaffte. Im darauf folgenden Jahr ratifizierte der Kongress in Ciudad de Guatemala den Vertrag und erkannte damit die Souveränität Belizes an. 1993 verließ

schließlich die letzte britische Garnision die ehemalige Kolonie.

## Kampf um die Unabhängigkeit

Nach dem Zweiten Weltkrieg begannen die Einwohner von Belize um einen eigenen, von Großbritannien unabhängigen Staat zu kämpfen. 1950 gründete George Price die *People's United Party* (PUP), die nach der Einführung des allgemeinen Wahlrechts 1954 und 1957 die Mehrheit bei den Wahlen zu den gesetzgebenden Körperschaften gewann. Price wurde der erste Premierminister der Kolonie und übte dieses Amt auch nach der

### Die Chicleros oder Kautschuksammler

Eine besondere Rolle bei der Entdeckung der klassischen Maya-Zivilisation spielten die Chicleros. Sie zogen durch die tropischen Regenwälder Belizes, des Petén und auf der Halbinsel Yucatán um Chicle zu sammeln. Die Nachfrage nach dem Saft des Zapotebaums stieg im ausgehenden 19. Jh., als in den USA der Konsum von Kaugummi stark zunahm.

Zur Gewinnung des weißen Saftes ritzt man während der Regenzeit mehrere V-förmige Kerben übereinander in die Rinde der Bäume, ehe sich die dickliche Flüssigkeit in einer Schale sammelt. Die

Mehrzahl der Chicleros waren Maya, die die oft verschlungenen Pfade durch den dichten Dschungel sowie abgelegene Ruinen bestens kannten.

Von ihren Streifzügen brachten die Kautschuksammler 10 kg schwere Blöcke gekochten Gummis mit, die anschließend in die USA exportiert wurden. Nach einem Rückgang der Produktion in den 1950er Jahren, bedingt durch die Entdeckung künstlichen Gummis, stieg in den letzten Jahren die Nachfrage nach Chicle wieder. Wie vor einem Jahrhundert sind die meisten Chicleros Maya, die wohl noch weitere archäologische Stätten ihrer Vorfahren finden werden.

garantierten Selbstverwaltung 1964 aus. Die PUP setzte sich damals mit Nachdruck für die Unabhängigkeit von Großbritannien ein.

## Hurrikan Hattie und die Gründung Belmopans

Am 31. Oktober 1961 verwüstete der Hurrikan Hattie Belize und weitere Staaten Mittelamerikas. Besonders stark betroffen war Belize City, die Hauptstadt an der Küste seit dem 18. Jh. Hattie forderte Hunderte von Todesopfern und richtete einen Sachschaden von vielen Millionen US-Dollar an. Die Regierung entschied die Gründung

Kongresses, errichtet. Der englischen Firma zufolge, die die Mehrzahl der Bauten ausführte, orientierte man sich bei der äußeren Gestaltung an die klassische Maya-Architektur. So wird etwa die betongraue National Assembly von Regierungsgebäuden flankiert, und ihr Eingang ist von einem lang gestreckten begrünten Platz über eine Flucht breiter Stufen erreichbar.

Belmopan mit seinen heute fast 7000 Einwohnern wurde bald zum Symbol eines neuen unabhängigen Belize, obwohl man über Jahre hinweg an der Entwicklung zu einer blühenden, wirklich belebten Stadt kämpfte.

einer neuen Hauptstadt, weit weg vom Meer und deshalb weniger von Hurrikanen bedroht. Als Namen für die neue Stadt wählte man Belmopan, aus »Bel« für Belize und »Mopán«, zu Ehren der Maya-Gruppe, der den spanischen Konquistadoren widerstand.

Bis 1970 wurden sämtliche Amtsgebäude, einschließlich des Polizeihauptquartiers und des

◄ **Freiwilligengarde zum Schutz Belizes in den 1980er Jahren**
▲ **George Price im Gespräch mit dem britischen Außenminister David Owen 1978**

## Regierungswechsel nach der Unabhängigkeit

Die Unabhängigkeit von Großbritannien wurde endlich 1981 erreicht, und wieder wurde George Price zum Premierminister des neu gegründeten Staates gewählt. Erst 1984 wurde die Dominanz der PUP in der Politik Belizes gebrochen. In diesem Jahr gewann die *United Democratic Party* (UDP) die Wahlen zur Legislative. Ihr Anführer Manuel Esquivel löste Price im Amt ab.

Aber Esquivel und die UDP erwiesen sich als unfähig, die Wirtschaft des Landes voranzubringen, und 1989 übernahm die PUP mit knapper Mehrheit abermals die Macht. Ein weiterer Regierungswechsel kam 1993 zustande, als die UDP wieder die meisten der 29 Sitze im House of Representatives besetzte.

## Erdrutschsieg

Wieder einmal waren die Belizer mit der Politik der UDP unzufrieden. Zu den nächsten Wahlen 1998 warf die PUP der Regierung die Einführung von so genannten *killa taxes* vor, einschließlich einer 15-prozentigen Mehrwertsteuer, die, so sagte man, den freien Unternehmergeist ersticken würde. Für die Wähler war es Zeit zur PUP zurückzukehren, die 26 der 29 Sitze erlangte. Dieser überwältigende Sieg brachte Said Wilbert Musa

## Doppelte Staatsbürgerschaft und Flüchtlinge

Nach dem Abzug der britischen Truppen flammte 1994 der alte Streit mit Guatemala um die Souveränität des Landes erneut auf, den man nun mit bilateralen Verhandlungen endgültig beilegen will.

Eine weitere kontrovers behandelte Frage der letzten Jahre war die Bewilligung des *economic citizenship* für Menschen aus Hongkong, Taiwan und anderen Staaten außerhalb Mittelamerikas. Sie gewährte Einwohnern dieser Länder die doppelte Staatsbürgerschaft und Landerwerb bei der Entrichtung einer hohen Gebühr in US-Dollar.

als dritten Premierminister Belizes an die Macht, der 2003 erneut gewählt wurde.

Die Wahl Musas ist das Ergebnis einer starken palästinensisch-arabischen Gruppierung im Geschäftssektor des Landes. Er selbst kehrte 1968 nach seinem Studium im Ausland nach Belize zurück – und mit ihm viele neue frische Ideen. Nachdem er 1969 das *People's Action Comittee* gründete, schloss er sich bald darauf der PUP an. Vor den Präsidentschaftswahlen gelobte er die Arbeitslosigkeit zu reduzieren und die Steuern zu senken. Seit damals versucht er seine Partei als moderne Kraft in Belize zu präsentieren, die neue Wege für eine Diversifizierung der Wirtschaft einschlägt und auf politische Integrität setzt.

Einen grundlegenderen Wandel der Gesellschaft brachten jedoch die Bürgerkriege in Guatemala und in El Salvador mit sich. Tausende von Menschen flüchteten nach Belize, wo sich viele von ihnen niederließen. Diese Veränderung spiegelte sich auch in der Volkszählung 1991 wider: Erstmals gab es in der Geschichte des Landes mehr spanisch- als englischsprachige Staatsbürger. Die Politiker realisieren allmählich, dass Belize in Zukunft vielleicht mehr mit den übrigen Ländern des festländischen Mittelamerika verbindet als mit den englischsprachigen Inseln der Karibik. ■

▲ **Premierminister Said Musa**

# Die Mennoniten

Sie unterscheiden sich von jeder anderen ethnischen Gruppe in Belize: blonde blauäugige Männer mit Jeanslatzhosen und Cowboyhüten; bescheidene Frauen mit selbst geschneiderten Kleidern, langärmelig und bis zu den Knien reichend; dazu einen breitkrempigen, von einem schwarzen Band gehaltenen Hut gegen die tropische Hitze. Freundlich und zurückhaltend, sprechen sie ruhig untereinander, nicht auf Spanisch, Englisch oder Kreolisch, sondern in einem altertümlichen deutschen Dialekt.

Es sind die Mennoniten Belizes, eine stille religiöse Sekte, die ihre Wurzeln in den Niederlanden des 16. Jhs. hat. Benannt nach einem holländischen Priester, Menno Simons, leben sie in abgelegenen Bauerngemeinden und nennen sich selbst »die Stillen im Lande«. Sie lehnen jede staatliche Einmischung in ihre Angelegenheiten, Waffenbesitz sowie Empfängnisverhütung strikt ab und sind überzeugte Pazifisten.

Belize ist der letzte Halt in einer dreihundertjährigen Odyssee, denn wegen ihrer Prinzipien wurden sie oft genug verfolgt. Von den Niederlanden wanderten die Mennoniten im 17. Jh. nach Preußen, dann nach Südrussland und, als der russische Zar in den 1870er Jahren für sie die Wehrpflicht beschloss, nach Kanada.

Nach dem Ersten Weltkrieg ordnete die kanadische Regierung an, dass nur auf Englisch in mennonitischen Schulen gelehrt wird und erwog, geschürt durch antideutsche Ressentiments, die Einberufung zur Armee. Wieder emigrierten viele von ihnen – diesmal in den unwirtlichen Norden Mexikos. Doch schon in den 1950er Jahren wollten die mexikanischen Behörden sie in ein staatliches Sozialversicherungssystem integrieren.

Auf der Suche nach einer neuen Heimat entdeckten sie Belize, das damalige British Honduras, das dringend erfahrene Bauern benötigte. Die Kolonie war unterentwickelt und die Einheimischen, die die Landwirtschaft verachteten, importierten sogar Eier aus dem Ausland. Eine mennonitische Delegation reiste durch Belize und wurde freudig von den britischen Gouverneuren empfangen, die ihnen weite unberührte Landstriche versprachen.

1958 begannen die Ersten von insgesamt 3500 Mennoniten mit der Arbeit: Sie schlugen Wege durch die Wälder, legten Sümpfe trocken und errichteten ihre Bauernhöfe in der Wildnis. Aber nach Jahrhunderten der Irrfahrt, in der sie ihre religiösen Überzeugungen unbeirrbar beibehalten hatten, tat sich eine kulturelle Kluft auf: Nach einem Edikt gegen Motoren und Wissenschaften setzen konservative Gruppen, die auch nur Deutsch sprechen, bis heute nur Geräte des frühen 20. Jhs. ein. Dagegen wenden progressive Mennoniten, die in Kanada Englisch lernten, Traktoren und Düngemittel an.

Die über Belize verbreiteten Siedlungen spiegeln diesen kulturellen Unterschied wider: die progressi-

ve »Kleine Gemeinde« in der Umgebung von Spanish Walk bei San Ignacio; demgegenüber die konservativen »Altkolonier« in der Wildnis am Blue Creek im Dreiländereck zu Guatemala und Mexiko, außerdem die Gemeinden Shipyard und Richmond Hill unweit Orange Walk Town.

Die Mennoniten sind gegenwärtig die erfolgreichsten Bauern in Belize. Sie produzieren einen Großteil der Nahrungsmittel des Landes und schreinern zudem die meisten Möbel für den nationalen Markt. ∎

▲ Mennonitische Frauen in ihrer charakteristischen Kleidung

# Die Flora und Fauna Belizes

**S**eit Jahrhunderten zeichnet sich Belize durch eine sehr geringe Bevölkerungszahl, eine räumlich beschränkte Landwirtschaft und eine kaum entwickelte Industrie aus. Die dadurch weithin unberührten tropischen Regenwälder, küstennahen Lagunen und Savannen zählen heute zu den am leichtesten zugänglichen der westlichen Hemisphäre und ziehen jährlich tausende von Naturliebhabern aus der ganzen Welt an. Obwohl die Regenwälder nicht über dieselbe Artenvielfalt wie diejenigen Amazoniens und Costa Ricas verfügen, sind sie – gemessen an ihrer Größe – einzigartig hinsichtlich der Zahl der verschiedenen Habitate und Spezies.

Der Grund für diese biologische Diversität kann auf das Klima mit ausgeprägten Regen- und Trockenzeiten sowie komplexe geologische Vorgänge zurückgeführt werden. Belize liegt im nördlichen Mittelamerika auf dem schmalen Isthmus zwischen zwei großen Kontinentalmassen, die bis vor etwa 2 Mio. Jahren noch getrennt waren. Damals faltete sich durch die extrem langsam verlaufende Kontinentaldrift der gigantischen Nordamerikanischen, der Karibischen sowie der relativ kleinen Cocos-Platte eine gebirgige, landschaftlich und klimatisch äußerst vielfältige Landbrücke. Sie ermöglichte die Verbreitung unzähliger Pflanzen und Wanderbewegungen der Tiere zwischen den Kontinenten als auch die Entstehung neuer endemischer, d. h. weltweit nur in einer bestimmten Region vorkommender Arten.

## Faszinierende Artenvielfalt

Belize beherbergt in seinen diversen Vegetationszonen und Habitaten mehr als 4000 Blütenpflanzen, darunter etwa 250 verschiedene Orchideen- und mehr als 750 Baumarten. Eine Vorstellung von der unglaublichen Zahl einzelner Spezies vermitteln beispielsweise die Frösche: Auf einer Fläche von 22 965 km$^2$ zählte man bisher fast 70

Arten – mehr als auf der 9,9 Mio. km$^2$ großen Landmasse Europas.

Botaniker katalogisierten mehr als 70 verschiedene Vegetationszonen und Waldarten in Belize, die sich in drei Grundtypen einteilen lassen: 16 % sind Savanne und offene Pinienwälder, 5 % nehmen Mangroven und andere Küstenhabitate ein. 79 % der Landesfläche werden von tropischen Regenwäldern bedeckt.

## Der tropische Regenwald

Von den genannten Landschaftstypen leben im tropischen Regenwald bei weitem die meisten Tierspezies, hier wiederum vor allem in den schwer zugänglichen Kronendächern der Bäume. Insekten, Vögel, Amphibien und Säugetiere passten sich auf das Beste den charakteristischen Bedingungen des Regenwalds an: ganzjährig hohe Temperaturen und starke Sonneneinstrahlung sowie – mit Ausnahme einer kurzen Trockenzeit – sehr hohe Niederschläge. Unter dem dichten Kronendach der Baumriesen bilden Sträucher und kleinere Bäume zahlreiche, unterschiedlich hohe Schichten, die durch ein Netz von Lianen und Kletterpflanzen miteinander verbunden sind und

◀◀ **Mountain Pine Ridge**
◀ **Der Jaguar – die größte Katze Amerikas**
▶ **Amerikanischer Graureiher auf Fischjagd in den Mangroven**

unterschiedliche Lebensräume für spezialisierte Tierarten bilden.

Der Boden des Urwalds ist mit Blättern und herabgefallenen Ästen bedeckt, auf denen sich ausgeprägte Pilzkulturen ansiedeln. Zusammen mit Mikroorganismen zersetzen sie die Pflanzenreste innerhalb kürzester Zeit in Mineralien und Nährstoffe. Diese sind jedoch nur zum geringen Teil im Boden selbst enthalten, sie werden vielmehr in die Biomasse, d. h. die Wurzeln, Baumstämme, Blätter, Blüten und Früchte sowie in die Waldtiere eingelagert. Dieser beständige Nährstoffkreislauf, der eine kaum fassbare Artenvielfalt

da man bei einer gewöhnlichen Wanderung nur verhältnismäßig wenige Tiere sehen kann. Für diesen scheinbaren Widerspruch – Artenvielfalt und geringe Möglichkeiten der Tierbeobachtung – gibt es mehrere Gründe: Viele Säugetiere und Reptilien nehmen einen Menschen schon in weiter Entfernung wahr und ergreifen die Flucht. Viele Insekten, beispielsweise Heuschrecken und Buckelzirpen, passen sich in Farbe und Körperform ideal der Umgebung an.

Die größte Artenvielfalt findet man nicht in der Nähe des Bodens, sondern in den lichtdurchfluteten Baumkronen. Zudem sind zahlreiche Tiere, et-

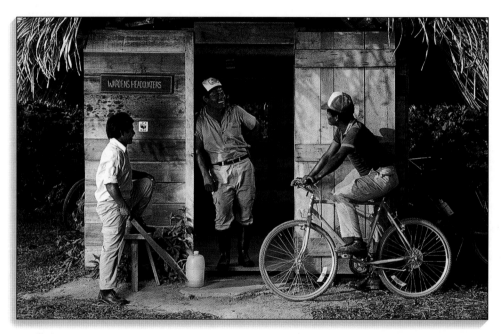

bei gleichzeitig sehr armen Böden hervorbringt, ist das Geheimnis des Regenwaldes.

Trotz dieser biologischen Diversität sind manche Besucher von tropischen Wäldern enttäuscht,

wa Klein- und Großkatzen, nachtaktiv (s. S. 191 f.). Der vielleicht wichtigste Grund ist jedoch ein Charakteristikum tropischer Wälder: Extrem viele Tier- und Pflanzenarten siedeln in

## Meister der Organisation

Relativ häufig begegnet man in den tropischen Regenwäldern Amerikas den oft weit über 100 m langen Karawanen der Blattschneiderameisen. Auf sauber hergerichteten Straßen, die von den Baumkronen über Äste und Stämme zum Boden reichen, tragen hunderttausende fleißiger Arbeiter – streng ge-

schützt von etwas größeren Soldaten – Blattstücke mit ihren starken Kiefern in die unterirdischen Nester. Dort kultivieren sie mit den durchspeichelten Blättermassen in speziellen Kammern gewisse Fadenpilze. Unter der Pflege der Arbeiterinnen gedeihen an den Enden der Pilzfäden kopfähnliche Eiweißkörper, von denen sich die Ameisen ernähren.

### Das Nationaltier Belizes

In den tropischen Wäldern lebt der trotz seines Gewichts (bis 300 kg) sehr gewandte Mittelamerikanische Tapir (Tapirus bairdi), dessen Nase und Oberlippe zu einem kurzen Rüssel verwachsen sind. Die in Belize als »mountain cow« bezeichneten Tiere halten sich mit Vorliebe an Seen und Sümpfen auf. Durch Jagd und Zerstörung des natürlichen Lebensraumes ist ihr Bestand stark gefährdet, doch in Belize findet man noch stabile Populationen.

Der geduldige Wanderer sieht bisweilen neben verschiedenen Vögeln und Affen vor allem an Flussläufen unterschiedliche Schmetterlingsarten, insbesondere den großen, auffällig blau gefärbten Morpho. Mit Glück kann man auch den scheuen Tapir, Katzen wie den Ozelot als auch – in sicherer Entfernung – Schlangen beobachten. Letztere kommen in Belize in 54 Spezies vor, von denen 45 ungiftig sind.

### Nächte im Regenwald

Nach Sonnenuntergang sinken die Temperaturen, und der Regenwald erfüllt sich mit nächtlichem

äußerst geringer Dichte. So können z. B. auf 1 km² mehr als 110 verschiedene Baumarten mit nur je einem Exemplar vorkommen. Im Gegensatz dazu zeichnen sich – global gesehen – Biotope in gemäßigten Breiten durch eine geringe Artenzahl bei gleichzeitig hoher Siedlungsdichte aus. Eine Ausnahme von dieser Faustregel stellen im Regenwald die Staaten bildenden Ameisen und Termiten dar.

◄ **Parkwächter am Eingang zum Cockscomb Basin**
▲ **In Belize besonders geschützt: der Mittelamerikanische Tapir**

Leben. Rotäugige Baumfrösche, handgroße Taranteln und auffällig gefärbte Eidechsen kriechen nun aus ihren gut getarnten Verstecken hervor. Vögel, Fledermäuse, Gürteltiere, Opossums, Ameisenbären sowie Jaguar und Kleinkatzen gehen auf Beutefang. Allen gemeinsam ist ein gut ausgebildeter Geruchssinn oder ausgezeichnet entwickelte Augen, die ihnen die Orientierung in der Nacht ermöglichen.

Ein weit verbreitetes Nachttier der tropischen Wälder Mittel- und Südamerikas ist das Paka *(Cuniculus paca)*, das in Belize *gibnut* genannt wird. Das etwa 70 cm lange Nagetier, das durch sein rotbraunes Fell mit weißen Flecken gut getarnt ist, hält sich gerne an Seen, Flüssen und

Sümpfen auf und ernährt sich von Früchten, vorzugsweise von Mais und Melonen. Die scheuen Pakas sind ausgezeichnete Läufer und flinke Springer. Ihr wohlschmeckendes Fleisch wurde früher in zahlreichen Restaurants des Landes angeboten.

## Geschmeidige Raubkatzen

Der Jaguar ist das wahrscheinlich berühmteste Tier des tropischen Regenwaldes. Um ihn vor dem Aussterben zu schützen, schuf Belize bereits 1984 das erste Jaguarreservat der Welt: das *Cockscomb Basin Wildlife Sanctuary* (s. S. 195). Doch nicht nur der Jaguar hat unter dem Kronendach des

Waldes entlang der Flussufer seinen Lebensraum, sondern noch vier Kleinkatzen: Jaguarundi, Langschwanzkatze, Ozelot und Puma. Obwohl sie weltweit alle in ihrer Existenz bedroht sind, halten sich in den Wäldern Belizes noch stattliche Populationen.

Der Jaguarundi, der eine Schulterhöhe von lediglich 35 cm erreicht, ist die am häufigsten vorkommende Wildkatze Mittelamerikas. Der gute Kletterer hält sich vorwiegend an Waldlichtungen und -rändern auf und jagt kleine Nagetiere, Eidechsen, Vögel und Insekten. Da er in Gefangenschaft schnell zutraulich wird und leicht zähmbar ist, wurde er schon in präkolumbischer Zeit von den Indígenas als Haustier gehalten.

Die scheue nachtaktive Langschwanzkatze, auch *tigrillo* oder Baumozelot genannt, klettert gerne in den Baumkronen und ist daher sehr selten zu beobachten. Ähnlich dem Ozelot ist sein Fell rotbraun bis ockergelb mit dunkelbraunen Flecken und langem kräftigem Schwanz, jedoch ohne Längsstreifen am Hals.

Der Ozelot, dessen Name sich von dem atztekischen Wort *tlalocelotl* ableitet, ist in vielen Unterarten von Texas bis Brasilien verbreitet. Die mit Schwanz etwa 1,4 m lange Katze erreicht eine Schulterhöhe von 50 cm und ist auch in Savannen beheimatet. Während der Ozelot tagsüber hauptsächlich in Baumhöhlen und dichtem Gebüsch schläft, jagt er nachts hauptsächlich Kleinsäuger, Vögel und Affen, seltener Schlangen und Echsen. Der gewandte Schwimmer und Kletterer lebt ganzjährig paarweise zusammen und zieht meist zwei Junge auf.

Der Puma ist zusammen mit dem Jaguar die größte Katze im tropischen Regenwald, doch während Letzterer im Tiefland lebt, ist er überwiegend in den gebirgigen Regionen anzutreffen. Er ist von Südkanada bis Patagonien in 30 Unterarten verbreitet, sein Fell ist jedoch immer einfarbig grau bis matt orangerot. Die auch Silber- oder Berglöwe genannte Kleinkatze erreicht Sprungweiten von bis zu 6 m und ernährt sich hauptsächlich von Pekaris, Pakas, Kleinhirschen, Affen, aber auch Ziegen und Schafen. Der Einzelgänger weicht dem Menschen stets aus und wagt selbst in höchster Bedrängnis kaum ihn anzugreifen.

### Der »König des Regenwalds«

Das für den Menschen gefährlichste Tier des Regenwaldes ist der Jaguar, den die Maya als »balam« bereits in klassischer Zeit verehrten. Seine Stärke und sein geflecktes Fell waren das Symbol für die Herrscherwürde, und Angehörige des Maya-Adels führten sich mit Stolz auf den »König des Regenwalds« zurück. Als nachtaktiver Fleischfresser war er eng mit »xibalbá« verbunden, der Unterwelt der Maya. Sein Pelz schmückte in den Palästen die Throne der Fürsten und diente als Einband der kostbaren Bilderhandschriften. Zahlreiche Maya-Fürsten trugen den Jaguar in ihrem Namen, z. B. Yat Balam (»Jaguar-Penis«) und Itzam Balam (»Schild-Jaguar«) von Yaxchilán.

## Ruf der Wildnis

Ein weiterer berühmter Bewohner des Regenwalds ist der in Belize *baboon* genannte Guatemalabrüllaffe *(Alouatta villosa)*, der in den Wipfeln bevorzugter Fruchtbäume lebt. Mit den heulenden Lauten, die vor allem morgens und spätnachmittags kilometerweit durch den Dschungel zu hören sind, grenzen sie ihre Reviere gegenüber anderen Herden ab.

Die von Mittelamerika bis Nordwestbrasilien verbreitete Affenart ist in ihrem Bestand durch Jagd und Abholzung des Regenwaldes mittlerweile stark eingeschränkt. Mit einem volksnahen Projekt im *Community Baboon Sanctuary* bewahrt Belize ca. 1200 Guatemalabrüllaffen – eine der größten Populationen der ganzen Region: Landbesitzer schützen den natürlichen Lebensraum der Tiere, vor allem die üppige Vegetation der Flussufer, die wiederum gegen die alljährlich drohenden Überschwemmungen vorbeugt. Seit einigen Jahren siedelt man nun Brüllaffen aus dem genannten Reservat in andere Schutzgebiete, etwa das *Cockscomb Basin Wildlife Sanctuary* (s. S. 195), um.

## Kiefern- und Savannenwälder

Die flachen, relativ trockenen Savannen bilden zu den gebirgigen Regenwaldregionen im Süden und Westen des Landes einen deutlichen Kontrast. Mit Ausnahme der Mountain Pine Ridge im Cayo District liegt der Großteil der Savannen im flachen Tiefland des Nordens sowie an der Küste östlich der Maya Mountains. Eine der schönsten, in Belize *broken ridge* bezeichneten Savannen durchquert man auf der Fahrt von der Hauptstadt Belmopan nach Dangriga.

Die Pflanzenwelt in den Savannen Belizes hat sich im Lauf der Evolution an die extrem unterschiedlichen Klimabedingungen angepasst. Die dort lebenden Gewächse müssen in der Regenzeit sintflutartige Niederschläge und während der Trockenzeit außerordentliche Wasserknappheit über-

---

**Pyrophyten**
→ gegen Brände resistente Pflanzenarten, vor allem Bäume, die sich durch eine dicke Rinde gegen die Wirkung des Feuers schützen.

---

stehen können. Zudem sind die Böden gewöhnlich sauer und sehr nährstoffarm, weshalb in den Savannen nur außerordentlich widerstandsfähige Pflanzen- und Baumarten wie Eichen, Kiefern, Assaispalmen und Craboos gedeihen.

Eine der Charakterpflanzen der küstennahen Savanne ist die Karibische Kiefer. Die dicke Borke vieler Kiefern ist oftmals verkohlt, denn besonders im Frühjahr und Frühsommer werden die Savannen von Buschfeuern heimgesucht. Diese werden durch Blitz-

schlag ausgelöst oder aber auch vorsätzlich von Jägern gelegt um Hirsche und andere Tiere aufzuscheuchen.

Der spektakulärste Vogel der mittelamerikanischen Savanne ist der fast 1,50 m hohe Jabiru. Mit Ausnahme des schwarzen Kopfes und eines roten Bandes um den Hals ist er gänzlich weiß. Seine Nester, die einen Durchmesser von bis zu 2,5 m erreichen, baut er auf einzeln stehenden Kiefern, die daher schon aus einer beträchtlichen Distanz zu sehen sind. Früher wurde der größte Storch der Neuen Welt allzu häufig von Menschen gejagt, doch seit einigen Jahren steht er nun unter Artenschutz und ist das Symbol der *Central Bank of Belize*. ■

◄ Ein Parkwächter im Dialog mit einem Brüllaffen
► Die Korallenschlange – eine der giftigsten Amerikas

# Belize – ein Modell für Ökotourismus?

Belize's Barrier Reef, seine Atolle, Flüsse, Berge und tropischen Regenwälder schaffen zusammen mit den beeindruckenden Maya-Ruinen und den pulsierenden zeitgenössischen Kulturen ideale Voraussetzungen für die Entwicklung des naturnahen Tourismus. Dieses kleine Land Mittelamerikas mit nur 240 000 Einwohnern hat eine derart geringe Bevölkerungsdichte, die es erlaubt mehr als 40 % des Territoriums unter staatlichen oder privaten Schutz zu stellen.

Mitte der 1980er Jahre erkannte die Regierung, dass sanfter Tourismus in kleinem Rahmen langfristig der richtige Weg ist um ein stabiles Wirtschaftswachstum zu garantieren und gleichzeitig die Umwelt zu schützen. Im Gegensatz zum Massentourismus, wie er in Cancún (Mexiko) 400 km weiter nördlich gefördert wird, erlaubt es der eingeschlagene Weg Belizes möglichst viele Einwohner am Tourismusgeschäft teilhaben zu lassen.

Einige wenige, aber große Hotels und Lodges im spektakulären Landesinneren zogen beständig ausländische Gäste an und veranlassten viele Belizer ein Netz an Dienstleistungen und Unterkünften verschiedenster Preiskategorie für den aufkeimenden Fremdenverkehr zu schaffen.

Der Tourismus ist heute die wichtigste Einnahmequelle des Landes. Strenge staatliche Richtlinien, Umwelterziehung und enthusiastische Zusammenarbeit mit internationalen Umweltorganisationen wie dem World Wildlife Found (WWF) versprechen sowohl den einzigartigen Naturschutzgebieten als auch dem Ökotourismus eine glückliche Zukunft.

▲ **Einzigartiges Erbe**
Zahlreiche Reservate und Naturschutzgebiete machen Belize zu einem Paradies für Naturfreunde.

▲ **Seltene Schönheiten**
Durch Jagd und Umweltzerstörung konnte der Hellrote Ara nur in wenigen Regionen überleben.

◀ **Panthera onca**
Der Jaguar ist die größte Katze der Neuen Welt. Selten geworden in Mittelamerika, gibt es in Belize noch stattliche Populationen.

▶ **Toledo-Gästehaus**
Im Süden des Toledo District überraschen den Besucher kleine Dörfer, in denen man lokale Attraktionen bewundern kann.

**Belize Zoo**
Im Zoo von Belize ergänzen sich Spaß und Umwelterziehung um gefährdete Lebensräume und seltene Tierarten zu schützen.

▼ **Unberührte Naturschönheiten**
Zu Pferd, mit dem Fahrrad oder zu Fuß lässt sich die vielfältige Landesnatur erkunden.

## Weltberühmtes Cockscomb Basin

1984 als kleines Waldreservat mit Jagdverbot gegründet, entwickelte sich das Cockscomb Basin Wildlife Sanctuary bald zum bedeutendsten Wildreservat Belizes mit fast 42 000 ha. In diesem weltweit einzigen Jaguarschutzgebiet sind etwa 55 Säugetierarten und mehr als 290 Vogelarten zu Hause, darunter vom Aussterben bedrohte Species wie Hellroter Ara, Puma, Ozelot, Langschwanzkatze (»tigrillo«), Jaguarundi, Tapir und Otter. Einfache Übernachtungsmöglichkeiten bietet das Verwaltungszentrum; gepflegte Pfade führen durch den Park. Man kann in einer zweitägigen Tour durch den Regenwald zum Gipfel des 1120 m hohen Victoria Peak wandern. Im nahen Maya Center gibt es einen Kunsthandwerksladen, ein Gästehaus sowie einen medizinischen Lehrpfad. Von dort stammen viele der Parkranger, die als Führer und Träger bei den Dschungelexkursionen arbeiten.

▲ **Korallenreich**
or der Küste Belizes rstreckt sich das Barrier eef, das längste Riff der estlichen Hemisphäre.

▶ **Welcome to Belize**
ahlreiche Kulturen prägn die aufgeschlossenen nd gelassenen Belizer, die usländische Besucher ets willkommen heißen.

195

# Das Barrier Reef

Die dem offenen Meer zugewandte Seite des Barrier Reef ist bei Sporttauchern und Schnorchlern in der ganzen Welt berühmt. Dies zu verstehen fällt nicht schwer: Stellen Sie sich in der Tiefe des Meeres einen gewaltigen Bergrücken vor, an dem Sie entlangtauchen. Unter Ihnen liegt ein 60° geneigter Hang mit einem bunten Mosaik verschiedenster prächtiger Korallenstöcke und schlängelndem Seegras. Im Osten stürzt der reich gegliederte Gebirgsgrat in einen dunkelblauen, unendlich erscheinenden Abgrund. Gut getarnte Zackenbarsche lauern im Schatten von Korallenvorsprüngen, zwei Doktorfische kämpfen vehement um ein besonders attraktives Revier. Ganz in der Nähe gleitet ein Schwarm von Adlerrochen mit ihren meterlangen Schwingen scheinbar schwerelos vorbei. Auffällig gefärbte Papageifische brechen mit ihren starken Kiefern harte Kalkalgen auf, während Röhrenwürmer sich bei der geringsten Berührung blitzartig zurückziehen. Tiefviolette Seeanemonen fangen mit ihren Tentakeln winzige Krebse ein, prächtige Lippfische schwimmmen gemächlich über bizarr geformten Korallengärten.

## Das Barrier Reef verstehen

Korallenriffe sind ein überwältigendes Gedicht für das Auge. Der Taucher kann sich an zahllosen Formen, Farben und Mustern erfreuen. Belize ist ein Meisterdichter und das Barrier Reef ein wahrhaft kolossales Epos. Es ist annähernd 300 km lang und besitzt hunderte kleine Koralleninseln *(cayes)* sowie mehrere Atolle. Nach dem Great Barrier Reef vor der Küste Australiens ist es das zweitgrößte Riff der Welt. Die Mannigfaltigkeit der Rifftypen und des maritimen Lebens ist in der westlichen Hemisphäre unerreicht. Das Meer Belizes ist für das Wachstum der anspruchsvollen Korallen bestens geeignet. Diese benötigen warmes klares Wasser, konstantes Sonnenlicht und einen flachen stabilen Untergrund.

Das Barrier Reef und seine Atolle liegen über untermeerischen geologischen Formationen, die bis in die späte Kreidezeit vor etwa 70 Mio. Jahren

zurückreichen. Korallen formten im Lauf der Zeit eine Kruste, die tiefe Spalten in einzelne Segmente gliederten. An der dem Karibischen Meer zugekehrten Seite im Osten bildete sich eine gigantische Böschung. Im Süden, im Golf von Honduras, breitet sich der Meeresgrund mehr als 1000 m unter der Wasseroberfläche aus. Die heute sichtbaren Korallenbänke enstanden in den letzten 5000–8000 Jahren, als die eiszeitlichen Gletscher

sich langsam zurückzogen und ihre gefrorenen Wassermassen freigaben.

Relikte dieser uralten Korallenbänke entdeckten Geologen mittels tiefer Bohrungen im Riff. Sie kann man jedoch auch nahe der Oberfläche, an der Nordküste von Ambergris Caye, finden. Spitze Skelettteile unterschiedlichster Korallentypen liegen offen am Strand, eingeschlossen in eine Matrix aus Sand, Kalk und Muscheln.

## Harte und weiche Korallen

Vom Reef Point im *Bacalar Chico National Park & Marine Reserve* winden sich südwärts bis in den Golf von Honduras die »harten« Korallen. Ihre Grundstruktur besteht aus Kalkstein, auf dem

◀ **Schnorcheln am Queen's Caye**
▶ **Das weltberühmte Blue Hole**

Milliarden kleiner Polypen durch ein lebendiges Gewebe miteinander verbundene Kolonien formen. Jeder Polyp ist ein aus einzelnen Tentakeln, einer Mundöffnung sowie einem Verdauungstrakt bestehender Organismus, der von einem Kalkskelett gestützt wird. Die Oberfläche ihrer Körper sind mit winzigen Zellen übersät, die beständig Kalziumkarbonat ausscheiden. Der Korallenstock wächst, indem die Polypen von unten ihre Skelette aufbauen, sich selbst damit in die Breite oder

### Plankton
→ Sammelbezeichnung für kleine Tiere und Pflanzen, die schwebend im Wasser der Meere und Seen existieren und völlig passiv von jeder Strömung fortgetragen werden.

herden, die tödliche Folgen für die über viele Jahrhunderte gewachsenen Korallengärten haben.

»Weiche« Korallen besitzen statt einem äußeren harten Kalkmantel ein inneres bewegliches Skelett. Zu ihnen zählen die Hornkorallen, die kleine Kalksteinstücke in eine hornartige Substanz einbinden. Weichkorallen lassen sich durch die verschieden geformten Zweige, die sich

Höhe schieben und so eine Vielzahl von Formen annehmen. Die Wachstumsgeschwindigkeit hängt von den verschiedenen Arten und den Umweltbedingungen ab, doch selbst in warmen tropischen Meeren beträgt sie nicht mehr als 10 mm im Jahr.

Ein Korallenriff besteht also aus einer dünnen Schicht lebender Organismen, die auf stetig wachsenden Kalkskeletten gedeihen. Wenn ein unaufmerksamer Taucher oder ein vom Kurs abgekommenes Boot auf einen Korallenstock stößt oder diesen nur streift, ist der Schaden vielleicht nicht unmittelbar ersichtlich. Doch wie eine kleine Wunde beim Menschen eine Infektion auslösen kann, so entwickeln sich oftmals scheinbar belanglose Zerstörungen zu schweren Krankheits-

lieblich in der Meeresströmung wiegen, als auch durch ihre Farben – differenzierte Gelb-, Violett- und Rottöne – unterscheiden.

## Tauchen über dem Riff

Das Barrier Reef ist keine zusammenhängende Korallenwand, sondern gliedert sich in einzelne, durch verhältnismäßig tiefe Spalten voneinander getrennte Segmente. Sauerstoff und Plankton, die zweimal täglich mit den Gezeiten durch die schmalen Durchlässe in die küstennahen Gewässer Belizes transportiert werden, versorgen Milliarden hungriger Polypen und andere Rifflebewesen mit Nahrung. Diese locken mehr als 400 verschiedene farbenprächtige Fischarten an.

Die überwiegende Mehrheit der Fische ignoriert den Menschen, jedoch haben beispielsweise Barrakudas die Angewohnheit sich Tauchern zu nähern oder gar zu folgen. Bewegt man sich auf sie zu, fliehen sie gewöhnlich. Obwohl auch die bis 1,50 m langen Muränen im Allgemeinen nicht aggressiv sind, genießen sie keinen guten Ruf. Sie öffnen und schließen zwar ihr Furcht erregendes, mit einem starken Hakengebiss bewehrtes Maul, doch pumpen sie damit nur Wasser durch ihre Kiemen. Trotzdem sollte man Muränen nur mit Vorsicht beobachten, denn bei manchen Arten kann ein Biss sogar zum Tod führen. Haie, etwa

rallen, sondern gehören der Klasse der Hydroiden an. Beide Spezies sondern bei Berührung ein schmerzhaftes, stark nesselndes Gift ab. Irritationen der Haut verursachen auch manche Arten von Schwämmen und Borstenwürmern. Für Taucher gilt daher immer die Regel: Nichts berühren und zu den Riffbewohnern immer etwa 1 m Abstand halten – zur eigenen Sicherheit und zum Schutz der Natur!

### Traumhafte Atolle

Vor der Küste Belizes breiten sich drei der schönsten und faszinierendsten Atolle der Karibik aus:

der in der Karibik vorkommende bis 4,50 m lange Ammenhai, sind im Bereich des Barrier Reef nur relativ selten zu sehen. Sie nehmen Taucher schon von weitem war und suchen gewöhnlich die Flucht, greifen jedoch in Bedrängnis an.

Die senfgelben glatten Feuerkorallen, die sowohl in tellerartiger als auch in verzweigter Form auftreten, lieben seichte Gewässer. Trotz ihres Namens und Aussehens sind sie keine echten Ko-

◀ Abenteuer im Hol Chan
Marine Reserve
▲ Echte Karettschildkröte
im Lighthouse Reef

### Forschung im Riff

Die Grundstruktur des Barrier Reef ist auf einer Gesamtlänge von etwa 300 km ähnlich. Meeresbiologen unterteilten das Riff auf Grund unterschiedlicher Umweltbedingungen – Neigung des Untergrunds, Temperatur und Wasserströmung – in unterschiedliche Zonen. Die Wissenschaftler konnten auf Carrie Bow Caye vier Haupt- und zwölf Unterhabitate entlang einer von Ost nach West verlaufenden Linie bestimmen. Zu ihnen zählen die flache Riffbank, die zahlreichen Spalten sowie die gigantische Riffwand im Osten.

Turneffe Islands, Glover's Reef und Lighthouse Reef. Bis heute ist unter Geologen der Ursprung dieser mächtigen, zergliederten Tafelbergen ähnlichen Atolle umstritten. Manche Forscher vermuten, dass sie auf die durch die Plattentektonik verursachten Hebungen und Senkungen der Erdkruste zurückgehen.

Die diese Atolle umgebenden Riffe setzen sich aus tausenden einzelner Korallenbänke zusammen. Im Fall der Turneffe Islands, des größten der drei Atolle, nehmen sie eine Fläche von 520 km² ein. Aus dem Wasser ragen ca. 175 kleine, mit Mangroven gesäumte Inseln *(cayes)*.

## Mangrovengesäumte Küsten

Die in den Meeren gelegenen Korallenriffe kommen häufig zusammen mit Mangroven vor, die Sandbänke, Flussmündungen und vor der starken Brandung geschützte Küstenabschnitte bedecken. Der Meeresboden zwischen dem Riff und den Stränden ist gewöhnlich dicht mit Seegras bedeckt, das sich in der Strömung wie Präriegras hin und her wiegt.

Mangroven und Seegras üben vielleicht nicht den gleichen Zauber wie die farbenfrohen Korallengärten aus, doch zur Aufrechterhaltung des ökologischen Gleichgewichts kommt ihnen in den tropischen Gewässern eine besondere Bedeutung zu. Die zahllosen Wurzeln der Mangroven und

### Einzigartige Überlebenskünstler

Die strauchähnlichen Mangroven, deren hohe Atemwurzeln ein undurchdringliches Dickicht bilden, säumen die Gezeitenzonen zahlreicher tropischer Küsten und Flussmündungen. Die nährstoffreichen Schlickböden fallen bei Ebbe trocken und werden während der Flut überschwemmt. Charakteristisch für diese Gehölze, die in zahlreichen Arten – vor allem Rote, Schwarze und Weiße Mangrove – vorkommen, ist ihre Anpassung sowohl an Süß- bzw. Brackwasser als auch an Salzwasser. Die Adaption an diesen für Pflanzen normalerweise lebensfeindlichen Raum erreichen sie mittels der Osmose, d. h. die Abtrennung der salzigen Anteile des Wassers durch Membranen in ihren Stämmen.

die Felder der Seegräser bieten verschiedensten Lebewesen Nahrung sowie Rückzugsmöglichkeiten bei Gefahr und zur Fortpflanzung. Nahezu alle vor der Küste Belizes gefangene Krebse und Fische sind in diesem Habitat zumindest zeitweise zu beobachten.

Die dichten Mangrovenwälder schützen einerseits die Küste vor der Erosion und den periodisch wiederkehrenden Hurrikane (s. S. 62), andererseits sind sie das notwendige Bindeglied zwischen den unzähligen Lebewesen im Meer und den verschiedensten, an Land verfügbaren Nährstoffen. Die Flüsse tropischer Regionen transportieren jedes Jahr unzählige Tonnen von Sedimenten und Geröll aus dem Landesinneren in das Meer. Die mit ihnen angeschwemmten Nährstoffe können vielfach von Fischen und Krustentieren nicht unmittelbar verwertet werden, jedoch die auf Grund der genannten Ablagerungen gedeihenden Mangroven und Seegräser. Diese werden nach ihrem Absterben von Milliarden winziger Mikroorganismen zersetzt, die die Nahrung für kleine Krebse und Fische bilden.

Das Barrier Reef ist ein Füllhorn unberührten maritimen Lebens. Taucher sind gefordert, mit umsichtigem Verhalten diese einzigartige fragile Unterwasserwelt für die Zukunft zu erhalten! ∎

◄ **Fantastische Seesterne auf Mangrovenwurzeln**
► **Fächerartige Röhrenwürmer**

# Karibische Rhythmen und kreolische Tänze

Obwohl Belize einige gute Musiktalente und ein breites Spektrum lokaler Stile aufweist, hören viele Leute hauptsächlich Songs aus dem Ausland – Reggae und Dancehall aus Jamaika, Soca und Calypso von den Antillen, kubanischen Son sowie Merengue, Salsa und Boleros aus den benachbarten lateinamerikanischen Staaten.

Die populärsten dieser importierten Schlager werden alljährlich während des Septemberfestivals Nacht für Nacht live gespielt. Zu schnellen Tanzhits

oder kubanischem Son hört man dann stimmungsvollen Cumbia oder schwunghafte Salsa.

Eine Ausnahme dieser verbreiteten Musikrichtungen ist der für Belize typische Punta Rock. Zurückgehend auf die traditionellen getrommelten Takte der Garifuna im Süden des Landes, entwickelte sich Punta während der 1980er Jahre zu einem eigenen, jetzt überaus beliebten Stil. Zur alten gefeierten Garde des Punta – Andy Palacio, Bredda David, Chico Ramos und Titiman Flores – gesellten sich in den letzten Jahren die **Sound Boys Inter-**

national, die **Griga Boyz** und die **Punta Rebels,** die wohl beste Punta-Band.

Punta verbreitete sich mit beachtlichem Erfolg auch in Nordamerika und Europa. Im Heimatland gewann er das Herz wirklich jeder ethnischen Gruppe und verdrängte sogar die ausländischen Musikrichtungen von der Bühne und aus dem Radio. Punta, ein erotisches Paarungsritual voll von Gefühl und Leidenschaft, brachte die Romantik und eine knisternde Spannung in die Diskos zurück und wurde der Nationaltanz Belizes.

Eine bemerkenswerte Musikgruppe ist die christlich orientierte **D-Revelation.** Die Popularität ihrer Melodien nützt sie zur Unterstützung der Kinderwohlfahrt und des Umweltschutzes. Mit Auftritten beim »Stay in School Jam« kämpft sie gegen das in Belize weit verbreitete Problem der Schulschwänzerei – von Tausenden von Schulkindern beachtet. D-Revelation ist wahrscheinlich die meistgehörte Band im Land und ging nach dem Erfolg ihrer Alben »Virtually Live!« und »Payday« auch im Ausland auf Tournee.

## Sound of Brukdown

Die lokale Musikszene war im 19. Jh. noch weit pulsierender. Damals gingen die Leute mit »bramming« mehr aus sich heraus: Nachtschwärmer zogen von Haus zu Haus, hämmerten Möbel gegen die Wände und machten jedes greifbare Haushaltsgerät zu einem Instrument um damit »brukdown music« zu spielen. Zusätzlich zu Trommeln, Gitarren, Akkordeons und Kuhglocken benutzte man Besenstiele, metallene Waschbretter und sogar Unterkieferknochen von Eseln. Die Texte – spontan auf der Bühne erdacht – handelten gewöhnlich von berühmten Personen oder regionalen Ereignissen.

Nach Jahren des Vergessens erlebt Brukdown nun ein gewisses Comeback mit dem Album des ungekrönten Brukdown-Königs **Mr Peters and his Boom and Chime Band.** Nach Tourneen im Ausland gewinnen Mr Peters und seine kreolischen Songs auch internationale Bekanntheit.

Statt Eselsknochen und Schildkrötenpanzer prägte die Musikszene Belizes im ausgehenden 20. Jh. das Karaoke. Nahezu jede Bar in jeder Stadt veranstaltet Karaokes, und eine Nacht auswärts ist ohne wenigstens eines nachgesungenen Schlagers undenkbar. Die Laien sehen sich dabei einer zuneh-

▲ Mr Peters – mit Eselsknochen

menden Zahl halb professioneller Karaokesänger gegenüber, unterstützt von begeisterten Fans aus der Menge.

## Jährliche Festivals

Jedes Jahr im September feiern die Belizer die beiden bedeutendsten Ereignisse in der Geschichte mit ausgelassenen Festivals: der **Battle of St George's Caye Day** am 10. September gedenkt der Seeschlacht von 1798, nach der die Spanier endgültig auf das Territorium Belizes verzichteten. **Independence Day** am 21. September markiert das Ende der britischen Herrschaft 1981.

Musik spielt bei diesen Feierlichkeiten eine essentielle Rolle und jedes Jahr hallen die beliebtesten Oldies – hauptsächlich Melodien patriotischer Märsche und sentimentaler Balladen – durch die Luft. Die Partystimmung gipfelt gewöhnlich mit **Byron Lee and the Dragonnaires,** einer alten jamaikanischen Soca-Band, die eine Auswahl der gängigsten Tanzlieder spielt.

Eine anspruchsvollere Musik während der letzten September-Festivals bot **Francis Reneaus** Album »Celebration« von 1996. Reneau, wahrscheinlich der talentierteste zeitgenössische Musiker und Komponist Belizes, schrieb sein erstes größeres Werk »Mass in Blues«, als er gerade 17 war. 1994 wurde er mit der Zusammenstellung eines Albums aller musikalischen Stilrichtungen des Landes beauftragt. Das sich daraus ergebende »Celebration« beinhaltet beispielsweise Maya-Melodien mit Flöten und Marimba, kreolische Klagelieder, Trommelwirbel der Garífuna sowie Salsa und Boleros der Ladinos, alle von Spitzenmusikern Belizes aus fünf Generationen aufgeführt.

Während das Hissen der Flagge auf dem Gerichtsgebäude am Independence Eve und die offiziellen Zeremonien am Independence Day sehr ehrwürdige Ereignisse sind, herrscht zu späteren Stunden eine richtige Volksfeststimmung vor. Die Belizer strömen dann in die Parks oder auf die Hauptstraßen zum »jump up«, oder Jahrmarkt, mit jeder Menge Essen und Musik.

Ein weiterer Höhepunkt im jährlichen Festkalender ist **Garífuna Settlement Day** am 19. November, mit dem man sich an die Ankunft der größten Garífuna-Gruppe 1832 an der Südküste Belizes erinnert. Der beste Ort um diese Nonstopfete zu erle-

ben ist Dangriga, wo die Tanzensembles und Musikgruppen schon am Vorabend auftreten. In der Morgendämmerung des Festtags spielen die Garífuna die Landung der ersten Siedler mit ihren Booten (»dories«) nach, wobei sie beim anschließenden Einzug in die Stadt von singenden Frauen, Trommelschlägen und den gelb-schwarz-weißen Garífuna-Fahnen begleitet werden.

Sowohl an Garífuna Settlement Day als auch an Weihnachten treten die Joncunu-(John-Canoe-)-

Tänzer auf. Geschmückt mit pinkfarbenen Drahtmasken, weißen Tuniken mit wehenden Bändern, kunstvollen Kronen mit langen Federn und hunderten kleiner Muscheln an ihren Knien, ziehen sie durch die Stadt und tanzen mit ausgestreckten Armen und geschlossenen Beinen den Wanaragua. Angeblich imitiert dieser Tanz die Gesten der früheren weißen Sklavenhalter. Dies würde seine große Popularität vor allem an Weihnachten erklären, wenn das Verhältnis zwischen Herren und Sklaven – wenn auch nur für eine kurze Zeit – etwas entspannter ist. ■

▲ **Garífuna-Band aus Hopkins**

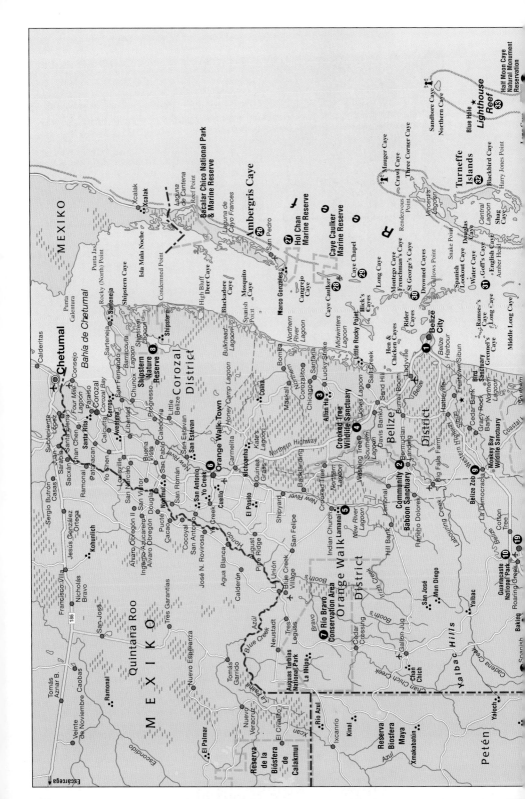

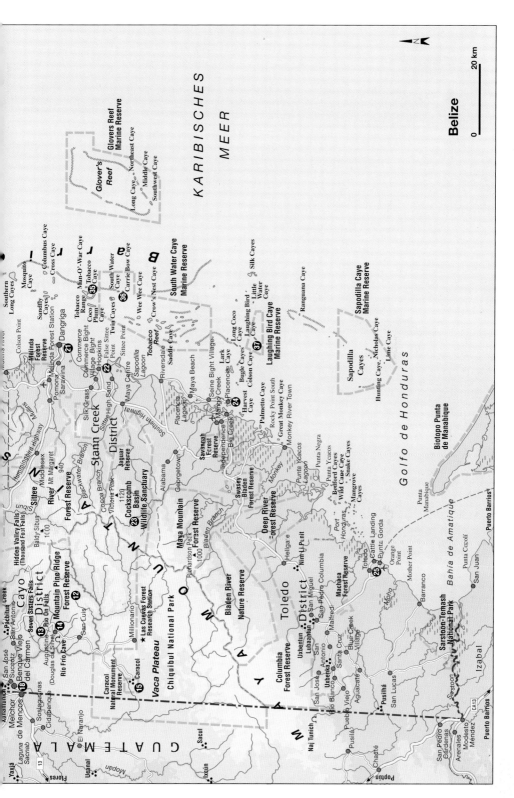

Belize

0                    20 km

207

# Belize – Naturparadiese, tropische Vielfalt und Maya-Stätten

elize – das ist das einzigartige Land, das
e Schönheiten und Kulturen der Karibik
d Mittelamerikas in sich vereint. Ein
radies für Relaxer und Aktive, Sonnen-
ngrige und Tauchfans, für Naturfreun-
und Bergwanderer, Archäologie- und
lturinteressierte. Inseln gibt's wie Sand
a Meer. Der Urwald ist unberührt, faszi-
erende Tempelruinen der Maya warten
Dschungel. Einmalig das kunterbunte
lkergemisch – lernen Sie die vielen Sei-
a von Belize kennen.«

t diesen Worten beschreibt ein Werbe-
ospekt des Belize Tourist Board ein
nd, das sich – gemessen an seiner
öße – durch eine unglaubliche Vielfalt
szeichnet. Belize ist neben Costa Rica
r bedeutendste Staat in Mittelamerika
r den bei Europäern und Nordamerika-
rn stets beliebter werdenden Ökotouris-
us. In einer Zeit, in der wirtschaftlicher
ofit weithin der Maßstab des gesell-
haftlichen Denkens und Handelns ist,
winnt die Natur zunehmend an Bedeu-
ng und ideellem Wert.

Belize City ist der kulturelle und wirt-
haftliche Mittelpunkt des Landes, in
m verschiedenste Völker gleichsam un-
einem Dach wohnen. Mag die Stadt
ch etwas baufällig sein, verspürt man
r doch am lebhaften bunten Treiben
s Hafens und des Haulover Creek das
isch karibische Flair, dem Besucher
h schwerlich entziehen können.

Die nördlichen Distrikte Belize, Orange
lk und Corozal sind die landwirtschaft-
n bedeutendsten Verwaltungsbezirke
t großflächigen Zuckerrohrplantagen

und Gemüsefeldern, doch nichtsdesto-
trotz warten zahlreiche Naturschutzgebiete darauf erkundet zu werden, vor
allem Community Baboon Sanctuary, Río
Bravo Conversation Area, Crooked Tree
Wildlife Sanctuary und das Shipstern Nature Reserve. In ihnen lassen sich bei be-
schaulichen Wanderungen an einem Tag
mehr Wildtiere beobachten als in den
meisten anderen Regionen auf der Erde in
einem ganzen Jahr.

Romantisch im tropischen Regenwald
verborgene archäologische Stätten sind
über ganz Belize verteilt, manche mit öffentlichen Verkehrsmitteln leicht zugänglich, andere wiederum mit abenteuerli-
chen Boots- und Jeepfahrten zu erreichen.
Die wichtigsten und eindrucksvollsten
sind gewiss Lamanai, Altún Ha, Xunantunich, Lubaantun und insbesondere Caracol, das in spätklassischer Zeit eines der
größten und politisch wie kulturell einflussreichsten Maya-Zentren war.

Viele Jahre großenteils isoliert, öffnet
sich der gesamte Süden dank einer ver-
besserten Infrastruktur zunehmend den
an unberührter Natur Interessierten. Herausragende Naturschutzgebiete sind das
Cockscomb Basin Wildlife Sanctuary, das
weltweit einzige Jaguar-Reservat, und das
Mountain Pine Ridge Forest Reserve. Zerklüftete Berge, Wasserfälle und Kaskaden
sowie aufregende, viele hundert Meter
zugängliche Höhlen ziehen hier die besondere Aufmerksamkeit auf sich.

Das spektakulärste Naturwunder Belizes findet man vor seiner mit zahlreichen
Lagunen gesäumten Küste: die Cayes genannten kleinen Inseln und die ungezählten Korallenbänke des weltberühmten
Barrier Reef im tiefblauen Karibischen
Meer. Populärste Tauchgründe sind Ambergris Caye, Caye Caulker, Glover's Reef
Marine Reserve und Lighthouse Reef mit
dem fantastischen Blue Hole. ∎

◀ Sandstrand bei der Jaguar
ef Lodge nahe Placencia
Die Cayes Belizes – ein
radies in der Karibik

# Belize City

Seite 206, 212

**Der versteckte Charme der größten, überwiegend aus Holz gebauten Stadt erschließt sich vor allem in dem bunten abwechslungsreichen Straßenleben: manchmal etwas chaotisch, aber unverkennbar typisch karibisch.**

ie ethnisch ganz gewiss vielfältigste adt des Mundo Maya ist **Belize City ❶**, it etwa 60 000 Einwohnern die größte adt des Landes. Hier treffen sich Kreo-n, Garífuna, Chinesen, Inder, Araber, ennoniten und Touristen aus aller Welt. ie Mehrzahl der Häuser sind aus Holz nd viele stehen noch auf Pfählen, Remi-szenz an eine Zeit, als die Stadt noch re-lmäßig von Hochwasser überflutet wur-. Die Luftfeuchtigkeit ist ganzjährig sehr och, doch machen frische Meeresbrisen e Hitze meist erträglich.

Die Viertel der wohlhabenderen Kauf-leute liegen im Zentrum, in der Nähe der Küste und zu beiden Seiten des Haulover Creek, während sich die Mehrzahl der ärmeren, meist schwarzen Bevölkerung ihre Häuser außerhalb in den Bezirken Queen Charlotte Town, Yarborough und Frechman Town bauten.

Belize City war die Hauptstadt des Lan-des, ehe 1961 Hurrikan Hattie, der bis da-hin schwerste in einer Reihe mehrerer Wirbelstürme, hunderte Menschenleben forderte und etwa ein Drittel der Gebäude völlig zerstörte. Für die obdachlos gewor-denen Bewohner errichtete man weiter landeinwärts am Western Highway den

## eschichte

1 17. Jh. ließen sich britische Baymen – ehrheitlich ehemalige Piraten – an der ay of Honduras nieder. Sie siedelten sich usammen mit Händlern zuerst auf der . George's Caye an, einer kleinen mos-tofreien Insel vor der Küste. Später, An-ng des 18. Jhs., gründeten sie eine wei-re Kolonie an der Mündung des Belize ver, aus der sich Belize City, die bedeu-ndste Stadt des Landes, entwickelte. Die edlungen wurden wiederholt von Spa-ern angegriffen, 1779 sogar von ihnen plündert. In der Folgezeit unterstützte e britische Krone die Baymen in ver-ärktem Maße, indem sie ihnen das riegsschiff »Marlin« zur Seite stellte. Bei nem erneuten Angriff kam es 1798 zur erühmten Seeschlacht bei St George's aye, in der man die Spanier vernichtend hlug.

Die Stadt wuchs mit dem Holzhandel: us Blauholzbäume gewann man einen in uropa begehrten Farbstoff, später schlug an weiter landeinwärts kostbares Maha-oni. Im Lauf des 19. Jhs. bildeten sich ne städtischen Strukturen heraus, die ch auch heute noch erkennen lassen:

◀ **Die Holzhäuser von Belize City aus der Luft**
▶ **Die Mehrheit der Bewohner sind Kreolen**

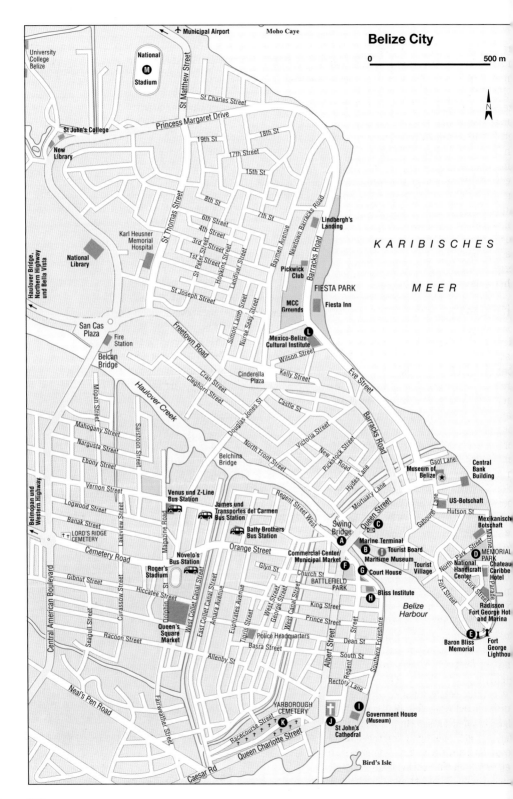

# Belize City

0       500 m

Municipal Airport

Moho Caye

University College Belize

National Stadium

St Matthew Street

St Charles Street

St John's College

Princess Margaret Drive

New Library

19th St

18th St

17th Street

15th St

8th St

7th St

6th Street

4th Street

3rd Street

1st Street

St Peter Street

St Thomas Street

Hopkins Street

Landivar Street

Baymen Avenue

Newtown Barracks Road

Barracks Road

Lindbergh's Landing

Karl Heusner Memorial Hospital

Pickwick Club

St Joseph Street

National Library

Haulover Bridge, Northern Highway und Bella Vista

FIESTA PARK

K A R I B I S C H E S

M E E R

MCC Grounds

Fiesta Inn

San Cas Plaza

Fire Station

Belcan Bridge

Freetown Road

Simon Lamb Street

Nurse Seay Street

**L**

Mexico-Belize Cultural Institute

Wilson Street

Haulover Creek

Cran Street

Cleghorn Street

Cinderella Plaza

Kelly Street

Eve Street

Barracks Road

Mopan Street

Mahogany Street

Saistoon Street

Nargusta Street

Ebony Street

Vernon Street

Douglas Jones St

North Front Street

Belchina Bridge

Castle St

Victoria Street

New Road

Pickstock Street

Hydes Lane

Mortuary Lane

Gaol Lane

Museum of Belize ★

Central Bank Building

US-Botschaft

Hutson St

Belmopan und Western Highway

Logwood Street

Banak Street

LORD'S RIDGE CEMETERY

Lakeview Street

Cemetery Road

Magazine Road

Venus und Z-Line Bus Station

James und Transportes del Carmen Bus Station

Batty Brothers Bus Station

Orange Street

Regent Street West

Commercial Center/ Municipal Market

Swing Bridge

**A**

Queen Street

**C**

Gabourel Lane

Mexikanische Botschaft

North Park Street

Central American Boulevard

Gibnut Street

Hiccatee Street

Novelo's Bus Station

Roger's Stadium

Glyn St

**F**

Church St

BATTLEFIELD PARK

Marine Terminal

**B** Tourist Board

Maritime Museum

**G** Court House

Tourist Village

National Handicraft Center

Cork Street

**D**

MEMORIAL PARK

Chateau Caribbe Hotel

Seagull Street

Racoon Street

Queen's Square Market

Dolphin St

West Collet Canal Street

East Collet Canal Street

Amara Avenue

Euphrates Avenue

Tigris Street

West Canal Street

George Street

West Street

King Street

**H** Bliss Institute

Belize Harbour

Fort Street

Marine Parade

Radisson Fort George Hot and Marina

Prince Street

Police Headquarters

Dean St

South St

Southern Foreshore

**E**

Baron Bliss Memorial

Fort George Lighthou

Neal's Pen Road

Basra Street

Allenby St

Rectory Lane

Regent Street

Fairweather Street

YARBOROUGH CEMETERY

**K**

Racecourse Road

**J**

St John's Cathedral

**I**

Government House (Museum)

Caesar Rd

Queen Charlotte Street

Bird's Isle

Seite 212

rt Hattieville, Regierung und Ministeri-
 zogen in das neugegründete Belmopan
n (s. S. 62).

Ein Großteil der Touristen besucht Be-
ze City auf Grund der Kleinkriminalität
ir auf der Durchreise, auf dem Weg zu
en Naturschutzgebieten und Maya-Stät-
n im Landesinneren oder als Ausgangs-
inkt für Fahrten zu den Cayes. Doch ist
e Stadt einen Aufenthalt wert, wenn
ich nur für ein oder zwei Tage. Belize
ity ist weiterhin das wirtschaftliche und
ilturelle Zentrum des Landes, und trotz
irrikanen, Brände und Seuchen, die die
adt in der Vergangenheit heimsuchten,
erspürt man stets den typisch karibi-
hen Charme.

## ity Center

ie **Swing Bridge** ❶ ist das Herz der
adt, die wichtigste der drei Brücken
er den Haulover Creek, die die Queen
reet auf der North Side mit der Albert
reet auf der South Side verbindet. Der
amen Haulover kommt angeblich da-
n, dass die ersten Siedler vor dem Bau
r Brücke das Vieh buchstäblich über
en schmalen Fluss zerren mussten. Die
ı englischen Liverpool gefertigte Swing
ridge nahm 1923 ihren Betrieb auf und
erstand alle Hurrikane unbeschadet.
as gusseiserne Wahrzeichen der Stadt ist
e einzige erhaltene Drehbrücke der
'elt, die heute noch per Hand geöffnet
ıd geschlossen wird. Zweimal am Tag,
orgens um 5.30 und spätnachmittags
ı 17.30 Uhr, erlaubt sie Schiffen für
5 Minuten die Fahrt flussaufwärts.

Unmittelbar am Hafen an der North
ont Street widmet sich das **Maritime
luseum** ❷ der jahrhundertelangen Ver-
ndung Belizes mit dem Meer (Mo–Sa
–17 Uhr). Das Museum, das an der Stel-
einer ehemaligen Feuerwache errichtet
urde, beherbergt alte Boote und nos-
lgische maritime Gerätschaften, des
'eiteren ein Aquarium, Schautafeln zur
eografie der Küste und zur Unterwasser-
elt sowie ein eindrucksvolles dreidimen-
onales Modell des ganzen Barrier Reef.

Ein Café und ein kleines Geschäft laden
zum Verweilen und Relaxen ein. Vor dem
Gebäude am Marine Terminal ankern
stets bunt gestrichene Fischkutter und
Schnellboote, die Passagiere zu den Cayes
bringen.

Gegenüber dem Maritime Museum an
der Ecke zur Queen Street erhebt sich
eines der größten Holzgebäude der Stadt,
das **Paslow Building** ❸, in dem heute das
Amtsgericht und das Hauptpostamt untergebracht sind. Das dreistöckige gelbe
Haus aus dem frühen 19. Jh. wurde nach
dem einflussreichen Belizer irischer Abstammung Thomas Paslow benannt, der
mit einer Kreolin verheiratet war und in
der Stadt eine gewichtige Rolle spielte.
Der als grausamer Sklavenhalter berüch-
tigte Großgrundbesitzer trug wesentlich
zum Sieg über die Spanier in der Seeschlacht bei St George's Caye 1798 bei.

Wenige Schritte vom Maritime Museum, an der 91 North Front Street, liegt die
**Image Factory,** eine *art gallery,* die von

▲ Auch
nach der
Unabhängig-
keit orientiert
sich Belize
stark an Groß-
britannien
▶ Das
Court House,
eines der
elegantesten
Gebäude der
Stadt

Yasser Musa, einem der meistgelesenen Schriftsteller Belizes, geleitet wird und zeitgenössische Künstler ausstellt (Mo–Fr 9–18 Uhr).

## Colonial Quarter

**Meerblick und Gaumenfreuden** Eine der besten Aussichten auf das Karibische Meer haben Gäste des Restaurants im Obergeschoss des Chateau Caribbean Hotel gegenüber dem Memorial Park.

Seite 347 TOP 50

▼ **Stets warten Schnellboote zu den Cayes am Haulover Creek**

Zwischen der North Park Street und der neuen Uferstraße Marine Parade liegt der **Memorial Park ❶**, umgeben von mehreren stattlichen Gebäuden. Er erinnert an den Sieg der Briten in der Seeschlacht bei St George's Caye (s. S. 211, 213). Der Park war Schauplatz zahlreicher historischer Ereignisse, einschließlich lautstarker Kundgebungen für die Unabhängigkeit in den 1950er Jahren und der feierlichen Verkündigung der Unabhängigkeit 1981. Auf einer Bühne und in einem Pavillon finden hier in unregelmäßigen Abständen Musikveranstaltungen statt, insbesondere während der Ferienzeit im September. Von den Kolonialbauten aus Holz ist die **Mexikanische Botschaft** eine der schöns-

ten, die in der Nacht mit den mexikaschen Nationalfarben angestrahlt wird.

Am Ende der Uferstraße errichtete m an der Landspitze das **Fort George Ligl house,** einen weißen Leuchtturm, d man aus dem Nachlass des Baron Bl finanzierte. An den großzügigen Stifter ‹ innert das **Baron Bliss Memorial ❺**, dem dieser 1958 seine letzte Ruhestä fand (s. S. 216).

## Südlich des Haulover Creek

Südlich der Swing Bridge legte man c schmalen Straßen nach spanischem V‹ bild in nahezu rechtwinkeliger Weise a Den **Municipal Market ❻**, dessen Ba kern bis in die Mitte des 19. Jhs. z rückreicht, gestaltete man zu einem m dernen Commercial Center um, in de im Erdgeschoss Lebensmittel und Kräu‹ sowie im Obergeschoss Schmuck u‹ Souvenirs feilgeboten werden.

An der Regent Street steht das **Court House** ❻ mit gusseisernem Geländer an Veranda und Fronttreppe. Es beherbergt den Supreme Court, den Obersten Gerichtshof Belizes, und wurde 1923 fertig gestellt, nachdem ein Vorgängerbau aus Holz 1918 abgebrannt war. Von der Court House Wharf am Hafen gehen Schnellboote zu den Cayes ab.

Dem Court House gegenüber erstreckt sich der beliebte **Battlefield Park**, in dem vom Ende des Zweiten Weltkriegs bis zur Unabhängigkeit zur mündliche Schlachten abgehalten wurden: Hier heizten mit emotionsgeladenen Reden führende Politiker wie George Price oder Philipp Goldson die breite Masse auf. Zur Erinnerung an den sozialistischen Gewerkschaftsführer Antonio Soberanis weihte man das Denkmal im Park.

Im **Bliss Institute** ❻ in der 2 Southern Foreshore – wie andere Einrichtungen in Belize von Baron Bliss in seinem Testament gestiftet – richtete man den National Arts Council ein, das Kulturzentrum der Stadt, (Mo–Fr 8.30–12, 14–18 Uhr, Sa 8.30–12 Uhr). In ihm finden sich eine Kunstgalerie, eine Bibliothek und ein großer Saal, in dem Vorträge sowie Theater-, Tanz- und Musikvorführungen stattfinden. Am Eingang zum Institut und im Inneren kann man einige, leider schlecht präsentierte Objekte aus Caracol studieren, darunter Altar 12 (820 n. Chr.) sowie Stele 1 und Altar 1 (593 n. Chr.).

Großzügig inmitten eines schönen Parks direkt am Meer liegt am südlichen Ende der Regent Street das **Government House** ❶, in dem bis zur Unabhängigkeit 1981 der britische Gouverneur und Stellvertreter der britischen Krone residierte. Heute dient das im Kolonialstil 1812 bis 1814 konstruierte weiße Gebäude der Regierung als Gästehaus und Museum, in dem Geschirr aus Silber und Kristall, Möbel und andere Antiquitäten gezeigt werden (tgl. 8–16 Uhr).

> **»The Fort«**
> → Das Gebiet am Ende der North Front Street war früher die Fort George Island, die bis 1924 von der übrigen Stadt durch einen Kanal getrennt war.

## St John's Cathedral

**Seite 212**

Ganz in der Nähe, bei der Einmündung der Regent Street in die Albert Street, steht die **St John's Cathedral** ❶. Die älteste anglikanische Kirche Mittelamerikas errichteten 1812–1820 schwarze Sklaven mit Backsteinen, die bei der Überfahrt von England den Schiffen zur Stabilisierung dienten. Das Äußere mit seinen großen Rundbogenfenstern ist sehr schlicht, lediglich die Zinnen am Turm und die Stufengiebel an den Schmalfronten sind dekorierende Elemente. St John's Cathedral ist die einzige anglikanische Kirche des British Empire, in der außerhalb des Mutterlandes im Inneren Herrscher gekrönt wurden, nämlich vier *Mosquito Kings*, Könige der Costa de Mosquitos im Osten

**Tourist Village**
Hafen für Kreuzfahrtschiffe mit Duty Free Shops, Souvenirläden, Restaurants und Travel-Agenturen für Ziele in ganz Belize.

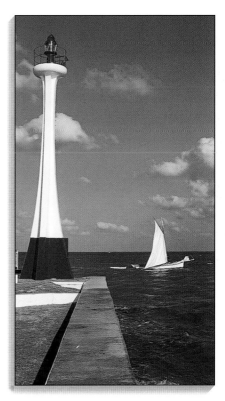

▲ **Eng wird es während der Stoßzeiten an der Swing Bridge**
▶ **Das Fort George Lighthouse**

**Seite 212**

**Museum of Belize**
Im ehem. Gefängnis zeigt eines der besten Museen des Landes eine originale Haftzelle sowie Ausstellungen: Maya Masterpieces – Kunstobjekte aus ganz Belize; Historical Belize City – Fotos aus britischer u. nachkolonialer Zeit; guter Shop; Gabourel/Ecke Gaol Lane, Mo–Fr 9–17 Uhr.

Seite 354 TOP 50

Seite 355 TOP 50

Nicaraguas. Heutzutage ist die Kirche neben der 1857 eingeweihten Holy Redeemer Catholic Church in der North Front Street das wichtigste Gotteshaus in Belize City. Von der Albert Street gelangt man über eine Gasse zur Insel **Bird's Isle,** auf der an Wochenenden häufig Sportwettkämpfe und Konzerte stattfinden.

Die Queen Charlotte Street begrenzt im Norden der **Yarborough Cemetery** ❿, benannt nach dem Richter James D. Yarborough, der das Grundstück der Stadt überschrieb. Der Friedhof war ab 1771 zuerst letzte Ruhestätte für zahlreiche prominente Persönlichkeiten, später bis 1882 auch für einfache Leute, darunter Abenteurer und Piraten. Interessant sind die vielen Grabsteine mit Inschriften, von denen leider nur noch ein Teil unbeschädigt ist. Nahe dem Friedhof stellte man die Statue von Emmanuel Isaiah Morter auf, des ersten echten Millionärs in Belize. Das Denkmal markiert den Beginn des Stadtviertels, das im 19. Jh. Eboe Town hieß.

## Weitere Sehenswürdigkeiten

Zur Förderung der kulturellen Beziehung zwischen Belize und seinem nördlich Nachbarn richtete man an der Ecke W son Street/Eve Street, südlich des we läufigen Fiesta Park, das **Mexico-Beli Cultural Institute** ❶ ein (tgl. 8–17 Uh. Der Besuch des sehenswerten Institu mit seinen Kunst- und Fotoausstellung über mexikanische Kultur und Tradit nen ist kostenlos, doch wird für spezie Ereignisse, wie etwa Konzerte und fo loristische Tänze, eine Eintrittsgebühr ( hoben.

Im Norden der Stadt, jenseits des Pr cess Margaret Drive, im großen **Natior Stadium** ❶ schlagen Sportlerherzen h her. In der Arena hielt man einst alle wic tigen Cricket Matches ab, heute find hier an Sonntagnachmittagen vor alle Fußballspiele und bisweilen auch Konz te statt. ∎

◀ **Ein freundliches Lächeln – typisch für viele Belizer**

### Der freigiebige Baron Bliss
Henry Edward Ernest Victor Bliss, ein wohlhabender englischer Geschäftsmann und Segler, kam 1926 von Trinidad nach Belize, um dort von einer Lebensmittelvergiftung zu genesen. Auf seiner Jacht verbrachte er mehrere Monate vor den Cayes, genoss die belizische Gastfreundschaft, die unberührte Natur und entdeckte dabei die Leidenschaft für das Land. Doch bereits am 9. März 1927 verstarb er auf seinem Schiff. Anlässlich der Freundlichkeit, die ihm die Menschen in den schwierigen Monaten vor seinem Tod entgegenbrachten, hinterließ er einer Nachlass in Höhe von 2 Mio. US-$ zum Wohl des belizischen Volkes. Ohne jemals auf dem Festland gewesen zu sein, stiftete er Krankenhäuser, Bibliotheken und Museen. Zum Gedenken an seine Großzügigkeit veranstaltet man alljährlich am 9. März, einem Nationalfeiertag, eine Regatta im Hafen.

# Belize Zoo

n Belize gibt es einen Ort, in dem man
it großer Wahrscheinlichkeit einen Tapir
der einen Jaguar in seiner natürlichen
mgebung sehen kann: der Belize Zoo.
7 km westlich von Belize City, inmitten
er ausgedehnten Savanne, liegt diese
ase mit Teichen, Wäldern und einer Viel-
ahl von Blumen. Mehr als 60 einheimi-
che Tiere fanden hier in weitläufigen,
urch Pflanzen voneinander getrennten
ehegen ein neues Zuhause.

Oft fühlt man sich mitten im tropischen
egenwald, durch Lianen, Büsche und
roße Palmwedel hindurch einen Puma,
aguar oder Ozelot für einen Augenblick
rspähend, und wie im Dschungel braucht
an Geduld um die Schönheit der exoti-
chen Tierwelt zu beobachten. Doch Aus-
auer wird hier immer belohnt: Pumas, Ja-
irus, Gürteltiere, Ameisenbären, Pakas und
possums – sie alle machen einen Besuch
u einem unvergesslichen Erlebnis.

Tiere und Gehege werden bestens ge-
flegt, und erhöhte Kiespfade verbinden
ie einzelnen Anlagen und Biotope mitein-
nder, künstlich geschaffen wie die Pinien-
aine und der Regenwald oder natürlich
ewachsen wie die Savanne. Der Belize
oo ist Tier- und Botanischer Garten in
inem und ein Brennpunkt des Umwelt-
ewusstseins im Land, der nachdrücklich
ie Botschaft vermittelt: »We need to save
he habitat to save the animals.« – Um die
auna zu retten, müssen wir die Umwelt
tten. Dies versucht er mittels handge-
achter Schilder, die über den nätürlichen
ebensraum und den jeweiligen Gefähr-
ungsgrad der Tiere informieren.

Die US-Amerikanerin Sharon Matola,
ründerin und treibende Kraft des Zoos,
am nach einer wechselvollen beruflichen
aufbahn, die die Tätigkeit bei einem
öwendompteur in Rumänien und einem
exikanischen Zirkus einschloss, nach
elize. Gerne erinnert sie sich an einen
orfall, der sie in den schwierigen Jahren
nfang der 1980er Jahre bekräftigte auf
em richtigen Weg zu sein.

Einmal kam abends nach Schließung
des Zoos einer alter Mann, den Matola
dann persönlich herumführte. Zuerst
erzählte der Mann noch im Volk kursie-
rende Schauergeschichten – etwa wie
Ameisenbären mit ihrer langen Zunge
Hunde erwürgen, oder dass Boas con-
strictors tagsüber giftig sind. Doch bald
wurde er still. Schließlich, als sie vor
einem Jaguar standen, bemerkte Matola
Tränen in den Augen des Mannes: »Es tut
mir leid, Miss. Seit meiner Geburt lebe ich
in Belize, und zum erstenmal sehe ich die
Tiere meines Landes. Sie sind so schön!«

Das war 1983, als der Zoologische
Garten nur aus ein paar Tieren in Draht-
käfigen bestand. Mittlerweile umfasst
der Belize Zoo 12 ha und ist Teil eines
größeren Komplexes, der auch das Tropical
Education and Research Center einschließt
(tgl. 9–16 Uhr; www.belizezoo.org). ■

▶ Der Jaguar,
der König des
tropischen
Regenwaldes
Mittelamerikas

# Die nördlichen Distrikte

Seite 206

**Abwechslungsreiche Landschaften wie Wälder, Sümpfe, Lagunen und Zuckerrohrfelder sowie reizend gelegene archäologische Stätten machen den Norden Belizes zu einem lohnenden Reiseziel.**

Der Norden Belizes ist das landwirtschaftlich entwickeltste Gebiet des Landes, in der insbesondere Zuckerrohr und Gemüse angebaut werden. Das ehemalige Logwood-Flachland, das von britischen Siedlern weithin abgeholzt wurde, durchquert auf etwa 150 km Länge der Northern Highway von Belize City zum Río Hondo, dem Grenzfluss zum mexikanischen Chetumal. Die Distrikte Belize, Orange Walk und Corozal sind touristisch noch großenteils unerschlossen, obwohl hier neben bedeutenden Maya-Städten einige der aufregendsten Naturreservate des Landes mit erfolgreichen Umweltschutzprojekten liegen.

richtete sogar Holzbrücken, damit die inzwischen auf 1200 Tiere angewachsene Population Straßen und Fluss sicher überqueren kann. Mittlerweile ist neben der Landwirtschaft der Tourismus für die Bewohner eine zusätzliche Einkommensquelle: 1989 eröffnete man in Bermudian Landing das erste Naturkundemuseum des Landes, und im Visitor's Center kann man im Zelt oder in einfachen Hütten *(cabañas)* übernachten um spätnachmittags oder frühmorgens das kilometerweit zu hörende Brüllen der Affen zu erleben (Wanderungen durch das Naturschutzgebiet sind mit oder ohne Führer möglich; tgl. 8–17 Uhr).

## Community Baboon Sanctuary

An der North Side in Belize City führt die zweite Ausfallstraße zum 16 km entfernten Philipp Goldson International Airport unweit des Dorfes Ladyville. Nach weiteren 9 km zweigt eine Straße in westliche Richtung nach Bermudian Landing ab. Der Ort, ein ehemaliges Camp britischer Holzfäller und heute das größte kreolische Dorf in der Region, ist die Ausgangsbasis zum Besuch des **Community Baboon Sanctuary ❷**. 1985 gründeten US-amerikanische Zoologen mit Unterstützung des *World Wide Fund for Nature* ein Projekt zum Schutz der Guatemalabrüllaffen *howler monkeys,* in Belize *baboons* genannt). Hierzu erklärten sich anfangs 16, heute mehr als 100 Bauern bereit, ihre landwirtschaftlichen Arbeitsmethoden in Einklang mit den Lebensgewohnheiten der Brüllaffen zu bringen. Entlang dem Belize River stellte man die Jagd sowie die Landrodung ein und fällte keine der bevorzugten Futterbäume mehr; ja man er-

◄ Von zahlreichen Maya-Pyramiden genießt man eine Aussicht über das Kronendach des Regenwaldes

► Monumentale Maske des Sonnengottes Kinich Ahau in Lamanai

## Altún Ha ❸

Auf dem mit Schlaglöchern übersäten Old Northern Highway erreicht man nach 19 km Altún Ha. Die archäologische Stätte ist eine der interessantesten des Landes und wurde bereits in der mittleren Präklassik im 1. Jt. v. Chr. besiedelt. Die mehr als 350 identifizierten Gebäude stammen fast ausschließlich aus der Klassik, zu einer Zeit, als Altún Ha mit etwa 10 000 Einwohnern ein bedeutendes Handelszentrum zwischen dem Petén und der Karibikküste war. Ausgrabungen wurden ab 1965 vom kanadischen Royal Ontario Museum durchgeführt, das zahlreiche monumentale Bauten und Prunkgräber im Zentrum freilegte.

An der Plaza A unter Tempel A-1, dem **Temple of the Green Tomb** (6. Jh.), entdeckte man eine Bestattung mit Überresten von Stachelrochen sowie wertvollen Jadeschmuck, an der südlich davon angrenzenden Plaza B unter dem 13 m

▲ **Junge Weißrüsselbären sind beliebte Spielgefährten**
▼ **Der Temple of the Masonry Altars in Altún Ha**

hohen Tempel B-4, dem **Temple of th Masonry Altars,** mehrere Priester- u Adelsgräber. Die Mehrzahl von ihn wurde schon in präkolumbischer Zeit g plündert, doch eine Bestattung übertr die kühnsten Erwartungen der Arch logen: Sie enthielt den berühmten, 4,5 kg schweren Jadekopf des Sonne gottes Kinich Ahau, der mit 15 cm Hö das größte jemals im Maya-Gebiet gefu dene Jadeobjekt ist. Auf Grund eines g eigneten Museums in Belize wird d Kunstwerk in einem Safe des *Departme of Archaeology* in Belmopan verwahrt.

## Nach Lamanai

Bei Kilometer 52 mündet vom Northe Highway eine Straße nach Crooked Tr ab, einem auf einer kleinen Insel geleg nen Dorf mit annähernd 800 kreolisch Einwohnern. Hier erstreckt sich d 1200 ha große **Crooked Tree Wildl Sanctuary ❹**, eines der schönsten Vog

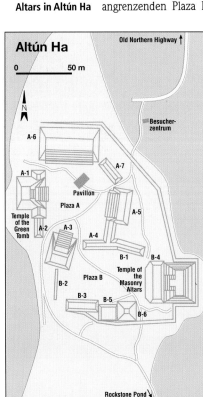

**Altún Ha**

Old Northern Highway ↑

0     50 m

N

Besucherzentrum

A-6

A-7

A-1

Pavillon

Plaza A

A-5

Temple of the Green Tomb   A-2   A-3

A-4

B-1   B-4

Temple of the Masonry Altars

Plaza B

B-2

B-3   B-5

B-6

Rockstone Pond ↘

Seite
206

**Nohmul**
Bei San Pablo am
Northern Highway
liegt die »Großer
Hügel« genannte
Stadt, die mit 18 km²
eine der wichtigsten
Zentren im Maya-
Gebiet war. Rundbau
9 datiert – wie das
Caracol genannte
Bauwerk in Chichén
Itzá – in die frühe
Postklassik (900 bis
1200 n. Chr.).

▼ **Das alte
Marktgebäude
in Corozal**

chutzgebiete in Belize. An vier Lagunen, ⸺e durch Bäche und Sümpfe miteinander ⸺rbunden sind, lassen sich Löffelenten, ⸺svögel, Reiher, Fischadler und der Jabi-⸺, eine Storchenart, beobachten. Über-⸺achtungsmöglichkeiten in sieben Block-⸺ütten und detaillierte Informationen ⸺etet das Crooked Tree Resort, das von ⸺er *Belize Audubon Society* unterhalten ⸺ird. Jedes Jahr im Mai findet hier das ⸺rooked Tree Cashew Festival statt, ein ⸺nedankfest für die in der Region kulti-⸺erte Cashewnuss mit reichlichem kreoli-⸺hen Essen und karibischen Rhythmen.

Der alte und der neue Northern High-⸺ay stoßen 6 km vor Orange Walk am ⸺ew River wieder zusammen. An der Toll ⸺ridge warten stets Boote auf Touristen ⸺m sie in einer Stunde nach **Lamanai ❺** ⸺ bringen. Auf der landschaftlich reizen-⸺en Fahrt, auf der sich mit Glück Kroko-⸺le beobachten lassen, passiert man die ⸺ußerst konservative Mennoniten-Ge-⸺einde Shipyard und einige verlassene

Holzfällerlager, ehe der Fluss sich zur New River Lagoon erweitert. Auf dem Westufer liegt die »untergetauchtes Kro-kodil« genannte Ruinenstätte, für die »Moskitoschwärme« ein ebenso passen-der Name wäre! Lamanai ist einer der am längsten und kontinuierlichsten besiedel-ten Orte in der Maya-Welt. Erste mensch-liche Hinterlassenschaften stammen aus der Präklassik, und noch im 16. Jh. errich-teten die Spanier unweit des Ausgra-bungsgeländes bei Indian Church zwei Kirchen zur Missionierung der Urbevölke-rung. Das höchste Gebäude im Zentrum ist mit 34 m die **Pyramide N 10-43** aus der späten Präklassik. Auf der obersten Plattform, von der man eine herrliche Sicht in die Umgebung genießt, standen einst drei aus Holz und Palmwedeln er-richtete Tempel. In die gleiche Zeit datiert die mehrmals überbaute und vergrößerte **Pyramide P 9-56**, die von einer etwa 4 m hohe Stuckmaske geschmückt wird. Der-artige monumentale Bauplastik war in der

späten Präklassik ein wichtiges Medium um politische und wirtschaftliche Macht sowie religiöse Authorität des Adels und der Priester zu demonstrieren. Die Masken, die man in zahlreichen Orten des südlichen Tieflands und auf Yucatán fand, waren gewöhnlich bunt bemalt und dadurch von der einfarbigen Masse des Baukörpers effektvoll abgehoben.

## Orange Walk District

**Eindrucksvolle Murales**
In der Town Hall (Rathaus) von Corozal stellte der Künstler Manuel Villamor Reyes mit einem großen Wandbild die dramatische Geschichte der Stadt dar.

**Orange Walk Town ❻**, häufig nur kurz - *O-Walk* genannt, wurde von Mestizos gegründet, die in der Mitte des 19. Jhs. während des Kastenkriegs von Mexiko emigrierten. Doch auch hier in den nördlichen Distrikten Belizes mussten sie sich gegen die Urbevölkerung behaupten. 1872 griffen die Maya unter der Führung des Marcus Canul gar Orange Walk selbst an, ehe sie vom britischen West India Regiment zurückgeworfen wurden. Die Mehrzahl der 15 000 Einwohner lebt

▲ Typisch kreolisches Gericht mit Fisch, fritierten Bananen und Reis
◄ Viele Maya tragen ihre Kinder oder Geschwister mit einem Stirnband auf dem Rücken

überwiegend von der Viehwirtschaft, de Obst- und Gemüseanbau und vor alle von der Zuckerrohrproduktion, für die d Stadt das Zentrum des gesamten Norde ist. Die Stadt selbst weist keine besonc ren Sehenswürdigkeiten auf, etwas auß halb liegt die **Tower Hill Sugar Refine** die auch ohne Voranmeldung besicht werden kann.

Westlich von Orange Walk, an d Straße nach Yo Creek, befindet sich ei weitere Zuckerfabrik und Rumbrenner die **Cuello Brothers Distillery**. Auf ihr Gelände forschte man mit Unterbrechu gen ab 1973 und machte dabei mehre sensationelle Entdeckungen: Die Besie lung von **Cuello** beginnt bereits u 2500 v. Chr. und damit fast zwei Jahrta sende früher als der bis dahin älteste Bel menschlicher Seßhaftwerdung in Beliz Anhand der gefundenen Knochen kon ten Anthropologen eine Vielzahl von l krankungen feststellen, unter andere Vitamin C- und Eiweißmangel sow Syphilis, die bereits vor der Ankunft c Europäer in der Neuen Welt verbrei war. Aus der mittleren Präklassik zu A fang des 1. Jts. v. Chr. legte man die Üb reste ovaler Apsidenhäuser mit Wänd aus Flechtwerk und Lehm frei, wie m sie heute nach drei Jahrtausenden pra tisch unverändert noch auf Yucatán f det. Die Besichtigung der heute teilwe wieder überwachsenen Ruinen kann r einer Führung durch die *Distillery* verbu den werden (Tel. 322141).

Zwischen Orange Walk und der F **Bravo Conversation Area ❼** ließen si viele Mennoniten nieder, beispielswe in Shipyard und in der Umgebung v Blue Creek Village. Das etwa 90 000 große Schutzgebiet weist mit fast 4 Vogel- und etwa 70 Säugetierspezies wie mehr als 240 verschieden Baumar eine eindrucksvolle Biodiversität auf. D sen einzigartigen tropischen Regenwa eines der größten geschlossenen Gebiete Mittelamerika, versucht das 1988 ins l ben gerufene *Programme for Belize* i staatlicher Hilfe und Einnahmen aus de Ökotourismus der Nachwelt zu erhalte

# hipstern Nature
# eserve ❽

45 km nördlich von Belize City, nahe der renze zu Mexiko, liegt an der Bahía de hetumal die Distrikt-Hauptstadt **Coroıl.** Der Name der ca. 8000 Einwohner ihlenden Stadt geht auf die spanische Beeichnung der Cohune-Palme zurück, die uchtbare Böden liebt und in präkolumbiher Zeit ein Symbol der Fruchtbarkeit ar. Das 1849 von Überlebenden des lassakers von Bacalar in Mexiko gegrünɔte Corozal bestand ein Jahrhundert lang as palmwedelgedeckten Lehmhäusern. 055 zerstörte Hurrikan Janet den Ort, en die Bewohner innerhalb kurzer Zeit as Holz und Beton wieder aufbauten.

Auf einer Halbinsel, die sich in die ɔrozal Bay erstreckt, blühte um die Zeinwende in der späten Präklassik das einussreiche Handelszentrum **Cerros.** Zuinglich sind mehrere Gebäude, darunter n Ballspielplatz und der 21 m hohe

Tempel 5-C, der von vier monumentalen Stuckmasken dekoriert wird. (Boote nach Cerros ab dem Hafen in Corozal.)

Im äußersten Nordosten des Landes richtete die *International Tropical Conservation Foundation* das 9000 ha große **Shipstern Nature Reserve** ein, das Salzwasser-Lagunen, Savannen und Wälder umfasst. Neben zahlreichen Säugetieren wie Wildkatzen, Tapiren, Füchsen und Coatis bietet das Naturparadies mehr als 200 verschiedenen Vogelarten, darunter dem Rorreiher und dem Schwarzstorch, eine vor menschlichen Eingriffen sichere Heimat. Das Terrain – eines der abgelegendsten in ganz Belize – erschließt der *Chiclero Botanical Trail,* vorbei an dichten, doch wegen der Verwüstungen des Hurrikans Janet relativ niedrigen Wald. Das Naturreservat kann per Boot von Corozal über Sarteneja oder mit dem Auto von Orange Walk über Chunox erreicht werden. (tgl. 9–12 und 13–16 Uhr außer Ostern und Weihnachten). ■

**Seite
206**

**Belize Audubon Society**
Nähere Informationen zum Shipstern Nature Reserve und weiterer Naturschutzgebiete erhält man bei der Belize Audubon Society (s. S. 359).

▼ **In Belize sind zahlreiche Häuser auf Pfählen gebaut**

# Die südlichen Distrikte

Seite
206

**Der Süden Belizes ist eine Region voller Überraschungen – von bisher kaum bekannten archäologischen Stätten und faszinierenden Naturwundern wie Höhlen und Wasserfällen bis zu unterschiedlichsten Lebensformen verschiedener Völker.**

Noch bis vor wenigen Jahren auf Grund schlechter Straßen nur eingeschränkt zugänglich, teilt sich der Süden Belizes auf drei Distrikte auf: Cayo im zentralen Westen, in dem die Gleichförmigkeit der Küstenebene schnell einer reizvollen Landschaft mit von Flüssen durchzogenen Bergen weicht. Hier sind die Temperaturen niedriger, die Menschen ruhiger und der Lebensrhythmus gemächlicher als in Belize City. Neben Mennoniten in verstreuten Gemeinden sind Ladinos an der Grenze zu Guatemala die vorherrschende Bevölkerungsgruppe. Die Mountain Pine Ridge ist ein Paradies für Naturliebhaber, und in Caracol breiten sich die bedeutendsten Maya-Ruinen des Landes aus. Von der Hauptstadt Belmopan führt der Hummingbird Highway und seine Fortsetzung, der Southern Highway, durch die ausgedehnten Savannen des Stann Creek und Toledo District, der beiden ärmsten Verwaltungsbezirke Belizes. Westlich davon bilden die über 1000 m hohen, von dichtem tropischem Regenwald bedeckten Maya Mountains die natürliche Grenze zum Cayo District. Die Küste ist überwiegend von Garífuna und schwarzen Kreolen besiedelt, während in zahlreichen Ortschaften im Landesinneren Maya wohnen.

## Um Guanacaste National Park

Der Western Highway führt von Belize City am Lord's Ridge Cemetery vorbei zunächst ein paar Kilometer entlang der sumpfigen Küste, ehe man über eine Abzweigung bei Hattieville **Burrell Boom ❾** am Sibun River erreicht. Der Ort ist bekannt für Pferderennen und Cricket Matches (v. a. an Feier- und Ferientagen) so

wie die süßen Beeren- und Cashew-Weine, die in mehreren Läden verkauft werden (Weinproben in der Hilltop Winery).

47 km von Belize City entfernt liegt am Oberlauf des Sibun River eine der populärsten Attraktionen des Landes: der **Belize Zoo ❿** (s. S. 217).

30 km weiter, an der Abzweigung des Hummingbird Highway nach Dangriga, liegt der **Guanacaste National Park ⓫**, der nach einem alten Guanacastebaum am Eingang benannt wurde. Das nur 21 ha große, von der *Belize Audubon Society* geleitete Schutzgebiet überrascht trotz seiner geringen Grundfläche mit einer überwältigenden Fülle an Bromelien, Far-

◀ **Der kleine Hafen Placencias**
▶ **Junge im Cayo District**

nen und Orchideen sowie zahlreichen Vögeln und Säugetieren, darunter Pakas *(gibnuts)* und Wickelbären *(kinkajous)*. Mehrere markierte Pfade erschließen den Nationalpark.

Westlich des Dorfs Unitedville zweigt rechts eine schmale Straße nach **Spanish Lookout** ⑫ ab. Nach Überquerung des Belize River und des Iguana Creek erreicht man die bekannte Gemeinde, in der die fortschrittlichsten Mennoniten Belizes in einer ehemals unwirtlichen Landschaft eine kleine Stadt im *American Midwest Style* gründeten. Die sehr freundlichen, gleichwohl etwas zurückhaltenden Mennoniten unterhalten ihre eigenen Kirchen und Schulen und erklären Gästen bereitwillig ihre persönlichen Überzeugungen, doch ist Fotografieren verpönt! Die arbeitsamen Bewohner Spanish Lookouts produzieren heute einen wesentlichen Teil der landwirtschaftlichen Güter Belizes, vor allem Mais, Hühner- und Molkereiprodukte.

▲ **Mennoniten-Mädchen in selbstgeschneiderten Kleidern**
▼ **Die Maya Mountain Lodge im Cayo District**

## Mountain Pine Ridge

Von Georgeville am Western Highway 16 km von Belmopan entfernt, erreich man das **Mountain Pine Ridge Forest Re serve** ⑬, dem die mediterran anmuten den Pinien, die dominierenden Bäume ir der hügeligen Region, den Namen gaben Die üppige Vegetation, zu der auch stattli che Bromelien und Orchideen gehören ist noch weitgehend unberührt, und ir dem ausgedehnten Schutzgebiet lasse sich zahlreiche Flüsse und Wasserfälle er kunden. Der Besuch langer, bisher nu wenig erforschter Kalksteinhöhlen ist hie ein besonderes Erlebnis. Zu größerer Po pularität der ohnehin schon überwältigen den Natur der Mountain Pine Ridge tra gen die fortlaufenden Ausgrabungen de Maya-Stätte Caracol bei, deren überragen de Bedeutung für die Archäologie und der Tourismus den Ausbau des Straßensys tems und damit die Zugänglichkeit de ganzen Gebiets fördert.

Wenige Kilometer nach dem Eingang um Reservat gelangt man zur Straßenkreuzung Baldy Beacon, bei der die Hauptstraße weiter in südliche Richtung parallel zur Grenze Guatemalas verläuft und auf die **Río On Falls** ⓮ trifft. Hier bahnt sich ein Nebenfluss des Macal River einen Weg über Kaskaden mit glatt gewaschenen Granitfelsen und schuf dabei natürliche Rutschen und Whirlpools mit prudeldem Wasser. Östlich von Baldy Beacon erreicht man die noch beeindruckenderen **Hidden Valley Falls**, wegen ihrer Höhe von 1600 Fuß bzw. 490 m auch Thousand Foot Falls genannt. Den langen Sturz des höchsten, wenngleich recht schmalen Wasserfalls Mittelamerikas kann man von einem Aussichtspunkt und Picknickplatz verfolgen (von Oktober bis Januar häufig von Nebel verdeckt).

Ein lohnender Abstecher von Georgeville ist die **Barton Creek Cave** in der Nähe der traditionellen Mennoniten-Gemeinde Upper Barton Creek. Bootsfahrten in die Kalksteinhöhle, die nur vom Fluss aus zugänglich ist und in der auch präkolumbische Artefakte gefunden wurden, organisieren Agenturen in San Ignacio.

Das Verwaltungszentrum des Reservats, die Douglas Da Silva Forest Station, richtete man in **Augustine** ⓯ ein, mit ungefähr 100 Seelen und mehreren Holzhäusern das einzige Dorf in der Mountain Pine Ridge. Hier wird Touristen das Permit zum Besuch Caracols und des 86 000 ha großen Chiquibul Forest Reserve erteilt. Kurz nach dem Ortsausgang liegt eine der größten und am leichtesten zugänglichen Höhlen Belizes, die **Río Frío Cave**. Während der Trockenzeit bereitet es kein Problem, dem Río Frío folgend in die gewaltige, etwa 20 m hohe Höhlenöffnung einzudringen und nach nahezu 1 km am anderen Ende wieder herauszukommen. Wie bei den meisten Höhlen sind die Pfade und Felsen auf Grund der hohen Luftfeuchtigkeit glitschig, aber begehbar. Im Inneren erwarten einen neben Stalaktiten und an der Decke schlafenden Fledermäusen ungewöhnliche Farbschatterungen des Bodens.

# Caracol ⓰

38 km von Augustine entfernt erreicht man über eine in der Regenzeit oft unpassierbare Piste Caracol, die größte und bedeutendste archäologische Stätte Belizes. Die riesige Stadt auf einem Kalksteinplateau vor den Maya Mountains wurde erst 1937 zufällig von Holzfällern entdeckt. Seit der späten Präklassik besiedelt, begründete Te Kab Chaak 331 die lokale Fürstendynastie. 1986 wurde Caracol mit einem Schlag weltberühmt, als die Linguisten die Inschrift auf Altar 21 entzifferten, der von einem Sieg 562 Te Kinichs II. über Tikal, die Hegemonialmacht im zentralen Petén, berichtet. Die Vormachtstellung blieb unter seinem Sohn und Nachfolger Kan II. im 7. Jh. erhalten, doch ging sie in der Folgezeit wohl wieder an Tikal oder Calakmul verloren. 859 enden die Inschriften und damit die historischen Informationen zur Stadtgeschichte. Die fortschreitenden Ausgrabungen an Caracols

Seite 206

**Naturparadies**
An der westlichen Grenze des Guanacaste National Park fließt der Roaring Creek in den Belize River – ein vorzüglicher Platz zum Schwimmen, Relaxen und Picknicken!

▶ **Ein beliebtes Gebäck der Garífuna sind die runden Johnny Cakes**

Seite 341 TOP 50

Seite 349 TOP 50

▲ **Rum** –
das National-
getränk Belizes
▼ Hinweisschild
des Kunsthand-
werkszentrums
bei Lubaantun im
Toledo District

monumentalen Bauwerken und bildlich verzierten Altären und Stelen verdeutlichen zunehmend den ehemaligen Glanz der Stadt.

Hauptanziehungspunkt der weitläufigen Architekturkomplexe, die bisher nur zum kleinsten Teil ausgegraben sind, ist die 42 m hohe **Caana** (»hohes Haus« oder »Palast des Himmels«) genannte Pyramide, die seit der Präklassik beständig überbaut wurde. Unklar ist bis heute die Funktion der langen Raumflucht auf den mittleren und oberen Absätzen des Gebäudes; möglicherweise dienten sie als Wohnräume für Priester oder Angehörige des Adels. Stuckornamente handeln von kriegerischen Auseinandersetzungen zwischen Caracol und Naranjo. Auf der oberen Plattform erheben sich zwei kleine Pyramiden, die man vermutlich zur Verehrung der Sonne errichtete und deren Aufgang im Osten und Untergang im Westen symbolisieren. Bemerkenswert ist im Westen die Gruppe B mit zahlreichen

Pyramiden, die zusammen mit einem e was abgelegeneren Ballspielplatz um ein zentrale Plaza angeordnet sind. Hier fan man die Mehrzahl der beschriftete Denkmäler der Stadt, unter anderem d bekannten Altarplatten mit der Darste lung dickleibiger gefesselter Fürsten i Hockstellung. Die verschiedenen Akrop lis-Komplexe verbanden strahlenförmi vom Zentrum ausgehende Dammstraße *(sacbeob)*, die bis 12 km Länge in da dicht besiedelte Umland reichten. Um di Wasserversorgung der zigtausend Bewo ner auf dem Plateau während der Trocke zeit sicherzustellen, legte man zahlreich Zisternen *(aguadas)* an.

## San Ignacio und Santa Elena

Treffpunkt der Traveller und ideal Standquartier für Ausflüge zu den umli genden Maya-Stätten sowie in die Mou tain Pine Ridge sind **San Ignacio ⑰** un

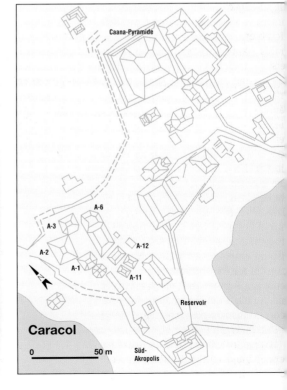

Caana-Pyramide

A-6
A-3
A-2
A-1
A-12
A-11

Reservoir

**Caracol**

0          50 m          Süd-
Akropolis

Santa Elena. Die beiden Kleinstädte werden vom Macal River voneinander getrennt, den die alte Hawksworth Bridge überspannt. San Ignacio, meist nur kurz Cayo genannt, ist ein lebhafter Ort, an dessen einziger Hauptstraße, der Burn's Avenue, sich fast alle Geschäfte und Resaurants aneinander reihen.

Auf einem Hügel, vom Ortskern San Ignacios gut zu Fuß erreichbar, liegt **Cahal Pech**, die Ruinen eines kleinen Zeremonialzentrums. Insgesamt konnten außer zwei Ballspielplätzen nahezu zwei Dutzend Gebäude, darunter ein Palast, sowie mehrere Plazas und unbehauene Stelen lokalisiert werden. Cahal Pech, vermittelt ein intimes Porträt vom Lebensstil einer lokalen Fürstenfamilie im Tiefland.

11 km von San Ignacio in westlicher Richtung erreicht man das Dorf **San José Succotz**, das überwiegend von Maya besiedelt ist. Höhepunkt des jährlichen Festkalenders ist die Fiesta de San José y la Santa Cruz am 19. März.

Hier führt eine handbetriebene Fähre über den Mopán River, von dem man entlang einer 3 km langen Schotterstraße auf die »Steinerne Jungfrau« bezeichnete Ausgrabung **Xunantunich**  mit neuem Museum und Visitors' Center stößt. Die ältesten Keramikfunde datieren in die frühe Präklassik, die überwiegende Zahl der Gebäude, mehr als 25 Paläste und Tempel, in die Spätklassik. Die Stadt wurde im 10. Jh. verlassen und in der Postklassik erneut besiedelt. Wahrzeichen Xunantunichs ist die 40 m hohe, El Castillo (»Schloß«, »Festung«) genannte Pyramide A-6, von deren oberster Plattform man bis nach Guatemala blicken kann. Im Lauf der Jahrhunderte mehrmals vergrößert, ist der gewaltige Stuckfries wohl aus frühklassischer Zeit die Hauptattraktion des Gebäudes. Zwischen Bändern mit Himmelssymbolen erkennt man frontal dargestellte Masken mit auffälligem Kopfschmuck, die wohl den Regengott Chak wiedergeben (Mo–Fr 8–17 Uhr, Sa/So 8–16 Uhr).

Das großenteils von Mopán bewohnte **Benque Viejo del Carmen**  ist die westlichste Stadt am Western Highway an der Grenze zu Guatemala. Außer an Festtagen, insbesondere der Karwoche, wenn die Straßen voll mit Menschen sind, ist der Ort ruhig und beschaulich. Benque Viejo ist unter der Leitung der Durán-Familie das Zentrum der Künstlervereinigung Belizes.

## Von Belmopan nach Dangriga

Nahe der Abzweigung des Hummingbird Highway nach Dangriga vom Western Highway liegt **Belmopan** . Die nur 7000 Einwohner zählende Hauptstadt Belizes wurde nach dem verheerenden Hurrikan Hattie 1961 gegründet. Im Zentrum ordnete man die Regierungsgebäude nach traditioneller Maya-Art um einen großen Platz an. Das Department of Archaeology beherbergt eine exzellente Sammlung präkolumbischer Kunstwerke, die jedoch leider mangels geeigneter Ausstellungsräume nicht zugänglich ist.

Seite
206
230

**Besichtigung Caracols**
Auf Grund der exzessiven Raubgrabungen der Vergangenheit darf Caracol nur mit einem Fremdenführer betreten werden, der im Besitz einer Besichtigungsgenehmigung ist. Organisierte Tagesfahrten inkl. Eintrittspreis und Lunchpaket bieten Agenturen in San Ignacio.

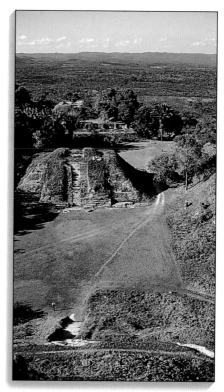

▶ **Blick von El Castillo über die Plazas und Pyramiden Xunantunichs**

Seite 348 TOP 50

▲ Die Maya stellten auf ihren Keramiken die Fauna des Regenwaldes dar
▼ El Castillo – die Hauptpyramide von Xunantunich

19 km südlich von Belmopan erreicht man den **Blue Hole National Park** ㉑. Das Schutzgebiet umfasst die täglich geöffnete St Herman's Cave sowie die beiden nur mit Genehmigung des *Department of Archaeology* zu besichtigenden Höhlen Mountain Cow Cave und Petroglyph Cave (mit interessanten Maya-Wandmalereien). Faszinierendes Naturschauspiel des Nationalparks ist das Blue Hole, ein kreisförmiges Wasserbecken inmitten dichten Regenwaldes. Der natürliche Pool wird von einem unterirdischen Fluss gespeist, sodass die Wassertemperatur unerwartet niedrig ist. Wagemutige Taucher sind schon mehrere hundert Meter in das Flusssystem eingedrungen.

Eindrucksvoll ist die Weiterfahrt am 940 m hohen Mount Margaret in den Maya Mountains nach **Dangriga** ㉒, dem früheren Stann Creek Town (80 km von Belmopan). Nahezu alle Holzhäuser entlang des North Stann Creek stehen auf Pfählen. Dangriga bietet keinerlei Sehenswürdigkeiten, doch wird es gerade wegen der Menschen, ihrer freundlichen aufgeschlossenen Haltung, des Punta Rock, der Malerei und des Kunsthandwerks gerne besucht. Der mit 10 000 Einwohnern wichtigste Ort der Garífuna in Belize lohnt vor allem am 19. November, an *Garífuna Settlement Day,* einen Besuch.

## Höhepunkte im Süden

In Dangriga beginnt der Southern Highway, der tatsächlich großenteils nur eine schlechte Schotterstraße durch die südlichen Distrikte ist. Wie in vielen Orten an der Karibikküste leben auch die Garífuna im kleinen **Hopkins** ㉓ an der Commerce-Bight-Bucht vom Fischfang.

Das Prestigeobjekt der Naturschutzbemühungen des Staates ist das **Cockscomb Basin Wildlife Sanctuary** ㉔, das weltweit einzige zum Schutz des Jaguars eingerichtete Reservat. Dank der hohen Niederschläge entwickelte sich in der

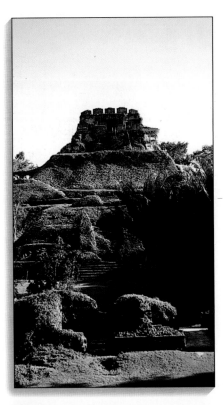

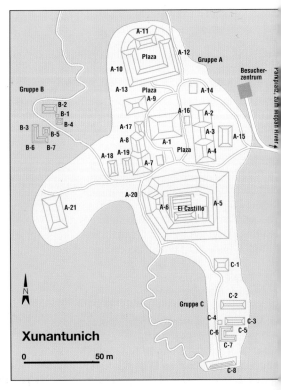

Xunantunich

0 ————————— 50 m

Cockscomb Basin genannten riesigen Senke der Maya Mountains ein undurchdringlicher Regenwald, der für viele Tierarten ideale Lebensbedingungen stellt. Unterkünfte gibt es im 8 km entfernten, 1990 gegründeten Maya Centre, in dem die aus dem Sanctuary umgesiedelten Maya-Familien wohnen.

Nach **Placencia** ㉕, einer der touristischen Brennpunkte Belizes mit guten Restaurants, Lodges und Wassersportmöglichkeiten, führt eine 45 km lange Straße vom Southern Highway. Wie in vielen Orten an der Karibikküste bauten auch hier die 800 Einwohner, meist Kreolen, ihre Holzhäuser in Pfahlbauweise. Placencia und seine Nachbardörfer, beispielsweise Seine Bight Village, bestechen durch ihre traumhaft schönen weißen und von Palmen gesäumten Sandstrände.

## Lubaantun

Erst 1976 entdeckten Geologen **Nim Li Punit,** in dem Archäologen insgesamt 26 zum Teil beschriftete Stelen auf einer zentralen Plaza registrierten. Die Ruinen im Toledo District waren einst die Kultstätte einer lokalen Maya-Dynastie, die mit **Lubaantun** wahrscheinlich eng verbunden war, einem wirtschaftlichen und politischen Zentrum der Region mehrere Kilometer weiter südwestlich am Río Grande. Der »Platz der gefallenen Steine« wurde erst in der Spätklassik gegründet und bis etwa 900 bewohnt. In der Mitte des Stadtgebiets gruppieren sich elf monumentale, bis zu 18 m hohe Gebäude um fünf Plazas. Die eigentlichen Tempel konstruierte man aus organischem Material, sodass sich nur die exakt gearbeiteten Pyramidenplattformen ohne Kalkverbund bis heute erhalten haben. Ungewöhnlicherweise fand man in der bedeutenden Handelsstadt keine Stelen, was vielleicht als das Fehlen einer Herrscherfamilie interpretiert werden darf.

Der Southern Highway endet in **Punta Gorda** ㉖, einer Stadt mit gemischter Be-

Seite
206

**Blue Hole National Park**
Beim Besuch des Nationalparks ist seit einigen Jahren erhöhte Vorsicht geboten, da sich wiederholt Einbrüche in Autos und Überfälle ereigneten.

**TOP 50**   Seite 342

▼ Eva's Restaurant an der Main Street San Ignacios

Seite
206

**Das Toledo-Ökotourismusprogramm**
Besonders lohnend lässt sich der Toledo District mit dem **Toledo Guesthouse and Eco-Trail Program** kennen lernen, das von der Toledo Ecotourism Association geleitet wird, einer Basisorganisation verschiedener Mopán-, Kekchi- und Garífuna-Gemeinden (65 Front St., Punta Gorda, Tel. 722 20 96). Das Programm bietet Touren zu lokalen Attraktionen und stellt in bisher sechs Dörfern Gästehäuser bereit. Das Projekt unterstützt den Lebensunterhalt der Bewohner, indem sie ihnen eine Alternative zur Holzindustrie bietet, die bereits weite Regionen des Regenwaldes zerstört hat. Unterkünfte und Ausflüge findet man in folgenden Gemeinden: **San Miguel** (Höhle mit Fledermäusen und Flusswanderung), **San Pedro Columbia** (Flussfahrt), **Santa Cruz** (Wasserfall und Ruinen), **Laguna** (Sümpfe und Höhlen), **San José** (Waldwanderung) und **Barranco** (Garífuna-Dorf und Temash River).
Die einheimischen Führer zeichnen sich durch eine gute Kenntnis in Naturmedizin, Flora und Fauna sowie in Maya-Bräuchen aus und vermitteln Besuchern gerne ihre traditionelle Lebensweise.

völkerung aus Kekchi, Mopán, Chinesen, Kreolen und Indern. Im 19. Jh. von den Briten als südlicher Armeeposten gegründet, erlebte der Ort um 1900 eine kurze Blüte mit der Einwanderung nordamerikanischer Siedler, die in der Umgebung Zuckerrohr *(caña de azúcar)* anbauten und verarbeiteten. Punta Gorda wird heute meist nur auf der Durchreise besucht, da von hier die Fähren nach Lívingston und Puerto Barrios über die Bahía de Amatique verkehren. Markttage sind Mittwoch und Samstag. ◗

▼ **Alte Kirche bei Punta Gorda**

# Die Garífuna

Die Geschichte der Garífuna beginnt auf der Insel St Vincent in der Karibik, in e sich Engländer und Franzosen erstmals 1525 wagten. Ein Vertrag zwischen Briten und Kariben, der Letzteren den fortwährenden Besitz der Inseln St Vincent und Dominica zugestand, wurde weinige Jahre später von den Briten gebrochen. Als die Engländer mit der Besiedelung der Inseln begannen, schlossen sich die Kariben aher an das französische Militär, das diese ihrerseits als einen Verbündeten im Kolonialkrieg mit den Briten sah.

Währenddessen, im Jahr 1635, erlitten zwei spanische Schiffe mit nigerianischen Sklaven Schiffbruch vor der Küste von St Vincent. Etlichen Gefangenen gelang es sich zu retten und in karibischen Siedlungen Zuflucht zu finden. In den nächsten anderthalb Jahrhunderten änderte sich das Verhältnis zwischen den indigenen Kariben und den von ihrer Heimat abgeschnittenen Afrikanern grundlegend – von widerwilliger Akzeptanz über zwischenzeitliche bewaffnete Konflikte zu einer vollständigen Verschmelzung beider Kulturen zum Volk der Garífuna.

Bis 1773 waren sie, die ein eigenes Idiom, das Garinagú sprechen, die wichtigste ethnische Gruppe auf St Vincent. Doch landeten immer mehr britische Siedler auf der Insel, bis deutlich wurde, dass die Kolonialbehörden niemals eine eigenständige schwarze Enklave inmitten der von afrikanischen Sklaven bewirtschafteten Plantagen dulden würden.

Wiederholt versuchten die Garífuna mit Überfällen die Briten zu vertreiben. 1795 mit einem letzten großen Angriff; jedoch mussten sie nach der Verwundung ihres Anführers im folgenden Jahr kapitulieren.

In ständiger Angst vor einem erneuten Aufstand deportierten die Briten innerhalb eines Jahres etwa 2000 Garífuna auf die Insel Roatan vor der Küste von Honduras. Während viele von ihnen auf der Reise an Krankheiten starben, konnten die übrigen mit den spärlichen Vorräten, die die Briten auf dem Eiland zurückließen, nicht nur überleben, sondern in den folgenden Jahren kleine blühende Fischerdörfer entlang der Küste gründen.

Nach einer misslungenen Machtübernahme der Royalisten gegen die republikanische Regierung in Honduras 1823 waren die Garífuna fortwährender Repression ausgesetzt. Die meisten emigrierten und ließen sich in Lívingston an der Bahía de Amatique in Guatemala nieder, 1832 landete eine große Gruppe in Stann Creek in Belize. Heute siedeln sie in zahlreichen Gemeinden entlang der Südküste und feiern jedes Jahr am 19. November zum Gedenken ihrer Landnahme den Garífuna Settlement Day. Viele sprechen neben Garinagú auch Englisch und Spanisch, und allgegenwärtig sind traditionelle Feste und Zeremonien, etwa das »dugu«, das die Geister der Ahnen beschwört. ■

▶ **Garífuna-Kinder aus Seine Bight Village**

# Die Cayes

Seite
206

**Die unumstrittene Topattraktion Belizes sind die Cayes und das Barrier Reef –
das größte Korallenriff der westlichen Hemisphäre. Hier genießt man die
Karibik unter oder über Wasser in vollen Zügen, ob beim Segeln,
Tauchen, Schnorcheln oder Relaxen.**

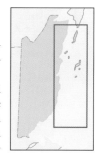

Belize besitzt – nach Australien – das weltweit beste und eindruckvollste Aquarium, das prächtigste, annähernd 300 km lange Korallenriff entlang seiner reich mit Buchten und Lagunen gegliederten Küste. Hunderte kleine flache Inseln, im Spanischen *cayos* und im Englischen *cayes* gesprochen: »kiiis«) genannt, ragen aus dem türkis- bis dunkelblauen Karibischen Meer. Hier kann man im herrlich klaren Wasser mit exotischen tropischen Fischen schwimmen, entlang gewaltiger Riffwände tauchen, unterirdische Höhlen in den Korallenbänken erforschen, an der Seite geselliger Delfine durch die Inseln segeln und in dichten Mangrovengürteln weiße Reiher, Pelikane und viele weitere Meeresvögel beobachten.

Dieses einzigartige Naturparadies ist nicht von den Cayes aus zu erleben, ein Sprungbrett in die fantastische Unterwasserwelt. Von einfachen Unterkünften und Hütten bis zu hin zu luxuriösen Hotels, inklusive Vollpension und Angel- und Tauchkursen, bieten die Cayes perfekte Bedingungen, um die Freiheit und das Abenteuer zu genießen.

Zuerst von Maya-Händlern, spanischen Konquistadoren und britischen Piraten besiedelt, waren die Cayes bis vor wenigen Jahren entweder von der Außenwelt weitehend isolierte Fischerdörfer oder verlassene, von Mangroven und Palmen bewachsene Eilande. Nach und nach wurde man auf die unberührte Schönheit vor der Küste Belizes aufmerksam, und insbesondere der französische Meeresbiologe Jacques Cousteau machte das Barrier Reef weltweit bekannt, als er 1972 eine Dokumentation des Blue Hole drehte. In der Folgezeit kamen zunehmend mehr Reisende mit Badehose und Flossen im Gepäck, und heute sind die Korallenbänke der Hauptanziehungspunkt der Belize-Touristen.

Unter den vielen Cayes nehmen drei eine Sonderstellung ein: am Lighthouse Reef tummeln sich die Profis unter den Tauchern, auf Caye Caulker treffen sich vor allem Rucksackreisende und Ambergris Caye wird besonders von Nordamerikanern aufgesucht. Wirklich kommerziell werden nur die beiden letztgenannten vermarket, doch auch hier ist das Leben bis jetzt ruhig und gelassen. Dinge passieren noch »nicht geplant« und »nicht rechtzeitig« – eine lohnende Erfahrung!

◄ **Easy-going-
Mentalität
auf den Cayes**
► **Journey's
End Resort
auf Ambergris
Caye**

# Ambergris Caye ㉗

**Hol Chan Visitor's Center**
Informationen zum Hol Chan Marine Reserve und weiteren Tauchgebieten erhält man im Hol Chan Visitor's Center in der Barrier Reef Drive in San Pedro (Tel. 226 22 47).

Seite 340 TOP **50**

Seite 347 TOP **50**

▼ **Viele Hotels auf den Cayes bieten rustikale, aber saubere Cabañas**

Der nördlichste der Cayes Belizes, ein von 13 Lagunen zergliederter etwa 40 km langer Landstreifen, ist von Mexiko durch einen schmalen Kanal getrennt. Die Insel Ambergris wird durch eine *Cut* genannte, nördlich von **San Pedro** gelegene 18 m breite Wasserstraße zweigeteilt. Die meisten Einwohner leben in San Pedro, mit verschiedenfarbig gestrichen Holzhäusern das Touristenzentrum im Südosten der Insel. Nahezu alle sind Mestizos, sodass Spanisch noch vor Englisch die wichtigste Sprache ist.

Die Orientierung in San Pedro ist denkbar einfach, da es nur drei größere Straßen gibt – Barrier Reef Drive, Pescador Drive und Angel Coral Street –, die jedoch den Einheimischen unter ihren alten, aus der Zeit vor dem Tourismusgeschäft stammenden Namen Front, Middle und Back Street geläufiger sind. Schuhe sind praktisch unbekannt, da jeder auf den weichen Sandwegen barfuß geht. Nach San Pedro gelangt man von Beliz City mit dem Flugzeug in etwa 15 Minuten, mit dem Schiff in einer Stunde. Die Mehrzahl der Hotels und Pensionen ist vom Zentrum gut zu Fuß zu erreichen und zu den abgelegeneren Resorts fahren Taxis und Schnellboote.

Ambergris Caye bietet eine breite Palette an Freizeitgestaltungsmöglichkeiten von Radfahren und Reiten auf der Insel über Paddeln entlang der mangrovengesäumten Lagunen bis zu Surfen, Wasserskifahren, Angeln, Schnorcheln und natürlich Sporttauchen weit draußen im Meer. Tauch- und Schnorchelkurse und geführte Touren offerieren zahlreiche Outdoor-Büros und Hotels in San Pedro in dem es auch ein kleines Postamt, Banken, eine Apotheke, eine Bibliothek und etliche Geschäfte gibt.

An der zentral gelegenen Island Plaza Mall liegt das **Ambergris Museum and Cultural Center,** in dem Artefakte zu

ngsten Geschichte der Cayes gezeigt erden (tgl. 14–18 Uhr). Unter den unge-öhnlicheren Gegenständen findet man ch eine kleine Sammlung mit Werkzeu-n aus Hirschgeweih, die vor den 60er Jahren, als man die Hirschjagd ge-tzlich verbot, gefertigt wurden.

Im Westen der Insel, der dem offenen eer abgewandten so genannten *inner la-on,* lässt sich immer eine Vielzahl von evögeln beobachten, darunter Flamin-s, Reiher, Fregattvögel und Pelikane. arkierungen sind auf den abgelegen Pfa-n selten, und Moskitoschutz und Son-ncreme sind unerlässlich.

## ol Chan

enngleich die spektakulären Atolle wei-draußen vor der festländischen Küste gen, so findet man auch in der näheren ngebung San Pedros exzellente Tauch-inde. Unmittelbar südlich von Amber-s richtete man bereits 1987 das 13 km² ße **Hol Chan Marine Reserve** ein, s erste seiner Art in Mittelamerika. jen begrenzen das Gebiet, in dem An-rn und Angeln verboten sind.

**Hol Chan** (»kleiner Kanal«) ruht auf em 9 m tiefen Einschnitt im Riff mit ehreren untermeerischen Höhlen, von nen die Boca Ciega sicherlich die ein-cksvollste ist. Das Reservat teilt sich in ei Zonen auf: Zone A ist das Riff, in dem chen und Angeln strikt untersagt sind, ne B besteht aus Seegraswiesen und Zo-C aus Mangroven, in denen Fischen r mit spezieller Erlaubnis möglich ist. pageifische, Zackenbarsche, Lippfische, hrenwürmer und vieles mehr kann so-hl der erfahrene Taucher, als auch der nnorchelanfänger entdecken. Weniger thentisch erschließen sich Flora und una mit Glasbodenbooten, die von San dro die Korallenstöcke ansteuern. Täg-ne Ausflüge mit Segelbooten oder zwei-torigen *speed boats* bieten fast alle enturen. Wer die exotische Unterwas-welt auf eigene Faust in Ruhe erkun-n will, kann sich auch Paddelboote *yaks)* mieten.

Farten nach Hol Chan schließen meist auch die Korallenbänke von Sting Ray Alley mit ein. In der weiteren Umgebung von Ambergris gibt es jede Menge lohnen-de Tauchgebiete, beispielsweise Mexican Rocks, Coral Garden oder das südlich ge-legene Caye Caulker.

## Caye Caulker ㉙

Nur 45 Minuten per Schnellboot von Belize City entfernt liegt die ca. 6,5 km lange und bis zu 600 m breite Caye Caul-ker, ein im Vergleich zu Ambergris weni-ger erschlossenes Touristenzentrum mit 1300 Bewohnern. Die Preise liegen hier etwas niedriger, und die Unterkünfte sind schlichter. Auch Caye Caulker wird von einem *Cut* oder *Split* bezeichneten Kanal zweigeteilt, der erst 1961 entstand, als Hurrikan Hattie über das Inselparadies raste. In ihm ereigneten sich schon zahl-reiche Unfälle mit Schwimmern, da es un-erwartet eine starke Unterwasserströ-

**Seite 206**

**Tauchclubs-Tipps in Caye Caulker**
Belize Diving Ser-vices (www.belize divingservices.com, Tel. 226 01 43); **Ragga-muffin Tours** (www. raggamuffintours. com, Tel. 226 03 48).

**TOP 50** Seite 342

▶ **Vogel-beobachtung bei den Mangroven des Man O'War Caye**

mung gibt und ihn Motorboote gern als Abkürzung benützen um von einer Seite auf die andere zu gelangen.

Während die Nordinsel ein unberührtes Mangrovendickicht und eine Brutstätte für Vögel ist, konzentriert sich das touristische Leben auf Caye Caulker ausschließlich auf die südliche Insel. Der Name der Insel leitet sich von der spanischen Bezeichnung Hicaco ab, die die britischen Piraten und Siedler in Caulker abwandelten. Wie in San Pedro ist auch hier das Straßennetz übersichtlich in Front Street, Center Street und Back Street eingeteilt, mit Bank, Telefonamt, Lebensmittelgeschäft, Souvenirläden und Wäscherei. Im *Sea-ing is Belizing* in der Front Street trifft man Jim Beveridge, einen Fotografen und Riffexperten, der regelmäßig mit Diashows über die Tier- und Pflanzenwelt informiert. Die Wassersportmöglichkeiten sind mit denen in San Pedro identisch, doch ist die Auswahl unter den verschiedenen Agenturen und Anbietern kleiner.

▲ **Katzenhaie sind im Allgemeinen keine Gefahr für den Menschen**

▼ **Segelboote vor San Pedro**

## Caye Chapel und St George's Caye

Das nächste Eiland in südlicher Richtur das wunderschöne **Caye Chapel** ❸, Privateigentum und daher nicht öffentli zugänglich. Nur 14 km von Belize C entfernt liegt **St George's Caye** ❸ – : 17. Jh. einst neben Ambergris der Schlu winkel von Edward »Blackbird« Teac Der berüchtigste aller Piraten begann s ne Beutezüge vor den Küsten Virgin und Carolinas. Nachdem Teach ein mit Kanonen bestücktes französisches Sch gekapert hatte, nahm er seine Überfälle der Karibik auf, für die er die Cayos Rückzugsgebiet nutzte.

St George's Caye kennt in Belize jed Schulkind aus dem Geschichtsbuch, hier 1798 die Spanier eine vernichten Niederlage gegen die Baymen erlitten u daraufhin vier Jahre später mit dem *Tre of Amiens* endgültig ihren territorial Anspruch gegenüber Belize aufgab

S. 181). Die Insel dient britischen Sol-
~~ten auch nach der Unabhängigkeit Be-
~es weiterhin als Urlaubsort und ist – mit
~snahme von zwei Luxuskomplexen –
~r Touristen gesperrt.

Die Korallenbänke des **Goff's Caye** ㉜
~~it von Palmen gesäumten Sandstränden
~~d ein beliebtes Ziel für
~gesausflüge von Belize
~ty. Die Tauchgründe
~~d exzellent, und in
~r Umgebung warten
~~zende Inseln entdeckt
~~ werden, vor allem
~~allows, Sergeant's** und
~~glish Cayes.** Vom
~~anish Lookout Caye
~~ternahmen früher die
~~kaniere ihre Überfälle
~~f die schwer belade-
~~n spanischen Galeo-
n. Heutzutage – frei von Piraten – ist das
~~and ein begehrtes Ziel für am Natur-
~~hutz interessierte Gäste.

## Turneffe Islands

Das größte und zugleich am leichtesten
zu erreichende der drei Atolle Belizes sind
die **Turneffe Islands** ㉝, nur etwa 90 Minuten per Boot von Belize City entfernt.
Bis zum Beginn des 20. Jhs. wohnten hier
noch kleine Gruppen
von Siedlern, die haupt-
sächlich vom Handel mit
natürlichen Schwämmen
und Kokosnüssen lebten,
jedoch nach den verhee-
renden Hurrikanen der
Vergangenheit blieben
nur noch ein paar Fi-
scher mit ihren Familien
und Hotel- und Agentur-
inhaber. Das am häufigs-
ten besuchte Resort ist
Blackbird Caye, das sich
auch als international bekanntes Forschungszentrum für Meeresbiologie einen
Namen machte.

---

**Adlerrochen**
→ bis zu 350 kg schwere,
in 26 Arten vorkommende
Knorpelfische mit eleganten,
flügelschlagähnlichen
Schwimmbewegungen, die
sich von anderen Rochen
durch eine fleischige Falte
als »Oberlippe« am Vorder-
kopf unterscheiden.

---

Seite
**206**

**Barfußparadies**
Auf den Cayes
gehen alle barfuß –
vom Fischer bis
zum Bürgermeister –
am Strand, auf den
Straßen, in Hotels
und Restaurants als
auch in der Kirche.

▼ **Das**
**Mata Chica Resort**
**bei San Pedro**

Die Hauptattraktion für Taucher ist *the Elbow*, der südlichste Punkt des Atolls mit imposanten Riffwänden. Mit Glück kann man hier auch Schwärme von langsam vorbeigleitenden Adlerrochen beobachten. Auf Grund starker Strömungen ist dieses Gebiet nur erfahrenen Tauchern zu empfehlen, doch fällt das Riff auf der westlichen Seite der Turneffe Islands weniger steil ab – ideal für Tauchanfänger und Schnorchler. Hier kann man auch das Wrack der »Sayonara« erkunden: Das Schiff sank 1985 mitsamt seiner Ladung.

## Lighthouse Reef ㉞

**▲ Reiher lassen sich in den Mangroven häufig beobachten**
**▼ Der Friedhof von San Pedro**

Etwa 80 km östlich der Küste erstreckt sich auf einer Länge von mehr als 40 km das Lighthouse Reef, das von Belize City und San Pedro in sechs Stunden mit dem Boot oder in weniger als einer Stunde mit dem Propellerflugzeug erreicht werden kann. Ausflüge mit Übernachtungen an Bord werden häufig als Paket mit Tauch-gängen angeboten. In der Mitte de großen Lighthouse Reef Lagoon liegt eine der schönsten Naturwunder des ganze Landes, das weltbekannte **Blue Hole** vo 300 m Durchmesser, das man als Natur Monument besonders zu bewahren ve sucht. Aus der Luft erkennt man deutlic den tiefblauen Kreis und den türkisfarb nen Rand des seichteren Wassers. Da 130 m tiefe Loch entstand vor ca. 12 00 Jahren, als eine gigantische Höhle ei stürzte. Seit der wissenschaftlichen Erfo schung 1972 durch Jacques Coustea zählt das Blue Hole zu den begehrteste Tauchgründen auf der Erde. Obwohl i eigentlichen Zentrum verhältnismäß wenige Fische leben, sind die prächtige Korallenbänke und geologischen Form tionen einfach sensationell.

Einer der beiden Leuchttürme d Lighthouse Reef ist Sandbore Caye. D Gewässer sind hier im äußersten Norde tückisch für die Schifffahrt, wie die viele Wracks am Meeresboden bekunden. Ei

ieser schicksalhaften Fahrten ereilte das panische Handelsschiff »Juan Bautista« 822, in dessen Rumpf heute noch Gold- nd Silberbarren zu finden sein sollen ...

Die **Half Moon Caye Natural Monu- ment Reservation** ❸ richtete man 1982 :n um den damals vom ussterben bedrohten otfußtölpel zu schüt- en. Mit Erfolg, denn eute gibt es außer Le- uanen *(iguanas)* und 'leeresschildkröten un- ·r den fast 100 Vogel- rten eine stattliche Ko- ▸nie dieser *redfooted oobies.* Tauchen und :hnorcheln ist im Half 1oon Caye mit seinen Höhlen auf Grund r überdurchschnittlich guten Sichtver- ältnisse besonders zu empfehlen. Nähere ıformationen erhält man in Belize City ɔn der *Belize Audubon Society,* die das ational Reserve unterhält.

> **Tölpel**
> → zur Familie der Ruder- füßer mit stromlinienförmi- gem Körper und kräftigem Schnabel gehörend, die im Sturzflug nach Fischen tau- chen und in Kolonien auf Inseln und Klippen leben.

## Zum Tobacco Caye

Südlich des Lighthouse Reef liegt isoliert in der offenen Karibik das **Glover's Reef,** benannt nach dem Piraten John Glover, der von hier aus die Cayes unsicher mach- te. Für Schnorchler und Tauchanfänger sind das Emerald Forest Reef zu empfehlen, während für Tauchprofis die South- west Caye und Long Caye mit vorzüglichen Riffwänden aufwarten. Von allen Atollen ist Glover's Reef für mehr- tägige Aufenthalte preis- lich am günstigsten.

Wenige Kilometer vor der Küste Dan- grigas ragen zahlreiche Inseln aus dem Meer, auf denen der Tourismus allmählich erst beginnt. Eine der eindrucksvollsten ist **Tobacco Caye** ❸, der größte Caye der Tobacco Range. Bereits vor über 300 Jah-

Seite
206

▼ Schorcheln vor dem Tobacco Caye

**Seite 206**

ren siedelten hier Fischer und Händler, die vorbeifahrende Matrosen mit Tabak und anderen Gütern versorgten. Die Unterkünfte sind recht schlicht und werden von Fischerfamilien unterhalten – ein willkommener Nebenverdienst. Da die Preise in der Regel niedriger als auf den anderen Cayes sind, ist Tobacco, auf dem Camping erlaubt ist, ein bevorzugtes Ziel von Rucksacktouristen. In der Umgebung gibt es weitere interessante Inseln, etwa Hangman's Caye oder der mangrovenbestandene Man-O'-War-Caye, der eine der größten Brutkolonien von Fregattvögeln in der Karibik aufweist.

## Südliche Cayes

Südlich der Tobacco Range erstrecken sich einige der besten Tauchplätze des gesamten Barrier Reef, insbesondere **South Water Caye ㊲** und **Carrie Bow Caye.** Beide Inseln sind seit 1972 ein internationales Zentrum der karibischen Meeresbiologie. Die britische *Coral Caye Conservation Ltd* und das *Smithsonian Institut* Washington D.C. erforschen, häufig auch mit Hilfe von Volontären, die natürlichen Voraussetzungen für die Entstehung dieses einzigartigen Biotops sowie ihre Gefahren wie Überfischung, Tourismus und chemische Abwässer der Zitrus- und Bananenplantagen, die von den Flüssen in die See geschwemmt werden. Organisierte Bootstouren zum South Water Caye veranstaltet das *Pelican Beach Resort* in Dangriga.

Die *inner lagoons* der Cayes im Süden Belizes sind gewöhnlich nicht – wie im Norden – mit dichtem Seegras bewachsen; hier wechseln sich Meeressenken mit steil aufragenden Felsspitzen und ringförmigen Miniatollen *(faroes)* ab, bei denen sich eine Vielfalt an Lebensformen tummelt. Ein solcher *faro* ist auch der **Laughing Bird Caye ㊳**, ein populärer, manchmal auch etwas überlaufener Ausflugsort der Bewohner Placencias. Um die Aztekenmövenkolonie *(laughing gulls)* zu schützen, die in den 1980er Jahren die Insel verließ und erst 1990 allmählich zurückkehrte, schuf man das Laughing Bird Caye Marine Reserve, in der auch Braune Pelikane, Fregattvögel, Reiher und viele weitere Vogelarten nisten.

Um die Brutplätze der Seevögel nicht zu stören, sollten Umwelt- und Naturbewusste die anderen Cayes in der Umgebung aufsuchen, beispielsweise die Colson, Silk, Bugle und Lark Cayes. Auf Ranguana Caye kann man in einfachen Unterkünften übernachten und auch Paddelboote mieten um die nahe gelegenen Wippari und Little Water Cayes gemächlich zu umrunden.

Im äußersten Süden, vor Punta Gorda liegen die **Sapodilla Cayes,** Ziel vor allem für Fischer, Wissenschaftler und Urlauber aus Guatemala. Nicholas und Lime Caye zeichnen sich beide durch herrliche Korallenbänke aus, während **Wild Cane Caye** in unmittelbarer Nähe zur Küste in präkolumbischer Zeit ein kleines Zeremonialzentrum der Maya war, das seit jüngster Zeit ausgegraben wird. ■

◀ **Der Coco Plum Caye**
▶ **Auf dem Laughing Bird Caye vor der Küste bei Placencia**

# Yucatán

Die Halbinsel Yucatán ist ein Schatzkästchen – die schönsten Juwelen sind Kultur, Natur und natürlich die Strände. Die ersten spanischen Eroberer im 16. Jh. hielten Yucatán für eine Insel. Einen gewissen Inselstatus hat sich die Halbinsel bis heute bewahrt. Sie ist immer ein eigenes, anderes Stück Mexiko geblieben. Die Bewohner sind in erste Linie Yukateken und Maya, erst dann Mexikaner.

Die Halbinsel ist politisch in die Bundesstaaten Campeche, Yucatán und Quintana Roo unterteilt. Geologisch ist sie eine nahezu vollständig flache Kalksteinebene, manchmal nur wenig mehr als einen oder zwei Meter über der Meereshöhe gelegen. Die höchsten »Berge« erreichen in der Puuc-Hügelkette 60 Meter. Dichter subtropischer Trockenwald bedeckt weite Teile der Halbinsel. Am trockensten ist es im Norden. Nach Süden wird es zunehmend feuchter, die südlichsten Regionen gehören zum Regenwald. Rund um die Küsten finden sich die vielfältigsten Lebensräume für Tiere und Pflanzen.

Trinkwasser war immer knapp. Doch in großen Teilen der Region konnte man diesem Mangel durch die zahlreichen Cenotes begegnen. Sie entstehen, wenn die Kalksteindecke einbricht und sich in den so geformten Trichtern Wasser sammelt – Regenwasser vor allem, zum Teil auch das Wasser unterirdischer Flüsse. Wie Löcher im Käse durchziehen Höhlen und solche Kalksteineinbrüche die Ebene. Sie sind heute Ziel für ein erfrischendes Bad oder für ebenteuerliche Höhlenexpeditionen.

In vielen Cenotes spiegelt sich der Kult um den Regengott Chac wider. In einigen Cenotes entdeckte man reiche Opfergaben, mit denen vermutlich versucht wurde, den Regengott gnädig zu stimmen. Auch Menschenopfer wurden ihm dargebracht, wie Skelettfunde beweisen.

John L. Stephens, einer der ersten Forscher in der Region, schwärmte beim ersten Anblick eines Cenote von einem »Schauspiel von außergewöhnlicher Schönheit«, es sei die wahre Schöpfung einer Romanze, ein Badeplatz für Diana und ihre Nymphen: »Griechische Poeten haben nie so schön eine Szene erdacht.«

In der zentralnördlichen Chenes-Region (die Silbe »Chen« bedeutet Brunnen), wurde Wasser in unterirdischen Zisternen – Chultunes – gesammelt für die trockene Jahreszeit. Eine dritte Möglichkeit, Wasser zu sammeln, waren *Aguadas*, natürliche Vertiefungen.

Die alten Maya bauten Mais, Bohnen und Kürbis an und die gleichen Nahrungsmittel, ergänzt durch Schwein und Hühner, bestimmen auch bei den Nachfahren heute den Speisezettel.

## Moderne Wirtschaft

Die typische Landschaft von Yucatán ist geprägt von weiß getünchten, luftig hohen, mit Palmwedeln gedeckten Hütten, überdimensionalen Franziskanerklöstern und zerbröckelnden Haciendas. Auf diesen Landgütern lebten einst nicht nur die Gutsbesitzer, die Henequén-Barone, in Saus und Braus. Hier wurde auch die Agavenfaser zu Seilen verarbeitet, die in alle Welt exportiert wurde – bis synthetische Fasern den Markt eroberten. Nach Jahrzehnten des Verfalls sind einige Haciendas wieder auferstanden als exklusive Hotels.

Henequén (auch Sisal) wird in Yucatán immer noch angebaut, wenn auch in erheblich kleinerem Umfang. Statt Seile für die Industrie werden aus den Fasern hübsche Taschen, Teppiche und Hängematten hergestellt. Das Zeitalter allerdings, als die Millioneneinnahmen der Henequén-Industrie in prächtige Herrenhäuser entlang dem Paseo de Montejo in Mérida gesteckt und die Kinder der Landbesitzer auf europäische Schulen geschickt wurden, sind lange vorbei.

Das Einkommen Yucatáns speist sich aus zwei ziemlich unverträglichen Quellen: Öl und Tourismus. Die Ölgewinnung bleibt glücklicherweise auf einige Inseln vor der Küste von Campeche beschränkt, während der Tourismus längst große Teile der karibischen Küste erobert hat.

◀◀ **Chac Mool am Strand von Cancún – Puerto Aventuras**
◀ **Blick vom »Tempel der Krieger« auf die El Castillo genannte Hauptpyramide in Chichén Itzá**

Cancún ist der mächtige, moderne Sonnentempel. Ausgewählt von Regierungsbeamten am Schreibtisch, wurde Cancún buchstäblich aus dem Dschungel gehackt. Inzwischen lockt die am Reißbrett geplante Stadt jährlich drei Millionen Besucher und mehr an – und lässt keine Urlaubswünsche offen.

Die Besucher verteilen sich längst weiter entlang der Küste. Zwischen Cancún und Tulum entstand die »Riviera Maya«, an der neben traditionellen Städtchen wie Puerto Morelos und Playa del Carmen völlig neue Ferienorte und großzügige All-inclusive-Anlagen die schönsten Strandabschnitte belegen. Weiter südlich steht die Costa Maya am Anfang der touristischen Entwicklung.

Gewachsen ist auch das Interesse an den Errungenschaften der alten Maya-Zivilisation. Immer mehr abgelegene Ruinen im Dschungel werden ausgegraben und für Touristen zugänglich gemacht, darunter das aufregende Ek Balam oder das einsame Xcambó. Dies geschieht auch, um die besser bekannten Stätten wie Uxmal, Chichén Itzá und Tulum zu entlasten, die mit den Besucherscharen kaum noch fertig werden.

Reizvolle Alternativen zum Strandurlaub bieten die Städte. Mérida, Campeche und das kleine Valladolid bewahren Charme und Kunst der Kolonialepoche.

Die traditionelle Landwirtschaft wird mehr und mehr ersetzt durch hochtechnologisierte Agroindustrie, um die stark gestiegene Nachfrage nach Chili, Tomaten, Melonen und Zitrusfrüchten zu befriedigen. Yucatán ist einer der bedeutendsten Schweinefleischproduzenten Mexikos. Honig ist ein weiteres wichtiges Exportprodukt. Östlich von Progreso mit seinen Industrieanlagen ist Yucalpetén der größte Fischereihafen der Region, der auch große Anlagen zur Fischverarbeitung besitzt.

Yucatán ist im Norden, Osten und Westen vom Meer umgeben und die Küste der Halbinsel war seit den Zeiten der klassischen Maya (oder sogar noch früher) eine wichtige Handelsroute. Auf yukatekische Maya stieß erstmals 1502 Christoph Kolumbus. Er beschrieb ihre großen Kanus, die voll beladen waren mit Textilien, Obsidian und Jade. Heute ist ein großer Teil der Küste dem Tourismus gewidmet, vor allem in Quintana Roo. Doch obwohl in den letzten Jahren die Infrastruktur mächtig entwickelt wurde, um den Boom gerecht zu werden, bleiben große Regionen geschützte Zonen. Dazu gehören das Biosphärenreservat Sian Ka'an sowie die geschützen Küstenzonen Río Lagartos und Celestún.

## Naturschätze

Der größte lebende Schatz des Kontinents ist vielleicht das Große Maya-Riff, das nördlich von Cancún beginnt und sich bis zu den Bay-Inseln vor Honduras erstreckt. Das Riff beherbergt Tausende von Korallenarten und mindestens 18 gesunkene Galeonen. Hinzu kommen zeitweilige Meeresbesucher wie Delfine, Wale, Tarpune, Thunfische, Schildkröten und verschiedene Haifischarten.

Glücklicherweise ist der Urwald, der die Halbinsel von jeher geprägt hat, in großen Bereichen ziemlich unberührt geblieben. Wer Glück hat, entdeckt hier Tiere wie Puma, Jaguar, Wildkatzen, Weißrüsselbären, Gürteltiere, Opossums und Klammeraffen, ebenso kleinere Arten wie Kaninchen, Leguane, Waschbären und natürlich Vögel aller Art. Tief im Dschungel begraben, liegen noch unzählige alte Maya-Stätten, die Archäologen noch für mehrere Generationen beschäftigen können. Eine der wahrscheinlich größten Maya-Städte der frühen klassischen Epoche, wurde gerade erst »angefasst«: In Calakmul wurden während der Forschungs- und Restaurierungsarbeiten aufregende Entdeckungen gemacht, von kostbaren Jademasken bis hin zu einzigartigen Wandgemälden.

Örtliche Naturschutzgruppen organisieren sich immer besser. Im Sian-Ka'an-Biosphärenreservat arbeiten Umweltschutzgruppen in Partnerschaft mit dem World Wildlife Fund zusammen. Sie experimentieren mit rotierendem Anbau, versuchen die kommerzielle Fischerei zu beschränken und stellen Bewässerungsmethoden vor, die einer Farm die Selbstversorgung sichern können.

Die Idee eines großen Biosphärenreservats ist ein neuartiges Konzept der nachhaltigen Nutzung, erklärt die Umweltschutzgruppe *Amigos de Sian Ka'an:* Es fördert den Schutz verschiedener natürlicher Ökosysteme der Welt und erlaubt zur gleichen Zeit menschliche Aktivitäten durch vernünftige Nutzung und Entwicklung der natürlichen Ressourcen. ■

▶ **Traumhaft schön – die Küste Yucatáns**

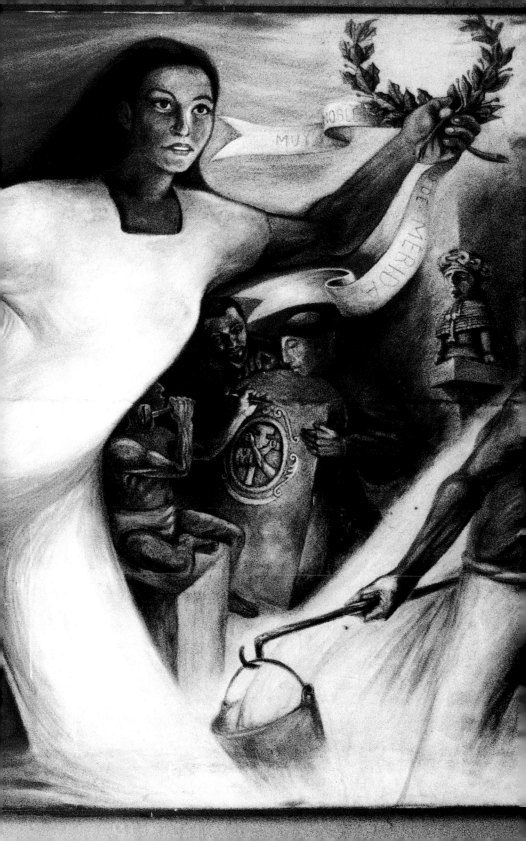

# Die Maya in Yucatán

Verstreute Siedlungen gab es in frühester Zeit entlang der Küsten. Von diesen Stätten aus wurde Handel getrieben mit Bewohnern der Karibik und um den Golf von Mexiko, was einen kulturellen Austausch zur Folge hatte. Den wohl frühesten Einfluss übten die Olmeken aus, die weiter westlich am Golf von Mexiko lebten (etwa 1200 bis 400 v. Chr.).

Als die Forscher im 18. und 19. Jh. die einstigen großen Maya-Stätten wieder entdeckten und fasziniert waren von deren Anblick inmitten der isolierten und wenig bevölkerten Region, wucherte die Fantasie. Man begann sich vorzustellen, die Maya hätten Kontakt gehabt zu den alten Zivilisationen im Mittleren Osten, mit Ägypten, Assyrien oder Griechenland. Einige glaubten sogar, dass die Maya die Überlebenden des untergegangenen, sagenhaften Atlantis seien.

Inzwischen weiß man viel mehr über die jahrhundertelange Entwicklung der Maya. Wie die Olmeken veränderten die frühen Maya allmählich ihre Lebensweise. Zunächst widmeten sie sich in kleinen Dörfern ausschließlich dem Ackerbau. Nach und nach schufen sie komplexere Gesellschaften, die ein zeremonielles Zentrum hatten und von Erbdynastien regiert wurden.

In Yucatán führte die Notwendigkeit, Wasser zu sparen zum Bau von komplizierten Bewässerungskanälen und der Anlage von Terrassen, um die Produktion der Landwirtschaft zu erhöhen. Die Maya bauten Mais und Gemüse als Grundnahrungsmittel an, aber auch Baumwolle und die Henequén-Agave für die Herstellung kunstvoller Textilien und den Handel. Der Honig von Yucatán wurde in der ganzen Gegend gerühmt und machte die Maya als fähige Bienenzüchter bekannt. Auch die Salzdeponien an der Nordküste waren hoch geschätzt. Salz wurde gegen Jade, Obsidian und andere wertvolle Handelsware in der Maya-Welt getauscht.

◀◀ **Detail eines Mural von Fernando Castro Pacheco im Palacio de Gobierno in Mérida**
◀ **Die Indígenas tragen auch heute noch ihre traditionellen bestickten »huipiles«**

## Zivilisationszentren

Auf Yucatán haben sich mehrere Maya-Zentren entwickelt: um Río Bec im Süden der Halbinsel, entlang der niedrigen Hügelkette des Puuc im Zentrum sowie einzelne mächtige Städte wie Chichén Itzá oder Dzibilchaltún, die in der Nähe eines Cenote wachsen konnten.

Hauptzentrum der klassischen Maya in der Region war Uxmal. Die Stadt erlebte ihre Blütezeit

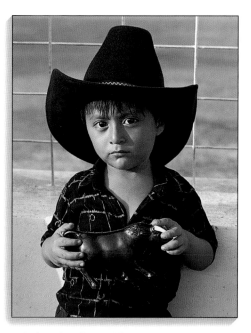

zwischen dem 7. und 10. Jh. (s. S. 299). Sie dominierte die Puuc-Region zusammen mit Kabáh, Sayil und anderen kleineren Stätten.

Eine der Besonderheiten von Uxmal sind die Chultunes, künstlich errichtete Zisternen, die den Regen auffingen und für die trockene Jahreszeit speicherten. Wie anderswo in Yucatán fehlt es an Flüssen und natürlichen Wasserreserven.

Nach Berichten einheimischer Historiker waren die Erbauer von Uxmal eine Bevölkerungsgruppe mit dem Namen Xiu, die vermutlich im 7. Jh. aus dem Süden einwanderte. Allmählich dehnten die Xiu ihre Herrschaft auf Uxmal und die Puuc-Region aus, bis sie schließlich mit den Spaniern kollaborierten.

## Kunstvolle Architektur

Mit wachsender Macht entfaltete sich auch die Pracht der Zermonialgebäude. Die Maya-Architekten von Uxmal gebrauchten fein gehauene Steine, bauten zierliche Bögen und schlanke Säulen und bedeckten die Fassaden ihrer Gebäude mit Stuck und fröhlichen Farben sowie fantasievoller Ornamentik. Die besten Beispiele dieser Architektur sind die als Palacio de Gobierno und Quadrangulo de las Monjas (»Nonnenviereck«) bekannten Gebäude, die als zwei der herausragenden Bauten im alten Amerika gelten. Naturalistische Skulpturen und das Motiv der Hakennase, das den Regengott

Kalkstein aufgeschüttet und mit weißem Zement befestigt. Ihre tatsächliche Funktion ist unbekannt. Doch da es bedeutende heilige Stätten waren, die durch Sacbeob miteinander verbunden waren, ist es wahrscheinlicher, dass sie zeremoniellen Zwecken dienten statt lediglich dem Transport. Eine 18 km lange *sacbé* führt von Uxmal nach Nohpat und Kabáh. In Kabáh steht genau an der Stelle, wo die *sacbé* auf das zeremonielle Zentrum trifft, ein eindrucksvoller Maya-Bogen. Der verweist allein durch seine Größe auf die herausgehobene Bedeutung der Stätte in der spätklassischen Maya-Epoche.

Chac repräsentieren soll und die Ecken vieler Gebäude markiert, unterstreichen das hervorragende Können der lokalen Baumeister bei der Bearbeitung des weichen Kalksteins der Region. Zur gleichen Zeit entstanden die sorgfältig gearbeiteten, abstrakten Flechtwerkmuster, die auffallende Ähnlichkeit haben mit den eingewebten Motiven ihrer Textilien, die ebenfalls charakteristisch waren für Yucatán. Einige andere Architekturelemente verweisen auf andere Einflüsse aus Mexiko.

## Zeremonialstraßen

Ein anderes charakteristisches Merkmal der Maya-Kultur in Yucatán ist die »weiße Straße« *sacbé* (Plural: *sacbeob)*. Die breiten Straßen wurden aus

Wie viele Menschen in jedem dieser Zentren einst lebten, ist sehr schwierig festzustellen. Dennoch stellten Archäologen kürzlich eine Kalkulation an über die Zahl der Einwohner von Sayil, einer kleineren Stätte in der Puuc-Region. Danach lebten 10 000 Menschen in einem Gebiet von knapp 4 km$^2$ (zum Vergleich: Monaco hat 3,2 km$^2$ mit 34 000 Einwohnern).

In Sayil bildet eine 1 km lange Nord-Süd-Achse das Zentrum. Am Nordende dieser *sacbé* befand sich der der mehrstöckige, mit Säulen gegliederte und mit Reliefs verzierte Palast, in dem vermutlich die Dynastie der Herrscher lebte. Am südlichen Ende wurden mehrere Tempel und Ballspielplätze wissenschaftlich erforscht.

## Blütezeit und Niedergang

Am Ende des 9. Jhs. war Uxmal der Mittelpunkt eines mächtigen Reiches, das die Puuc-Region und die umliegenden Ebenen beherrschte. In den nächsten Generationen überschritt jedoch die Zahl der Menschen die Fähigkeit des Landes, sie zu ernähren. Allmählich wurden offenbar Städte wie Uxmal und Sayil aufgegeben. Die Bevölkerung suchte an anderer Stelle neu an-

### Gerechte Gottheit

→ Diego de Landa äußerte sich über Quetzalcoatl: »Er wurde in Mexiko und in Yucatán als Gott verehrt, weil er sich als gerechter Staatsmann erwiesen hatte.«

Chichén Itzá bedeutet »neben dem Brunnen der Itzá«. Tatsächlich war der heilige Cenote über Jahrhunderte ein Pilgerort, an dem auch Opferungen stattfanden. Bischof Diego de Landa berichtete, dass es Brauch war, in Zeiten der Trockenheit Menschen in diesen Brunnen zu werfen. »Man glaubte, dass diese Menschen nicht sterben würden, obwohl sie niemals wieder gesehen wurden. Die Maya warfen auch wertvolle Dinge in den Brunnen und solche, die sie als wertvoll erachteten.«

zufangen und gründete kleinere Orte, die schließlich unter die Herrschaft des nächsten großen Zentrums kamen, Chichén Itzá.

Chichén war der Hauptort der Itzá, die den Gott Kukulcán oder Quetzalcoatl verehrten. So groß war die Bedeutung dieses Zentrums vom 10. Jh. an, dass die Spanier, als sie sechs Jahrhunderte später die Region eroberten, zunächst daran dachten, ihre eigene Hauptstadt hier anzusiedeln, wie es Hernán Cortés in Mexiko gemacht hatte.

◄ **Traditionell mit Palmblättern gedecktes Wohnhaus auf Cozumel**
▲ **Ein Künstler fertigt eine Kopie einer wertvollen Jademaske**

### Mächtige Menschen

Dieser und andere Brunnen lieferten Chichén Itzá genügend Wasser, um etwa 15 000 Menschen zu versorgen, die in einem 30 km² großen Gebiet lebten. Die meisten Archäologen stimmen darin überein, dass die Itzá kriegerischer waren als die Maya von Uxmal. Sie nutzen die zentrale Lage im Norden der Yucatán-Halbinsel, um die Bevölkerung in einem Gebiet zu kontrollieren, das im Norden bis an die Küste und im Südosten bis zu den Hügeln des Puuc reichte. Sie kontrollierten auch den Handel mit so wichtigen Gütern wie Salz, Honig, Baumwolle, Jade und Obsidian.

Viele Skulpturen in Chichén Itzá verkörpern ihre Götter. Dazu gehören Jaguar und Adler, die beide mit der Sonne identifiziert wurden. Die Maya von Chichén teilten einige Götter mit den Tolteken, die in Zentralmexiko lebten. Über den Einfluss der Tolteken auf die Maya gehen die Meinungen der Archäologen auseinander. Manche schreiben ihnen die Einführung der Menschenopfer zu. Auch die Plattform der Totenschädel, Tzompantli, scheint toltekischen Ursprungs. Und wie die Tolteken erkannten die Maya die Bedeutung der Venus für astronomische Berechnungen.

### Ummauerte Stadt
→ Der Name Tulum bezieht sich auf die Mauern, die den Ort an drei Seiten umgeben. »Tulum« ist das Maya-Wort für Zaun oder Umzäunung.

die Spanier im 16. Jh. daran gingen, Yucatán zu erobern, waren die Maya in 16 verschiedenen Gruppen aufgespalten. Einige dieser Gruppen siedelten an den Küsten Yucatáns. Das eindrucksvollste Zentrum dieser späten Epoche ist zweifellos Tulum an der Karibikküste (s. S. 320 f.).

Gebaut auf einem Felsen, der sich aus der Karibik erhebt, war Tulum ein wichtiges Handelszentrum im Schnittpunkt der Routen zu den Inseln Cozumel und Mujeres sowie zu den Maya-Siedlungen weiter im Süden, im heutigen Belize und Guatemala. Die Ruinen, die auf einer Länge von rund sieben Kilometern entlang der Küste gefunden wurden, zeigen kulturellen Einfluss dieser Orte, aber auch aus Zentralmexiko. Der Einfluss von Tulum selbst in der Region sowie seine soziale Organisation indes bleiben ein Rätsel.

## Ankunft der Spanier
Die ersten Spanier, die in die Welt der Maya eindrangen, waren zwei Schiffbrüchige, Überlebende der Valdivia-Expedition, deren Schiff vor Jamaika auf Grund lief. Einer von ihnen verbrachte den Rest seines Lebens bei den Maya, der andere, Gerónimo de Aguilar, wurde der Dolmetscher von Hernán Cortés und begleitete ihn bei der Eroberung von Zentralmexiko.

Die erste wirkliche Expedition an den Küsten Yucatáns durch die Spanier fand 1517 statt, angeführt von Francisco Hernández de Córdoba. 1518 war Juan de Grijalva der erste Europäer, der die Pracht der Maya-Tempel in Tulum zu Gesicht bekam. 1519 war Cortés an der Reihe. Er landete auf der Insel Cozumel, wo er von den Einheimischen herzlich begrüßt wurde und die erste Messe in Mexiko hielt. Auf seinem späteren Eroberungszug nach Zentralmexiko diente ihm die indianische Prinzessin Malinche (Marina) als Dolmetscherin. Ab 1527 wurde es ernst mit der Eroberung der Halbinsel Yucatán durch die Spanier, angeführt von Francisco de Montejo. Das Zeitalter der Kolonisierung, von Integration und Widerstand hatte begonnen. ■

## Gewaltsamer Niedergang
Auch Chichén Itzá erlebte seinen Niedergang. Ende des 13. Jhs. war die Stadt so gut wie verlassen. Der letzte Anführer Chac Xib Chac musste sich nach mehreren Schlachten dem Herrscher der Cocom-Dynastie in Mayapán geschlagen geben.

Die Architektur von Mayapán ähnelt der von Chichén Itzá, doch erreicht sie nicht deren Größe. Mayapáns Herrschaft umfasste nur die Nordwestecke der Halbinsel. Die politische Organisation zu jener Zeit schien weniger hierarchisch. Verschiedene Zentren schlossen sich zu einem Bündnis mit Mayapán zusammen. Mehr als 100 Jahre später schien auch Mayapán am Ende. Vorausgegangen war offenbar ein gewaltsamer Aufstand. Als

◀ **Maya-Frau aus Valladolid**
▶ **Der Convento in Izamal**

# Moderne Geschichte Yucatáns

**D**ie Entscheidung für die mexikanische Republik fiel zusammen mit dem blutigsten Aufstand der Maya-Indígenas seit der Eroberung. Die Situation für die Maya hatte sich in den vorausgegangen 100 Jahren dramatisch verschlechtert. Reformen der spanischen Kolonialbehörden im späten 18. Jh. führten zur Enteignung und Verstaatlichung der Ländereien, die von den Maya als kommunaler Besitz bearbeitet wurden.

Zum ersten Mal seit der spanischen Eroberung wurden zudem die Maya-Älteren, die in ihren Dörfern und Dorfgemeinschaften eine große Autorität ausübten, von Kolonialbeamten abgesetzt. Neue Steuern machten das Leben zusätzlich schwer. Die Schaffung der mexikanischen Republik diente auf der einen Seite dazu, eine größere Kontrolle des Staates auszuüben, und auf der anderen Seite bot sie den Großgrundbesitzern eine Möglichkeit, noch mehr Land in immer weniger Händen zu konzentrieren.

## Krieg der Kasten

1847 war es, als die Maya im Osten der Yucatán-Halbinsel sich gegen die Weißen, die *dzules,* wie sie genannt wurden, erhoben. Was als Krieg der Kasten in die Geschichtsbücher einging, begann in Valladolid, einer Stadt, die als Bastion von Rassismus und Ausbeutung galt. So waren Indígenas und Mestizos vom Hauptplatz und den freundlichen Straßen im Zentrum verbannt. Sie lebten in schäbigen Außenbezirken. Als einer der Anführer der Maya, Manuel Antonio Ay, wegen des Verdachts auf Verschwörung erschossen wurde, löste sein Tod grausame Vergeltungsmaßnahmen aus. Sie gipfelten in einem Massaker an der weißen Bevölkerung in der Stadt Tepich.

Bald hatte sich der Konflikt zu einem bitteren Krieg ausgeweitet. Die Mehrheit der Maya-Bevölkerung auf dem Land kämpfte gegen die mexika-

nischen Mestizos und die Spanier, die überwiegend in den Städten von Yucatán lebten. Als die Maya-Rebellen auf Mérida zumarschierten, die wichtigste Stadt in der Region seit Beginn der Kolonialzeit, baten die weißen Politiker die Zentralregierung um Unterstützung.

Mexiko schickte Bundestruppen, *federales,* nach Mérida, die bei der Verteidigung der Stadt halfen. Mérida war gerettet. Viele Historiker aller-

dings behaupten, es war nur ein zufälliger Sieg. Denn gerade als die Maya vor Mérida standen, war die Zeit der Aussaat gekommen. Die Maya, deren Lebensunterhalt von der Landwirtschaft abhing, stoppten die Angriffe und kehrten auf ihre Felder zurück, um Mais anzubauen.

Die Bundestruppen drängten die Maya-Rebellen noch weiter zurück, bis in den äußersten Süden des Landes, den heutigen Staat Quintana Roo. Dort gründeten die Maya ihre eigene Stadt Chan Santa Cruz. 1850 ereignete sich hier ein »Wunder«: José María Barrera, einer ihrer Anführer, hatte eine Vision. Ihm erschien ein kleines Kreuz in einem Baum, das mit ihm zu sprechen begann (mit Hilfe eines Bauchredners).

◀◀ **Lithographie Uxmals
von Frederick Catherwood**
◀ **Das Autodafé von Maní –
Mural von Fernando Castro
Pacheco im Palacio de Gobierno
in Mérida**
▶ **Casa de Montejo in Mérida**

Das »sprechende Kreuz« – und drei weitere, die daraufhin erschienen und als Töchter des ersten galten – gewann der Rebellion Tausende von freiheitsliebenden Maya hinzu. Die *cruzob,* wie die Rebellen genannt wurden, ließen sich vom Kreuz sogar ihre Kriegsstrategie vorgeben und setzten den Kampf gegen die Unterdrückung jahrzehntelang, bis in die nächste Generation fort.

Erst mit der Wende zum 20. Jh. kam das Ende – wieder einmal durch Zufall. Es war der Ausbruch von Windpocken, der die Maya schwächte und der Regierung den Sieg überließ. 1901 zogen die Bundestruppen in Chan Santa Cruz ein; die Maya

Welt. Mérida verwandelte sich in eine schöne Stadt mit breiten Boulevards, die flankiert wurden von prächtigen Palästen. Elektrizität wurde gelegt; Eisenbahnen wurden« gebaut, um die Seile und andere Sisalprodukte zu exportieren.

## Sklavenbedingungen

Gleichzeitig wurden die Tagelöhner auf den Henequén-Plantagen grausam ausgebeutet und missbraucht wie Sklaven. Sie wurden gezwungen unter miserablen Bedingungen unzählige Stunden zu arbeiten und erhielten für ihre Arbeit allenfalls Gutscheine, die nur in den Läden eingelöst wer-

leisteten keinen Widerstand. Am Ende des Kriegs der Kasten war die Bevölkerung Yucatáns von rund einer halben Million auf 200 000 gesunken.

Trotz der Bedrohung im Inneren Yucatáns war das Ende des 19. Jhs. zugleich eine wirtschaftliche Blütezeit, ausgelöst von einer stacheligen Pflanze. Die Maya hatten von jeher aus den Fasern der Henequén-Agave Seile hergestellt. Doch erst im 19. Jh. entdeckten weiße Landbesitzer die kommerziellen Möglichkeiten. Die Nachfrage aus Europa und den USA nach Sisal, wie das Produkt nach dem Ausfuhrhafen im Norden Yucatáns bald genannt wurde, war so gewaltig, dass der Handel blühte und Mérida bald mehr Millionäre unter seinen Einwohnern hatte als jede andere Stadt der

den konnten, die denselben Besitzern gehörten und die für ihre Waren horrende Preise verlangten. Viele Maya verschuldeten sich so ausweglos. Die Situation im ländlichen Mexiko im frühen 20. Jh. brachte der nordamerikanische Journalist John Kenneth Turner in Artikeln und in dem Buch »Barbarous Mexico« an die Öffentlichkeit.

Turners Angriffe gegen den Mangel an politischer Freiheit und die Sklavenbedingungen in vielen Teilen des Landes brachten sogar die »London Daily Mail« dazu, einen Protest zu formulieren: »Wenn Mexiko nur halb so schlimm ist, wie Mr. Turner das Land zeichnet, (...) sollte es von allen freien Menschen der Welt als verseucht betrachtet werden.«

## Gewalt flackert auf

Turner sagte voraus, dass die Flut der Opposition gegen diese Situation sehr schnell steigen und eine radikale Änderung fordern würde. 1910 war es in Yucatán wie in anderen Teilen des Landes so weit. Die Revolution brach aus. Wieder stand Valladolid im Zentrum der Ereignisse und wieder kämpfte die Maya-Bevölkerung an vorderster Front für eine neue Freiheit und im Besonderen für eine gerechtere Verteilung des Landes.

In den ersten Jahren der Revolution, gelang es den Landbesitzern, den *hacendados,* eine strenge Kontrolle über die Situation auszuüben. Sie be-

ben den Gouverneur, erklärten Yucatán zum souveränen Staat und schickten Abgesandte in die USA. Die sollten dort um Unterstützung für den Kampf um Unabhängigkeit werben und waren sogar ermächtigt, im Gegenzug die Region zur Annektierung durch die USA anzubieten.

Bereits im März desselben Jahres gelang es der Bundesarmee unter einem ihrer ältesten Führer, General Salvador Alvarado, die bunt zusammengewürfelten Kräfte, die nach Unabhängigkeit strebten, in die Flucht zu schlagen und Yucatán unter strenge Kontrolle des Staates zu bringen. Der General half die Region zu befrieden, indem

schäftigten die Maya-Arbeiter weiterhin unter katastrophalen Bedingungen und wehrten alle Versuche ab, das Land neu zu verteilen.

1915 jedoch forcierte Präsident Carranza die Reformen. Der Gouverneur, den er ernannte, Toribio de los Santos, versuchte die Zwangsarbeit abzuschaffen und die Steuern auf Landbesitz zu erhöhen. Daraufhin unternahmen die Großgrundbesitzer einen letzten Versuch, Yucatáns Unabhängigkeit von Mexiko zu erreichen. Sie vertrie-

◀ **Viele Kirchen Yucatáns
weisen einen festungs-
ähnlichen Charakter auf**
▲ **Die Plaza in Izamal im 19. Jh.**

### Gemalte Maya-Ruinen

Adela Catherine Breton, Tochter eines englischen Offiziers, war eine der unerschrockensten frühen Berichterstatter über Maya-Stätten in Yucatán. 1849 geboren, war sie bereits in den Vierzigern, als sie zum ersten Mal Chichén Itzá besuchte. Viele Male kehrte sie bis 1907 zurück und malte zarte und außerordentlich genaue Aquarelle der Wandgemälde und nahm auch Abdrücke. Miss Breton verfertigte auch eine äußerst feine Farbzeichnung des großartigen Stuckreliefs von Acanceh im Südosten von Mérida. Sie starb 73-jährig in Barbados.

er die revolutionären Gruppen in eine zentrale Organisation zusammenführte und zur Gründung der ersten Gewerkschaft in Mérida ermutigte. Alvarado gründete rund 1000 Schulen in der Region, die zum ersten Mal die spanische Sprache unterrichteten und die Idee von der Republik Mexiko in die entlegenen Maya-Dörfer brachten. 1918 wurde Felipe Carillo Puerto Nachfolger Alvarados und führte die politischen und sozialen Reformen fort. 1923 war eine linksgerichtete revolutionäre Regierung in Yucatán an der Macht. Carillo Puerto gab erstmals den Frauen das Wahlrecht, ermöglichte Geburtenkontrolle und ließ

Landschulen errichten, um auch der erwachsenen Maya-Bevölkerung Lesen und Schreiben beizubringen. 1924 wurde Felipe Carrillo Puerto im Auftrag von Großgrundbesitzern ermordet. Die Versuche, die Lebensbedingungen der Maya zu verbessern, kamen damit zu einem Ende.

Erst Mitte der 1930er Jahre, während der nationalen Reformregierung von Lázaro Cárdenas, wurden erneut Anstrengungen unternommen, um mehr soziale Gerechtigkeit in die Region zu bringen. 1937 gab Cárdenas fast die Hälfte der großen Henequén-Plantagen an die Landarbeiter zurück. Aber zu dieser Zeit war der internationale Markt für Sisal bereits zusammengebrochen. Der Boden war nun gerechter verteilt, aber zu einem allgemeinen Reichtum der Region trug dieser Schritt nichts bei. Yucatán blieb eine der ärmsten Regionen Mexikos.

## Die Touristen kommen

Diese Situation änderte sich dramatisch in den 1970er Jahren. Damals entschied die mexikanische Regierung, Tourismus als Devisenbringer aktiv zu fördern. Die Strände im Osten Yucatáns und das, was damals das kleine Fischerdorf Cancún war, wurden als idealer Ort für die touristische Entwicklung auserkoren. Heute ist Cancún ein weltweit populärer Badeort, der jährlich mehr als zwei Millionen internationaler Touristen empfängt. Inzwischen verteilen sie sich auch an den Stränden der angrenzenden Küste, die »Riviera Maya« getauft wurde.

Die Maya leben mittlerweile in enger Nachbarschaft zu den Badeorten und Hotelresorts, aber viele von ihnen oft noch genauso wie vor Jahr-

## Religiöse Feste der Maya

In Yucatán sind die bedeutendsten Feste mit Regen und Feuer verbunden. Die Regenzeremonie heißt Cha-Chaac und findet im Februar, zu Beginn der Maisanbauperiode statt. Die Zeremonie wird von einem Schamanen oder Ha-men geleitet, der das traditionelle Getränk Balché herstellt, einen Mix aus Honig, Wasser und geheimen Pflanzenwurzeln. Er reicht es den Teilnehmern, bevor sie mit den rituellen Gesängen und Tänzen beginnen.

Tumbul Kak oder Neues Feuer heißt die andere Zeremonie. Sie wird seit den Anfängen der Maya-Kultur begangen. Entsprechend dem Maya-Kalender endet jede historische Epoche nach 52 Jahren. Diesen Zeitpunkt hielt man für sehr gefährlich, weil dann die Sonne ausgelöscht und damit das Leben auf der Erde beendet werden könnte. Um dies zu verhindern, zündet der Schamane ein neues Feuer an, wenn der Planet Venus am Himmel erscheint.

Wie es mit vielen Maya-Traditionen geschah, wurde auch dieses Ritual christlichem Glauben angepasst. Es findet jetzt am Karfreitag statt, während der Stunde, in der, so die christliche Überlieferung, Jesus am Kreuz gestorben ist.

hunderten – und genauso vernachlässigt von der Regierung. Etwa 1,2 Millionen Maya leben heute - in der Region. Zahlreiche Maya-Wendungen werden auch ganz selbstverständlich von Nicht-Indígenas gesprochen.

In den entlegensten Gebieten besitzen und bearbeiten die Dorfbewohner das Land kollektiv. Sie bauen Mais, Chili und Bohnen an, wie sie es seit Jahrhunderten getan haben. Die meisten Familien besitzen zudem Bienenstöcke, um den Honig herzustellen, für den die Region ebenfalls seit Jahrhunderten berühmt ist.

## Geistiges Leben

Die Maya heute besitzen immer noch eine tiefen Glauben, und Religion spielt weiterhin eine wichtige Rolle in der Gemeinschaft. Dies wusste sich die katholische Kirche zunutze zu machen. In jüngerer Zeit gelang dies auch evangelischen Sekten. Aber oft befolgen die Maya einfach weiterhin die Riten, die ihr Volk über Hunderte, wenn nicht Tausende von Jahren ausgeübt hat. Aber längst haben sich starke katholische Elemente verwoben mit traditionellen Maya-Ideen und Praktiken. Festtage nach altem Brauch werden das ganze Jahr über begangen, und wie bei den alten Maya, die keine Schwierigkeit hätten, den Anlass wieder zu erkennen, sind die Feste eng verbunden mit den Jahreszeiten, mit Aussaat und Ernte, mit den Göttern des Regens und der Fruchtbarkeit.

Dennoch müssen die Maya nach wie vor um ihr Überleben kämpfen: Bevölkerungswachstum, die schlechte Qualität der Böden und nicht zuletzt die Verlockungen viel größerer Verdienste in der Tourismusindustrie haben viele junge Maya dazu veranlasst, ihre traditionelle Lebensweise aufzugeben.

## Immer währende Probleme

Das uralte Recht der Maya, Land zu besitzen und gemeinsam zu bearbeiten, ist ständig bedroht von Menschen, die das Gebiet entwickeln wollen, sei es, um das Holz wertvoller Tropenbäume herauszuholen oder um intensivere Landwirtschaft und noch mehr Viehzucht zu betreiben. Die unabhängige Traditionen und Lebensart der Maya werden oft abgeleugnet oder nur als malerischer Teil der Tourismusindustrie betrachtet. Mit ihrer langen und reichen Vergangenheit sind die Maya sicher die »mexikanischsten« unter den Einwohnern Mexikos. Aber als Indígenas werden sie immer noch ausgeschlossen aus der Gesellschaft und als Außenseiter in ihrem eigenen Land betrachtet.

Im benachbarten Staat Chiapas führte diese Situation zu einer Revolte, die international eini-

ges Aufsehen erregte. Der EZLN, Ejercito Zapatista de la Liberación Nacional (Zapatistisches Heer der Nationalen Befreiung), forderte »Land und Freiheit« wie zu Zeiten der Revolution. Den »Zapatistas« schlossen sich viele Indígenas an und unterstützten deren Forderungen (s. S. 268 f.).

1994 nahmen sie überraschend einige Städte ein, die unter »mexikanischer« Kontrolle standen, um ihren Forderungen Nachdruck zu verleihen nach mehr Land und sozialer Gerechtigkeit. Über 150 Menschen wurden getötet, als Regierungstruppen die Städte zurückeroberten. Versuche, den Konflikt grundsätzlich beizulegen, scheiterten, allerdings kam es nicht zu weiteren Kämpfen (s. S. 268 f.). ∎

◀ **Maya-Verkäuferinnen mit Körben (»canastas«) im 19. Jh.**
▶ **Die aufgegebene Henequén-Fabrik von Yaxcopoil bei Mérida**

# Das Chiapas-Problem

Bis zum 31. Dezember 1993 war Chiapas allenfalls wegen der großartigen Maya-Ruinen von Palenque bekannt, und vielleicht noch für das hübsche Kolonialstädtchen San Cristóbal de las Casas.

Abgesehen von San Cristóbal ist dieser Teil von Chiapas eine der am wenigsten bevölkerten Regionen Mexikos mit einer Vielzahl verschiedener ethnischer Gruppen, die in verstreuten Dörfern leben, während weiter im tropischen Regenwald, im Zentrum des Staates, die Lakandonen weit-

gehend noch so leben wie ihre Maya-Vorfahren vor Hunderten von Jahren.

Die Nachkommen der indianischen Ureinwohner, heute etwa ein Drittel der 3-Millionen-Bevölkerung des Bundesstaats, wurden von vielen Touristen, Mexikanern wie Ausländern, als bunte Kulisse ihrer Sightseeingtour angesehen. Sie besuchten die indianischen Märkte und die katholischen Kirchen, in denen die Indígenas unter dem Mantel des Katholizismus ihre uralten Glaubenspraktiken fortführen.

▲ Das Kloster Izamals erbaute man über den Ruinen eines bedeutenden präkolumbischen Kultzentrums

Was die Touristen nicht sahen, war das karge und kurze Leben der Indígenas. Von der mexikanischen Regierung wurden sie weitgehend vernachlässigt, außer in Wahlkampfzeiten, wenn man ihnen Geschenke brachte und Versprechungen machte, damit sie für die Regierungspartei stimmten.

Dann kam der 1. Januar 1994. Es war der Tag, an dem mehr als 1000 Kilometer entfernt in Mexiko-Stadt, der damalige Präsident Carlos Salinas de Gortari (PRI) die Tatsache feierte, dass Mexiko der Freihandelszone mit den USA und Kanada (NAFTA) beigetreten war. Dies, so verkündete der Präsident, würde für ganz Mexiko von Vorteil sein und beweisen, dass Mexiko in der modernen kapitalistischen Welt gleichberechtigt mit den zwei nördlichen Partnern wetteifern könne.

An diesem Tag tauchten einige tausend bewaffnete Indígenas aus den Wäldern auf und besetzten San Cristóbal sowie ein halbes Dutzend kleinerer Städte in Chiapas. Sie vertrieben die örtlichen Autoritäten, die Polizei und die hier stationierten Armeeeinheiten, und verkündeten der Welt, dass sie das Zapatistische Heer der Nationalen Befreiung (EZLN) seien. Sie hatten den Namen von Emiliano Zapata gewählt, um ihre Hauptforderungen zu unterstreichen. Wie Zapata, der Held der mexikanischen Revolution, forderten sie »Land und Freiheit« für die Indígenas.

Dieser Aufstand hatte die zentrale Regierung völlig überrascht. Zunächst antwortete sie mit dem Versuch, die besetzten Orte mit Gewalt zurückzuerobern. Über 150 Menschen starben in einem einwöchigen Kampf, fast alle Opfer waren indianische Bauern. Inzwischen hatte der Indianeraufstand in Chiapas überall in der Welt Schlagzeilen gemacht. Die mexikanische Regierung konnte sich ein repressives Vorgehen nicht erlauben, gerade in dem Moment, als sie das Land als Teil der modernen demokratischen Welt etablieren wollte.

Es kam zum Waffenstillstand und zu Verhandlungen über die politischen und wirtschaftlichen Forderungen der Zapatisten. In der ersten Runde traf sich eine Gruppe bewaffneter und vermummter Campesinos mit dem Regierungsvertreter Manuel Camacho, dem früheren Bürgermeister von Mexiko-Stadt, in San Cristóbal. Moderator war der Bischof von San Cristóbal, Samuel Ruiz, ein langjähriger

Fürsprecher der Rechte der Indígenas. Star der Show allerdings war der einzige unter den Guerilladelegierten, der ganz offensichtlich kein Indígena war. Er nannte sich »Subcomandante Marcos«, denn der Kommandant im Hintergrund, so erklärte er, war das Volk der Lakandonen. Marcos trug Mütze und Maske, rauchte dabei pausenlos Pfeife, faszinierte durch seine geschliffene Rhetorik und wurde so zum international bekannten Symbol der Zapatisten. Er sprach im Namen der Lakandonen; sie forderten Garantien für das Land, auf dem sie lebten, denn Holzfirmen, Viehzüchter und weiße Bauern kamen bedrohlich-begehrlich näher.

Trotz ihres bewaffneten Aufstands wollten die Zapatisten eine friedliche Revolution der mexikanischen Gesellschaft erreichen. Mehrere ergebnislose Verhandlungsrunden führten schließlich im Frühjahr 1996 zu einem Vertrag. Die Regierung sorgte jedoch nicht für die zur Umsetzung in die Praxis erforderlichen Gesetze, und der EZLN zog sich von den Gesprächen zurück.

Nach Abbruch der Gespräche 1996 war die Situation extrem angespannt. Die Zapatisten und ihre Unterstützer kontrollierten immer noch die Dörfer in der Selva Lacandona. Ihnen standen mehrere tausend mexikanische Soldaten gegenüber. Die Regierung begann eine Kampagne, um die Zapatisten zu unterlaufen. Sie »enttarnte« Marcos als ehemaligen Lehrer Rafael Sebastián Guillén und nutzte ihren Einfluss auf die Medien, um Zweifel an Marcos und seinen Zielen zu schüren.

Auch die Zapatisten wussten die Medien zu nutzen. Sie luden internationale Berichterstatter in das Dorf La Realidad ein, um ihnen »die Wahrheit« zu verkünden. Längst sandte Subcomandante Marcos seine Botschaften aus dem Dschungel via Internet in die Welt.

Bundesarmee und örtliche Polizei verstärkten den Druck in der »Konfliktzone«, taten jedoch nichts, um Gewalt innerhalb verfeindeter Gemeinschaften zu verhindern. Dies führte zu immer mehr Toten. Allein am 22. Dezember 1997 forderte in Acteal ein Massaker unter friedlichen Kirchgängern 45 Opfer, darunter 14 Kinder. Die Verdächtigen, vor allem höhere Beamte und ein General, blieben straffrei. Dagegen wurde die Verfolgung der EZLN-Anhänger verstärkt. Einwanderungsbehörden

wiesen Ausländer, die mit dem EZLN sympathisierten, unter dem Vorwand der Einmischung in mexikanische Angelegenheiten aus. Mit der Demontage »autonomer Gemeinden« wurde begonnen und angebliche Zapatista-Anführer in Haft genommen. Regierungsversuche, den Dialog wieder aufzunehmen, lehnte der EZLN ab.

Auch Präsident Vicente Fox, der bei seinem Amtsantritt im Dezember 2000 den Chiapas-Konflikt zur Chefsache machte und eine schnelle

Lösung versprach, scheiterte. 2001 wurde ein Gesetz verabschiedet, das den Indígenas mehr Rechte zugestehen sollte, aber nur teilweise die Forderungen der EZLN erfüllte, die sich darauf hin in Schweigen hüllte. Vor dem Wahljahr 2006 meldeten sich die Zapatisten mit einer »anderen Kampagne« zurück. Als »bürgerliche, friedfertige, antikapitalistische und linke politische Organisation« wollen die Rebellen für »eine neue Art« Politik eintreten. ■

▲ **Puppen in zapatistischer Tracht und Bewaffnung als Souvenirs in San Cristóbal de las Casas**

# Die Küste Yucatáns

Großflächige Gebiete entlang der Küstenlinien wurden als besonders geschützte Reservate ausgewiesen. Die Strategie dieser *reservas* lautet nicht »Berühren verboten«, vielmehr wird eine vernünftige und nachhaltige Nutzung gefördert. Küstenfeuchtgebiete, Wälder oder Korallenriffe werden unter Schutz gestellt, damit bestimmte Vorschriften greifen. Ziel ist es, wetteifernde ökonomische Aktivitäten – überwiegend Fischerei und Tourismus – sinnvoll miteinander in Einklang zu bringen, um die natürlichen Reserven zwar zu nutzen, aber gleichzeitig auch zu bewahren.

Die Reservate wurden von unterschiedlichen Autoritäten eingerichtet, sei es von der Staatsregierung, dem Land oder einer Gemeinde. Private nichtregierungsabhängige Umweltschutzgruppen (NGOs) engagieren sich in den meisten Reservaten, um deren Lebensfähigkeit auf lange Sicht zu sichern.

### Geschützte Gebiete

Im Westen angefangen, gehören dazu folgende Reservate: Laguna de Términos und Los Petenes im Staat Campeche; Celestún, El Palmar, Dzilam de Bravo und Ría Lagartos entlang der Nordküste von Yucatán, das Alacrán-Riff vor der Küste eingeschlossen, im Staat Yucatán. In Quintana Roo liegen Yum Balam, wozu die Insel Holbox gehört, die Vogelschutzinsel Contoy, das Unterwasserreservat von Isla Mujeres, Punta Cancún und Punta Nizúc, das Unterwasserreservat von Puerto Morelos, die Cozumel-Riffe sowie das Laguna-Columbia-Reservat auf Cozumel; schließlich Sian Ka'an und Banco Chinchorro vor der südlichen Küste und das große Biosphärenreservat Calakmul.

Wissenschaftliche Rätsel ranken sich um das moderne Fischerdorf Chixchulub an der Nordküste. Einige Wissenschaftler vertreten die Theorie, dass an diesem Ort vor 65 Mio. Jahren ein Meteor von 10 km Durchmesser einschlug und einen Krater von 250 km Durchmesser hinterließ. Als sich

der Staub gelegt hatte, etliche Millionen Jahre später, waren die Dinosaurier ausgelöscht, und an ihre Stelle traten Vögel und Säugetiere gemeinsam mit Blumen und Bäumen. Eine andere Theorie sieht den Einschlag wesentlich früher. Die Nord-Süd-Wasserscheide, die durch den Rand des Kraters geschaffen wurde, bestimmt heute, ob die unterirdischen Flüsse der Halbinsel ihr Wasser in den Golf von Mexiko oder in die Karibik leiten.

Brackwasser, ein Gemisch aus Süß- und Salzwasser, ist verantwortlich für die *caletas,* malerische kleine Buchten oder Lagunen, die sich entlang der Karibikküste verstecken und einen enormen Fischreichtum aufweisen.

Vor der Ostküste verbirgt sich eines der schönsten und größten Korallenriffe der Welt, ein Wunderwerk der Natur: Das Große Maya-Riff dehnt sich auf insgesamt 300 km Länge aus; es reicht vom Norden Quintana Roos bis nach Honduras. Die Inseln Contoy im Norden, Isla Mujeres, Cozumel sowie Banco Chinchorro im Süden sind alle Teil dieses einzigartigen Systems. Auch die Nordküste der Halbinsel ist nicht gänzlich frei von Riffformationen. Eine ganz besondere ist Arrecife

◄◄ **Ein Leguan (»iguana«) sonnt sich am Strand von Tulum**
◄ **Die Laguna de Nichupté**
▶ **Den Braunen Pelikan kann man an den Küsten Yucatáns oft sehen**

Alacrán. Das »Skorpionriff«, 60 km nördlich von Progreso, ist eigentlich ein Atoll aus fünf unabhängigen Inseln. Flora und Fauna sind so einzigartig, dass es zum Biosphärenreservat erklärt wurde. Inseln westlich davon werden von nistenden Seevögeln ebenso genutzt wie als Basis für die Ölförderung.

Im Norden Yucatáns häufen sich parallel zur Küste gewaltige, bis zu einem halben Kilometer breite Sanddünen. Sie dienen als Begrenzung für Lagunen und Salzebenen.

> ### Gigantische Attraktion
> → Das Korallenriff vor der Ostküste ist nach dem Großen Barriereriff von Australien das zweitgrößte Riff der Welt und für die Taucher unter den drei Millionen Cancún-Besuchern das Paradies.

Industrieländern geschätztes Produkt war Chicle, der bis zur Erfindung des synthetischen Gummis tonnenweise aus den Wäldern herausgeholt wurde. Tourismus ist die jüngste Industrie, deren Ursprung zusammenfiel mit dem Niedergang der Naturprodukte, einem Nachlassen der Fischvorkommen und schließlich der Zerstörung der Kokospalmen durch ein tödliches Virus.

## Alte Industrien

Küstenbewohner haben diese Gebiete schon immer zum Fischen und zur Salzgewinnung genutzt, auch in alten Maya-Zeiten vor 2000 Jahren. Nicht viel hat sich geändert. Fischen und Salzgewinnung sind immer noch die Hauptwirtschaftszweige der Region. Um die Wende zum 20. Jh. spielte der Handel mit Färbeholz (palo de tinto) eine wichtige Rolle für Campeche und Belize. In beiden Fällen waren es die Engländer, die das Holz exportierten. Große Nachfrage im Welthandel nach Kopra führte in der ersten Hälfte des 20. Jhs. zur Ausbreitung von Kokosplantagen entlang der Küste. Von Veracruz bis Belize ersetzten sie bald die ursprüngliche Vegetation. Ein weiteres, in den

## Naturdörfer

Die Fischerdörfer entlang der Golfküste wie Isla Aguada, Celestún, Telchac Puerto, Río Lagartos und El Cuyo sind vom Tourismus noch weitgehend unberührt. Ihre natürliche, unaufdringliche Atmosphäre macht sie zum bevorzugten Ziel für unabhängige Reisende, die die Nähe zur einheimischen Bevölkerung suchen. Hinzu kommt eine Fülle an einzigartigen endemischen Pflanzen und Tieren, die in staatlichen und privaten Schutzgebieten bewahrt werden.

Von herausragender Bedeutung für Wissenschaftler, aber ebenso für die lokalen Fischer, sind die Lagunen. Zum einen dienen sie als natürliche Aufzuchtbecken für viele Arten von Fischen,

Krabben und Schalentieren. Zum anderen steuern Fischer die Lagunen an, wenn sie mit ihren Booten Schutz vor stürmischen Winden suchen. Das taten bereits die alten Maya mit ihren Kanus auf ihren Handelsrouten vom Golf von Mexiko bis nach Zentralamerika.

Heutige Ansiedlungen an allen drei Seiten der Halbinsel haben ihre Wurzeln in alter Zeit. Die ursprüngliche Wahl für einen Ort wurde von verschiedenen Kriterien bestimmt. Lohnte er sich für den Fischfang oder zur Salzgewinnung? Gab es natürliche Öffnungen im Barriereriff für einen sicheren Hafen?

Fährt man entlang der Küste in Richtung Norden, gelangt man nach Champotón. Das Fischerstädtchen sitzt hinter einem Strand am Rand einer Lagune, die vom einzigen oberirdischen Fluss entlang der Westküste geformt wird.

Im frühen 16. Jh. gab es hier mindestens 8000 Steinhäuser mit strohgedeckten Dächern. Die Größe des Ortes sank oder stieg, schwankend im Verhältnis zur Gesundheit der lokalen Fischerei. Das trifft auf viele Fischerdörfer zu. Einige erholten sich, doch in den letzten Jahren war es eher der Tourismus als die Fischerei, der neues Leben in die Dörfer brachte.

Die mangrovengesäumte Laguna de Términos, die sich im Schutz der Isla del Carmen in Campeche ausbreitet, ist die größte Bucht an Mexikos Golfküste. Die Gewässer sind eine natürliche Kinderstube für Garnelenlarven, Basis für die enorme Shrimpsindustrie der Region. Sportfischer, die auf der Isla Aguada an der nördlichen Öffnung der Lagune Station machen, sind begeistert von der dortigen Vielfalt der Fischarten. Und draußen im Golf fördert Pemex Öl.

◄ **Mangroven säumen weite Abschnitte der karibischen Küste**
▲ **Meeresschildkröten vergraben ihre Eier nachts im warmen Sand**

Das Schutzgebiet Los Petenes – der Name bezieht sich auf die mit Laubbäumen bewachsenen erhöhten Inseln in zeitweise überschwemmten Feuchtgebieten, Schwemmland – beherbergt einen enormen Reichtum der Tierwelt, vom Jaguar bis zum Jabiru.

An der Nordwestecke der Halbinsel liegt das Dorf Celestún auf einem Sandstreifen zwischen dem Golf und einem ausgedehnten Küstenlagunensystem. Die Salzgewinnung wurde schon vor einiger Zeit aufgegeben. Noch ist Fischen die Haupterwerbsquelle, aber der Tourismus kommt mit schnellen Schritten. Die Besucher genießen die Schönheit der von Mangroven gesäumten Flussmündung, dem *estuario*, und vor allem den

Anblick der farbenprächtigen Vögel. Hauptattraktion ist eine nicht brütende Kolonie von annähernd 3000 Flamingos, die fast zu jeder Jahreszeit hier gesehen werden können. Die Flamingos und eine Fülle anderer Wasservögel, darunter viele Zugvögel, bevölkern die Feuchtgebiete. Reptilien und bedrohte Säugetierarten bewohnen die Petenes. Die ganze Vielfalt wird geschützt durch das Celestún-Biosphärenreservat, dem sich zwei staatliche Reservate, El Palmar und Dzilam de Bravo, weiter nördlich anschließen. Geführte Bootstouren sind ideal zur Vogelbeobachtung, oder man sucht sich selbst seinen Wasserweg im Kajak.

Nordöstlich von Celestún liegt die kleine Hafenstadt Progreso. Im Hochsommer zieht es die Bewohner von Mérida in Scharen an diesen windgekühlten Ort, um sich von der Hitze der Hauptstadt zu erholen, die 36 km landeinwärts liegt. Viele Meridenser besitzen entlang der Küste großzügig-luxuriöse Ferienhäuser oder -wohnungen, die sie im Winter an ausländische Touristen vermieten. Kanadier nutzen diese Möglichkeit am häufigsten.

Der wahre Charme der Küste entfaltet sich in bescheidenen Fischerdörfern wie San Felipe weiter östlich an der Mündung des Meeresarms Ría Lagartos. Ganz in der Nähe befindet sich der alte Hafen der Insel El Cerrito, den in vorspanischer Zeit die Itzá von Chichén Itzá nutzten. Das Hauptausfuhrprodukt damals wie heute ist Salz, das in den ausgedehnten Ebenen hinter Las Coloradas produziert wird.

## Flamingos und Schildkröten

Von Río Lagartos bis zum Fischerdorf El Cuyo erstreckt sich der ausgedehnte Parque Natural Ría Lagartos, das Hauptnistgebiet der Flamingos. Ähnlich herausragend in dieser Gegend ist die nahezu unberührte Küstenvegetation, in der sich Golfküsten- und karibische Arten mischen. Der einheimische Yucatánzaunkönig findet hier genauso Nahrung wie Millionen von Zugvögeln. Verschiedenste Küstenvögel füllen auf ihrer Durchreise im Frühling und Herbst den Meeresarm hinter der Sanddüne.

Das Dorf El Cuyo an der Grenze zum Staat Quintana Roo ist immer noch klein und malerisch, hat sich aber dem Tourismus geöffnet. Tatsächlich kamen aber schon immer Besucher hierher. Jeden Sommer gehen verschiedene Meeresschildkrötenarten an Land, um ihre Eier im weichen weißen Sand zu vergraben.

Die Insel Holbox am Nordostende der Halbinsel innerhalb des Yum-Balam-Biosphärenreservats beherbergt ebenfalls Meeresschildkröten, die zur Eiablage an Land kommen. Und Land- und Wasservögel tummeln sich hier in Scharen. Auch diese kleine Insel hat ihre sandigen Dorfstraßen für Touristen geöffnet, die den Tag damit verbringen wollen, auf den Inseln in der angrenzenden Yalahau-Lagune Vögel zu beobachten. Kajakfahren ist eine weitere beliebte Aktivität.

### Eine neue Art von Gottesdienst

Wenige Besucher des selbst ernannten öko-archäologischen Parks von Xcaret südlich von Playa del Carmen wissen, dass es sich hierbei um den alten Hafen Pole handelt. Vor Ankunft der Spanier im 16. Jh. war Pole Abfahrtsort für die Pilger, die nach Cozumel segelten, um Ix Chel, der Göttin der Fruchtbarkeit, Opfergaben zu bringen. Heute empfängt Cozumel »Riffanbeter«, die nichts anderes wollen als tauchen und schnorcheln. Xcaret ist ein abwechslungsreicher Freizeitpark mit vielen Angeboten für Tagesbesucher, einschließlich Museum, Aquarium, Vogelstation und einem »Maya-Dorf«.

## Rund um Cancún

Mangrovenbestandene Inseln sowie kleine Lagunen und Buchten schmiegen sich um die Nordostecke der Halbinsel. Nördlichste Insel ist die Isla Contoy, ein bemerkenswerter Nationalpark und Vogelschutzgebiet. Eine begrenzte Anzahl von Booten aus Cancún und Isla Mujeres erhält die Erlaubnis, die Insel zu besuchen. Was vor 2000 Jahren für die Maya ein Fischgrund war, ist heute Mexikos wichtigstes Touristenziel, die Insel Cancún, durch zwei natürliche Kanäle und die Nichupté-Lagune vom Festland getrennt. Hurrikan Wilma hat 2005 Cancún heftig zugesetzt. Doch nach dem Wiederaufbau will sich der Badeort »besser und schöner als je zuvor« präsentieren, wie örtliche Behörden betonen.

Die wichtigen Häfen von Playa del Carmen und Puerto Morelos wurden einst von Fischern geschätzt wegen der *quebradas,* natürlichen Öffnungen im Riff vor der Küste. In Puerto Morelos leben noch immer Fischer, obwohl immer mehr ihre Boote vertäuen und als Kellner oder Tauchlehrer in der wachsenden Tousimusindustrie arbeiten. Ein Unterwasserreservat wurde vor der Küste eingerichtet, um den Nutzen für beide Aktivitäten, Fischen und Tauchen, zu sichern.

Die zentrale Küste von Quintana Roo, südlich der Maya-Stadt Tulum (110 km von Cancún), ist ein ausgedehntes Schwemmland von internationaler Bedeutung, mit vorgelagertem Korallenriff im Osten. Richtung Westen, ins Landesinnere, setzt es sich fort in tropischem Wald. 5280 km² umfasst das Sian-Ka'an-Bisophärenreservat, das von der UNESCO auf Grund seiner einzigartigen Biodiversität in die Liste des Welterbes aufgenommen wurde. Die früheren Kokosplantagen sind ebenso verschwunden wie die einstigen Hafenanlagen für den Chicle-Export.

Stattdessen säumen Lodges für Sportfischer und private Häuser den schmalen Streifen zwischen Meer und den inneren Feuchtgebieten. Zwei große flache Buchten befinden sich innerhalb des Schutzgebietes, die riesige Kolonien von See- und Watvögeln anziehen. Drei kleine Gemeinden am Eingang zu den großen Buchten Ascensión und

Espiritu Santo leben von der Hummerfischerei – und von einem begrenzten und kontrollierten Tourismus. Einheimische Führer fahren Besucher im Boot durch das Schwemmland und machen sie mit den Besonderheiten von Flora und Fauna bekannt.

Die südliche Küste von Sian Ka'an ist kaum bevölkert. Es gibt ein paar wenige Privatanwesen und Tauchresorts. Aber der Wandel kommt auch nach Süden. Costa Maya heißt das Entwicklungsprojekt für die Xcalak-Halbinsel. Eine Anlegestelle für Kreuzfahrtschiffe wurde vor dem kleinen Dorf Majahual am südlichen Rand des Sian-Ka'an-

Reservats bereits errichtet. Noch weiter südlich – auf der anderen Seite der Bahía de Chetumal liegt Belize – ist das Fischerdorf Xcalak Ausgangspunkt für Tauchtouren zum Banco Chinchorro. Das Atoll, vor wenigen Jahren zum Biosphärenreservat erklärt, liefert den Fischern reichen Fang an Fisch, Hummer und weiteren Meerestieren. Einheimische begleiten naturkundlich interessierte Touristen auch zur Vogelbeobachtung in den Regenwald oder durch Mangrovensümpfe.

Eine geteerte Straße bringt Besucher schnell zurück zur Durchgangsstraße Cancún–Chetumal.

Der Tourismus mit seinen positiven und negativen Ausprägungen wird weiter Veränderung bringen. ■

◀ **Das Naturparadies Xcaret bei Playa del Carmen**
▶ **Leguane sonnen sich oft stundenlang auf Felsen**

# Eine neue Chance für Cancún

»**E**s sieht aus, als habe ein Riese alles niedergetrampelt!« Der erste Blick auf die Straßen von Cancún, nachdem Hurrikan Wilma sein Zerstörungswerk beendet hatte, ließ Schlimmstes befürchten. 60 Stunden lang hatte im Oktober 2005 der stärkste Hurrikan, der je gemessen wurde, an der Ostküste Yucatáns und besonders intensiv über Cancún gewütet. Wilma hat Dächer abgedeckt, Hütten weggerissen, Bäume entwurzelt, Verkehrsschilder und Autos durch die Luft gewirbelt, Lichtmasten geknickt, Türen eingedrückt, Glasscheiben explodieren lassen und riesige Mengen Sand bewegt. Die Wassermassen, die ununterbrochen aus dem Himmel herab stürzten und sich mit dem aufgepeitschten Meer und der wild gewordenen Lagune vereinigten, überfluteten die Hotelzone. Sollte sich nach 35 Jahren der »Goldtopf« doch in ein »Schlangennest« verwandelt haben? Beide Bezeichnungen gelten als mögliche Übersetzung für das Mayawort Cancún.

»Cancún ist zerstört«, war eine der ersten Reaktionen. Aber das konnte und durfte nicht sein. Schließlich bringt der internationale Badeort täglich rund 15 Mio. US-$ in den Staatssäckel und sorgt damit für 33 % der jährlichen Deviseneinnahmen aus dem Tourismus. 38 % der internationalen Touristen haben die Region zum Ziel. Auch 40 % der Arbeitsplätze im Tourismus stellt die »Ferienfabrik« an der Karibik, zu der neben Cancún die Inseln Mujeres und Cozumel gehören, ebenso die Riviera Maya, der paradiesische Küstenstreifen zwischen Puerto Morelos und Tulum mit Playa del Carmen als Zentrum. Die Wiederherstellung von Mexikos wichtigster Touristenhochburg erhielt oberste Priorität. Präsident Vicente Fox besuchte schon am Tag danach die Region, stellte Katastrophenhilfe und Wiederaufbaumittel bereit und betraute den Tourismusminister mit der Koordination für die Wiederherstellung der touristischen Infrastruktur.

◀ Mehrere der luxuriösen
**Resorts in Cancún verbinden**
**traditionelle architektonische**
**Elemente mit modernem Design**
▶ **In den Touristenorten kommt**
**man mit Englisch durch**

## »Dank Wilma« noch schöner

Strom- und Telefonleitungen funktionierten nach einigen Tagen wieder, die Wasserversorgung war ebenso schnell wieder hergestellt, die Straßen wurden wieder befahrbar gemacht. Und die letzten Touristen, die in sichere Notunterkünfte evakuiert worden waren, wurden nach einer Woche ausgeflogen. Ein ungewöhnliches Programm sollte mit Überbrückungsgeldern helfen, dass keiner sei-

nen Arbeitsplatz verliert. So wurden fest angestellte Kellner und Köche, Zimmermädchen und Rezeptionistinnen eingesetzt, die Anlagen von Schutt und Sand zu befreien, zu säubern und bei der Neueinrichtung mitzuwirken. Freilich arbeiten im Tourismus auch selbstständige Unternehmer für Ausflüge und Bootstouren, kleine Ladenbesitzer sowie Tourguides, Tauchlehrer oder Künstler, die direkt auf die Touristen angewiesen sind, die aber zunächst einmal ausblieben. Alle kämpften monatelang ums Überleben, etliche mussten aufgeben.

Bei genauerem Hinsehen erwiesen sich schließlich manche Schäden als wesentlich gravierender als zunächst angenommen. Innerhalb von sechs Wochen, wie gehofft, bis zum Beginn der Hauptsaison, war die Wiederbelebung der Hotelzone nicht bewerkstelligt. Zumal viele Hotels die Gelegenheit der notwendigen Reparaturen gleich dazu nutzen, ihr in die Jahre gekommenes Haus vollständig zu modernisieren und dem Zeitgeist des 21. Jhs. anzupassen. In Cancún wurde immer gebaut; 2006 gab es ein paar Baustellen mehr. Cancún wird »noch schöner und attraktiver als zuvor«, lautete die Vorgabe – »dank Wilma« der ironische Nachsatz.

Sechs Monate nach Wilma waren die Wunden, die der Hurrikan schlug, noch längst nicht verheilt, aber die Fortschritte unübersehbar. Mehr als

nem bis zu 28 m breiten Strand. Die mexikanische Regierung investierte dafür umgerechnet rund 20 Mio. Euro; weitere Kosten tragen der Bundesstaat Quintana Roo und die anliegenden Hotels. Bis zum Jahresende 2006 soll Cancún wieder mit allen touristischen Angeboten aufwarten können. Dass bis dahin bereits die nächste Hurrikan-Saison vorübergezogen sein wird, davon will sich keiner verschrecken lassen. Hurrikans hat es auf der Halbinsel Yucatán immer gegeben und wird es immer geben. Die meisten richten glücklicherweise kaum oder nur geringe Schäden an. Ähnlich zerstörerisch wie Wilma war davor nur »Gilbert« im

zwei Drittel der Hotels hatten wieder geöffnet und erwarteten ihre Gäste in renovierten und neu gestalteten Anlagen. Allein entlang dem Boulevard Kukulcán wurden von der öffentlichen Hand 5378 Palmen und 2500 andere Bäume gepflanzt, 64 000 m² Rasenflächen angelegt, 2200 Straßenlaternen aufgestellt und Tausende von Wegweisern und anderen Markierungen – stabiler als zuvor – angebracht. Größtes und teuerstes Projekt war die Wiederherstellung des Strandes an der Ostküste, der auf einer Länge von zwölf Kilometern nahezu vollständig weggespült worden war. Mit Hilfe von Baggern, Schiffen, Pumpen sowie in Tag- und Nachtschichten wurden in zehn Wochen 2,735 Mio. Kubikmeter Sand aufgeschüttet zu ei-

September 1988. Damals brauchte die Region fast zwei Jahre für die Erholung.

Die mexikanische Karibik ist durch natürliche Faktoren besser als andere Gegenden der Welt vor den Folgen von Hurrikans geschützt. Es gibt auf der flachen Halbinsel keine Hügel, von denen sich Schlammlawinen lösen und keine trockenen Flussbetten, die sich in reißende Ströme verwandeln könnten, was nur zwei Wochen vor Wilma Hurrikan »Stan« in Chiapas und Guatemala verursachte. Die Hotelzone von Cancún z. B. liegt sechs Meter über dem Meeresspiegel. Und in den modernen Touristenzentren wird stabil gebaut. Zudem gibt es Evakuierungspläne, die geübt werden und im Notfall funktionieren. Über 30 000

Touristen waren vor Wilma in Sicherheit gebracht worden. Etliche mussten allerdings eine Woche ausharren, bis die Wege wieder frei waren. Bei aller Vorsicht hatte man nicht damit gerechnet, dass Wilma praktisch auf der Stelle verharrte und sich 60 Stunden lang austobte.

An der Riviera Maya, von Wilma vergleichsweise zahm behandelt, hatte nur drei Monate zuvor, im Juli 2005, »Emily« gewütet, ein heftiger, aber »normaler« Hurrikan der Stärke vier, der nach sechs Stunden weiter gezogen war. Die insgesamt 60 000 auf der Halbinsel evakuierten Touristen konnten überwiegend in ihre Hotels zurückkehren und den Urlaub fortsetzen. Auch Emily richtete beträchtliche Schäden an, von denen außerhalb der Region jedoch kaum Notiz genommen wurde, und die schnell beseitigt waren. Playa del Carmen, damals ganz besonders »im Auge des Hurrikan«, präsentierte sich danach schicker denn je.

Auf Cozumel machten beiden Hurrikans ihren ersten Landfall. Dadurch war die Insel doppelt

und jeweils mit voller Wucht getroffen. Die Verwüstungen schienen zunächst kaum reparabel. Doch auch hier wurde die touristische Infrastruktur schnell wieder hergestellt, wie überall durch staatliche Hilfe und mit den vereinten Kräften der Bevölkerung. Das erste Kreuzfahrtschiff – Haupteinnahmequelle der Inselbewohner – legte 30 Tage nach Wilmas zerstörerischem Gastspiel an, die Hotels eröffnen nach und nach wieder – »viel besser und schöner als vorher«. Und doch bleiben auf der »Insel der Schwalben«, die einst der Maya-Fruchtbarkeitsgöttin Ixchel geweiht war, die Wunden des Hurrikans noch länger sichtbar. Der überwiegende Teil der Inselvegetation besteht aus Mangroven, und die wurden vom Wind geknickt und die Blätter vom Salzwasser regelrecht »verbrannt«. Zurück blieben trockene Stämme und Zweige, grau in grau. Umso freudiger registrieren die Bewohner jedes frische Grün, das wieder zu sprießen beginnt. Auch Cozumels berühmte Tauchreviere haben Beschädigungen erlitten, sind aber nicht zerstört. Sie haben sich verändert und dabei, so berichtet die deutsche Tauchschule Aquamarinas auf Cozumel, auch neue Höhlen und Tunnel geöffnet, die zum einen neue Lebensräume für Großfische geschaffen haben und zum anderen den Tauchern neue Erkundungsmöglichkeiten bieten.

◀ **Kitsch findet sich in vielen Souvenirshops in den Touristenzentren**
▲ **Touristen erleben die Tagundnachtgleiche vor der El Castillo genannten Pyramide in Chichén Itzá**

## Dem Sturm getrotzt

Die Strände von Cozumel haben sich an der wilden Ostküste verbreitert, an der Westseite sind sie dafür etwas schmaler geworden. Wahrscheinlich wurde der abgetragene Sand gegenüber bei Playa del Carmen und nahe Puerto Morelos wieder angespült, wo man sich über breitere Sandstrände denn je freut. Auch Isla Mujeres gewann am ohnehin breiten Nordstrand noch ein paar Meter dazu. Die Insel, wo die Touristen rechtzeitig vor Wilmas Eintreffen aufs Festland geschickt worden waren, aber die Bevölkerung dem Sturm trotzte, zeigte sich erstaunlicherweise bereits

sechs Monate danach »hundertprozentig« renoviert in neuem Glanz.

Widerstanden haben allen Stürmen die jahrhundertealten Bauten der Maya. Tulum erhebt sich wie eh und je auf einer Klippe über dem türkis-grün-blau-schillerndem Meer, das so still da liegt, als könne es sich nie aus dieser sanften Ruhe wecken lassen. Karibik pur! Aber eben mit mexikanischen Zutaten.

Dass die Küste von Quintana Roo zur wichtigsten Destination des Landes wurde, ist nicht nur den Tourismusexperten zu verdanken, die vor fast 40 Jahren begonnen haben, eine paradiesisch unberührte Insel in ein perfekt geplantes Touristenparadies zu verwandeln. Vielmehr hat die Region

eine einzigartige Vielfalt an Naturschönheiten und kulturellen Zeugnissen vergangener Zeiten bewahrt, die von jedem Standort aus leicht zu entdecken sind.

## Vielerlei Reize

In Cancún konzentrieren sich neben internationalen Luxushotels die städtischen Vergnügungseinrichtungen mit einer großen Auswahl an Restaurants, Bars, Discos und Shopping Malls. An der Riviera Maya ist man der Natur näher und hat die Wahl zwischen großzügigen All-Inclusive-Hotelanlagen, exklusiven Villen und rustikalen Bungalows, allesamt in Strandnähe, oder man mag die Mischung aus Avantgarde und familiär im trendigen Playa del Carmen. Noch ziemlich ursprünglich gibt sich die Grand Costa Maya weiter im Süden. Egal, wo man sich einquartiert, Sport, Spiel und Spaß bis hin zu anspruchsvollen Golfplätzen findet man ganz in der Nähe.

Zu den Besonderheiten gehören die Cenotes und Lagunen sowie die Korallenriffe, die zum Schwimmen, Schnorcheln und Tauchen einladen. Tagestouren führen in Naturschutzgebiete wie Isla Contoy oder Sian Ka'an. Man kann auf weiteren Touren Kajakfahren rund um die Isla Holbox, Flamingokolonien bei Río Lagartos oder Celestún beobachten, sich in Haciendas ehemaliger Gutsbesitzer verwöhnen lassen und natürlich auf Rundfahrten die grandiosen alten Mayastädte besuchen, von Cobá bis Calakmul im Osten und Süden, von Uxmal bis Chichén Itzá im Westen und Norden. Sogar die Nachbarländer Guatemala und Belize mit ihren Maya-Ruinen oder das Hochland von Chiapas sind leicht erreichbar. Und die heutige Maya-Welt ist im Hinterland präsent. Immer mehr Maya besinnen sich ihrer alten Handwerkskünste und stellen etwa Holzschnitzereien, Perlenschmuck und handbestickte Kleidung her oder sie bieten ihre Dienste als Naturführer an, die ökologische und kulturelle Zusammenhänge vermitteln. Nicht zuletzt ist ihr Wissen um die Heilkräfte der Natur in den außergewöhnlichen Spas gefragt, wo sich uralte Traditionen mit neuer Spiritualität verbinden, um die Harmonie zwischen Körper und Geist herzustellen. ■

◄ Sonne, Sand und Meer – für viele Besucher die Hauptattraktionen der yukatekischen Küste
► Die Hotelburgen Cancúns

# Traumziel Yucatán

ucatán bietet alles, was das Urlauber-
erz für erholsame und sportliche Tage
egehrt: Sonnenschein das ganze Jahr
ber, endlose Strände und traumhaft kla-
s Wasser, dazu den Luxus und die Ver-
ckungen eines modernen Ferienziels.

Abseits der glitzernden Badeorte hat
ch das ländliche Yucatán wenig geän-
ert. Die yukatekischen Maya, die sich
cht weglocken ließen, um an der Küste
ı arbeiten, bestellen weiter ihre *milpas,*
n Mais und Bohnen anzupflanzen wie
re Vorfahren vor Tausenden von Jahren.
er Boden, den sie bearbeiten, ist nicht
esonders fruchtbar, und für viele Maya
iederholt sich alljährlich der Kampf, un-
r der erbarmungslosen Sonne und unter
hwierigsten Bedingungen dem trocke-
en Land und dichtem Gestrüpp die Ern-
abzutrotzen.

## ulturelle
## ehenswürdigkeiten

ie Ruinen der yukatekischen Maya lie-
en überall auf der Halbinsel verstreut.
underte von ihnen sind noch nicht aus-
graben. Trotz ihrer primitiven Werkzeu-
 waren die Maya herausragende Stein-
etzen. Sie nutzten einfache Meißel aus
bsidian, um die riesigen Steinblöcke zu
earbeiten, künstlerisch zu gestalten und
 beschriften. Die Daten erinnern an
iester, Krieger und herausragende Ereig-
sse in den verschiedenen Epochen der
aya-Geschichte.

Die Maya erfanden das Kraggewölbe,
eil sie den »richtigen« Bogen nicht raus-

◀ **Tulum – auf Grund**
**iner einzigartigen Lage**
**ı der Karibik eine der**
**hönsten archäologischen**
**ätten des Mundo Maya**
**Chac-Mool-Figur**
**d Kukulcán-Pyramide**
**Chichén Itzá**

hatten. Stein für Stein ließen sie nach
innen vorspringen, bis sich zwei gegen-
überliegende Mauern in der Spitze be-
rührten – ein typisches Merkmal der Maya-
Architektur. Trotz Verstärkung durch
hölzerne Verbindungsstücke, zementierte
Ecken und spitz zulaufende Steine ist die
Konstruktion an sich instabil – und hat
dennoch an vielen Beispielen die Jahrhunderte überdauert.

Zwischen den beide Städten Campeche
und Mérida befindet sich die wohl größte
Ansammlung an herrlichen archäologischen Stätten. Dazu gehören Uxmal mit
der steilen »Pyramide des Zauberers« und
dem »Nonnenviereck« sowie die anderen
Puuc-Stätten Kabáh, Sayil, Labná und viele kleinere Ruinen mehr.

Auf einer Reise nach Yucatán darf der
ausgiebige Besuch von Chichén Itzá nicht
fehlen, eine der berühmtesten archäologischen Stätten der Maya-Welt, die bei der
Abstimmung im Internet über die »Sieben
Wunder der modernen Welt« noch im
Rennen ist. Chichén Itzá ist alles andere
als ein Geheimtipp. Besuchermassen
schieben sich durch die Anlage, aber jeder
kehrt zurück mit unvergesslichen Eindrücken von der Pyramide »El Castillo«, dem
heiligen Opferbrunnen oder der Gruppe
der tausend Säulen.

Es gibt noch mehr Wunder auf der
Halbinsel, weit entfernt von Chichén Itzá
und den Puuc-Stätten. Edzná im Westen,
nahe Campeche, hat einen bemerkenswerten fünfstöckigen Palast. Tulum ist
eine in jeder Hinsicht weniger bedeutende Anlage, triumphiert aber durch ihren
unvergleichlichen Standort hoch über
dem türkisfarbenen Wasser und den
weißen Stränden der Karibik. Weit im Süden von Yucatán, noch hinter den Ruinen
von Río Bec, liegen die Überreste von Calakmul, einst neben Tikal eine der zwei
Supermächte der Maya-Klassik. Damals
hatte Calakmul eine Bevölkerung von
70 000.

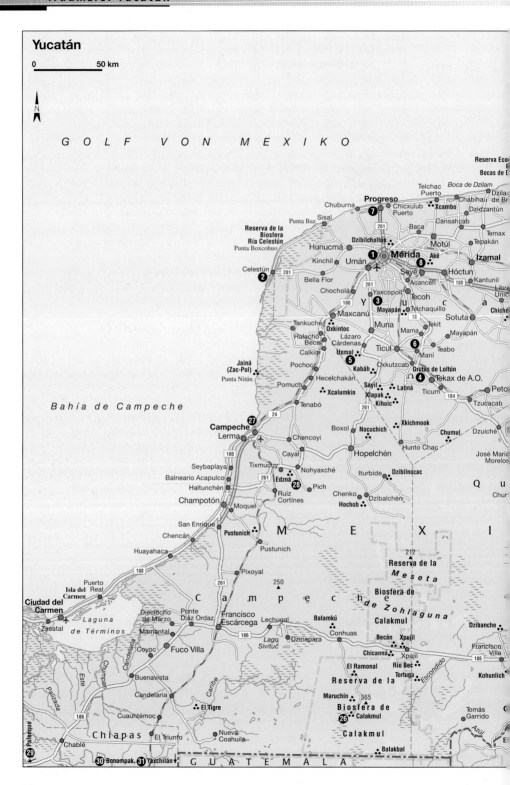

# Yucatán

0 ————— 50 km

N

GOLF VON MEXIKO

Reserva Eco
Bocas de I

Telchac       Boca de Dzilam
Puerto                    Dzila
Chuburna     **Progreso**   Chabihau  de B
                7          Chicxulub  **Xcambo**
Sisal              Puerto        Dzidzantún
Punta Baz                        Cansahcab
Reserva de la              Baca            Temax
Biosfera                   **Dzibilchaltún**      Tepakán
Ría Celestún        Hunucma           **Mérida**   **Motúl**
Punta Boxcohuo             Umán     1  8  Aké   **Izamal**
                   Kinchil                    **Héctun**
Celestún  2   281   Bella Flor   Sevé         180   Kantunil   Libr
                                  Acancen                     Unic
             Chocholá    261  Yaxcopoil   Tecoh              a
                   180  Y    3  u  Telchaquillo        Chiché
                        **Maxcanú**   Mayapán    C
                                      18
Tankuché           **Muna**  Mama   Tekit   Sotuta
Halachó  **Oxkintoc**  Lázaro      Mayapán
Becal     Cárdenas           Teabo
Calkini  **Uxmal**  Ticul  6  Maní
Pochoc    5  **Kabáh**  Oxkutzcab  **Grutas de Loltún**
Jainá                          **Tekax de A.O.**
(Zac-Pol)  Hecelchakán   Sayil  4
Punta Nitún  Pomuch        Labná  Ticum      184   Peto
            **Xcalumkin**  Xlapak
Tenabó          Kihuic   261      Tzucacab

*Bahía de Campeche*    Boxol  Nocuchich  **Xkichmook**   Dzuiché
            24                          **Chumul**
**Campeche**  27        Chencoyi    Hunto Chac   José Maria
Lerma                Cayal   **Hopelchén**        Morelos
             180  Tixmucuy  Nohyaxché   Iturbide  **Dzibilnocac**
Seybaplaya         261  **Edzná**        **Q     u
Balneario Acapulco     28  Pich     Chenko       Chur
Haltunchén       Ruiz        **Dzibalchén**
**Champotón**     Cortines   **Hochob**
            Moquel
San Enrique  **Pustunich**   **M    E    X    I
Chencán
Huayahaca    Pustunich              212
            180  Pixoyal      **Reserva de la**
Puerto                  250      *Meseta*
Isla del  Real     261   **C  a  m  p  e  c  h**  *de Zohlaguna*
Carmen
**Ciudad del**  *Laguna*    Diecíocho  Ponte  **Francisco  Balamkú  **Calakmul**   **Dzibanche**
**Carmen**  *de Términos*  de Marzo  Díaz Ordaz  **Escárcega**  Lechugal
Zacatal      Mamantal        186  Dzinapara  Conhuas   **Becán  Xpujil**   **Francisco
       Coyoc  **Fuco Villa**  *Lago*        **Chicanná**  Xpujil   Villa**
                          *Sivituc*     **El Ramonal  Río Beč**   186
       Buenavista                         Tortuga  Escondido  **Kohunlich**
       Candelária                **Reserva de la**
            **El Tigre**    Maruchín  865         Tomás
       Cuauhtémoc              **Biosfera de**      Garrido
*Chiapas*  El Triunfo  Nueva  26  **Calakmul**
29  Chablé          Coahuila   **C a l a k m u l**
       30  Bonampak  31  Yaxchilán    **Balakbal**
            **G U A T E M A L A**

288

Mitten im Dschungel haben die Archäologen bei einem gigantischen Ausgrabungsprojekt einen beachtlichen Teil dieser Stadt frei gelegt und zugänglich gemacht, darunter die höchste Pyramide auf der Halbinsel. Ganz in der Nähe überrascht Balamkú mit einem eindrucksvollen Stuckfries.

Abgesehen von den großen Maya-Ruinen gibt es auch spanische Kultur zu erleben. Der koloniale Charme hat sich besonders in den Städten Mérida und Campeche erhalten. Einige der früher riesigen Henequén-Plantagen arbeiten noch, viele aber sind seit langem verlassen und verfallen, andere wiederum sind wieder auferstanden als großzügige luxuriöse Hotels mit hohen, luftigen Räumen, die auch in der brennenden Hitze des yukatekischen Sommers angenehm kühl bleiben.

## Küste und Hinterland

Die karibische Küste der Yucatán-Halbinsel ist einfach überwältigend. Die weißen Strände und azurblauen Gewässer zwischen Cancún und Tulum ziehen die meisten Besucher an. Die faszinierenden Strände werden unterbrochen durch reizvolle Lagunen, wie in Akumal oder Xel-Há.

Vor der Küste liegt die Insel Cozumel. Von den steil abfallenden Wänden ihrer Korallenriffs wird in Tauchmagazinen weltweit geschwärmt. Die wunderschönen Strände der winzigen Isla Mujeres sollen bleiben wie sie sind. Die Laguna de Bacalar ist ein weiteres Juwel, ein herrlicher See nördlich von Chetumal.

Die Nationalparks und Reservate von Yucatán sind ausgedehnt und sehr vielfältig. Am eindrucksvollsten ist das Biosphärenreservat Calakmul mit seinem dicken Dschungelteppich. Das Sian-Ka'an-Biosphärenreservat ist ein weiteres ausgedehntes geschütztes Gebiet, das auch das Korallenriff vor der Küste mit einbezieht. Die Reserva de la Biósfera Ría Lagartos und die Feuchtgebiete von Celestún sind ideal zur Vogelbeobachtung, besonderes Highlight sind die riesigen Schwärme von Flamingos. Schließlich laden noch Hunderte von malerischen und erfrischenden Cenotes zur Abkühlung ein. ■

289

# Nordyucatán

Seite
288
293

**Das Kernland der mexikanischen Maya rankt sich um zwei der größten Städte, Chichén Itzá und Uxmal. Beide sind nur einen Katzensprung von Mérida entfernt, der eleganten Hauptstadt Yucatáns mit kolonialer Vergangenheit.**

Der Staat Yucatán schiebt sich von Norden her wie ein Keil zwischen die beiden anderen Staaten, die zusammen die Halbinsel Yucatán einnehmen. Die Landschaft im Norden ist flach, trocken und bedeckt mit einem Gewirr aus Buschwald. Die heiligen *cenotes* der Maya – tiefe, von Kalkstein geformte Brunnen –, waren zugleich einzige Frischwasserquelle.

Zwar liegen die Karibikstrände als Besuchermagnet weit vorne, doch gleich danach zieht diese Region die meisten Besucher an, allein schon wegen der Vielzahl hervorragender archäologischer Stätten, die von Chichén Itzá und Uxmal gekrönt werden. Zudem bieten die Naturreservate an den Küsten bei Celestún und Río Lartos reiche Beute für Vogelbeobachter in einer ruhigen Umgebung die in Kontrast steht zum glitzernden Cancún.

## Mérida ❶

Die elegante Kolonialstadt ist ein idealer Standort, um Yucatán zu erkunden. Ihr prächtiges Stadtbild wurde geprägt durch die zahllosen Millionäre, die der Henequén-Boom einst reich gemacht hatte (s. S. 297). Heute zieht es fast jeden der 1,7 Mio. Menschen, die den Bundesstaat Yucatán jährlich besuchen, auch in die Hauptstadt. Die Hälfte davon übrigens sind Mexikaner.

Trotz des ganzjährigen Betriebs ist Mérida eine ruhige und angenehme Stadt für Besucher geblieben. Die Innenstadt war einst von Mauern umgeben und ist immer noch übersichtlich und leicht zu erkunden. Doch die Straßen zwischen dicht stehenden Gebäuden füllt heute ein ständiger Strom von Autos und Bussen.

Im Herzen des Stadtzentrums wird die wunderbar schattige **Plaza Mayor** ❹

(Plaza Grande) von den Calles 61 und 63 sowie 60 und 62 begrenzt. Auf der Nordseite führt die Pasaje Pichata zu einem Innenhof mit diversen Schnellimbissen unter einem Glasdach. In den geschäftigen Straßen zwischen der Plaza Mayor und dem alten **Mercado**, zwei Blocks *(cuadras)* nach Süden und zwei nach Osten, befinden sich die Post, zwei Supermärkte und die typischen Straßenstände und kleinen Läden wie in allen lokalen *barrios*. Sonntags werden die Straßen um die Plaza für den Verkehr gesperrt. Verkäufer bauen dann hier ihre Stände auf, außerdem in den Parks Hidalgo und Santa Lucía.

TOP**50** Seite 346

◄ Die so genannte Pyramide des Zauberers in Uxmal ► Sonnenschutz ist auf Yucatán unerlässlich

Seite 353 TOP**50**

▲ Der Patio
des Palacio de
Gobierno
▼ Verkäufer mit
gedämpften Mais-
kolben (»elotes«)

## Casa de Montejo ❸

Auf der Südseite des von Lorbeerbäu-
men beschatteten Platzes liegt die Casa de
Montejo. Sie wurde 1549 erbaut von dem
Gründer der Stadt, Francisco de Montejo,
der als Soldat Cortés begleitet hatte. An
der festungsähnlichen Fassade prangen
noch immer Büsten der Familienmitglie-
der und Statuen von bewaffneten Kriegern, die auf den Köpfen besiegter Indios
stehen. Montejo selbst lebte acht Jahre in
diesem Haus. Heute residiert hier eine
Bank, Patio und Arkaden können besichtigt werden.

## Kathedrale und Gouverneurspalast

Die Maya-Stadt an dieser Stelle hieß
Tihó, und das bedeutet »der Ort der fünf
Tempel«. Die waren so eindrucksvoll,
dass sich die Konquistadoren an die römi-
schen Ruinen in der spanischen Stadt
Mérida erinnert fühlten. Die Bewunderung für die Gebäude hielt sie allerdings
nicht davon ab, diese zu zerstören. Die
Steine verwendeten sie sogleich, um die
**Catedral de San Ildefonso ❻** zu errichten. Sie wurde 1561–1598 erbaut, schräg
gegenüber dem Montejo-Palast an der
Nordostecke des Platzes. Das Innere der
Kathedrale wurde während der Revolution 1915 geplündert bis auf eine Statue,
die als Cristo de las Ampollas (»Christus
der Brandblasen«) bekannt ist. Der Legende nach wurde sie aus einem Baumstamm
geschnitzt, der ein nächtelanges Feuer,
ausgelöst durch einen Blitz, unbeschadet
überstanden hatte. Der 20 Meter hohe
hölzerne Christus über dem Altar war ein
Geschenk aus Spanien.

Neben der Kathedrale, im früheren Palast des Erzbischofs wurde das **Museo de
Arte Contemporáneo de Yucatán ❼** eingerichtet. Méridas wichtigstes Museum
für moderne Kunst besitzt die größte und
bedeutendste staatliche Sammlung mit
Werken lokaler und nationaler Künstler.
Ein Besuch lohnt sich.

Die Nordseite des Platzes nimmt der **Palacio de Gobierno**  (»Gouverneurspalast«) ein, der 1892 erbaut wurde. An den Wandgemälden zur Geschichte Yucatáns im Inneren arbeitete der Künstler Fernando Castro Pacheco 25 Jahre lang. Ein Gemälde handelt von der berüchtigten Zerstörung der Maya-Codices durch Bischof Diego de Landa in Maní 1562.

Der Neubau im alten Stil neben dem Rathaus auf der Westseite beherbergt neben einem guten Buchladen das populäre Kulturzentrum **Olimpo**. Das rekonstruierte **Teatro de Mérida,** ein prächtiges Artdecó-Gebäude in der Calle 62, dient als Kino und hat eine Galerie.

## Im Umkreis der Plaza Mayor

Ein paar Blocks östlich (Calle 48 x 59) ist das **Museo de la Cancion Yucateca**  untergebracht in der früheren Klosteranlage La Mejorada. Zu den Exponaten gehören indianische Trachten, Musikinstrumente, Platten und persönliche Gegenstände be-

rühmter »Troubadure«. Der **Arco de los Dragones,** einer von nur drei erhaltenen maurischen Bögen – einst waren es 13 an den Eingängen zur Stadt – befindet sich südlich des Museums in der Calle 61. Ein zweiter Bogen steht weiter nördlich in der Calle 60 am Parque de Santa Ana. Die Geschichte Méridas in Fotografien kann man im **Museo de la Ciudad**  verfolgen, in der ehemaligen Kirche San Juan de Dios an der Ecke Calle 58 und 61.

Die kleine Kirche **La Tercera Orden,** 1618 von den Jesuiten erbaut, schmiegt sich an den Parque Hidalgo, einen Block nördlich der Kathedrale. Sie bewahrt ein Gemälde, das die erste Begegnung von Montejo und dem Maya-Herrscher Tutul Xiú 1546 festhält. Tutul Xiú ließ sich zum Christentum bekehren; die meisten lokalen Häuptlinge folgten seinem Beispiel.

Ein Tourismusbüro befindet sich im überkuppelten **Teatro Peón Contreras**  (1900 erbaut). Der italienische Architekt Enrico Deserti, der auch den Privatpalast

Seite 293

**Straßenzahlen**
Die im Schachbrettmuster angelegten Straßen tragen Nummern statt Namen: Straßen mit geraden Zahlen verlaufen von Nord nach Süd, ungerade von Ost nach West.

▼ **Mural von Fernando Castro Pacheco im Palacio de Gobierno**

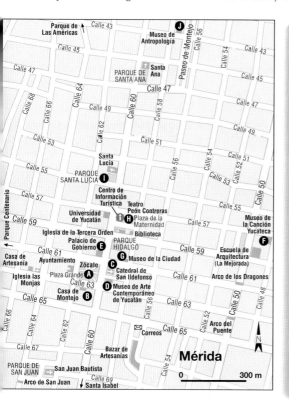

# Architektur in Yucatán

Das Erbe der Vergangenheit ist nie weit weg auf der Halbinsel Yucatán. Jahrtausendealte Pyramiden stehen wie selbstverständlich neben christlichen Klöstern und verfallenen Haciendas.

Im 16. Jh. waren Missionare die produktivsten Baumeister. In Yucatán nutzten die Franziskaner die Arbeitskraft der Maya, um sehr einfache Klöster zu bauen. Sie waren groß und majestätisch, aber kaum kunstvoll verziert, um nicht das Auge abzulenken, wie es den asketischen Prinzipien der Franziskaner entsprach. Holz war rar in Yucatán, dafür gab es umso mehr Steine. Und oft »recycelten« die Missionare die Steine heidnischer Tempel.

1560 waren bereits sechs große Franziskanerklöster vollendet, in Mérida, Campeche, Maní, Izamal, Dzidzantun und Valladolid. Das eindrucksvollste und größte steht in Izamal (s. S. 305).

◀ Detail der Fassade der Casa de Montejo in Mérida

Hier, wie in anderen christlichen Glaubenszentren, versammelten sich die konvertierten Maya in großer Zahl innerhalb des ummauerten Atriums. Ein mit Laub überdachter offener Gang, Ramada genannt, bot den Massen Schutz vor der starken Sonne oder vor Regen, bis im 17. Jh. steinerne Arkaden erbaut wurden. In jeder Ecke des Atriums gab es eine kleine Kapelle, an der die Messe gelesen und Sakramente ausgeteilt wurden. Noch heute heißen sie »capillas de Indio«.

Die spanische Bevölkerung in Yucatán, von den Maya an Zahl weit übertroffen, lebte in wenigen städtischen Zentren. Die Stadt Mérida, 1542 gegründet, bewahrt mit der kunstvollen Fassade der Casa de Montejo ein seltenes Stück platteresker Barockkunst und zugleich ein berühmtes Beispiel weltlicher Architektur (s. S. 292). In Mérida und Valladolid wurden für die spanischen Familien einige sehr schöne Kirchen mit prächtigen Altären gebaut.

Geografisch und kulturell isoliert, blieb die Halbinsel auch von wechselnden architektonischen Moden unberührt. Erst der Aufschwung durch die Sisalexporte im 19. Jh., ließ die Region verschwenderisch werden. Mit dem Gewinn, den die Henequén-Plantagen abwarfen, bauten die Landbesitzer in Mérida opulente Villen in einem eigenwillig europäischen Stil: ein bisschen Rokoko, Neoklassik und Neobarock.

Auf dem Land markierten maurische Doppelbögen wie in Yaxcopoil (s. S. 297) den Eingang zu den gewaltigen Landgütern. Zu einer Hacienda gehören das Herrenhaus Casa Grande, die Verarbeitungshalle, Lagerräume, Arbeitshöfe, eine Kirche, ein Laden, die »tienda de raya«, und die bescheidenen Hütten für die Arbeiter. Nach 1910 wurden viele Haciendas während der Revolution geplündert und zerstört. Heute sind viele verlassen – oder rekonstruiert, um den Glanz der alten Zeit in komfortablen Hotels neu zu beleben. ■

baute, in dem heute das Archäologische Museum der Stadt untergebracht ist, entwarf das üppig dekorierte Marmortreppenhaus. Ebenfalls im Theater gibt es ein elegantes Café mit beliebten Straßenplätzen und die Galería de Juan Gamboa Guzmán, die yukatekische Künstler präsentiert.

Eine weitere Galerie für yukatekische Künstler befindet sich in der Universität von Yucatán, im gegenüber liegenden Gebäude. Ein Wandgemälde stellt die Gründung der Universität im 19. Jh. durch General Cepeda dar.

Im hübschen **Parque Santa Lucía ❶**, einen Block weiter nördlich, findet sonntagvormittags ein Kunsthandwerksmarkt statt. Donnerstagabends wird er zur Kulisse für die traditionelle *serenata,* bei der Musiker romantische yukatekische Lieder singen. In der so genannten Dichterecke vor den Arkaden erinnern Büsten an die berühmtesten Musiker und Schriftsteller Yucatáns.

Einst war der Parque Santa Lucía Endstation der Postkutsche, heute starten hier Stadtrundfahrtbusse. Als Mérida noch von Mauern umgeben war, lag Santa Lucía am nördlichen Stadtrand. Daran schloss sich der *barrio* für die Schwarzen und Mulatten an, während das Stadtzentrum den Spaniern vorbehalten war. Die Maya lebten im *barrio* Santiago, wo die Eremitage Santa Isabel letzte geistige Station für Reisende war, die sich auf den Camino Real nach Campeche begaben.

## Am Paseo de Montejo

Vier Blocks weiter nördlich, an den Calles 47 und 56, beginnt der **Paseo de Montejo,** ein breiter schattiger Boulevard, angelegt als Méridas Antwort auf den Paseo de la Reforma in Mexiko-Stadt und die Pariser Champs-Elyssées. Präsident Porfirio Díaz war bei der feierlichen Eröffnung 1906 dabei. Viele der großartigen Villen

> ### Weiße Stadt
> → Mérida trägt den Beinamen »weiße Stadt«. Die genaue Herkunft ist unbekannt – vielleicht wegen der vielen weißen Gebäude, den mit weißem Kalk wasserfest abgedichteten Dächern oder der weißen Kleider ihrer Bewohner.

stehen noch, darunter die auffallenden Zwillingspaläste, die der Barbachano-Familie gehören, die in den 1930er Jahren den Tourismus in Yucatán begründete. Das sehenswerte **Museo de Antropología ❶**, an der Ecke von Paseo und Calle 43, ist in einen Palast aus dem Jahr 1911 eingezogen. Es zeigt Informationstafeln, Fotografien und eindrucksvolle Maya-Kunstwerke, darunter eine Jademaske aus dem heiligen Cenote von Chichén Itzá. Der Buchladen ist gut sortiert.

Wem der Spaziergang vom Hauptplatz zum Paseo zu weit ist, hat die ideale Gelegenheit, eine der Pferdekutschen zu besteigen und bei der gemütlichen Fahrt über den Paseo die Villen und Statuen genau zu betrachten. Eine dieser Statuen

Seite
288
293

**Turibus**
Stadtrundfahrten starten nahe der Hotels Hyatt, Fiesta Americana und Holiday Inn

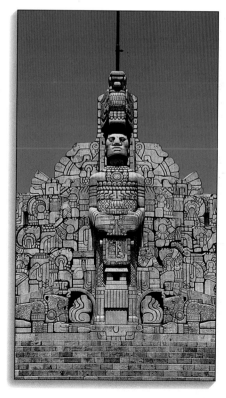

▲ **Detail des modernen Monumento a la Patria**
► **Das Monumento a la Patria porträtiert die Geschichte Mexikos von der Zeit der Maya bis zur spanischen Eroberung**

zeigt Felipe Carrillo Puerto, den »Roten Gouverneur«, der von politischen Gegnern ermordet wurde. Grund waren weitreichende Reformen, die er um 1920 einführen wollte, um das Leben der Maya zu verbessern. Obwohl er verheiratet war, verliebte er sich in die US-amerikanische Journalistin Alma Reed und verließ seine Familie, um mit ihr zusammenzuleben – ein gesellschaftlicher Skandal zu jener Zeit. Eines der berühmtesten yukatekischen Liebeslieder, »La Peregrina«, »Die Wanderin«, war auf seine Bitte hin zu ihren Ehren geschrieben worden. Carillo Puerto wird immer noch als Romantiker verehrt, dessen Reformen seiner Zeit weit voraus waren.

Eine andere Statue erinnert an Justo Sierra, der als Vater der yukatekischen Literatur gilt und ein bewunderter Erzieher war. Der Boulevard endet am **Monumento a la Patria** (»Vaterlandsdenkmal«), das der kolumbianische Bildhauer Romulo Rozo 1946 schuf aus einem Gestein, das aus Ticul heran geschafft wurde. Das runde plastische Werk porträtiert die Geschichte Mexikos von der Zeit der Maya bis zur spanischen Eroberung.

Stadtrundfahrten enden üblicherweise ein paar Blocks westlich am **Parque de las Américas.** Der Park wurde mit verschiedenen Bäumen aus allen Ländern des Doppelkontinents bepflanzt. Er verfügt über ein Freilufttheater – das Wandrelief von Rozo an der Bühne beschreibt die schönen Künste der Maya – einen Spielplatz, Brunnen und eine Bücherei. Alle Bauten sind mit schönen präspanischen Motiven verziert. Ein anderer großer Park am südwestlichen Ende der Stadt, **El Centenario,** beherbergt den Zoo der Stadt. Zu erreichen mit Bussen, die die Calles 61 oder 65 entlangfahren.

## Von Mérida an die Westküste

Hauptanziehungspunkt an der Westküste ist das Tierschutzgebiet, das den Flamingos gewidmet ist. Die Landstraße 281 führt zum 92 km entfernten Fischerdorf **Celestún ❷**, das sich auf eine schmale Landzunge zwischen Lagune und Meer zwängt. Eine Brücke führt über die Lagune, die Teil des Parks ist. Die Reserva de la Biosfera Ría Celestún schützt Flamingos, Reiher und andere Tiere. Flamingos - Männchen und Weibchen sehen absolut gleich aus – bilden monogame Paare und leben miteinander 30 Jahre oder mehr. Sie ernähren sich, indem sie Wasser aufnehmen und das Plankton durch feinste Haare auf der Zunge herausfiltern. Die Lagune ist auch ein Winterquartier für Enten aus Kanada.

Boote starten am Dock vor dem Edificio Cultur, gleich hinter der Brücke. Sie fahren über die Lagune und durch die Mangroven, die den Mündungsarm des Río Esperanza säumen. Schildkröten, Krokodile, Pelikane, Reiher und manchmal sogar Klammeraffen kann man sehen. Die Süßwasserquellen von Baldiosera laden zum Schwimmen und Tauchen ein. Die Strände hier und entlang der Straße

▲ Schmuckreiher in den Lagunen bei Celestún
◄ Heiligenfigur in der Henequén-Hacienda Yaxcopoil

## Der Henequén-Boom

An der Wende zum 20. Jh. erfasste ein Schwindel erregender Wirtschaftsboom Yucatán, der auf dem Anbau von Henequén basierte. Die stachelige Agavenart wuchs auf riesigen Plantagen südlich von Mérida. Aus ihren Blättern werden die Sisalfasern freigelegt und zu Seilen verarbeitet. Wie zu späteren Zeiten das Öl, brachte Sisal eine ganze Reihe von Millionären hervor. Die Besitzer von Henequén-Plantagen lebten wie die Könige. Ihre Kinder schickten sie auf die besten Schulen nach Europa, ihre Frauen kleideten sich nach der neuesten Pariser Mode. All dies erreichten sie auf dem Rücken der Maya-Landarbeiter, die praktisch wie Sklaven gehalten wurden. Henequén wurde exportiert und die Schiffe brachten als Ballast Ziegel und Kacheln aus Frankreich mit – Baumaterial für die Reichen in Mérida.

Heute sind die meisten Haciendas verlassen und verfallen, aber einige sind für Besucher geöffnet, sei es als Hotel, Restaurant oder Museum. Die Hacienda Ochil dokumentiert den Prozess mit Fotografien. In der Hacienda Yaxcopoil sind die Räume mit Mobiliar der Epoche weitgehend authentisch erhalten. Neben der privaten Kapelle mit ihrem glänzenden Marmorfußboden öffnet sich eine alte Küche auf einen Garten mit Zitrusbäumen und Bananen. In der Maschinenhalle auf einer rückwärtigen Terrasse waren hunderte von Maya-Arbeitern beschäftigt. Sie lebten in kleinen Hütten ringsum, die heute von ihren Nachfahren bewohnt werden.

ach Sisal (40 km) eignen sich gut zum chwimmen, doch manchmal wirbeln arke Winde in der ganzen Gegend heftig aub auf.

Am südlichen Ende der Lagune von elestún wird in **Real de Salinas** immer ch Salz gewonnen und verschifft. Die lzgewinnungsanlage wird auch von urbooten angefahren.

## Südroute

Zwei Routen südlich von Mérida sind für Rundfahrten besonders beliebt, die Puuc-Route und die Klosterroute, die sich an einigen Stellen überschneiden. Beide führen durch die Stadt Umán und an **Yaxcopoil ❸** vorbei, eine als Museum erhaltene Hacienda, 40 km südlich von Mérida, die zeigt, wie reich die Henequén-Barone vor 100 Jahren lebten.

Die Puuc-Route – der Name bezieht sich auf die gleichnamigen niedrigen Hügel der Region – passiert **Muna,** bevor sie auf der Ruta 184 südöstlich abbiegt. In diesem Gebiet gibt es viele Zitrusplantagen, wachsen Bananen und Kokospalmen, aber es gibt auch noch die *milpa,* das Maisfeld, das die Lebensgrundlage der Siedler bildet. Zunächst müssen sie den Boden mit Axt und Machete räumen, dann verbrennen sie das Gestrüpp um nahrhafte Asche zu erhalten für den Anbau von Kürbis, Mais, Melonen und Chili. Die Regenzeit beginnt Ende Mai oder An-

Seite
288
293

▶ In der Henequén-Hacienda Yaxcopoil spürt man noch den Glanz vergangener Zeiten

fang Juni, und im September kann geerntet werden. Der Boden allerdings ist nach
drei Jahren ausgelaugt und ein neuer Ort
muss gefunden werden.

### Die Höhlen von Loltún und die Puuc-Stätten

Von Muna aus auf der Ruta 184 Richtung Südosten, erreicht man nach etwa
30 Kilometern **Oxkutzcab** (»an Truthäh-
nen reiches Land«). Wegen der Fülle an
Früchten, die auf dem geschäftigen Markt
verkauft werden, wird die Stadt auch »der
Garten Yucatáns« genannt. Ganz in der
Nähe liegen die **Grutas de Loltún** ❹, die
sich unterirdisch fast zwei Kilometer lang
ausbreiten und deren Gewölbe bis zu
45 m hoch sind. Geführte Touren dauern
etwa eine Stunde. Mit Taschenlampen
werden besondere Phänomene angestrahlt, so ein täuschendes Abbild der
Jungfrau von Guadalupe, die rußge-
schwängerten Teile, wo die frühesten Bewohner ihre Kochnischen hatten, die

◄ **Uxmal stellte in der alten Maya-Welt eine Großmacht dar**

Wasserreservoire *(chultunes)* und ge
gentlich Nester von Fledermäusen. May
Rebellen suchten hier Schutz währen
des Kriegs der Kasten im 19. Jh.

Gleich südlich von Loltún liegt e
Quartett archäologischer Stätten, alle m
herausragenden Merkmalen des Puu
Stils: in Stein gehauene Muster, Dachkär
me (durchbrochene Mauern als Dac
aufsatz) und Masken von Chac, de
Regengott. Der Palast von **Labná** hat D
zende von Räumen und nahezu unverw
terte Chac-Masken. Eine Reihe von *sacb
ob* (»weiße Straßen«) führt zu ander
Gebäuden im dichten Wald, einschlie
lich eines Observatoriums. Schmuckstü
ist der Bogen von Labná, ein herrlich
Kragsteinbogen aus rotem Sandstein m
einem steinernen Fries, das unter and
rem typische Maya-Hütten darstellt.

Von **Sayil** ist der größte Teil gar nic
ausgegraben. Hauptattraktion ist ein dr
stöckiger Palast. der sich über eine weit
offen Platz erhebt. Die oberen Stockwer
sind verziert mit kurzen Säulen, Cha
Masken und einer aus Stein gehauene
Schlange. Pfade führen durch den dicht
Buschwald u. a. zu den Ruinen eines
Observatorium interpretierten Gebäude

Das nahe gelegene **Xlapac** besitzt e
interessantes Gebäude mit Chac-Maske
an den Ecken; die unterschiedlich gefär
ten Steine verweisen auf Restaurierunge

Ein kurzes Stück weiter nördlich e
hebt sich **Kabáh** majestätisch über zw
grasbewachsene Plätze auf unterschied
chem Niveau. Das Hauptgebäude, e
rechteckiger Palast mit 30 Räumen, dom
niert die Stätte. Von gleicher Bedeutu
ist Codz Poop (»aufgerollte Strohmatte
dessen Westfassade über und über m
Chac-Masken bedeckt ist. Dutzende w
tere grinsende Steinmasken sind auf de
Boden zerstreut und zerbrochen. D
restaurierte Bogen von Kabáh – eines d
harmonischsten Bauwerke auf Yucatán
markiert den Beginn einer Sacbé, die ein
nach Uxmal führte. Diese höchst haltb
ren Straßen wurden aus einer Art weiße
Zement, *sahcab,* gebaut, der sich schn
verfestigt.

# Uxmal ❺

och ein paar Kilometer weiter Richtung orden gelangt man nach Uxmal. 1929 ar der dänische Archäologe Frans Blom er erste Ausgräber. Uxmal war die beutendste Stadt in der Puuc-Region und re Architektur ist mehr als eindrucksoll. Als John L. Stephens, der amerikanihe Forscher 1840 Uxmal besuchte, verich er den **Palacio del Gobernador** ❹ ewundernd mit der griechischen, römihen und ägyptischen Kunst. »Die Musr sind seltsam und unverständlich, dabei hr ausgeklügelt, manchmal grotesk, er oft einfach, geschmackvoll, schön«, hrieb er. Der 100 m lange Palast sitzt f einem Hügel. Die prachtvolle Fassade t ganz im Stil des Puuc mit einem Moik aus Kalksteinen bedeckt, 20 000 soln es in diesem Fall sein.

Gleich hinter dem Eingang erhebt sich e 39 m hohe »Pyramide des Zauberers« irámide del Adivino), die, so die Legen-de, von dem Sohn einer Hexe in einer einzigen Nacht erbaut wurde. Tatsächlich ist sie das Ergebnis mehrerer Generationen. Uxmal bedeutet »drei Mal erbaut«. Die Stufen sind steil und einschüchternd; wegen anhaltender Restaurierungsarbeiten darf die Pyramide nicht bestiegen werden. Dabei ist die Aussicht von oben großartig. Einige hölzerne Türstürze *(linteles)* haben die Zeiten überdauert. Sie sind aus dem Holz des Sapodillabaums, der wegen seiner Härte und Dauerhaftigkeit geschätzt wird. Für die ungewöhnlich abgerundeten Ecken dieser Pyramide gibt eine andere Legende eine Erklärung. Sie wurden so weich geschwungen geschaffen, damit sich Ehécatl, der Gott des Windes, nicht an scharfen Kanten verletze, wenn er über das Gebäude blies.

Westlich, vorbei am Cuadrángulo de los Pájaros, schließt sich ein Komplex mit 74 Räumen an, der vielleicht als Palast genutzt, aber »Nonnenviereck«, **Cuadrángulo de las Monjas** ❸, genannt wurde,

Seite
288
299

**Zugreifen!**
Das Städtchen Ticul nahe Oxkutzcab ist berühmt für seine handbestickten »Huipiles«. Aber auch Schuhe, Hüte und schöne Keramik werden hier hergestellt.

▼ **Die Zeiten, in denen die Pyramide bestiegen werden durfte, sind leider vorbei**

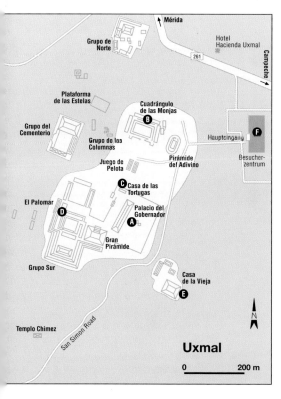

▼ **Die Ruinen von
Dzibilchaltún,**
einer bedeutenden
Anlage aus prä-
klassischer Zeit

weil sich der Entdecker Fray Diego Lopez de Cogolludo an ein spanisches Kloster erinnert fühlte. Der ganze Komplex ist auf einer künstlichen Plattform errichtet und charakterisiert den Puuc-Stil, der Anleihen nimmt bei der Maya-Hütte, *na*, mit ihren glatten Wänden und hohen palmgedeckten Dächern. Der genaue Zweck des »Nonnenvierecks« ist unbekannt, umso mehr fantasievolle Interpretationen gibt es. Ein Gerücht lautet, hier verbrachten die für Opferzeremonien Auserwählten ihre letzten Monate in Ausschweifung.

Südlich davon liegt ein Ballspielplatz in Ruinen. Dahinter erhebt sich die **Casa de las Tortugas** ❸. Die geschnitzten Schildkröten am Sims gaben dem Gebäude den Namen. Die Tiere stehen in Verbindung mit dem Regengott Chac; ihre Tränen wurden als Regentropfen interpretiert. Chac war natürlich in dieser Gegend, wo Wasser knapp ist, von großer Bedeutung. Sein Abbild, in Stein gehauen oder in Stuck geformt, ist überall.

Westlich der Pyramide fällt **El Palomar** ❹ auf. Die neun Dachaufsätze mit Gitterwerk sind verantwortlich für den Namen »Taubenhaus«. Weitere Bauwerke nördlich davon sind über Dschungelwege zu erreichen.

Südöstlich vom Gouverneurspalast verbirgt sich die Ruine der **Casa de la Vieja** ❺ (»Haus der alten Frau«). Hier soll, so die Legende, die Mutter des Zwerges gelebt haben, der die Pyramide erbauen ließ.

Das **Besucherzentrum** ❻ bietet einen Laden, ein Museum und ein Restaurant.

## Von Maní zurück nach Mérida

Die Puuc-Route und die Klosterroute treffen sich in Oxkutzcab. Man muss die gut ausgebaute Straße immer wieder verlassen, um zu den verschlafenen Dörfern der Klosterroute zu gelangen. Erste Station ist **Maní** ❻, der Ort der unheiligen Bücherverbrennung von 1562 (s. S. 28). Diego de

Seite
288
299

## Ausradierte Maya-Geschichte

Nordöstlich von Oxkutzcab liegt das Dorf Maní, dessen Namen prophetisch klingt: der Ort, an dem alles zu Ende geht. An einem Tag im Juli 1562 geschah es in Maní, dass Fray Diego de Landa Hunderte von Idolen und Codices zusammentragen ließ und alles was er finden, aber nicht lesen konnte, öffentlich verbrennen ließ als »Werke des Teufels«. In einem einzigen wahnsinnigen Akt zerstörte er praktisch alle aufgezeichnete Geschichte der Maya. Immer mehr war den spanischen Eroberern von blutigen Opfern der Maya zu Ohren gekommen. Um dieses teuflische Erbe auszumerzen, beschlossen sie, alles zu vernichten, was an den Glauben der Maya erinnert und sie zum Christentum zu bekehren. Zu Beginn ließ Diego de Landa, erster Bischof von Yucatán (1524–1579), die Maya erbarmungslos verfolgen und bestrafte alle Teilnehmer an alten Riten. Dennoch bewunderte de Landa ihre Tugenden Mut, Enthaltsamkeit und Willenskraft, welche die Maya mit dem Christentum teilten. Er rühmte auch ihre früheren Leistungen: »Dieses Land ist ein gutes Land, aber es ist zurzeit nicht das, was es offensichtlich einmal war, als so viele und so bemerkenswerte Gebäude errichtet wurden.« Diego de Landa notierte seine Beobachtungen in seinem »Bericht aus Yucatán«, der ironischerweise zur verlässlichsten Quelle zur Geschichte der Maya wurde.

▲ Maya-Mädchen aus dem Dorf Maní
▼ In Izamal laden Kutschen zu angenehmen Stadtrundfahrten ein

andas Haus steht noch unter Zedernbäuen (Yaaché) in der Nähe der Kirche San Miguel Archangel. In der Kapelle gibt es eine Reihe von Reliefs, die Szenen von den Schlachten der Eroberer schildern. Auf einem Streinrelief wird die Geschichte von

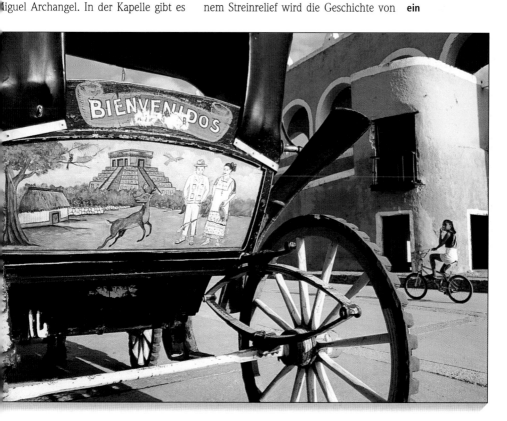

Tutul Xiú erzählt, einem Maya-Oberhaupt, der sich zum Christentum bekehren ließ.

Nordwestlich erreicht man **Mayapán,** einen der letzten Stützpunkte der alten Maya. Einige Gebäude wie der Kukulcán-Tempel sind Kopien von Chichén Itzá. Eine Zeit lang sorgte eine Allianz aus Mayapán, Uxmal und Chichén Itzá für eine friedliche Epoche, doch die endete, als das Oberhaupt von Mayapán die alleinige Kontrolle übernahm. Die endgültige Zerstörung von Mayapán geben die Bücher von Chilam Balam auf unseren Kalender übertragen mit dem Jahr 1441 an.

Mayapán hatte einst 3500 Gebäude. Das eindrucksvolle Zentrum wurde in jüngster Zeit ausgegraben und restauriert. Dabei kamen Stuck und Malereien zum Vorschein.

Richtung Norden lohnen sich weitere Abzweigungen. In **Telchaquillo** führt eine Treppe mitten am Hauptplatz hinunter zu einem Cenote. Die Fassade der Franziskanerkirche wurde von Maya-Künstlern er-

▼ Maya-Frauen in traditioneller Kleidung während einer Prozession

baut. Auch **Tecoh** hat einen Cenote n faszinierenden Höhlen. Das ehemali Kloster Virgen de la Ascensión scheint a einer ehemaligen Maya-Pyramide errich In **Acanceh** steht die Franziskanerkirc Nuestra Señora de la Navidad (16. Jh.) u mittelbar neben einer majestätischen F ramide, die auf ihrer Spitze mit gigan schen Masken aufwartet.

## Von Mérida an die Nordküste

Die Straße mit der Nummer 16 führt v Mérida fast schnurgerade nach Norde Etwa auf halbem Weg nach Progreso, der Kreuzung Taxché, zweigt eine Stra ab zum drei Kilometer entfernten **D bilchaltún,** einer bedeutenden Anlage a präklassischer Zeit. Der Name heißt viel wie »geschrieben auf flache Stein Tausende von Strukturen, durch mehre *sacbeob* miteinander verbunden, wurd kartografiert, darunter ein Palast v

Seite
288

30 m Länge mit 35 Eingängen, der sich
st parallel zur breiten *sacbé* 1 erstreckt.
ie Stadt war von 500 v. Chr. bis zur spa-
schen Eroberung kontinuierlich be-
ohnt und beherbergte zeitweise 20 000
enschen, die vorwiegend vom Salzhan-
el lebten.

Zwischen Palast und Sacbé liegt der Ce-
te Xlacah. 1958 baggerte hier ein Team
n National Geographic und brachte
usende von Maya-Opfergaben ans Ta-
slicht, darunter auch menschliche Ske-
tte. In späteren Jahrhunderten diente
r Cenote einer Viehfarm als Tränke;
ute springt die Dorfjugend ins Wasser
r Erfrischung.

Rechts von Eingang erhebt sich eine
hn Meter hohe Pyramide mit Treppen
f zwei Seiten, links führt ein überdach-
r Pfad, gesäumt von Maya-Statuen zu ei-
m ausgezeichneten kleinen Museum.
e Ausstellung beginnt mit einem farben-
ächtigen Panorama über Dschungel und
isten und ihre Tierwelt und endet mit
n Errungenschaften seit der Kolonial-
it. Ausgestellt sind zudem kostbare Fun-
aus verschiedenen Maya-Stätten. In
zibilchaltún wurden die sieben kleinen
nfiguren gefunden, die dem **Templo de
s Siete Muñecas** den Namen gaben. Die
edrige Struktur mit dem ungewöhnli-
en Dachaufsatz thront auf einer Platt-
rm am östlichen Ende der Anlage. An
n Tagundnachtgleichen taucht die auf-
hende Sonne das Gebäude in gleißen-
s Licht.

## rogreso ❼

eiter nördlich, 36 km von Mérida ent-
rnt, liegt Progreso, einst ein lebhaftes
fenstädtchen. Die vierspurige Schnell-
aße wird zur Calle 78 und endet direkt
1 Meer. Ein kilometerlanger Pier führt
naus zum Puerto de Altura, der Anlege-
lle für Frachter und Kreuzfahrtschiffe,
e im flachen Wasser nicht näher zum
nd ankern können.

Unweit von **El Faro,** einem Leucht-
rm, der den früheren von 1885 ersetzt,
finden sich Markt und Busstation. An-

sonsten ist der **Malecón** am breiten
weißen Strand Ziel für den Ansturm der
Wochenendbesucher – vorwiegend Mexikaner. Hier reihen sich die besten Restaurants aneinander, die köstlichen frischen
Fisch und Meeresfrüchte servieren.

Östlich von Progreso, entlang der Straße 27, an der so genannten **Costa Esme-
ralda** findet sich eine ganze Reihe von Ferienanlagen: luxuriöse Privathäuser oder
praktische Apartments, auch einige Bed-
&-Breakfast-Häuser sind darunter. Die
ersten Häuser liegen in unmittelbarer Nähe zu dem Fischerdorf **Chicxulub,** dem
Ort, an dem vor 65 Mio. ein Meteor eingeschlagen haben soll.

Schilder entlang der Küste verweisen
immer wieder auf Ferienunterkünfte. In
**Telchac Puerto** gibt es sogar eine All-
inclusive-Anlage, das Reef Yucatán. Man
kann aber auch Ferienhäuser für einen
ganzen Winter mieten. Vorbei an Chabihau endet die Küstenstraße in Dzilam de
Bravo. Von hier aus geht es mit (teuren)

▶ **Die Cenotes
und Chultunes
Yucatáns
faszinierten
bereits die
Reisenden des
19. Jhs.**

Bootstouren weiter nach **Boca de Dzilam,** einem Küstengebiet mit Dünen und Sümpfen in der Reserva Ecológica Estatal Bocas de Dzilam, wunderbar, um Tiere zu beobachten.

## Landeinwärts nach Tizimín und Izamal

Von Telchac Puerto führt die Ruta 172 landeinwärts. Nach etwa 4 km, gleich hinter den Salzdünen, taucht die erst kürzlich restaurierte, wenig besuchte Stätte **Xcambó** auf. Einige Pyramiden und andere Strukturen, zum Teil mit abgerundeten Ecken, erheben sich über einem Platz. Mittendrin wurde aus denselben Steinen eine kleine Kirche erbaut.

Nach 60 km durch landwirtschaftliches Gebiet, erreicht man **Motúl,** eine nette und lebhafte Kleinstadt. Pferdekutschen bieten sich als Taxi an. Vom Turm des Klosters neben der beachtenswerten Kirche hat man herrliche Ausblicke. Auf dem

▲ **Quetzalcoatl – die Gefiederte Schlange**

▼ **Der »Tempel der Krieger« in Chichén Itzá**

Markt verkaufen Frauen in langen weißen *huipiles* Tüten mit *nance,* traubengroßer gelben Früchte, die wie weiche Äpfe schmecken und für Marmeladen, Dessert und Liköre verwendet werden. In der Sai son werden *pitahayas* angeboten, rot pfirsichgroße Früchte, die im Sommer au dem stacheligen Cereuskaktus reif wer den. Pitahayasaft, gemixt mit Limone und Mineralwasser, ist ein erfrischende Getränk.

Etwa 1 km südlich von Motúl, hinte einem Henequén-Feld, liegt einer de schönsten Cenotes von Yucatán, der Sam bula. 80 steile Stufen führen hinunter i die Höhle, die von Einheimischen und Be suchern als Swimmingpool genutzt wird Oben serviert ein Restaurant ausgezeich nete regionale Gerichte.

Ruta 176 geht von Motúl aus nac Osten bis nach **Tizimín** (62 000 Einwoh ner), der zweitgrößten Stadt des Staates Dieses Zentrum der Viehzucht besitzt e nen kleinen Zoo und ein Kloster aus de

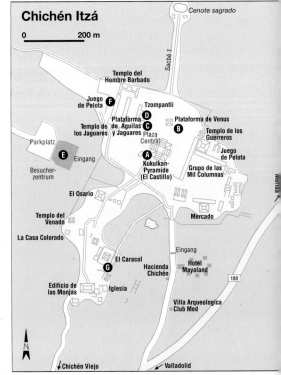

**Chichén Itzá**

0   200 m

Cenote sagrado

Sacbé 1

Templo del Hombre Barbado

Juego de Pelota **F**

Tzompantli

Plataforma **D** de Aguilas **C** y Jaguares

Plataforma de Venus

Templo de los Jaguares

Plaza Central

**B** Templo de los Guerreros

Parkplatz

Besucher- zentrum

**E** Eingang

**A** Kukulkan- Pyramide (El Castillo)

Juego de Pelota

Grupo de las Mil Columnas

El Osario

Templo del Venado

Mercado

La Casa Colorado

El Caracol **G**

Eingang

Hacienda Chichén

Hotel Mayaland

180

Edificio de las Monjas

Iglesia

Villa Arqueologica Club Med

N

↓ Chichén Viejo     ↘ Valladolid

olonialzeit. Auffallend sind hier, wie
ı jedem Ort in Yucatán, die dreirädrigen
ici-(Fahrrad-) Taxis, die dazu dienen alles
u transportieren von Baumaterialien
ber Gemüsestände bis hin zu ganzen Fa-
ilien.

Eine der schönsten Städte Yucatáns und
nwärter für die Aufnahme ins UNESCO-
Velterbe ist das lebhaft in gelben Farben
emalte **Izamal** mit seinem bedeutenden
loster. Ein großes Atrium ist an drei Sei-
ın von Arkaden umgeben. Am Fuß der
eil hinaufführenden Treppen erinnert ei-
e Tafel an den Besuch von Papst Johan-
es Paul II. (span.: Juan Pablo II) am
1. August 1993. Die spanischen Erobe-
er unterwarfen früh diese heilige Stadt
ınd zerstörten die Popul-Chac-Pyramide,
ro Itzamná, der Gott der Schöpfung, ver-
ırt wurde. An derselben Stelle errichte-
ın die Franziskaner das Kloster **San An-
ınio de Padua. Kinich Kakmo** ist eine
ın mehreren Pyramiden, die mitten in
er Stadt überlebten.

Eine Abzweigung von der Straße Meri-
da–Valladolid, gleich hinter Kilometer 26,
führt nahe dem Dorf Tixcocob nach
**Aké** ❸. Schon vor dem Jahr 300 trafen
sich hier Maya-Oberhäupter, um über
Bündnisse zu verhandeln. Aké war bis ins
15. Jh. bewohnt. Bemerkenswert ist ein
riesiger Palast zu dem 27 Stufen hinauf-
führen. Oben stehen 30 steinerne Säulen,
die einst ein hölzernes Dach trugen.
Gleich nebenan kann man eine arbeiten-
de Henequén-Fabrik besuchen.

## Chichén Itzá ❾

116 km östlich von Mérida, an der Ruta
180, liegt Chichén Itzá, die größte und
bekannteste Maya-Stätte der gesamten
Yucatán-Halbinsel. Im 5. Jh. gegründet,
blühte Chichén Itzá für rund 500 Jahre
eher im Verborgenen, bis es zwischen
dem 10. und 13. Jh. zur wichtigsten Stadt
im Norden Yucatáns wurde. Wie weit die
Tolteken aus Zentralmexiko auf diese Ent-

Seite
**288
304**

**Izamal**
»La luz de los
Mayas«, das
Licht der Maya, ist
viermal pro Woche
bei einem Licht- und
Tonspektakel im
großen Atrium des
Klosters San Antonio
de Padua zu erleben.
Di, Do–Sa 20.30 Uhr.

▼ **Wahrzeichen
von Chichén Itzá
ist die El Castillo
genannte
Hauptpyramide**

Seite 355 **TOP 50**

wicklung Einfluss nahmen, ist unter den Archäologen umstritten.

Die typischen Darstellungen von Kriegern, Adlern und gefiederten Schlangen, der Verkörperung von Quetzalcoatl, sind auch bei den Tolteken zu finden. Die Maya nannten die Gefiederte Schlange Kukulcán; für die Maya war er der Brunnen der Weisheit. Daneben behauptete sich der Maya-Regengott Chac. Und manchmal sollen sie sogar zusammengearbeitet haben, wenn Kukulcán mit seinem Schwanz den Wind entfachte und die Erde fegte, damit der Regen frei fließen konnte.

Als die Spanier im 16. Jh. einfielen, war Chichén Itzá längst verlassen. Ausgrabungen begannen, nachdem der amerikanische Konsul in Mérida, Edward Herbert Thompson, ein Harvard-Professor, das Land 1904 erwarb. Er beschrieb seinen Besitz als »herumliegende Steine, behauen und quadratisch, in unzähligen Tausenden und dazu Hunderte von gestürz-

◄ **Geschnitzte Masken werden bei traditionellen Tänzen verwendet**

ten Säulen«. Dennoch: »Fassaden, obwo[hl] grau und verwittert durch die Jahrhunde[r]te, unterstreichen den Anspruch, da[ss] Chichén Itzá, eines der bedeutendsten a[n]tiken Denkmäler der Welt ist.«

Thompson kaufte auch die angrenze[nde] de Hacienda, brachte Bagger und ande[re] Ausrüstung nach Chichén Itzá, trockne[te] den heiligen Brunnen (60 Meter Durc[h]messer, 35 m tief) aus und brachte ei[ne] Fülle an Opfergaben ans Tageslich[t:] Weihrauchgefäße, Jade, Bernstein, Gol[d] gravierte Metallscheiben und mensch[li]che Skelette; einige herausragende Fun[de] sind im Anthropologischen Museum v[on] Mérida ausgestellt.

### Kukulcán-Pyramide **A**

Die Stadtanlage wird überragt vo[m] Templo del Kukulcán. Die Spanier nan[n]ten ihn **El Castillo,** »das Schloss«. D[er] 24 m hohe Bau repräsentiert auf verbl[üf]fende Weise den Maya-Kalender. 91 St[u]fen auf vier Seiten und eine zusätzlic[he] Stufe zum Tempeleingang ergebe[n] 365 Stufen, die Zahl der Tage des Jahre[s,] 18 Terrassen stehen für die 18 Mona[te] (zu je 20 Tagen). Jede Seite hat 52 P[a]neele – 52 Jahre vollenden einen kosm[i]schen Kreislauf, den Punkt, an dem d[ie] beiden Kalenderrunden, Erntekalend[er] und ritueller Wahrsagekalender, zusa[m]menfielen, um zu einem erneuten Kre[is]lauf zu starten.

Am 21. März, zur Tagundnachtgleich[e] kommen tausende Besucher nach C[hi]chén Itzá, um das wunderliche Spiel v[on] Licht und Schatten zu verfolgen, d[as] durch die Schlangenköpfe an der Nor[d]treppe hervorgerufen wird. Die aus de[m] Stein gehauenen Schlangenköpfe und la[n]gen Schwänze werden vor Sonnenunte[r]gang von sanften Schatten begleitet. Un[d] es entsteht der Eindruck, als wollte ei[ne] riesige Schlange zum Fuß der Pyrami[de] hinunterkriechen und in den Bod[en] schlüpfen: So erschien Kukulcán, um a[n]zuzeigen, dass es Zeit zur Aussaat s[ei] (noch einmal am 21. September z[ur] Ernte). Die Illusion, die mehr als d[rei] Stunden dauert, wird während der 3[0]

Seite
304

inütigen Licht- und Tonschau künstlich ervorgerufen (19 Uhr im Winter, 20 Uhr n Sommer).

Im Inneren der Pyramide, geöffnet nur ir ein paar Stunden um die Mittagszeit, elangt man über enge steile Stufen zu nem Altar oder Thron in der Form eines oten Jaguars mit grünen Flecken aus ıde. Auch die Augen sind aus Jade, wähend die Zähne von einem echten Jaguar ıammen. Hier steht auch eine Chac-1ool-Figur, die auf dem Rücken liegend ıne flache Schale hält, bereit, die Herzen ɛopferter Menschen aufzunehmen.

Chac-Mool, der Götterbote, darf nicht ɛrwechselt werden mit Chac, dem Reɛngott, dessen Abbild überall auftaucht, ɛenn Wasser war in der Region knapp. iele der früheren Cenotes wurden unterɛssen aufgefüllt, weil sie Brutstätten für 1oskitos waren. Man glaubte dass Chac 1itze hervorrief, indem er Steinäxte auf ie Erde schleuderte, und den Regen hinɛrherschickte, indem er sein Trinkgefäß ausschüttete. Das Quaken der Frösche wurde für die Ankündigung von Regenschauern genommen.

### Am Fuß der Pyramide

Nordöstlich der Pyramide erhebt sich der **Templo de los Guerreros** (»Tempel der Krieger«), auf dessen Plattform, zwischen zwei großen Pfeilern in Form von Schlangen ein weiterer Chac-Mool ruht. Am Fuß daneben schließt sich der **Grupo de las Mil Columnos** (»Gruppe der tausend Säulen«) an.

Nördlich der Kukulcán-Pyramide befinden sich drei kleine Plattformen: die **Plataforma de Venus** ❽ mit Treppenstufen, die an jeder Seite von gefiederten Schlangen bewacht werden; die **Plataforma de Aguilas y Jaguares** ❾ mit Relieftafeln, die Adler und Jaguare zeigen, welche menschliche Herzen verschlingen; die dritte Plattform heißt **Tzompantli** ❿ und symbolisiert durch skulptierte Flachreliefs grinsender Totenschädel den

▼ Das Observatorium in Chichén Itzá

Brauch, menschliche Schädel nach der Opferung aufzuhängen.

Im großen **Besucherzentrum ❸** am Eingang gibt es neben Läden eine Cafetería und ein kleines Museum.

## Der Ballspielplatz

Der enorme Ballspielplatz, **Juego de Pelota ❻** (146 m lang, 26 m breit), ist der größte von etwa einem Dutzend anderer Plätze in Chichén Itzá. Ein schwerer Gummiball musste durch die hoch oben angebrachten Steinringe getrieben werden, nach Regeln, die unter anderem das Berühren mit den Händen verboten. Geschickte Ballspieler wussten den Ball mit den Hüften zu lenken. Dabei ging es um viel: Die Reliefs an den Seitenwänden zeigen eine kniende Figur ohne Kopf, die von sich windenden Schlangen umrankt ist (eine symbolische Darstellung des aus dem Hals strömenden Blutes), woraus Experten geschlossen haben, dass die Verlierer geköpft wurden.

**Übernachten bei den Ruinen**
Es lohnt sich, eine Nacht in Chichén Itzá zu verbringen, um die Stätte frühmorgens in Ruhe zu erkunden oder abends die Licht- und Tonschau zu erleben. Preiswerte Unterkunft findet man in Pisté, schöne und teure Hotels liegen dicht an den Ruinen.

◀ **Die Höhlen von Balankanché wurden in präkolonialer Zeit für kultische Zwecke genutzt**

## Gebäude im Süden

Es gibt zahllose weitere Gebäude un Strukturen in dieser ausgedehnten Stätt vor allem südlich der Kukulcán-Pyramid Dazu gehören **El Osario,** eine 10 m hoh Pyramide mit Grabstätten, die vor 1C Jahren entdeckt wurden; **El Templo d Venado** und **La Casa Colorada,** benann nach der roten Farbe eines Wandbildes i der Türöffnung. Wichtigstes Gebäude i **El Caracol ❻**, ein monumentaler Run bau mit Kuppel. Dieses »Schneckenhaus ähnelt durchaus modernen Observatorie und diente den Maya zu astronomische Beobachtungen.

Der **Edificio de las Monjas** (»No nenkloster«), ein teilweise eingestürzt Palast, beeindruckt durch seine Größ 65 m lang, 35 m breit, 20 m hoch. A grenzenden Gebäude sind geschmüc mit steinernen Chac-Masken und myth logischen *bacabs* (Gottheiten), in d Form von Schnecken, Schildkröten, Gü teltieren und Krabben, die den Himmel a seinem Platz halten sollten.

Chichén Itzá wird von Touristenbusse überschwemmt, aber auch reguläre Bus. zwischen Mérida und Valladolid halte nahe der Anlage.

# Die Höhlen von Balankanché

Auf der gebührenfreien Straße nach Vall dolid kommt kurz hinter Chichén Itzá d Abzweig zu den **Grutas de Balankanch** Hier hinterließen die alten Maya Opferg ben für den Regengott. Ein Führer begle tet die Besucher durch die beleuchtete Höhlen, 320 Stufen hinunter und wied hinauf auf einer Länge von 900 m. Es feuchtheiß, manchmal muss man si bücken, dann wieder gewinnt die Höh voller Stalaktiten, Stalakmiten und Wa serlöcher kathedralenähnliche Höhe.

Die Höhle, zufällig 1959 entdec steht für die Maya als Eingang zur Unte welt Xibalbá. Im ländlichen Yucatán fi det noch oft die traditionelle Regenze monie statt. Dazu wird ein hölzern Altar errichtet unter einem Bogen a

ättern. Brot und andere Speisen werden
ach speziellen Mustern auf Blättern des
eiligen Ceibabaumes ausgebreitet. Der
hamane blickt nach Osten, während er
ebete und Speisen den Göttern dar-
ingt. Anschließend wird das Brot aufge-
ilt und gegessen. Dazu wird ein Getränk
ereicht aus *balché*-Rinde, Wasser, Honig,
mt oder Anis. Kleine Jungen hocken
ch an alle vier Beine des Tisches und imi-
eren die Laute von Fröschen

Eine Reihe kleiner Dörfer, alle mit den
üchtigten Bremsschwellen *(topes)* ge-
astert, lockern die eintönige Landschaft
atlang der Nebenstraße auf. Pfiffige
ändler warten neben den Topes mit
ren Früchten oder Figuren, um langsam
hrende Touristen zum Kauf zu überre-
en. Der erste Ort ist **Xcalacoop,** dann
lgt **Kaua** mit einem neuen Flughafen.

## alladolid ⑩

ie Nebenstraße führt mitten nach Valla-
olid (52 000 Einwohner), 40 km östlich
on Chichén Itzá. Ursprünglich ein Maya-
eremonialzentrum mit Namen Zaci,
eßen sich hier viele Spanier nieder. Viele
urden Opfer eines der schlimmsten
lassaker während des Kriegs der Kasten
. S. 263 ff.)

Die gut erhaltenen Kirchen und Pracht-
auten geben der Stadt eine koloniale At-
osphäre. Die Kirche **San Bernardino de**
**ena** neben dem Kloster, Convento de Si-
l (Calle 41), in einem westlichen
ußenbezirk, ist eine der ältesten Kirchen
Yucatán (1552) und birgt einige interes-
nte Wandbilder. Einen Besuch lohnen
as **Museum San Roque** und der **Merca-**
**o de Artesanías** (Calle 39, zwischen
alles 42 und 44). Besonders schön res-
uriert wurden die Häuser entlang der
alzada de los Frailes.

Valladolid besitzt zwei beeindruckende
enotes: **Zaci** mitten in der Stadt und
zitnup, 7 km westlich. In Zaci zeigen Ju-
ndliche ihren Mut und springen vom
and etliche Meter in die dunkle Tiefe.
zitnup lädt mit klarem kühlem Wasser
am Schwimmen ein.

# Ek Balam und
# Río Lagartos

Seite
288
304

Auf dem Weg zur Nordküste, 107 km von
Valladolid entfernt, lohnt unbedingt der
Abstecher zur erst vor wenigen Jahren
ausgegrabenen Stätte **Ek Balam.** Herausragend ist hier ein faszinierender, vorzüglich erhaltener Fries aus Stuck an einem
stattlichen Palast, der einen weiten Platz
mit anderen Bauten überragt.

Der Ort **Río Lagartos ⑪** ist Ausgangspunkt zu Bootsfahrten auf dem »Kroko-
dilfluss« inmitten der **Reserva de la Bio-**
**sfera Ría Lagartos,** der sich bis El Cuyo
im Osten erstreckt. In diesem Naturschutzgebiet zwischen Strand, Lagunen
und Mangroven nisten Tausende von Flamingos, die im April anfangen Nester zu
bauen, im Juni ihre Eier legen und sich im
September wieder Richtung Celestún
oder andere Mündungsgebiete davonma-
chen. Zu sehen sind auch Schneesichler
und verschiedene Reiher. ■

▶ **Löffelreiher**
**und zahlreiche**
**andere**
**Wasservögel**
**beobachtet**
**man im Natur-**
**schutzgebiet**
**Ría Lagartos**

# Die Karibikküste

Seite
289

**Außer dem glitzernden Megaurlaubsziel Cancún locken
entlang der traumhaften Küste ruhige Inseln, spektakuläre Tauchgebiete
und noch mehr Maya-Ruinen.**

Cancún hat Mexikos Karibikküste international bekannt gemacht. Touristen kommen das ganze Jahr über in Scharen, angelockt vom klaren Wasser und weißen Strand, von allen Arten von Freizeitvergnügen bis hin zum glitzernden Nachtleben. Doch das ist noch längst nicht alles. Die sonnendurchglühte Küste, Riviera Maya genannt, bietet endlose Abwechslung, von der ruhigen Isla Mujeres über die faszinierenden Maya-Stätten Tulum und Cobá bis zu nahezu unberührten Naturschutzgebieten wie Sian Ka'an im Süden.

Im Oktober 2005 tobte Hurrikan Wilma 10 Stunden lang in der Region und richtete vor allem in Cancún schwere Schäden an. Der Wiederaufbau ging langsamer voran, als zunächst geglaubt, wohl auch deshalb, weil viele Hotels und andere touristische Einrichtungen die Gelegenheit nutzten, den Badeort noch schöner und besser zu gestalten als zuvor. Auch der Strand, der auf einer Länge von mehr als 12 km von Sturm und Wellen weggespült worden war, konnte mit Hilfe modernster Technik künstlich wieder aufgeschüttet werden – breiter als zuvor.

## Die Wurzeln von Cancún ⑫

1840 notierte der Schriftsteller und Forscher John L. Stephens: »Am Nachmittag ruderten wir aufs Festland zu, vorbei an der Insel Kancune, ein ödes Stück Land mit Sandhügeln und einigen Steinbauten darauf.«

Die Gebäude, die Stephens sah, waren Maya-Bauten, die allen Entwicklungen zum Trotz bis heute überlebt haben. Das größte darunter, **El Rey,** steht nun inmitten des Golfplatzes, der zum Hotel Hilton Cancún gehört. El Rey, vermutlich im 13. Jh. erbaut, verdankt seinen spanischen Namen, »der König«, den Entdeckern, die den Ort für eine Begräbnisstätte für Herrscher hielten. Heute wird die Stätte häufiger von Leguanen als von Touristen besucht.

Cancún wurde während er Regierungszeit von Präsident Luis Echeverría (1970 bis 1976) geschaffen. Die neu gegründete Regierungsbehörde Fonatur hatte die Aufgabe, mögliche Touristenziele aufzuspüren, Pläne auszuarbeiten und Investoren aufzutreiben. Dieses methodische Vorgehen ließ die Legende entstehen, die Regierung habe einen Computer mit den entsprechenden Daten gefüttert – und Cancún

◄ **Die traumhaft schöne Küste Yucatáns südlich von Cancún**

► **Ein großer Fang in Playa del Carmen**

Seite 352 TOP**50**

▼ **Albtraum oder Traum – die Hotelburgen Cancúns**

war geboren. Doch das Pilotprojekt von Fonatur wurde auch heftig kritisiert als totale Vermarktung der Insel. Immerhin ist die Natur noch sehr lebendig: Wasservögel, Füchse, Waschbären und Wiesel leben am Rand der Mangrovensümpfe.

Am Anfang war nur Dschungel und ein schmaler Sandstreifen, der die Brackwasser der Laguna de Nichupté umgab. Auf dem Festland gegenüber dem nordwestlichen Ende der wie eine Sieben gebogenen Insel, lag ein kleines Fischerdorf. Daraus wurde eine moderne Stadt, um all die Menschen zu beherbergen, die in den und für die Hotels auf der Insel arbeiten. Hotels gibt es mittlerweile über 100. Die ersten eröffneten 1972, und seither wurde mit dem Bauen nicht aufgehört. Zwei Brücken an den Inselenden sorgen für bequeme Verbindung zum Festland. Die Bevölkerung liegt bei 800 000, die jährliche Besucherzahl hat längst die 3-Millionen-Grenze überschritten; drei Viertel davon kommen aus den USA.

## Die Hotelzone _____

Wer gerne einen erholsamen Luxusurlau machen möchte mit Sonnenbaden a traumhaften Strand und Schwimmen türkisblauem Wasser oder dem eigene Minipool, für den ist Cancún wie gescha fen. Hochzeitsreisende sind nicht d einzigen, die in ein Weltklassehotel ei checken und es dann kaum noch verla sen. Alle Hotels entlang dem Bouleva Kukulcán sind riesig und obwohl sie dic nebeneinander liegen, nimmt man de Nachbarn kaum wahr. Die meisten Hote haben alles, was der Urlauber brauch Restaurants, Pools, Strand, Diskos, Lobb bars, Einkaufspassagen und Wellnessei richtungen.

Die monumentalen Ferienanlagen wu den in allen nur erdenklichen Architektu stilen erbaut. Angefangen bei der Lobb im »Meliá Cancún«, dessen futuristisch Glasatrium angefüllt ist mit Pflanzen, d sich über alle Balkone ranken und d

ropen ins Hotel holen, bis zur weltstädischen Eleganz des palastähnlichen »Ritz Carlton«. Es gibt Häuser im mexikanichen Neokolonialstil mit Kuppeln und Bauten, die eindeutig von Maya-Pyramiden inspiriert sind.

Kurz vor der Stelle, wo der Inselbouleard nach Süden abknickt, thront das Cancun Center, ein Konferenzkomplex, der auch als Bühne für Konzerte und andere Events dient. Im Gebäude haben die taatliche Tourismusbehörde und das OVC Kongress-und Besucher-Büro) ihren Sitz. Umgeben ist das Cancun Center von Dutenden von Vergnügungsstätten wie Bars, Restaurants, Musik- und Tanzkneipen sovie Diskos. Die größten und spektakulärsen sind Coco Bongo und The City, beide m **Forum by the Sea.** Im selben Komp-ex, dem Hurrikan Wilma sehr zugesetzt lat, sind u. a Hard Rock Café, Carlos 'n Charlie's sowie das Rainforest Café untergebracht. Letzteres ist ein Laden mit Resaurant, der mit echten und künstlichen Pflanzen, einer Nebelmaschine und riesien Plastikschmetterlingen die Atmosphäe des tropischen Regenwaldes zu simulieen versucht. Auf dem Platz davor geben Folkloretänzer Kostproben ihrer Kunst.

Bei **Aquaworld** (km 15,2) findet man Angebote und Ausrüstung für Sport und Vergnügen auf dem Wasser: Hochseeschen, Schnorcheln, Tauchen und anderen Wassersport. Von hier starten Touren uf und sogar unter Wasser in einem Mini-U-Boot auf der Laguna de Nichupté.

### Einkaufszentren

Hausnummern gibt es in der Hotelzone icht, die Gebäude werden durch Kiloneterangabe lokalisiert. Zwischen den lotels schieben sich immer wieder Einaufszentren, so genannte Plazas, die ein reites Angebot haben an Souvenirshops, ars, Restaurants, Kinos und weiteren reizeitangeboten, Bungeejumping eingechlossen. Zahlreiche Zentren sind von uter bis hervorragender Qualität wie **Plaza Caracol** (km 9,5), **Flamingo Plaza** km 10,5) oder die riesige, kühl-elegante **Kukulcán Plaza** (km 13) mit der wohl

größten Ansammlung an Luxusgeschäften. Wer nach fröhlich-bunten bis kitschigen Souvenirs Ausschau hält, wird von **Plaza La Fiesta** bestens bedient, deren gutes Dutzend Filialen in Cancún unübersehbar sind.

Das hübscheste Einkaufszentrum ist **La Isla Shopping Village** (km 12,5). Angelegt wie ein kleines Dorf auf einer künstlichen Insel, bummelt man vorbei an Dutzenden unterschiedlicher Läden und Boutiquen, an Restaurants und Bars mit Livemusik, einem Foodcourt mit Imbissständen, einem interaktiven Aquarium mit Haien, die man füttern kann. Angeschlossen ist auch ein Delfinarium.

Seite 289

## Cancún-Stadt

TOP**50** Seite 343

TOP**50** Seite 344

TOP**50** Seite 346

Wer weniger wild auf Glanz und Glamour ist und nicht so viel Geld ausgeben will, bleibt in Ciudad Cancún. Preiswerte Hotels gibt es vor allem da, wo die Avenida Uxmal auf die Hauptstraße Avenida Tu-

▶ **Alt und neu nah beieinander in Cancún**

Seite 346 **TOP 50**

Seite 349 **TOP 50**

**Fährverkehr**
Autofähren zur Isla Mujeres verlassen Punta Sam, etwa 8 km nördlich von Cancún, um 8 und 11 Uhr täglich. Personenfähren verkehren nahezu stündlich ab Puerto Juárez – und diverse Ausflugsboote direkt ab Cancún.

lum trifft. Genau hier befindet sich auch der Busbahnhof. In den Seitenstraßen verbergen sich kleine Restaurants. Am größten ist die Auswahl in der Avenida Yaxchilan. Zwischen den Denkmälern zur Geschichte Mexikos (Monumento a la Historia de México; am Busbahnhof) und dem für den Nord-Süd-Dialog (Monumento Díalogo Norte-Sur) drängeln sich alle touristischen Dienstleistungen: Märkte, zahlreiche Geschäfte und Banken, Wechselstuben, Bars, Hotels, teure Restaurants, Touranbieter, Autovermieter, Internetcafés und am südlichen Ende, wo der Boulevard Kukulcán beginnt, Büros von Fluggesellschaften.

Busse mit der Aufschrift »Zona Hotelera« fahren 24 Stunden lang den Boulevard hinauf und hinunter und bis ins Stadtzentrum. Endstation ist bei km 23 in Höhe des Club Med an der Punta Nizúc.

Dort liegt der **Parque Nizúc,** ein Freizeitpark mit Dutzenden Vergnügungen rund um das Wasser. Taxis kann man

überall herbeiwinken, die Tarife sind we gen der Entfernungen relativ hoch.

## Inseln vor Cancún

Nördlich von Cancún liegt die Isl **Contoy 🔞**, ein Nationalpark und Voge schutzgebiet, wo Pelikane, Reiher, Tölpe Kormorane und Meeresschildkröten ni ten. Besuchen kann man die unbewohn Insel nur mit geführten Touren. Einer de wenigen lizensierten Veranstalter in Ca cún ist Colón Tours (Kolumbustours); e Teil des Tourpreises geht an die Umwe schutzgruppe Amigos de Contoy. Von de Isla Mujeres begleitet eine Kooperativ Touren nach Contoy.

Fast unberührt, aber mit komfortable Bungalows oder Campingmöglichkeite zur Übernachtung, lädt die Fischerins **Isla Holbox ⓮** zur Tierbeobachtung ur sportlichen Aktivitäten ein. Zu erreiche ist die Insel mit einer Fähre ab Chiquil 160 km von Cancún entfernt. Busse vo Valladolid oder Puerto Juárez erreiche die letzte Fähre um 15 Uhr.

## Isla Mujeres ⓯ _____

Eine einzige Straße führt über die 8 k lange und höchstens 1 km breite Inse Der Name gab zu allerlei Spekulatione Anlass. Die einen sagen, er leitet sich vc den Piraten des 17. Jhs. her, die hier ih Frauen gefangen hielten. Aber es ist wah scheinlicher, dass der Name etwas m den weiblichen Figuren zu tun hat, die dem der Fruchtbarkeitsgöttin Ix Chel g widmeten Tempel gefunden wurden.

Am südlichen Ende thronen die Übe reste des Tempels der Ix Chel, umgeb von einem noblen Skulpturenpark. Chel gilt als Schutzgöttin der Weber, Ä te und Frauen. Ihr Partner war Itzamn der Sonnengott und Beschützer der Kur und Wissenschaft. Ihm wurden nur wo wollende Eigenschaften nachgesagt, wä rend Ix Chel auch für manches Unh verantwortlich gemacht wurde und oft böse alte Frau dargestellt wird.

Die Mehrzahl der Besucher verbrir ihre Zeit am kleinen Stadtstrand, d

◀ **Handgefertigte Kopien von Maya-Reliefs sind geschätzte Souvenirs**

laya a Norte, mit ihrem kinderfreundch flachen Wasser. Andere zieht es weier südlich an die berühmten klaren Wasser von **El Garrafón.** Die Anlage vor em abgestorbenen Korallenriff, einst in wahrer UnterwasserKorallengarten, wurde u einem populären Freizeitpark ausgebaut. Nach der Beseitigung er »Wilma«-Schäden soll as Schwimmen mit Delfinen Hauptattraktion werden. Wichtigstes Fortewegungsmittel auf der nsel sind Golfcarts, aber uch Taxis stehen für eie Inselrundfahrt bereit. Meeresschildkröten, die inst am Strand von Lancheros frei erumliefen, werden jetzt in einer spezielen Aufzuchtstation geschützt. Auch ein ersunkenes Piratenschiff ist Ausflugsttraktion.

**Manchones** ist ein Riff nahe Garrafón mit kristallklarem Wasser. Hier wurde 994 ein drei Meter hohes Bronzekreuz ersenkt, um den 140. Geburtstag der Inelstadt zu feiern. Gleichzeitig soll das von Ökologen gesponsorte Kreuz Mahnung ein, die Unterwasserlandschaft zu erhalen – und nicht zu zerstören wie mit El Garrafón geschehen.

Weiter nördlich, auf der Ostküste der nsel, stehen der Leuchtturm und in der nselmitte das, was von der **Hacienda Mundaca** übrig blieb. Fermón Mundaca, klavenhändler im 18. Jh., ließ das Haus ür seine Angebetete erbauen, doch als sie n verschmähte, verließ er den Ort und ie Hacienda verfiel. Mundacas Grabstäte mit Totenkopf und gekreuzten Knohen auf dem Inselfriedhof ist eine weitee kleine Sehenswürdigkeit.

Riff und Höhle der »schlafenden Haie« egen weiter draußen im tiefen Gewässer or der Nordostküste. Den Grund für die ewegungslosigkeit der Haie, die übliherweise ständig in Bewegung sind, um u atmen, haben Wissenschaftler noch icht herausgefunden.

# Isla de Cozumel ⑯

Südlich von Isla Mujeres liegt die viel größere Insel Cozumel. Sie ist 47 km lang, mit einem Leuchtturm an jedem Ende, und 16 km breit. Cozumel war ebenfalls eine heilige Insel, der Göttin Ix Chel geweiht. Die Ruinen ihrer Tempel liegen malerisch im Dschungel, der die teilweise ausgegrabene, sehenswerte Anlage **San Gervasio** umgibt. Einer alten Legende nach gab Ix Chel ihre Zustimmung zur Errichtung der Tempel und Altäre, indem sie ihren bevorzugten Vogel, eine Schwalbe, schickte. Cozumel bedeutet »Land der Schwalben«.

In den Zeiten vor Cancúns Aufstieg zum Touristenziel Nummer eins, war Cozumel eine verschlafene Insel. Inzwischen

> **»Miniaturtempel«**
> → Das Charakteristikum der Maya-Architektur der Postklassik an der Ostküste Yucatáns sind so genannte Miniaturtempel, häufig mit säulengestützten Eingängen, kleinen Altären und einstmals innen wie außen bunt bemalten Reliefs.

Seite 289

 TOP**50** Seite 352

 ▶ **Tauchvorbereitungen in der Laguna Chankanaab bei Cozumel**

kommen 300 000 Besucher im Jahr, die Kreuzfahrer auf 1200 Schiffen pro Jahr nicht mitgezählt. Üblicherweise kommen die Touristen mit der Fähre vom 19 km entfernt gelegenen Playa del Carmen, aber auch die Fluganreise ab Cancún ist möglich. Die alte Autofähre verbindet Cozumel mit Puerto Morelos, eine neue Route gibt es ab Calica.

Die heiligen Bücher »Chalam Balam« sagten es voraus: Eines Tages würden bärtige Eroberer aus dem Osten kommen. Und so waren die Maya im 16. Jh. kaum überrascht, als Hernán Cortés und seine spanischen Begleiter auf Cozumel an Land gingen, bevor sie weiter der Küste nach Mexiko folgten. Im folgenden Jahrhundert wurden die meisten Bewohner der Insel durch Piraten wie Jean Lafitte, Henry Morgan und anderen vertrieben, die Cozumel mit seinen Höhlen und geschützten Buchten zur Zufluchtstätte gemacht hatten. Frisches Wasser, um ihre Tanks zu füllen, fanden sie in der Laguna

◀ **Vorbild dieses bunten Souvenir-Teppichs ist der Sonnenstein der Azteken**

Chankanaab an der Westküste. Cozumel lag günstig an der Route, die spanische Galeonen auf dem Weg von Zentralamerika nach Europa zu nehmen hatten. Die reiche Ladung bot den Piraten fette Beute. Cozumel wurde Mitte des 19. Jhs. verlassen, doch bald schon wieder belebt, als die Nachfrage nach Kaugummi stieg. Der wird aus dem Harz des Zapotebaums gewonnnen, der auf Cozumel im Überfluss wuchs. Zufällig stießen die *chicle*-Sammler dabei auf die Tempelruinen der Göttin Ix Chel im Dschungel.

## Laguna de Chankanaab

Die Laguna de Chankanaab ist durch einen schmalen Kanal mit dem Meer verbunden. Schwärme von leuchtend bunten Fischen tummeln sich in ihren Gewässern, zwischen riesigen gelben Schwämmen und sich biegenden Seeanemonen. Der Freizeitpark soll nach Beseitigung der Wilma-Schäden noch attraktiver als vorher werden. Taucher schätzen die Bucht und das angrenzende Riff wegen des kristallklaren Wassers, das eine Sicht bis 200 m ermöglicht. Bequem, wenn auch nicht ganz so spektakulär, kann man die Unterwasserwelt durch ein Glasbodenboot beobachten.

Weiter südlich folgen die schönsten Strände. Private Strandclubs bzw. Restaurants stellen Liegestühle und Sonnenschirme bereit oder laden zu sportlichen Aktivitäten ein. Leicht erreichbar sind die kleinen unspektakulären Maya-Ruinen von **El Cedral;** im 18. Jh. wurde eines der Gebäude als Gefängnis genutzt.

Die einzige Stadt auf der Insel ist **San Miguel de Cozumel** an der Westküste, die sich hinter der 14-Block-langen Hafenpromenade Avenida Rafael Melgar ausbreitet. An der zentralen Plaza del Sol spielen sonntagabends Musikbands auf. Der Platz ist gesäumt von Statuen der mexikanischen Helden Benito Juárez und General Andrés Quintana Roo. Zahlreiche Restaurants und Bars laden zum Verweilen ein.

Das **Museo de la Isla de Cozumel,** an der Promenade, untergebracht in einer ehemaligen, 100 Jahre alten Hotel, zeigt inheimische Pflanzen, ausgestopfte Tiere nd Maya-Kunstwerke.

Der Osten der Insel ist unbewohnt, ab-esehen von einigen Restaurants an den tränden. Wo die Straße, die die Insel um-ındet, auf die Ostküste trifft, finden sich inige sumpfige Gebiete, ideal zur Vogel-eobachtung. Die Strände werden von ıauen Wellen gepeitscht, und die Strö-ıung ist tückisch. Zu Fuß oder zu Pferd elangt man an das Südende zum Leucht-ırm Celarain und den Ruinen von El Ca-ıcol. Der Leuchtturm Molas im sumpfi-en Norden ist nicht über einen Weg rreichbar. Im Dschungel leben Leguane, üchse, Hirsche und Nasenbären.

## Riviera Maya

uta 307, die vierspurige Küstenstraße, erläuft parallel zur Küste, etwa zwei ilometer landeinwärts. Immer wieder weigen Sandpisten ans Meer und geteer-e Wege zu den Hotelanlagen ab. Der er-ste größere Ort ist das verschlafene **Puerto Morelos ⑰**. Rund um den Hauptplatz finden sich kleine Restaurants und Cafés, Souvenirshops, ein Laden für alles und der »Alma Libre Bookstore«, der Buchladen eines kanadischen Paars, der auch als Informationszentrum fungiert. Autofähren fahren von hier nach Cozumel, früh am Morgen und spät am Abend.

Tauchexkursionen haben auch das Palancar-Riff vor Cozumel zum Ziel, wo der französische Biologe Jacques Cousteau in en 1960er Jahren filmte. Das Riff ist Teil des Großen Maya-Riffs, das sich bis Honduras erstreckt und Tiefen bis 900 m erreicht, manchmal aber nur fünf Meter unter der Wasseroberfläche liegt.

Puerto Morelos gehört bereits zur **Riviera Maya**. Einige der einsamen wunderschönen Strände mit so klingenden Namen wie Playa Secreto oder Playa Paraiso sind nicht mehr allgemein zugänglich, seit sich dort riesige All-inclusive-Resorts oder intime Luxushotels angesiedelt haben. Bei

Seite 289

TOP 50 Seite 339

TOP 50 Seite 343

TOP 50 Seite 349

▼ **Abendliche Ruhe kehrt in Playa del Carmen ein**

▼ **Der Freizeitpark Xel-Há lädt zum Entspannen ein**

**Xcalacoco** und weiter südlich bei **Xpu-ha** oder **Punta Solimán** findet man noch simple Fischrestaurants und rustikale Unterkunft. Neuestes Schmuckstück ist der Golfclub »El Camaleón« am Fairmont Hotel Mayakoba.

## Playa del Carmen und Xcaret

Rund 50 km weiter gibt es mehrere Einfahrten (links) zum populären Badeort **Playa del Carmen ⑱** (70 000 Einwohner). Playa hat alles und fast alles konzentriert sich entlang der Avenida 5, der »Fifth Avenue«, die zwischen Avenida Juarez und Calle 38 in eine Fußgängerzone verwandelt wurde: Restaurants, Bars, Cafés, schicke Boutiquen, Juweliergeschäfte, Souvenirläden, Diskos und Nachtklubs, Touranbieter, Sportausrüster, Auto- und Fahrradvermieter. Ist Cancún ein amerikanischer Spielplatz, so haben sich in Playa del Carmen vor allem Europäer niedergelassen. Und auch die meisten Touristen kommen aus Europa. Hotels gibt es in allen Preislagen, meist familiär geführt, d rekt am Strand oder weiter landeinwärt viele mit schönen und ruhigen Innenh fen. Die Restaurants indes verlangen o höhere Preise als in Cancún. Busse vo Cancún enden an der Ecke Avenida 5 un Plaza Central. Am unteren Endes des Pla zes erreicht man den Fährableger zu Überfahrt nach Cozumel (stündlich). Süe lich des Piers, verbunden durch die Sho ping-Anlage **Paseo del Carmen,** schlief sich **Playacar** an, eine eigene neue Sta mit rund einem Dutzend All-inclusiv Resorts, großzügigen Ferienwohnunge einem 18-Loch-Golfplatz, ein paar ve streuten Maya-Ruinen und dem Vogelpar Xaman-ha mit 200 Vogelarten in ihrer natürlichen tropischen Lebensraum.

Wenige Kilometer weiter ist **Xcare** einst ein wichtiges Maya-Zeremonialze trum, heute ein dominierender öke archäologischer Freizeitpark, der kein Unterhaltungswünsche offen lässt. Orch deenfarm, Schmetterlingsgarten, Aquar

m, Vogelpark, Fledermaushöhle, Flamingolagune gehören ebenso zur Anlage wie Restaurants, Läden, ein Museum und ein Maya-Dorf, das tagsüber Kunsthandwerk anbietet und abends zu folkloristischem Leben erwacht. Man kann mit Delfinen schwimmen oder Jaguare aus sicherer Entfernung beobachten. Höhepunkt ist ein unterirdischer Fluss, den man – ausgestattet mit Schwimmweste und Schnorchel – rund 500 m lang durchschwimmen kann.

## Schiffswracks und Riffs

**Paamul** heißt der nächste Sandstrand, in dem sich US-amerikanische Camper häuslich eingerichtet haben (Restaurant). Attraktiv ist ein kleines Riff nicht weit von der Küste entfernt.

**Puerto Aventuras,** 20 km von Playa del Carmen, eine weitere völlig neue Stadt im Neokolonialstil, wurde mit großen Hotels, Ferienwohnungen und guten Restaurants um einen Jachthafen herum errichtet, an dem es sich schön flanieren lässt. Hauptattraktion auch hier: Schwimmen mit Delfinen. Taucher und Schnorchler finden alles für ihren Sport im Dive Aventuras Dive Center. Der 36-Loch-Dschungel-Golfplatz ist eine Herausforderung für Könner.

## Akumal ⓳

Der Ferienort, 36 km südlich von Playa del Carmen, mit Hotels, Ferienwohnungen, Supermärkten und Restaurants breitet sich um zwei flach abfallende Buchten aus. Fahrräder können ebenso gemietet werden wie Windsurfbretter und Tauchausrüstung. Am nördlichen Ende gelangt man zur romantischen Lagune Yal-Ku, die mit ihrem glasklaren Wasser zum Schnorcheln einlädt.

Akumal, der »Ort der Schildkröten«, hat ein Forschungszentrum, das die Meeresschildkröten überwacht, die zwischen Mai und August zum Eierlegen an die Strände kommen.

Das flache Wasser am Strand von **Che-muyil** ist bei Familien beliebt, während **Xcacel** seit Jahrhunderten ein bevorzug-

ter Nistplatz der Meeresschildkröten ist. Seit Jahren streiten engagierte Umweltschützer und Hotelinvestoren um dieses schöne Fleckchen Erde.

Westlich der Straße verweisen immer wieder Schilder auf **Cenotes.** Einige von ihnen befinden sich gerade mal zwei oder drei Meter unter der Oberfläche oder liegen ganz offen wie der malerische Cenote Azul, andere, vor allem weiter südlich, erreichen Tiefen bis zu 130 m. Ein ganzes Höhlensystem mit Stalagmiten, Stalaktiten und einem Cenote kann man in **Ak-tunchen** auf beleuchteten Pfaden bei einer geführten Tour durchwandern (abseits der Ruta 307).

## Xel-Há ⓴

Auch im Freizeitpark Xel-Há kann man mit Delfinen schwimmen, doch die natürliche Attraktion sind die Schwärme von bunten Fischen, die der Mix aus Salz- und Süßwasser anlockt und Schnorchler in Begeisterung versetzt. Unterirdische Flüsse,

**Seite 289**

**Vergnügen pur**
Nach Xcaret fahren täglich Busse ab Cancún (9, 10, 11 Uhr, ab Playa Caracol). Im Eintritt sind alle Vergnügungen (Ausnahme Delfinschwimmen) enthalten. Showprogramm u. a. mit Maya-Ballspiel, Charreada, Folkloretänzen, Voladores.

▶ **Tulum bezaubert durch seine spektakuläre Lage unmittelbar am Meer**

**Umweltgerechtes Verhalten**
Besucher der Lagunen werden gebeten, keine Sonnenschutzmittel zu verwenden; sie sollten auch in freien Gewässern darauf verzichten, weil die Bestandteile Gift für die Meeresbewohner sind. Ein T-Shirt hilft Sonnenbrand auf Rücken und Armen zu verhindern.

Seite 348 TOP **50**

▼ **Nohoch Mul in Cobá**

auf denen man sich im Autoreifen treiben lassen kann, verbinden Cenotes und Lagunen. Dschungelspaziergänge machen mit exotischen Vögeln und Leguanen bekannt. Auf einer Halbinsel liegen die Überreste eines Altars, der Yum Chac, dem Gott der Cenotes, Lagunen und Buchten, geweiht war. In alten Zeiten glaubten die Maya, dass die Cenotes durch Tunnel miteinander verbunden waren – und was in der einen Höhle gesagt wurde, war in der anderen zu hören.

## Tulum ㉑

27 km südlich von Akumal erhebt sich auf einem Kliff über dem Karibischen Meer die archäologische Anlage von Tulum. Ursprünglich nannten die Maya den Ort Zama, was so viel wie Morgenröte bedeutet und mit der Lage im Osten zu tun hat. Leider hat die Stätte zum Sonnenaufgang noch nicht geöffnet. Tulum war ein Außenposten der Provinz, der möglicher-

weise die Seefahrtsrouten beschützen so[ll]te. Die Schutzgottheit von Tulum war [K]Chuahm, der Gott des Handels. Kaka[o]bohnen dienten als Zahlungsmittel.

Vor der spanischen Eroberung soll[en] nur etwa 600 Menschen in Tulum gele[bt] haben. 1518 kamen die ersten Span[ier] vorbei, doch erst 1530 eroberte Francis[co] de Montejo die Küstenstadt, die bere[its] zuvor im Niedergang war. Vermutlich le[b]ten die Herrschenden und die Priester i[n]nerhalb der mit Mauern befestigten Sta[dt] während der Rest der Bevölkerung auß[er]halb lebte. Normalsterbliche durften d[ie] »ummauerte Stadt« nur zu besonder[en] Anlässen betreten.

Die Festung von Tulum, falls es ei[ne] solche war, sitzt dramatisch über dem p[u]derweißen Strand. Entlang der Auße[n]mauer, die den Ort an drei Seiten umgi[bt,] finden sich fünf Eingänge und Überres[te] von einstigen Wachtürmen. Im Inner[en] des **Templo de los Frescos,** einem zw[ei]stöckigen Gebäude mit Säulen im Erdg[e-]

**Seite 289**

choss und einem kleineren Raum darüber, prangt an der Rückwand ein Gemälde mit menschlichen Figuren; Absperrungen verhindern leider ein nahes Herantreten. Aus bemaltem Stuck modellierte Chac-Masken zieren die Ecken des Gebäudes.

Nördlich davon liegt der **Templo de los Dioses Descendentes.** Ein Relief mit einem Abbild dieser »herabstürzenden Gottheiten« über der Tür ist ziemlich gut erhalten. Manche interpretieren ihn als Maya-Gott des Honigs, Ab Muxen Cab. Palapa-Dächer schützen weitere Maya-Skulpuren.

Das höchst gelegene Gebäude ist **El Castillo,** das von Schlangensäulen eingerahmt wird. Eine Plattform vor dem Eingang wurde möglicherweise als Bühne für zeremonielle Tänze genutzt, während die Pyramide selbst als Leuchtturm gedient haben könnte. Ein Experiment mit Laternen hinter zwei Fenstern ergab, dass die Strahlen draußen im Meer auf einer Öffnung im Riff zusammenstoßen.

John Lloyd Stephens und sein Begleiter, der Zeichner Frederick Catherwood, verbrachten eine Nacht im Castillo. Am Anfang beklagten sie die mangelnde Aussicht aufs Meer, doch als ein Sturm über sie hereinbrach und der Regen an die Mauern peitschte, waren sie dankbar für die Weisheit der alten Erbauer«, die nur kleine Öffnungen gelassen hatten.

Südlich von Tulum hat sich an herrlichen Stränden ein gutes Dutzend kleiner Bungalowanlagen angesiedelt, von ganz simpel und preiswert bis luxuriös und teuer. Die Straße führt rund 60 km weiter auf einer schmalen Halbinsel bis zu dem Fischerort **Punta Allen,** am Rande des Biosphärenreservats Sian Ka'an, wo vor allem Hummer gefangen werden.

## Zwischen Cobá und Sian Ka'an

An der Kreuzung von Tulum geht von der Hauptstraße Richtung Nordwesten eine fast schnurgerade Straße ab, die 43 km landeinwärts nach **Cobá** ❷ führt. Unterwegs kommt man durch einige kleine Dörfer mit typischen Maya-Hütten, die sich auf einem ovalen Grundriss erheben. Die hohen Dächer sind mit Palmblättern gedeckt. Das trägt genauso zur Kühlung bei wie der Durchzug bei stets geöffneter Vorder- und Hintertür.

Cobá war mit einstmals 43 km² besiedelter Fläche eine ausgedehnte Stätte mitten im Dschungel. Ein Besuch erfordert bequeme Schuhe und unbedingt Mückenschutz. Schon Stephens' Zeichner Catherwood pflegte die nicht zeichnende Hand tief in der Tasche zu vergraben, um sie vor den »Attacken der Moskitos« zu retten, wie Stephens amüsant beschreibt.

Etwa 10 Prozent des Ruinengeländes sind heute wissenschaftlich erforscht. Die Stadt war jahrhundertelang das bedeutendste Zentrum im Nordosten Yucatáns und liegt zwischen zwei Seen, die das anderswo so begehrte Wasser im Überfluss lieferten. Zu ihrer Blütezeit in der Spätklassik lebten etwa 55 000 Menschen in Cobá. Insgesamt fand man 34 Stelen

▶ **Xel-Há – ein beliebter Freizeitpark an der Ostküste**

aus weichem Kalkstein, deren Inschriften meist sehr verwittert sind.

Zwei wichtige Gebäudegruppen liegen weit voneinander entfernt: **La Iglesia**, gleich hinter dem Eingang, mit einer hohen Pyramide und einem Ballspielplatz, sowie **Nohoch Mul,** eine mit 42 m noch größere Pyramide, von deren Spitze man weit über den Dschungel hinwegblicken kann. Unterwegs kann man sich an vielen bunten Schmetterlingen und vielleicht auch mal an einem Tukan erfreuen. Cobá ist Ausgangspunkt einer 100 Kilometer langen *sacbé,* die nach Yaxuná in der Nähe von Chichén Itzá führt.

Die ersten Forscher kamen von Valladolid per Pferd nach Cobá; sie brauchten damals acht Stunden. Heute erreicht man Valladolid auf einer neuen Straße in einer knappen Stunde.

Von Tulum aus südlich durchquert Ruta 307 weiter den Dschungel. Kein Dorf, keine Tankstelle, kein Grund anzuhalten, bis Felipe Carillo Puerto erreicht ist, wo Ruta 184 nach Westen, Richtung Mérida abzweigt.

Felipe Carillo Puerto, nach dem populären Reformpolitiker (s. S. 266) benannt war Hauptstadt der Maya-Rebellen im Krieg der Kasten. Hier, in Chan Santa Cruz, trieb das »sprechende Kreuz« das auserwählte Maya-Volk, *cruzob,* zu weiteren Kämpfen gegen die mexikanische Armee an.

Östlich von Felipe Carillo Puero breitet sich die **Reserva de la Biosfera Sian Ka'an** ❷ aus, eine unberührte Region mit tropischem Wald, Mangrovensümpfen, 300 Vogelarten, dem vom Aussterben bedrohten Manati (Rundschwanz-Seekuh) und einer Vielzahl an anderen Tieren wie Jaguar, Puma, Weißwedelhirsch, Krokodil und Affe. Schildkröten kommen zur Eiablage im Mai; viele Junge, die acht Wochen später schlüpfen, werden von Seevögeln gefressen, bevor sie das rettende Meer erreichen. Mehr als 100 Kilometer vom Großen Maya-Riff gehören zu diese

▼ Vor allem in den großen Städten orientieren sich die Maya an westlichen Vorbildern

Schutzzone, eingeschlossen sind auch rund 30 Maya-Stätten.

Der nächste Abzweig führt bei Los Limones nach Majahual auf der Halbinsel Xcalak, die als »Costa Maya« touristisch erschlossen wird. Zahlreiche Kreuzfahrtschiffe legen hier bereits an. Boote starten von hier zum Atoll **Banco Chinchorro,** einem Taucherparadies, an dem es etliche Schiffswracks zu erkunden gibt.

## Laguna de Bacalar ㉔

Auf der Ruta 307 weiter, erreicht man, etwa 40 km vor Chetumal, Bacalar am Ufer der gleichnamigen Lagune. Bei Tiefen bis zu 130 Meter wechselt der See mehrmals seine Farbe, was ihm auch den Namen Laguna de los Siete Colores eingebracht hat. Auf einem Hügel überblickt der **Fuerte de San Felipe** den See. Die Spanier erbauten die Festung 1729 um die Region vor Piraten zu schützen, später verschanzten sich hier die Weißen vor rebellierenden Maya. Eine Besonderheit ist der **Cenote Azul,** der durch eine schmalen Waldstreifen vom See getrennt ist. Ein Restaurant am Ufer serviert köstliche Fischgerichte.

## Chetumal ㉕

Im südlichsten Ende der Halbinsel Yucatán, an der Grenze zu Belize, liegt die Hauptstadt von Quintana Roo, eine moderne Hafenstadt mit breiten Straßen. Der Bulevar Bahía windet sich um die weite Bucht und setzt sich weiter nördlich fort bis zu dem mit Palmen bestandenen Fischerdorf **Calderitas.** Hier versteckt sich auch eine kleine Maya-Ruine.

Zurück in Chetumal, trifft die Küstenstraße an der Muelle Fiscal auf die Hauptstraße Avenida Héroes. Hier konzentrieren sich die Regierungsgebäude.

Das **Museo de la Ciudad** erinnert an die Anfänge der Stadt im 19. Jh. mit Münzen, einer Registrierkasse, einem altmodischen Telefon. Eine Fotoabteilung dokumentiert Hurrikane, die immer wieder die Stadt heimsuchen. Größer und bedeutender ist das ausgezeichnete **Museo de la**

**Cultura Maya** mit Videos über Yucatán und Modellen der wichtigsten Maya-Stätten unter dem gläsernen Fußboden. Die Ausstellung gibt eine anschauliche Beschreibung des Alltagslebens in präkolumbischer Zeit, von den Handelsgütern bis zu Mathematik und Astronomie. Am Maya-Rechenschieber kann man seine Kenntnisse überprüfen.

In westlicher Richtung und ein paar Kilometer südlich der Ruta 186 dehnt sich die archäologische Stätte **Kohunlich** aus. Die Bewohner hatten ein ausgeklügeltes Bewässerungssystem. Herausragend ist der **Palast der Masken** hinter der Akropolis mit fünf gigantischen Masken des Sonnengottes, die zum Teil noch Farbreste tragen. Ein kleines feines Hotel am Rand, The Explorean Kohunlich, vereint die Nähe zur Natur mit ausgesuchtem Luxus.

Nördlich der Ruta 186 im Dschungel lohnen die Maya-Stätten **Dzibanché** und **Kinichná** einen Besuch. Weiter auf der 186 liegt Xpujil im Bundesstaat Campeche (s. S. 325 ff.). ■

Seite 289

TOP**50** Seite 338

▲ Bemalte monumentale Stuckmaske in Kohunlich
▶ Brunnen und Cenotes sind bis heute die einzigen Quellen auf Yucatán

# Campeche und Chiapas

Seite 288

**Die meisten Besucher fahren nur durch auf dem Weg zu den bekannteren Zielen, aber auch der Bundesstaat Campeche besitzt einige verborgene Juwelen. Im benachbarten Chiapas gibt es weitere Maya-Ruinen sowie reizvolle Städte und Landschaften zu entdecken.**

In die südwestliche Ecke der Halbinsel Yucatán geschmiegt, ist der Bundesstaat Campeche die am wenigsten bekannte Region der Halbinsel, die sich lange Zeit mehr um ihre Fischerei und Ölgewinnung gekümmert hat als um den Tourismus. Strände, die mit denen der Karibikküste konkurrieren könnten, hat Campeche nicht, aber es besitzt die meisten zugänglichen Maya-Stätten der Halbinsel, von denen einige tief im Dschungel im Landesinnern verborgen sind.

Das Küstenstädtchen Champotón markiert die Stelle, an der die Spanier, nach einem kurzen Zwischenspiel auf Isla Mujeres, zum ersten Mal den Fuß auf mexikanischen Boden gesetzt hatten – am 20. März 1517, unter der Führung von Hernández de Córdoba.

Der südliche Nachbarstaat Chiapas liegt zwar nicht mehr auf der Halbinsel, bildet aber ein wesentliches Glied in der Kette der bedeutenden Maya-Stätten, die sich zu einer Rundfahrt durch die Maya-Welt verbinden lassen. Besucher werden vor allem angelockt von Bonampak, Yaxchilán und dem unvergleichlichen Palenque mit seinen faszinierenden Tempelpyramiden auf Hügeln im Dschungel.

Im Gegensatz zum flachen Yucatán sind große Teile des zerklüfteten Chiapas bedeckt mit hohen Pinienwäldern, kristallklaren Flüssen und grandiosen Wasserfällen, die sich über steile Schluchten ergießen. In Chiapas leben auch zahlreiche Maya-Gruppen: im Hochland insbesondere die Tzeltal, Tojolobal sowie in der Umgebung von San Cristóbal de las Casas die Tzotzil, im vom tropischen Regenwald bedeckten Tiefland die Lakandonen, die bis heute weitgehend an ihrer traditionellen Lebensweise festhalten.

## Nach Campeche

Von Chetumal aus in Richtung Westen verläuft die Ruta 186 parallel zum südlichen Ende der Yucatán-Halbinsel. Es ist eine feuchtheiße, wenig besiedelte Region, und wenige Touristen finden ihren Weg hierher. Vor 2000 Jahren allerdings war das Gebiet Teil des Kernlandes der alten Maya. Einige ihrer uralten Städte liegen dicht an der Durchgangsstraße, so Xpujil und Becán, andere wie Río Bec und Calakmul liegen tief im Dschungel verborgen. Neu erbaute Verbindungsstraßen machen die Anlagen leichter zugänglich. Zu-

◀ **Sandstrand am Golf von Mexiko südlich von Campeche**

▶ **Henequén, einst zu Seilen verarbeitet, wird noch heute in Yucatán angebaut**

mindest in der Regenzeit ist ein Auto mit Vierradantrieb zu empfehlen. Auch ein kenntnisreicher Guide ist sinnvoll.

Länderübergreifend von Bedeutung ist das Calakmul-Biosphärenreservat im Süden des Staates Campeche, das mit Guatemalas Maya-Biosphärenreservat und Belizes Río Bravo Conservation Area von der UNESCO zu einem gemeinsamen Reservat zusammengefasst wurde. Im Regenwald von Calakmul wurden mindestens 60 archäologische Stätten registriert, zusätzlich werden die Besucher auf diesem Dschungeltrip belohnt mit der Begegnung von Wildtieren.

## Río Bec

Die Ruinen von Río Bec gaben dem charakteristischen Architekturstil der gesamten Region ihren Namen. Sie sind gekennzeichnet durch sorgfältig gearbeitete Steinblöcke, die mit bemaltem Stuck bedeckt sind. Die Hauptstrukturen haben abgerundete Ecken und hohe Türme und

**Noble Unterkunft** Zwischen Xpujil und Chicanná lädt das hübsche und komfortable, leider aber auch sehr teure Hotel Ecovillage Chicanná zur Übernachtung ein. Es ist auch gute Basis für einen Ausflug nach Calakmul.

dienten gewöhnlich als Tempel. Enge, meist sehr steile Treppen führten hinauf zu kleinen Räumen.

Die erste Anlage der Region Río Bec ist, vom Osten kommend, **Xpujil**, 118 km westlich von Chetumal, direkt neben der Straße. Hauptattraktion der kleinen Anlage, durch die ein langer Dschungelpfad führt, sind drei hoch aufragende Türme mit reichem Fassadenschmuck. Das Dorf Xpujil, mit Tankstelle und einfachen Unterkünften, liegt 1 km östlich.

**Becán,** ebenfalls dicht neben der Straße ein paar Kilometer weiter westlich, gilt als einstige politische, wirtschaftliche und religiöse Hauptstadt der Region. Die Anlage ist immer noch eindrucksvoll, mit massiven Palästen um mehrere zentrale Plätze angeordnet, einem Ballspielplatz, einem langen, zum Teil von einem Maya-Bogen überwölbten Durchgang und einer grandiosen Stuckmaske hinter Glas.

**Río Bec** selbst ist eine Ansammlung verstreuter Bauten im dichten Dschungel zu erreichen über einen schlechten Feldweg. Das Hauptgebäude besteht aus steilen Doppeltürmen. Nur wer mit Führer unterwegs ist (in Xpujil fragen), wird alle Strukturen entdecken. Selten besucht wird auch **Hormiguero** mit einem Sakralbau, dessen Eingang als gewaltiger Rachen gestaltet ist. Direkt an der Ruta 186 liegt **Chicanná** mit niedrigen, aber üppig dekorierten Bauten.

◀ **Elegante Campechana in Festtracht**

## Calakmul ㉖ _____

Die bedeutendste archäologische Stätte der Region ist Calakmul, ganz im Süden des gleichnamigen Biosphärenreservats. Man muss die Hauptstraße gleich hinter dem Abzweig nach Couhás, 170 km vor Chetumal, verlassen. Dann folgen 60 km auf einer passablen Schotterstraße. Die Fahrt kann leicht drei Stunden dauern, je nachdem, wie oft man anhält, um Vögel oder andere Wildtiere zu beobachten.

Die ausgedehnte Zone Calakmul ist eine der größten bekannten Städte in der Maya-Welt, vergleichbar mit Tikal im heutigen Guatemala und Caracol in Belize

Über 6000 Strukturen wurden registriert, darunter eine über 50 m hohe Pyramide. Die Maya-Stadt wurde 1931 entdeckt, dann aber nahezu vergessen.1973 begannen erste Ausgrabungen, bei denen u.a. kostbare Grabbeigaben entdeckt wurden.

Die Superstaaten Calakmul und Tikal machten in der klassischen Epoche die Machtpolitik unter sich aus. Beide wollten die Kontrolle über das Maya-Tiefland. Gestützt auf ein weites Netzwerk aus Allianzen und Vasallenstaaten übten die zwei Giganten des südlichen Tieflands, in tödliche Rivalität verstrickt, enormen Einfluss aus über ein Gebiet, das sich von Palenque im Westen bis zum Motagua-Tal im Südosten (Guatemala) ausdehnte. 695 besiegte Tikal Calakmul und besiegelte den Triumph durch die rituelle Hinrichtung des unterworfenen Fürsten.

Zwischen dem 5. und 9. Jh. ließen die Herren von Calakmul über 150 große Stelen anfertigen, um ihre Taten zu verherrlichen. Die Stelen stehen oder liegen überall herum. Viele sind verwittert, an einigen lassen sich noch Daten ablesen. Eine bezieht sich auf das Jahr 410, eine andere auf 810.

Struktur VI ist Teil eines astronomischen Komplexes, dessen Anlage mit Tikal und Zentralpetén vergleichbar ist. Eine Ahnung von der ehemals gewaltigen Ausdehnung der Stadt erhält man, wenn man auf die höchste Pyramide klettert und unter dem dichten Dach des Dschungels noch Strukturen ausmachen kann. Die Archäologen bringen immer neue Überraschungen zutage.

Die nächste größere Stadt, **Francisco Escárcega,** bietet mit Busstation, Tankstelle, einfachen Hotels und Restaurants alles für einen Zwischenstopp. Hier kreuzen sich die Straßen 186 und 261. Letztere führt Richtung Norden nach Champotón und Campeche, die Ruta 186 windet sich weiter südlich nach Chiapas und damit nach Palenque, Bonampak und Yaxchilán (s. S. 332 ff.).

Seite 288

**▲ ▼ Im Fuerte de San Miguel außerhalb von Campeche**

Campeche

0    200 m

GOLF VON
MEXIKO

Avenida Ruiz Cortines

Correos
Baluarte de Santiago
Jardín Botánico

Calle 10
Calle 12

Plaza
del 4 Centenario

Avenida 16 de Septiembre

Mansión
Carvajal

Museo de
Estelas Maya

Avenida Circuito Baluartes Norte

Baluarte de
la Soledad

Fuerte de San Miguel

Catedral de
la Concepción

Calle 51

Plaza
Moch-Cuuph

PARQUE
PRINCIPAL

Palacio
de Gobierno

Puerta
del Mar

Chivato Velázquez

Calle 53

Congreso
del Estado

Calle 8

Calle 10

Calle 55
Calle 14

Baluarte de
San Pedro

Estación

Baluarte de
San Carlos

Calle 57
Calle 59

Calle 16

Calle 18

Calle 12
Calle 63

Casa Teniente
del Rey

Mercado

Costa Rica

Avenida Circuito

Calle 65

Baluarte
de San Francisco

Baluartes Sur

Puerta de Tierra

Alameda
Avenida República

Avenida Circuito Baluartes Este

Muralla

Baluarte
de Santa Rosa

Pedro Moreno

Baluarte
de San Juan

Avenida Central

Costa Rica

Calle 16
Calle 18

## Campeche ㉗ _____

146 km nördlich von Francisco Escárcega liegt Campeche, die Hauptstadt des gleichnamigen Staates. Gegründet wurde die Stadt 1540 von Francisco de Montejo an der Stelle des früheren, vermutlich 1000 Jahre alten Maya-Handelspostens Ah Kim Pech. Campeche litt unter den Angriffen von Piraten, die es auf die reich beladenen Galeonen abgesehen hatten, die voll beladen mit Gold und Silber Richtung Spanien in See stachen. Den schlimmsten Angriff erlebten die Bewohner von Campeche 1663, als sich Piraten mehrerer Nationen zusammenschlossen. Bei diesem grausamsten Überfall wurde die Bevölkerung regelrecht abgeschlachtet und die Stadt geplündert und zerstört.

Das führte schließlich dazu, dass mit Stadt mit einer massiven Mauer umgeben wurde, die zwischen 1668 und 1704 erbaut wurde. Die Wände sind bis zu 3,5 m dick. Campeche war eine der wenigen befestigten Städte in der Neuen Welt, von acht Türmen an den Ecken bewacht. Konfrontiert mit dem nun uneinnehmbaren Hafen, suchten sich die Piraten andere Ziele. Die Mauern schützten die Stadt gleichwohl noch einmal 1847, im Krieg der Kasten.

Ursprünglich war der Mauerring um die Stadt 2,5 km lang und verlief da, wo heute die Avenida Circuito de los Baluartes den Verkehr an der Innenstadt vorbeiführt. Nachdem man damit begonnen hatte, die Mauern einzureißen, um Platz für die Straßenbahn zu schaffen, überlegten es sich die Stadtväter anders. Sie ließen die **Puerta del Mar** wieder aufbauen, als man ihren Wert als Touristenattraktion erkannte.

Die **Puerta de Tierra** aus dem 18. Jh., auf der Landseite der Stadt, ist durch ein Stück Mauerwerk noch mit dem **Baluarte de San Juan ❶** verbunden. Sieben der alten Bastionen *(baluartes)* definieren durch ihren Standort die einstige Form der Stadt;

**Folkloreshows**
An Sommerabenden werden Folkloretänze vorgeführt: donnerstags um 20 Uhr auf der Plaza Moch Cuouh, außerhalb der Puerta del Mar; sonnabends auf der Plaza Principal.

▼ **Fischfang spielt in Campeche noch heute eine große Rolle**

sie werden auf unterschiedliche Weise genutzt. Eine Stadtrundfahrt mit der Straßenbahn, **Tranvía de la Ciudad,** macht in 45 Minuten mit den wichtigsten Sehenswürdigkeiten bekannt. Das staatliche Touristenbüro ist in einem der Regierungsgebäude an der Plaza Moch Cuouh untergebracht. Der benachbarte **Congreso del Estado,** ein moderner Betonbau, wird von den Einheimischen »fliegende Untertasse« genannt.

Im **Baluarte de San Carlos ⓑ,** ehemals Gefängnis, zeigt das Stadtmuseum zahlreiche Modelle und Dokumente der alten Stadt sowie Waffen.

### Parque Principal

Drei Blocks nördlich des Baluarte de San Carlos, zwischen Calle 55 und 57, gelangt man zum Parque Principal. Am Westrand, im Baluarte de la Soledad, zeigt das **Museo de Estelas Maya ⓒ** zahlreiche Stelen, die im Staat Campeche gefunden wurden, darunter aus Edzná (s. S. 330 ff.).

Am südlichen Ende des Parque zeigt das Kulturzentrum Casa 6 (mit städtischen Tourismusbüro) in einem schön restaurierten Haus aus dem 19. Jh. wie es sich damals lebte, mit Originalofen in der Küche, einem geschnitzten Bett aus Mahagoni und zahllosen Schaukelstühlen.

Die Nordseite wird beherrscht von der **Catedral de la Concepción ⓓ,** der ältesten Kathedrale der Halbinsel (1540), mit ihren Zwillingstürmen, den fliegenden Stützpfeilern und der auffallenden Kuppel. Außerdem sehenswert sind die **Mansión Carvajal ⓔ** (Calle 10 x 53), die einst einem reichen Hacienda-Besitzer gehörte, mit schwungvollen Treppenhaus und maurischen Bögen sowie die Kirche **San Francisquito,** etwa 20 Minuten Fußweg vom Zentrum entfernt.

### Markt

In der Nähe der Bastion **Baluarte de San Pedro ⓕ,** die ein kleines Artesanía-Museum beherbergt, breitet sich der leb-

Seite 288 327

TOP**50** Seite 346

▼ Geschälte Zitrusfrüchte – eine herrliche Erfrischung

hafte Markt aus. Wie in einem Basar drängeln sich Stände, kleine Läden und fliegende Händler in dunklen Hallen und engen Hauseingängen. Dicht an dicht stapelt sich das Angebot verschiedenster Waren, von vergoldeten Sandalen bis zu Käse und Schinkenkonserven.

**Baluarte de Santiago ❻** schließlich zäunt einen Botanischen Garten voller tropischer Pflanzen ein.

Auf einem Hügel am südlichen Ende der Stadt bietet der **Fuerte de San Miguel** zwischen den alten Kanonen hindurch einen großartigen Überblick auf die Stadt und das Meer. Die dunklen Räume hinter massiven Mauern wurden in ein Museum verwandelt, das den größten Schatz von Campeche hütet: kostbare und exzellent erhaltene Jademasken aus Calakmul, zudem Kunstwerke aus Edzná und fein gearbeitete Terrakottafiguren von der Begräbnisinsel Jaina. Ein Tourbus verkehrt zwischen Fuerte de San Miguel und Fuerte de San José im Norden.

**Bootstouren**
Der Marina-Jachtklub von Campeche bietet 90-minütige Rundfahrten durch die reizende Bucht von Campeche an: Avenida Resurgimiento 120, Tel. (9) 816 19 90.

▼ **Das fantastische Edificio de los Cinco Pisos in Edzná**

## Die Umgebung von Campeche

Draußen im Golf, rund 30 km nördlich von Campeche, liegt die winzige Doppelinsel **Jaina,** Begräbnisstätte hoch gestellter Persönlichkeiten aus der ganzen Maya-Welt. Berühmt ist Jaina für ihre Tonfiguren, die mit den Toten begraben wurden. Die kleinen Skulpturen mit ihrer realistischen Wiedergabe von Kleidung, Frisuren und anderen Attributen waren und sind von unschätzbarem Wert als wichtige Informationsquelle über den Alltag der Maya. Die Insel ist nur mit Genehmigung zugänglich.

### Edzná ❷⓼

61 km südöstlich von Campeche, abseits der Ruta 261, liegt Edzná, eine wichtige Stadt in präklassischer und klassischer Zeit. Im Zentrum wichtiger Handelsrouten zu Land und zu See gelegen, brachte es die Stadt bereits um das Jahr 100 zu

Blüte. Um 900 wurde die Stadt überraschend aufgegeben. Eine Besonderheit ist das Bewässerungssystem, das aus einer Reihe von Kanälen besteht, die breit genug waren für den Bootsverkehr. Am Eingang stehen Stelen mit Glyphen und Reliefs, die besser erhaltenen befinden sich im Stelen-Museum in Campeche. Die weite Plaza wird dominiert vom **Edificio de los Cinco Pisos,** einem gestuften Palast mit fünf Stockwerken, fast 30 m hoch. Eine breite Treppe führt in der Mitte hinauf zu einem Tempel mit drei Räumen. Am 3. Mai und am 8. August erleuchtet die Sonne eine Stele in der Mitte des Tempels und kündigt damit den Beginn des landwirtschaftlichen Jahres an (der 8. August steht für die Zeit der Ernte). Jede Tür wird an verschiedenen Tagen im Jahr durch die Sonne direkt beleuchtet.

Um den großen Platz herum befinden sich weitere Gebäude, von denen einige noch nicht ausgegraben sind. Den **Tempel der Masken** zieren zwei gigantische Stuckmasken, die den Sonnengott repräsentieren. Ein lang gestreckter Treppenbau (Nohochuà), der auf seinen Stufen 500 Menschen Platz bietet, begrenzt die Anlage. Der **Palast der Messer** – viele Opfermesser wurden gefunden – hat mehrere Räume, die möglicherweise den Herrschern und Priestern vorbehalten waren.

Andere Stätten in der Region sind nicht so leicht zugänglich, etwa **Hochob,** nahe Chenko, mit einem Tempel, dessen Fassade mit Schlangenskulpturen und Masken geschmückt ist, und **Dzibilnocac,** nahe Iturbide, mit einer Tempelpyramide.

# Chiapas

Ein Hauch von Abenteuer begleitet die Tour, die nun über die Yucatán-Halbinsel hinaus nach Chiapas führt, einen sehr indianischen Staat mit faszinierenden Maya-Stätten tief im Dschungel. In der gebirgigen und dicht bewaldeten Region leben etwa eine Million Indígenas, überwiegend Nachfahren der Maya. Es gibt zahlreiche Gruppen, die sich durch Sprache, Gebräu-

che und in der Bedeutung und den Aufgaben ihrer Autoritäten unterscheiden.

Tzotzil und Tzeltal, die in den Höhenregionen rund um die Stadt San Cristóbal de las Casas leben, bilden mit etwa 600 000 Menschen die größten Gruppen. Die Lakandonen dagegen aus dem Regenwald im äußersten Südosten des Landes, haben nur noch etwa 600 Angehörige. Die Lakandonen gelten als eine der traditionellsten ethnischen Gruppen Mexikos, die bis heute religiöse Riten der vorspanischer Zeit ausüben. Sie tragen zum Teil die gleichen langen Haare und die gleichen langen weißen Gewänder wie auf den jahrhundertealten reliefierten Stelen.

Viele Lakandonen vermeiden den Kontakt mit Fremden, dennoch kann man ihre Dörfer und ihre Umgebung im Regenwald besuchen, am besten mit organisierten Touren, die von San Cristóbal oder Palenque aus angeboten werden.

Die Indígenas von Chiapas haben immer wieder um ihre Menschenrechte und

Seite
288
327

▶ **Der Cenote von Bolochén nach einer Zeichnung von Frederick Catherwood**

um Land gekämpft. Der Aufstand der Zapatisten (s. S. 268 f.) hat die Probleme 1994 in die Schlagzeilen gebracht und 2001 vor das mexikanische Parlament. Von der Regierung wurde der Konflikt nicht gelöst; jetzt wollen sich die Rebellen politisch einmischen.

## Palenque ㉙ _____

Verborgen im dichten Dschungel von Chiapas, rund 350 km von Campeche entfernt, sind die Maya-Ruinen von Palenque für viele Besucher der Höhepunkt ihrer Reise nach Mexiko. Der Komplex fordert Respekt und Bewunderung heraus, und dabei macht das, was heute zu sehen ist, gerade einmal zehn Prozent der ursprünglichen Stadt aus. Auf dem Höhepunkt dieser Kultur im 7. Jh. zählte die Stadt Hunderte von Tempeln, Palästen, Treppen, Räumen, Altären, Terrassen und anderen Strukturen. Die lebendige Metropole, zugleich ein wichtiges religiöses Zentrum, war über und über mit Stuck verziert und mit lebhaften Farben bemalt. Vor dem Hintergrund des dunkelgrünen Regenwaldes muss dies ein aufregender Anblick gewesen sein. Stuck, Gips oder Kalk, vermischt mit Wasser und pflanzlichem Leim, war der übliche Grundstoff zur Verzierung bei den Maya. Das Material ähnelt poliertem Marmor. Ursprünglich so hart wie Stein, löst es sich allmählich im feuchten Klima auf.

Die Handelsstadt lag im Landesinneren an wichtigen Routen: Das Hochland trifft hier auf die Küstenebene, der Río Usumacinta fließt auf seinem Weg in den Golf von Mexiko in der Nähe vorbei.

1746 kam Pater Antonio de Solís, geschickt von seinem Bischof, um die Ruinen zu inspizieren. 1784 unterzog José Antonio Calderón den Ort intensiveren Forschungen. Er zählte 220 Gebäude, darunter 18 Paläste. 1786, fast 1000 Jahre nach dem plötzlichen Niedergang von Palenque um 810, zeigte sich General Antonio del Río so beeindruckt, dass er glaubte, andere Kulturen müssten bei der Errichtung der Stadt mitgeholfen haben. Er wollte nicht ausschließen (aber auch nicht behaupten), dass die Römer die Gegend besucht und ihren Einfluss hinterlassen haben.

1831 berichtete Juan Galindo in einem Brief an die »London Literary Gazette«, dass sich die Ruinen auf einem Gebirgskamm 32 km lang ausdehnten. »Alle Ruinen sind von dichtem Wald begraben, und es dürfte Monate dauern, sie zu erforschen«, meinte er optimistisch.

### Die Ruinen

So dicht ist der Dschungel um Palenque, dass man die Schätze erst entdeckt, wenn man darüber stolpert. Doch gleich hinter dem Eingang weicht die Natur zurück und gibt den Blick frei auf die zwei bedeutendsten und wunderbarsten Gebäude der Stadt: den Komplex des **Palacio ❶** und, rechts davor, den **Templo de las Inscripciones ❷**, ein herausragendes Beispiel der klassischen Maya-Architektur.

◀ **Blick vom Templo de las Inscripciones auf den Templo de la Cruz in Palenque**

eine steile Pyramide, bekrönt von einem Tempel.

Mit 26 m Höhe überragt der Tempel die ganze Anlage. Die Schriftzeichen auf den Wänden, die auf das Jahr 692 verweisen, gaben dem Gebäude den Namen. 1952 entdeckte der mexikanische Archäologe Alberto Ruz Lhullier eine verschlossene Passage, die 25 m hinunter zu einer Grabkammer führte. Drei Jahre später konnte er sie öffnen und fand das Skelett eines Königs, den man später als Pakal, den bedeutendsten Herrscher von Palenque, identifizierte. Er trug ein Jademosaik als Totenmaske, mit Inkrustationen aus Jade und Muscheln. Der Körper war reich mit Jadeschmuck bedeckt: Fingerringe, Halsketten, Armreifen, Ohrringe, ein Diadem – alles aus Jade. Er trug ein Stück Jade im Mund und in jeder Hand. Tempel und Grab sind heute leider nicht mehr zugänglich.

Gegenüber der Pyramide und im Zentrum der Anlage erhebt sich der **Palast,** ein Komplex aus Räumen und Höfen, Passagen und Tunnel, Treppen und Terrassen, überragt von einem vierstöckigen, quadratischen Turm. Die Spekulationen über seine Funktion reichen von Wachturm bis Observatorium. Die Wände der Palastes sind mit feinen Stuckpaneelen geschmückt. Die grasbewachsenen Höfe haben niedrige Mauern, die Stufen sind voller Glyphen. Eindrucksvolle Skulpturen menschlicher Figuren sind in riesige Steinplatten eingemeißelt.

Nördlich des Palastes hinter einem Ballspielplatz bilden ein paar Gebäude den **Grupo del Norte.** Östlich des Palastes, auf der anderen Seite des Flüsschens umrahmen **Templo de la Cruz, Templo del Sol** und **Templo de la Cruz Foliada** einen kleinen Platz.

Bei jüngeren Ausgrabungen südlich im dichten Urwald machten die Archäologen einige spektakuläre Entdeckungen. Weitere Arbeiten sind im Gang. Wer einem der Pfade in den Dschungel folgt – im Norden

**Seite 288 333**

**Shuttleservice**
Die Ausgrabungsstätte Palenque liegt etwa 8 km vom gleichnamigen Dorf entfernt (Minibusse verkehren in rascher Folge), Besucherzentrum mit Museum (Mo geschl.), Souvenirladen und Restaurant ca. 1 km vom Eingang.

▼ **Darstellung des kunstvoll reliefierten Sarkophagdeckels Pakals**

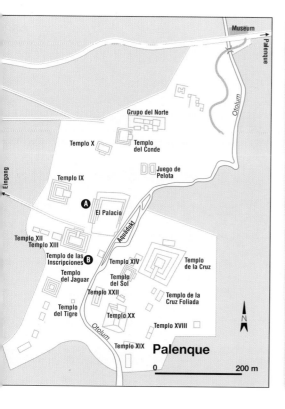

Palenque

führt einer zurück zur Hauptstraße direkt am Museum –, stößt überall auf dicht bewachsene Hügel, unter den sich weitere Pyramiden verbergen.

Wer sich auf das Zentrum beschränkt, kann die Anlage an einem halben Tag besichtigen. Es lohnt sich, früh zu kommen, um die Mittagshitze zu vermeiden.

## Bonampak und Yaxchilán

Die beiden anderen wichtigen Maya-Stätten in Chiapas sind Bonampak und Yaxchilán. Sie verbergen sich tief im Regenwald, am Río Usumacinta, der zugleich die Grenze zu Guatemala markiert.

Eine gut ausgebaute Straße von Palenque führt durch das Tal des Usumacinta und dicht an beide Stätten heran. **Bonampak ❸**, 140 km von Palenque, liegt 4 km vom Lakandonen-Dorf Lacanjá entfernt. Hier entdeckten Archäologen 1946 ein lang gestrecktes Gebäude, dessen drei

▼ Die Ruinen Yaxchiláns breiten sich entlang dem Río Usumacinta aus

Kammern im Inneren komplett mit bunten Fresken bedeckt sind. Diese gaben auch der archäologischen Stätte ihren Namen: Bonampak, »bemalte Wände«.

Alle drei Räume umgeben niedere gemauerte Sitzbänke. Die Bilder – einer der beeindruckendsten Freskenzyklen der Neuen Welt – erlauben tiefe Einblicke in das Leben an einem Fürstenhof der Maya während der klassischen Zeit. In Kammer 1 sieht man die Thronfolge eines Fürsten in Anwesenheit seiner Söhne und verschiedener, kunstvoll geschmückter Würdenträger, unter anderem Edelfrauen und Musiker mit Trompeten, Schellen und Schildkrötenpanzern. Die Fresken in Kammer 2 stellen eine 790 ausgetragene Schlacht des Herrschers Chan Muan II. dar, der eine Prinzessin aus dem eng mit Bonampak verbunden Yaxchilán heiratete. Kammer 3 dekorierte man mit Szenen der anschließenden Siegesfeiern, insbesondere den Fürsten im Kreise seiner Familie und des Hofstaats sowie der

rituellen Opferung seiner unterlegenen Gegner. Adelige Frauen in weißen Gewändern kasteien sich selbst, indem sie Blutopfer durchführen.

Genaue Studien an den Murales erlaubten die Rekonstruktion der einzelnen Arbeitsschritte: Die Künstler trugen auf die verputzten Wände zuerst einen weißen Stuckuntergrund auf, auf den sie die einzelnen Bilder in Umrissen skizzierten. Anschließend füllten sie die großen Flächen, vor allem die blauen und roten Hintergründe, auf denen sie die menschlichen Figuren malten. Nach Fertigstellung der vollständigen Szenen zeichneten Meister die Konturen in Schwarz (Kammern 1 und 2) und Rot (Kammer 3) nach und ergänzten letzte Details, beispielsweise am Gesicht oder an den Händen.

Nach der Entdeckung versäumte man es die Wandbilder fachmännisch zu konservieren, sodass sie mittlerweile sehr stark geschädigt und teilweise schwer zu erkennen sind. Gute Reproduktionen der

Szenen kann man in den anthropologischen Museen von Villahermosa und Mexiko-Stadt oder in der Lobby des Hotels Bonampak in Tuxtla Gutiérrez studieren.

Nur mit dem Boot (oder Kleinflugzeug) ist **Yaxchilán** ⓿ zu erreichen, eine der bemerkenswertesten Maya-Stätten am Río Usumacinta. Das zeremonielle Zentrum mit mehreren Plazas, das sich entlang dem Fluss über mehrere planierte Hügelkuppen entlangzieht, wurde 1881 entdeckt. Außerordentlich – und nur mit Copán in Honduras vergleichbar – ist die Qualität der Reliefs, die jedoch schon 1882 größtenteils nach London transportiert wurden. Am interessantesten ist das stattliche Gebäude 33 mit Reliefs von Ballspielern und einem gewaltigen durchbrochenen Dachkamm *(crestería)*.

Boote starten in dem Dorf Frontera Corazal (von Palenque mit dem Bus zu erreichen). Ein nettes Hotel, Escudo Jaguar, bietet rustikale Übernachtung und gutes Essen. ■

Seite 288

▲ Jademaske aus Calakmul in Campeche
▼ Kopie der Murales von Bonampak in Mexiko-Stadt

In diesem Urlaub verstehe
ich nicht nur Bahnhof.

abian, 27, Globetrotter

Neubearbeitung

**L**

Englisch

Langenscheidt

Universal-Wörterbuch
Englisch

Stichwörter
IN BLAU

Englisch–Deutsch
Deutsch–Englisch

# TOP50 – unsere besten Tipps

Schon seit 30 Jahren sind die Polyglott Apa Guides berühmt für ihre Autoren, Experten, die das Land von innen heraus kennen und wirklich vor Ort zu Hause sind. In den Top 50 teilen sie Geheimnisse mit Ihnen: die besten Adressen, ob Sie sich nun etwas Luxus leisten möchten oder ob Sie außerhalb der ausgetretenen Pfade unterwegs sind. Entdecken Sie die angenehmsten Hotels, die typischsten Restaurants, die originellsten Läden, die spannendsten Urlaubsaktivitäten und feiern Sie die prächtigsten Feste vor Ort mit.

Zusätzlich bieten wir Ihnen noch einen besonderen Service: Wenn Sie ein Hotel in einer anderen Gegend des Landes suchen, wenden Sie sich per Mail an uns. Unter der Adresse **apaservice@polyglott.de** beantworten wir Ihre Mail und geben Ihnen weitere aktuelle Adressen.

## Infoteil

# TOP **10** Hotels

## Hacienda Temozón

**Yucatán:** Km 182 Carretera Mérida-Uxmal, Temozon Sur,
Abzweig nahe Yaxcopoil von der Straße Mérida-Uxmal
Tel. (999) 923 80 89  Fax (999) 923 79 63
www.luxurycollection.com ○○○○

Hacienda-Hotels erzählen Geschichten einer vergangenen Epoche und verwöhnen mit dem Luxus von heute. Das Haupthaus von Temozón mit seinen charakteristischen Bogenarkaden erhebt sich majestätisch inmitten eines weiten Gartens mit großem Wasserbecken, das heute als Pool dient. Der außergewöhnliche Spa, zu dem ein kleiner Cenote gehört, beruft sich auf uralte Maya-Traditionen. Die 28 Zimmer haben hohe Wände, schwere Holztüren, riesige Badezimmer und eine edle Ausstattung. Vier weitere prachtvoll restaurierte Haciendas haben die Starwood Hotels ihrer »Luxury Collection« einverleibt; man kann sie auf einer Yucatán-Rundreise miteinander verbinden.

## Hacienda Tijax

**Guatemala, Río Dulce:** Fronteras, Tel. (00502) 79 30 55 05/79 30 55 06,
Fax (00502) 79 30 55 07, E-Mail: info@tijax.com, www.tijax.com ○–○○

Unmittelbar am herrlichen Río Dulce mit eigener Bootsanlegestelle gelegen, verbinden sich bei der Hacienda Tijax auf ideale Weise die Bedürfnisse von Erholung in freier Natur mit den Anforderungen des Ökotourismus. Als Unterkünfte stehen Einzel-, Doppel- oder Dreibettzimmer, auf Wunsch auch mit Privatbad, in einer alternativ angehauchten Dschungel-Lodge mit Pool und eigenem Wiederaufforstungsprogramm zur Verfügung. Eine Bar und ein Restaurant für Snacks, vegetarische Gerichte, Meeresfrüchte und ordentliche Steaks sorgen für das leibliche Wohl. Attraktiv sind die speziellen Tourangebote für Kayaking, Reiten, Segeln und Wanderungen durch den Regenwald, bei dem Heilpflanzen speziell erklärt werden. Kostenloser Bootstransport von Fronteras zur Hacienda (ca. 3 Minuten).

## The Explorean Kohunlich

**Yucatán:** an der Zufahrt zur
archäologischen Stätte Kohunlich,
www.theexplorean.com.mx,
www.posadas.com.mx ○○○○

All-inclusive einmal anders: Alle Ausflüge und sportlichen Aktivitäten (täglich zwei), von Experten geführt, sind im Preis enthalten, darunter Touren im Kajak oder mit dem Mountainbike. Dabei will man diese traumhaft schöne Anlage am liebsten gar nicht verlassen. Die luxuriösen Bungalows im Maya-Stil mitten im Dschungel haben auf der Terrasse Sofa, Schaukelstühle und Hängematte und damit super-bequeme Voraussetzungen zur Vogelbeobachtung. Vom Pool genießt man einen herrlichen Blick über das endlose Urwald-Meer, in dem man die Spitze einer Ruine der nahe gelegenen archäologischen Stätte Kohunlich ausmachen kann.

## Ikal del Mar

**Yucatán, Riviera Maya:** Playa Xcalacoco, Tel. (984) 877 3002
www.ikaldelmar.com, www.slh.com ○○○○

Ikal del Mar – »Poesie des Meeres«: Schon der Name verspricht Außergewöhnliches. Dabei ist vom Meer zunächst gar nichts zu merken. 30 Villen nach dem Vorbild von Mayahütten, groß und luxuriös ausgestattet, verbergen sich zwischen üppig grüner und blühender Vegetation. Jede Villa hat eine Terrasse mit Liege, Hängematte und Minipool, das Bad öffnet sich zu einem Gärtchen mit Openair-Dusche. Gewundene Pfade, die nachts von Fackeln erleuchtet werden, führen zu einer Lichtung mit Pool, Restaurant und Bar. Gleich dahinter beginnt der Strand. Hier kann man unter einer Schatten spendenden Palapa dem Rauschen des Meeres die Poesie entlocken. Und abends liegt auf dem Kopfkissen statt einem Stück Schokolade ein Blatt Papier mit einem Gedicht. Außergewöhnlich sind der unaufdringlich perfekte Service und der Spa mit Anwendungen in der Tradition der Maya; exquisit ist das Gourmetrestaurant, das allein zwölf verschiedene Ceviche Variationen anbietet.

## Hotel Casa Santa Clara

**Guatemala, Ciudad de Guatemala:** 12a.Calle 4-51, Zona 10, Tel. (00502) 23 39 18 11, E-Mail: stay@otelito.com, www.hotelcasasantaclara.com ○○–○○○

Ein elegantes gemütliches Interieur in Lobby und den 12 Zimmern mit marmorverkleideten Bädern zeichnen dieses exklusive Hotel in Nähe des Airports aus – ideal für die erste Unterkunft nach einem langen Transatlantikflug. Eine Oase der Ruhe in der oft hektischen Hauptstadt ist das ansprechend mit Palmen und Efeu begrünte Restaurant, in dem guatemaltekische und internationale Küche serviert wird.

## Hotel Básico

**Yucatán, Playa del Carmen:** Av. 5 / Calle 10 Norte Tel. (984) 879 44 48 www.hotelbasico.com ○○○

Básico – die Ausstattung ist minimal, doch dahinter stecken junge Designer mit avantgardistischem Erfolgskonzept. Cool und hip wie »Playa« überhaupt ist das Hotel mit seinen 15 Zimmern und vier Etagen. Das Bett steht gleich neben der Dusche, dann gibt es noch einen Plasmabildschirm, ein paar Wandhaken und große Fenster nach draußen. Die meisten Materialien fanden zuvor anderswo Verwendung, so der Lastenaufzug oder der strapazierfähige Fußboden aus Autoreifen in der Lobby. Öltanks lieferten die Inspiration für die beiden Pools auf dem Dach, die Liegen dienten einst als Ladeflächen von Pick-up-trucks. An der Bar werden Säfte frisch gepresst, in einer Originalimbissbude kommt frischer Fisch auf den Grill. Das Hotel kann unter www.tablethotels.com gebucht werden.

## Hotel Ni'tun

**Guatemala, San Andrés:** Lago de Petén-Itzá, Tel. (00502) 52 01 07 59, E-Mail: stay@nitun.com, www.nitun.com ○○–○○○○

Ruhig am Seeufer ca. 3 km westlich von San Andrés und abseits des Touristentrubels in Flores bzw. Santa Elena (20 Minuten Bootsfahrt) liegt die luxuriöse Bungalowanlage des Hotel Ni'tun, bei dem der verantwortungsvolle Umgang mit der Natur des tropischen Regenwaldes einen besonderen Stellenwert einnimmt. So sind die vier 1995 vollendeten Gästehäuser im traditionellen Colojché-Stil gestaltet, bei dem die Dächer aus Palmwedeln und die Wände aus Holz und Steinen – verputzt oder als blankes Mauerwerk – bestehen. Passend dazu ist die Inneneinrichtung mit handgemachten Lampen und Möbeln abgestimmt. Zum »Steinort« (ni'tun) mit Souvenirladen und gutem Restaurant gehören auch die renommierten Monkey Eco Tours, die ein- und Mehrtagestrips zu bekannten (Tikal, Yaxchilán in Mexiko u. a.) als auch zu weniger besuchten Maya-Ruinen (z. B. El Mirador und Nakbé) anbieten.

## Blue Tang Inn

**Belize, San Pedro:** Sandpiper Street, Tel. (00501) 226 23 26, www.bluetanginn.com ○○○

Ruhig gelegen im Norden von San Pedro am palmengesäumten Karibiktraumstrand finden sich die geräumigen, geschmackvoll eingerichteten Zimmer mit Klimaanlage und kleiner Küche. Weitere Pluspunkte des Blue Tang sind neben dem Pool im reizvollen Garten das professionelle US-amerikanische Management. Für Aktivurlauber werden neben Diving & Snorkeling am Ambergris Caye und weiter entfernt liegenden Riffen wie dem Blue Hole auch Trips ins Landesinnere (Maya-Stätten etc.) angeboten. Tipp für Verliebte: Romantische Heirat barfuß am Strand – Blue Tang organisiert diese barefoot weddings mit allen Formalitäten!

## Casa Santo Domingo

**Guatemala, Antigua:** 3a. Calle Oriente 28, Tel. (00502)782 01 40, Fax (00502) 78 32 01 02, www.casasantodomingo.com.gt ○○○–○○○○

Ein Klassiker unter den Hotels Lateinamerikas ist das liebevoll restaurierte Luxushotel im ehemaligen Dominikanerkloster mit efeubewachsenen Mauern. Stilvoll eingerichtet sind die gemütlichen Zimmer in den weitläufigen Flügeln, die den tropischen Garten mit Pool und Restaurant umgeben. Regelmäßig finden kleine Sonderausstellungen statt, in den Ruinen der Kirche zudem stimmungsvolle Freiluftkonzerte. Nicht versäumen sollte man einen Besuch der beiden Museen für präkolumbische und koloniale Kunst neben einer Kerzenwerkstatt.

## Unterkunft

### Guatemala

In Guatemala wird allgemein zwischen einem **Hotel** (gehoben und teuer) und einer **Posada** bzw. einem **Hospedaje** (einfach und billig) unterschieden. Während die Touristenzentren ein breites Spektrum an Unterkünften bieten, sind sie auf dem Land häufig einfach bis spartanisch. Frühstück ist fast nie, außer bei Luxushotels, im Preis inbegriffen. Viele Hotels, vor allem der mittleren und unteren Preiskategorie, gewähren für längere Aufenthalte einen Nachlass (»descuento«), Hotels der gehobenen Kategorie schlagen meist 10 % Mehrwertsteuer auf.

Während der Trockenzeit kann es vorkommen, dass das Wasser knapp wird und – vor allem morgens und abends – nicht fließt.

**Ferienwohnungen**, die meist monatsweise vermietet werden, gibt es vor allem in den Randbezirken Antiguas, am Lago de Atitlán sowie am Lago de Izabal. Auskünfte erhält man durch Anzeigen in der kostenlosen Zeitschrift »Revue« oder bei den Touristeninformationen. **Camping** ist in Guatemala nicht sehr verbreitet. Daher gibt es nur wenige Zeltplätze: am Lago de Amatitlán, in Panajachel, in Tikal und bei El Remate im Petén.

### Belize

Von palmwedelgedeckten Hütten über schlichte Pensionen bis hin zu luxuriösen Lodges, die häufig mitten im tropischen Regenwald oder an herrlichen Sandstränden liegen, hat Belize alles zu bieten. Viele **Hotels** haben sich den Interessen der ausländischen Besucher (Vogelbeobachtung, Dschungelwanderungen, Tauchgänge) angepasst und den Ökotourismus groß auf ihre Fahnen geschrieben. Meist kann in diesen Hotels die notwendige Ausrüstung ausgeliehen werden. In den vergleichsweise hohen Übernachtungspreisen der Lodges sind häufig Tauchkurse, Dschungeltouren o.a. inklusive, die Pakete sind in der Regel ihr Geld wert.

Die Hotelpreise sind stark von der jeweiligen Saison abhängig. In der Nach- bzw. Nebensaison Mitte Mai bis Mitte November fallen die Preise drastisch. Zu den Hotelrechnungen kommen 7 % Steuer hinzu, in vielen Fällen zusätzlich ein Aufschlag von 5–10 %.

### Yucatán

Eine Besonderheit in Yucatán sind **Hacienda-Hotels** mit luxuriöser Ausstattung in exklusiver Lage. Generell gilt, dass die Preise entlang der Küste höher liegen als im Landesinneren. Die Mehrwertsteuer (15 %) und eine Hotelabgabe von 2 % sind nur selten im Preis inbegriffen.

In jüngster Zeit nimmt das Angebot von **Bed & Breakfast** zu, z. B. in Mérida oder Playa del Carmen. Oft sind es US-amerikanische oder europäische Aussteiger, die in der neuen Heimat ihren Lebensunterhalt verdienen wollen – und meist viel von eigenen Erfahrungen weitergeben können.

An der Riviera Maya gibt es Strände, wo man sein **Zelt** aufschlagen oder eine Hängematte zwischen die Palmen hängen kann, z. B. Punte Bete. Viele US-Amerikaner sind mit **Campern** unterwegs; einige Strände sind mit Strom und Wasserversorgung ausgestattet, z. B. Paamul.

Folgende Kategorien gelten für ein Doppelzimmer pro Nacht:

| | |
|---|---|
| ○○○○ | über 150 US-$ |
| ○○○ | 100–150 US-$ |
| ○○ | 50–100 US-$ |
| ○ | unter 50 US-$ |

### San Ignacio Resort Hotel

**Belinze, San Ignacio:**
Buena Vista Street,
Tel. (00501) 824 20 34/824 21 25,
Fax (00501) 824 21 34, E-Mail:
reservations@sanignaciobelize.com,
www.sanignaciobelize.com
○○○

Luxuriös im Dschungel eintauchen: Auf einem Hügel außerhalb von San Ignacio setzte der Inhaber Escandar Bedran 1976 neue Maßstäbe in der Hotelerie im Cayo District. Die Sportmöglichkeiten (Tennis- und Basketballplatz), das vorzügliche Restaurant (unbedingt die saftigen Steaks probieren!) und die 24 großzügigen Zimmer mit Klimaanlage, komfortablen Betten sowie Aussicht auf den Macal River und den umgebenden Regenwald werden auch bei den häufig anzutreffenden Reisegruppen geschätzt. Direkt vom Hotel weg führen Wanderwege durch das umgebende Naturschutzgebiet und am Flussufer entlang – auch mit sachkundigen Führungen und Vogelbeobachtung. Besondere Beachtung verdient das »Green Iguana Conservation Project«, das sich den Schutz und die Auswilderung gezüchteter Leguane zum Ziel setzt.

# TOP**10** Restaurants

## Seaside Restaurant

**Belize, Placencia:** in Inn at Robert's Grove, Tel. (00501) 523 35 65, Fax (00501) 523 35 67, E-Mail: info@robertsgrove.com, www.robertsgrove.com ○○○

Raffiniertes Essen mit unterschiedlichen internationalen Einflüssen: Chefkoch Frank da Silva vereint karibische, lateinamerikanische, mediterrane und pazifische Elemente zu seiner eigenen exquisiten Küche – ob die leckeren Vorspeisen und Salate oder die Bouillabaisse, die Meeresfrüchte sowie Fisch- und Fleischgerichte. Jeden Samstag Abend gibt's ein poolside barbecue – passend dazu der edle Tropfen aus dem großen Weinkeller. Der Blick von der Terrasse auf die türkisblaue Karibik ist umwerfend!

## Celi's Restaurant

**Belize, San Pedro:** in San Pedro Holiday Hotel, Barrier Reef Dr., Ambergris Caye, Tel. (00501) 226 20 14, Fax (00501) 226 22 95, E-Mail: holiday@btl.net, www.sanpedroholiday.com, tägl. 11–14 und 17.30–21 Uhr ○○○○

Leckeres Essen und Meeresrauschen, romantisches Dinieren im Sand – hier werden Südseeträume war. Bei Celi's Restaurant kann man wahlweise innen oder draußen sitzen und die leckeren Bohnensuppen, Grillplatten, Salate, Meeresfrüchte (keinesfalls den lobster dinner versäumen!) und Weine genießen. Probieren Sie auch Cebiche, roher marinierter Fisch. Schuhwerk überflüssig!

## La Fonda de la Calle Real

**Guatemala, Antigua:** 3a. Calle Poniente # 7, weitere Restaurants auch in der 5a. Av. Norte # 3 und # 5, E-Mail: lafondadelacallereal@yahoo.com, www.lafondacallereal.com, täglich geöffnet ○○○

Seit mehr als 30 Jahren verwöhnen die Köche dieses Restaurants Gourmets mit exquisiten Gerichten, die in den verschiedenen Regionen Guatemalas sonst häufig nur zu besonderen Anlässen und Festen zubereitet werden: Probieren Sie z. B. die caldo real oder die sopa de kak-ik, gefolgt von pepian de pollo oder den leckeren quesos fundidos. Ein farbenfrohes Interieur, eine fantastische Aussicht von der Terrasse auf die umgebenden Vulkane und Live-Musik (Mariachi u. a.) machen den Besuch zu einem Erlebnis.

## Habichuela

**Yucatán, Cancún:** Margaritas 25, nahe Parque Las Palapas (Zentrum)
Tel. (998) 884-31 58, www.lahabichuela.com ○○○

Exquisit speisen in zauberhafter Atmosphäre: Lichterketten und Wind-
lichter erleuchten den lauschig-romantischen Dschungelgarten. Maya-
Stelen und Skulpturen schmücken den Garten und den klimatisierten
Speisesaal. Serviert werden mexikanisch-karibische Kreationen nach
alten Familienrezepten. Spezialität des Hauses ist – neben der namen-
gebenden Bohnencremesuppe – »Cocobichuela«: eine Kokosnussschale
gefüllt mit Hummerstücken und Garnelen in Currysauce zu Reis, gar-
niert mit tropischen Früchten. Außer Fisch und Meeresfrüchte stehen
auch Steaks und mexikanische Klassiker auf der Speisekarte.

## Pelicanos

**Yucatán, Puerto Morelos** ○–○○

A la plancha, con mantequilla, al mojo de ajo – auf der heißen Platte ge-
braten, in Butter geschwenkt oder mit Knoblauchtunke serviert: Um den
Fang des Tages wird nicht viel Aufhebens gemacht. Köstlich schmeckt
der frische Fisch in jedem Fall. Und natürlich gibt es Ceviche, ein erfrischendes Gericht aus in Limonensaft gegarten Garnelen, Muscheln oder
Fisch. Bis zur Wiederherstellung des von Wilma zerstörten riesigen Pala-
padachs zwischen Hauptplatz und Pier sind die »Pelikane« ein Haus weiter gezogen.

## El Sereno

**Guatemala, Antigua:**
4a. Avenida Norte # 16,
Tel. / Fax (00502) 78 32 05 01,
E-Mail: lsereno@itelgua.com,
www.aroundantigua.com/dining/el
sereno.htm ○○○○

Einer der exklusivsten, bereits
von mehreren internationalen Rei-
semagazinen hochgelobten Gour-
mettempel Guatemalas, stilvoll in
einem der prächtigsten spanischen
Häuser Antiguas gelegen. Dieses
beherbergte ab dem 16. Jh. die
Mercedarier, die auch die nahege-
legene Kirche La Merced errichteten. Vorzügliches Speisen inmitten
kolonialen Ambientes mit alten
Gemälden und Kerzen, besonders
romantisch um einen Brunnen im
tropischen Garten unter Jacaran-
da-Bäumen – das ist das Erfolgsre-
zept von »El Sereno«. Das Lokal
eignet sich auch gut für eine Pause
vom Sightseeing-Programm, denn
vom Dachterrassencafé genießt
man eine fantastische Aussicht auf
die Stadt und die umgebenden
Vulkane.

## Arrin Cuan

**Guatemala, Ciudad de Guatemala:** 5a. Av. 3–027, Zona 1, Tel. (00502) 22 38 02 42, Fax (00502) 22 32 86 76, www.arrincuan.com, E-Mail: reservaciones@ arrincuan.com ○○

Zu den besten restaurantes típicos von »Guate« gehört Arrin Cuan mitten im historischen Zentrum, dessen Inhaberin Doña Marta Alicia Pérez Moreno seit der Eröffnung 1980 mehrere nationale wie internationale gastronomische Preise bei Wettbewerben gewonnen hat. Feinschmecker wissen warum, denn bei den Speisen, darunter zahlreiche Fleischgerichte wie Hausspezialität kak-ik (Truthahnsuppe), gibt es keine Ausrutscher. Auch spezielle Menüs zu Weihnachten, Ostern und anderen Festen.

## La Fonda del Tzijolaj

**Guatemala, Chichicastenango:** Centro Comercial Santo Tomás, 2° Piso, # 34, Parque Central, Tel. (00502) 756 10 13, meist 6–20 Uhr ○

Ideal für eine Rast vom bisweilen anstrengenden Markttreiben ist die Fonda del Tzijolaj. Von der überdachten Terrasse des einfachen, aber bodenständigen Restaurants schweift der Blick über die Händler und Souvenirs der zahllosen Stände am Platz. Zu der typisch guatemaltekischen Küche gehören preiswerte Gerichte wie Chiles rellenos, Carne de res und Plátanos fritos, aber auch europäisches Essen wie Lasagne vegetariano.

## Casa Rolandi

**Yucatán, Cancún:** Plaza Caracol Shopping Mall, Blvd. Kukulcan km 8.5 Tel. (998) 883 25 57, www.rolandi.com ○○○

Als in den 1970er Jahren auf Isla Mujeres ein kleines Restaurant Pizza und Pasta anbot, war das für die Einheimischen eine Sensation: Endlich einmal etwas exotisch anderes essen als jeden Tag Fisch! 1979 eröffnete Rolandi's Pizzeria eine Filiale in der jungen Stadt Cancún. Zwei Jahre später folgte die edlere Casa Rolandi in der Hotelzone von Cancún. Seit 25 Jahren verwöhnt der Schweizer Sandro Muller seine Gäste mit seiner klassisch-kreativen schweizer-italienischen Küche, in der Fisch und Meeresfrüchte besondere Akzente setzen, vom Tunfisch- oder Muschelcarpaccio über mit Hummer gefüllter Calzone bis zu Maya-Königsgarnelen in roter Achiote-Soße. Köstlich sind auch die Antipasti und die Desserts. Und die Margarita ist eine der besten in Cancún! Seit 2006 hat auch Playa del Carmen eine Rolandi's Pizzeria.

## Einheimische Küche

### Guatemala

Die Gastronomie Guatemalas gliedert sich in zwei Kategorien: »Restaurantes« bezeichnen sich die teuren Gaststätten für gehobene Ansprüche, meist mit einer breiten Auswahl an nationalen und internationalen Gerichten. Auf der Speisekarte findet man Desserts und importierte Weine, bei manchen auch ein preisgünstiges Tagesmenü (»menú del día«).

»Comedores« sind einfache Lokale mit schnell servierten einheimischen Gerichten, deren Variationsbreite recht begrenzt ist. Zum Hauptgericht (»plato fuerte«), gewöhnlich Fleisch (»carne«) vom Rind (»res«) oder Huhn (»pollo«), gibt es unterschiedlich zubereitete Eier (»huevos«), schwarze oder rote Bohnen (»frijoles«), fritierte Bananen (»plátanos«), Chilisoße (»salsa«) und wirklich immer die von Hand geformten und über dem offenen Feuer gebackenen warmen Maisfladen (»tortillas«). Beliebt sind auch Tamales, mit Fleisch oder einer Soße gefüllter Maisteig, der in Blätter gehüllt im Dampf gegart wird.

### Belize

Viele Touristen essen in Belize ausschließlich in Hotels oder Lodges, da dies bequemer ist, und die Mahlzeiten häufig im Pauschalangebot inbegriffen sind. Aber es lohnt sich, die landestypische Küche zu probieren.

Das Nationalgericht sind Reis und gut gewürzte Bohnen (»rice 'n' beans«), zu denen es Fleisch, Krustentiere und Fisch der verschiedensten Arten gibt. Die Garífuna an der Südküste essen gerne ihr traditionelles Kokosnuss- oder Maniokbrot (»cassava«), die Kreolen schwärmen für Gebäck (Johnny Cakes u. a.). Fester Bestandteil der Maya-Küche sind – ebenso wie in den Nachbarstaaten – Tortillas

und im Dampf gegarte Tamales. Den Speiseplan bereichert eine breite Palette exotischer Früchte, wie Mangos, Papayas und Guaven.

### Yucatán

Lust auf japanisches oder thailändisches Essen? In Cáncún und entlang der Riviera Maya sind fast alle Küchen der Welt vertreten. Doch es ist lohnend, die yucatekische Küche mit ihren Anleihen bei den alten Maya, die ihre Speisen im Erdloch garten, auszuprobieren. Sie ist raffiniert und pikant, aber keineswegs scharf, da man selbst die Salsa zum Essen gibt. Doch Vorsicht: Die regionale »chile habanero« ist die schärfste Sorte von ganz Mexiko! Frischer Fisch und Meeresfrüchte sind an den Küsten Spezialität. Grundnahrungsmittel der yucatekischen Küche sind Bohnen (»frijoles«) und Mais, der zu Tortillas oder Tamales verarbeitet wird. Außerdem bestimmen Tomaten, Kürbisse und Chilis den Speiseplan.

Traditionell im Erdloch gegart werden die klassischen Yucatán-Spezialitäten »cochinita pibil« (Schweinefleisch) und »pollo pibil« (Hühnchen). »Poc chuc« sind in Pomeranzensaft marinierte Koteletts. Truthahn (»pavo«) gibt es in vielen Varianten, zum Beispiel als »relleno negro« oder »relleno blanco«, wobei die »Füllung« das Fleisch als Soße begleitet: schwarz durch verbrannte Chilis, weiß aus gekochten Eiern, Oliven, Kapern und Rosinen. »Escabeche« ist eine sauer-pikante Marinade mit roten Zwiebeln.

Die folgenden Preiskategorien beziehen sich auf ein Menü für eine Person ohne Getränke:

| | |
|---|---|
| ○○○○ | über 40 US-$ |
| ○○○ | 20–40 US-$ |
| ○○ | 10–20 US-$ |
| ○ | unter 10 US-$ |

## Yaxche Maya Cuisine Restaurant

**Yucatán, Playa del Carmen:**
Tel (984) 873 25 02
Calle 8 zwischen Avenida 5a y 10
www.mayacuisine.com
○○–○○○

Die neue Maya-Cuisine glänzt mit ihrer Fusion aus uralten Maya-Methoden, yucatekischen Produkten und europäischen Akzenten. Da wird etwa Fisch in Chaya-Blätter gewickelt, die an Spinat erinnern, aber nur in Yucatán wachsen, dann im Ofen langsam gegart wie einst im pib-Erdloch der Maya und darf anschließend in einer französischen Sahne-Weinsoße schwimmen. Das Blattgemüse Chaya ergibt auch eine angeblich aphrodisierende Suppe und in der Mischung mit Orangen- und Ananassaft ein erfrischendes Getränk. Ein anderer Kreation ist Languste mit tropischen Früchten, flambiert mit dem yucatekischen Anis-Honig-Likör Xtabentún. Serviert werden auch weit verbreitete Gerichte der Yucatán-Küche wie die klassische Sopa de Lima oder Cochinita pibil, Schweinefleisch, in Bitterorange und dem rot färbenden Gewürz achiote mariniert und im Bananenblatt gegart. Man sitzt sehr angenehm im hübsch mit Mayareproduktionen dekorierten Speisesaal und im romantischen Garten.

# TOP**10** Shopping

## La Isla, Shopping Mall

**Yucatán, Cancún:** Blvd. Kukulcán km 12.5, www.laislacancun.com.mx

»Wilma« hatte den attraktiven »Insel«-Marktplatz nahezu wegrasiert. Doch »La Isla« meldet sich zurück – schöner und größer als zuvor, wie das neue Cancún überhaupt. Das Einkaufszentrum, das von einem Kanal durchzogen und von Sonnensegeln überspannt ist, lädt zum Flanieren ein. Man findet hier Modisches in großer Vielfalt von Strandkleidung bis zum Disco-Outfit, dazu Schmuck, Kunst, Spielzeug, Souvenirs, Kosmetik, Fotoausrüstung und Delikatessen, Bars und Restaurants, hat Ausblick auf die Lagune – am schönsten bei Sonnenuntergang – oder taucht ein in ein interaktives Aquarium.

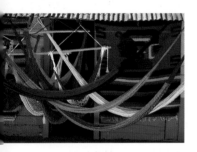

## Bazar García Rejon

**Yucatán, Mérida:**
Calle 60, zwischen 65 und 67
**Casa de las Artesanías,**
**Mérida:** Calle 63 No. 503,
zwischen Calle 64 und 66

Alles, was das Herz begehrt – und vieles, was man absolut nicht braucht: Der Basar de Artesanías in Mérida ist einer der buntesten Märkte in Mexiko und versammelt Kitsch und Kunst vor allem aus Yucatán. Hängematten gibt es in allen Farben und Größen, außerdem handbestickte huipiles für die Dame, gefältelte Guayabera-Hemden, Sonnenhüte, Schmuck Holzspielzeug, Keramik ...
Wer es aufgeräumter mag: Die Casa de las Artesanías gibt einen guten Überblick, auch über die Preise. Auf dem Basar darf gefeilscht werden.

## El Zócalo

**Yucatán, Cancún:**
Blvd. Kukulcán Km 9, gegenüber
Plaza Forum by the Sea

Der Zócalo ist das Herz einer jeden mexikanischen Stadt: Treffpunkt und Schauplatz für diverse Veranstaltungen, mitunter auch Marktplatz. Auf Cancúns »Zócalo« stehen hübsch dekorierte Karren, auf denen edles Kunsthandwerk und Schmuck in allen Formen und aus unterschiedlichstem Material verlockend ausgebreitet liegt. Wer hier nicht fündig wird, hat gleich gegenüber auf dem Mercado Coral Negro riesige Auswahl an allen Arten des mexikanischen Kunsthandwerks, von Webarbeiten über Töpfer- und Lederwaren bis zum unvermeidlichen Sombrero.

## Casa de Artesanías Tukulnà

**Yucatán, Campeche:** Calle 10, Nummer 333 (zwischen Calle 59 u. 61), Tel. (981) 816 21 88
www.tukulna.com

Schwarze Stickerei auf weißer Bluse ist das Erkennungszeichen der »Campechanerin«. Textilien nach traditionellem Vorbild ebenso wie modische Variationen sind Schwerpunkte des Angebots. Blumen- und Blütenmuster, auch in bunten Farben, zieren nicht nur huipiles und andere Kleidungsstücke, sie werden auch als Borte vorgefertigt auf Tisch-, Bad- und Bettwäsche appliziert. Die Auswahl ist groß, auch an anderem Kunsthandwerk aus der Region.

## La Casa del Jade

**Guatemala, Antigua:**
4a. Calle Oriente # 10,
Edificio Casa Antigua »El Jaulón«,
Tel./Fax (00502) 78 32 39 74,
www.lacasadeljade.com,
E-Mail: sales@lacasadeljade.com

Hohe Ansprüche erfüllen die Künstler der von Hand geschliffenen weißen, violetten, hell- bis dunkelgrünen und sogar schwarzen Jade in den Werkstätten der »La Casa del Jade«. Dekorativ wirken kostbare Masken im präkolumbischen Maya-Stil, einfach zu transportieren sind Kolliers und Ringe sowie kleine Tierfiguren.

## Centro de Información sobre la Naturaleza, Cultura y Artesanía de Petén (CINCAP)

**Guatemala, Flores:** Central Plaza

Eigene künstlerische Traditionen pflegen die Indígenas des Petén mit Materialien des tropischen Regenwalds: so aus hellen und dunklen Pflanzenfasern geflochtene Körbe, Imitationen von präkolumbischen Knochenschnitzereien und Figuren aus verschiedenen Harthölzern wie Nasenbären, Tukane und Gürteltiere. Bei CINCAP gibt's zudem CDs mit traditioneller Musik (z. B. Blockflöte); auch ist die Organisation eine erstklassige Informationsquelle für Touren zu abgelegenen Maya-Stätten.

## Cooperativa Kusamaj Junam

**Guatemala, San Antonio Aguas Calientes:** 3a. Avenida, Zona 3, Plaza, Mercado de Artesanías, Tel. (00502) 59 31 57 49; alle 30 Min. Direktbusse ab Antigua (ca. 12 km).

Äußerst qualitätvolle Textilien – insbesondere die zweiseitig mit Vögeln, Früchten sowie floralen und geometrischen Mustern broschierten Huipiles – gibt es in der von Cakquiquel-Frauen gegründeten Kooperative neben der Kirche.

## Freitagsmarkt

**Guatemala, San Francisco el Alto:** Rund 3 km von Cuatro Caminos oder San Cristóbal Totonicapán; Direktbusse auch von Quetzaltenango (ca. 14 km).

Jeden Freitag pulsiert im 2640 m hoch gelegenen San Francisco el Alto das Leben: Indígenas, vor allem Quiché, kommen aus nah und fern zum wohl größten Mercado Guatemalas. Dicht an dicht reihen sich Hunderte von Ständen in den zum Teil steil ansteigenden, kopfsteingepflasterten Gassen aneinander. Auf der zentralen Plaza werden überwiegend Textilien angeboten; weiter oben findet man den Viehmarkt. Tipp: Beobachten Sie das Marktgeschehen und die herrliche Umgebung vom Dach der barocken Iglesia de San Francisco. Vorsicht vor Taschendieben im Gedränge!

## Belizean Arts Gallery

**Belize, Ambergris Caye:** San Pedro, Fido's Courtyard, Tel. (00501) 226 30 19, E-Mail: belizearts@go.com, www.belizeanarts.com

Hier wird jeder fündig: Traditionelle Kunst wie Garífuna-Trommeln, Flechtarbeiten, Keramiken und Holzschnitzereien werden neben Engelsfiguren und Heiligenbildern sowie Skulpturen und Gemälden zeitgenössischer Künstler aus Belize und dem Ausland in lockerer und farbenfroher Weise präsentiert – und das zu erschwinglichen Preisen.

## National Handicraft Center

**Belize, Belize City.** 2 South Park St. / Ecke Cork Street, in der Nähe des Memorial Parks, Tel. (00501) 223 36 36

Qualität zu fairen Preisen! Aus ganz Belize, von den Maya-Dörfern der Mopán bis zu den Garífuna-Orten an der Küste, findet man hier eine breite Palette landestypischer Souvenirs: so mit Fasern der Jipijapa-Palme geflochtene Körbe, Schnitzereien aus dunklem Schiefer und dem – angeblich nur in Belize vorkommenden – Zericote-Hartholz von Maya-Göttern, verzierte Kalabassen, Ölgemälde, Keramiken, Schmuck aus Kokosnussschalen, medizinische Kräuter und vieles mehr.

# TOP**10** Aktiv

## Diving & Snorkeling im Barrier Reef

**Belize:** Hamanasi Adventure & Dive Resort, Sittee River Road, Hopkins, Stann Creek, Tel. (00501) 520 70 73, Fax (00501) 520 70 90, E-Mail: info@hamanasi.com, www.hamanasi.com

Haie streicheln gehört zum guten Ton! Das Barrier Riff vor der Ostküste der Halbinsel Yucatán gehört bekanntlich zu den besten Tauchgründen der Welt – und Hamanasi bei Kennern zu den renommiertesten Anbietern in Belize für scuba diving. Als Basis dient das elegante Hamanasi (Garífuna für Mandelbaum) mit 18 geräumigen komfortablen Zimmern und Suiten sowie Restaurant mit Arkaden. Topausgebildete Lehrer weisen Anfänger beim Tiefseetauchen ein, alte Hasen zieht es gleich in die Gründe des Lighthouse Reef, Half Moon Caye, Turneffe Islands Atoll, Glover's Reef Atoll oder in das berühmte Blue Hole.

## Bootstour auf alten Maya-Handelswegen

**Yucatán:** Carretera 307 Cancún-Tulum, # 68 Tulum Tel. (984) 871 24 99, www.cesiak.org

Kristallklares Wasser im Meer, in Lagunen und Cenotes, blendend weiße Strände, Korallenriffe, Mangroven, Savannen, Baum- und Strauchinseln: Das riesige Biosphärenreservat und UNESCO-Welterbe Sian Ka'an hat 17 verschiedene Ökosysteme, entsprechend vielfältig sind Flora und Fauna. Krokodile und verschiedene Schildkrötenarten sind in dem ausgedehnten Gebiet ebenso zu Hause wie Puma, Jaguar und Tapir. Letztere bekommt der Besucher eher selten zu sehen. Aber Vögel (über 340 Arten!) und Schmetterlinge, Klammeraffen und vielleicht sogar die seltene Seekuh Manati kann man auf einer erlebnisreichen Bootstour entdecken, die über Lagunen, durch Sümpfe und Kanäle führt – auf uralten Maya-Handelsrouten. Kein Wunder also, wenn zwischendurch märchenhaft überwucherte Mayatempel auftauchen. Die Guides von CESiaK liefern alle notwendigen Informationen dazu. Wer lieber geruhsam unterwegs ist, mietet sich ein Kajak und geht, ausgestattet mit Kartenmaterial auf Entdeckungstour.

## River- & Cave-Tubing in West-Belize

**Belize:** Mayawalk Tours, 19 Burns Avenue, San Ignacio, Tel. (00501) 824 30 70, E-Mail: mayawalktours@yahoo.com, www.mayawalk.com

In Xibalbá, dem »Ort des Fürchtens«, lebten nach der Vorstellung der Maya ihre Ahnen so lange, bis sie nach zahlreichen Leiden und Kämpfen diesen Ort verlassen durften. Tauchen Sie ein in diese Unterwelt aus tiefen wassergefüllten Kalksteinhöhlen; in Reifen lässt man sich durch das glasklare grüne Wasser treiben. Highlight ist gewiss die jüngst entdeckte Actun Tunichil Muknal in der Tapir Mountain Reserve, eine Höhle mit zahllosen Stalaktiten und archäologischen Objekten – geheimnisvolle Zeugnisse kultischen Treibens in Xibalbá.

## Tauchen am Mayariff und Cenote-Tauchen

**Yucatán:** Protecdiving, Calle 4, zwischen Av. 30 und 25, Playa del Carmen, Tel. (984) 803 11 68, www.protecdiving.com

Vor Mexikos Karibikküste erstreckt sich das Große Mayariff mit faszinierenden Korallenformationen, steil abfallenden Wänden, aufregenden Schluchten, sagenhaften Fischschwärmen und farbenprächtige Unterwassergärten. Auch versunkene Schiffe wie am Banco Chinchorro nahe Chetumal gehören zu den Attraktionen für Meerestaucher. Doch damit noch nicht genug: Nur in Mexiko gibt es die geheimnisvollen Cenotes, die erfahrenen Tauchern neue Unterwasserwelten eröffnen. Diese Wasserlöcher auf der Halbinsel Yucatán, die durch den Einsturz der Kalksteindecken sichtbar wurden, sind oft durch unterirdische Flüsse miteinander verbunden. Höhlenforscher haben seit den 1980er Jahren ein ganzes Netz solcher, mal mehr, mal weniger verzweigten Systeme erkundet. An der Erforschung von Yucatáns Cenotesystemen beteiligt sind die Profis von Protecdiving in Playa del Carmen unter Leitung des Deutschen »Matt« Andreas W. Matthes. Die Tauchbasis verfügt über beste technische Ausrüstung und bietet Trainingskurse für Einsteiger sowie Expeditionen für erfahrene Taucher an. Ziele sind sowohl die schönsten Tauchreviere am Großen Mayariff wie wenig bekannte Cenotes.

## Ausflug ins Vogelschutzgebiet Isla Contoy

**Yucatán:** Colon Tours, Cancún, Tel. (998) 884-15-98, innerhalb Mexikos gebührenfrei: (01 800) 715 33 75, www.kolumbustours.com

Contoy, eine winzige Insel nördlich der Isla Mujeres, liegt da, wo die Karibik auf den Golf von Mexiko trifft. Sie hat auf der karibischen Seite einen herrlich weißen Strand unter Palmen, während auf der nur Schritte entfernten Ostseite rauer Wind die spärliche Vegetation peitscht. Die Insel beherbergt über 150 Vogelarten. Am häufigsten sieht man Fregattvögel, Kormorane und Pelikane. Schildkröten kommen zur Eiablage an Land, der Boden ist übersät mit Krabben, und ständige Gäste im flachen Wasser sind Stachelrochen. Nur wenige Besucher sind pro Tag zugelassen. Sie reisen mit dem Boot an, z. B. mit der Pinta oder der Corsario, Nachbauten historischer Entdeckerschiffe. Unterwegs gibt es die Möglichkeit zum Schnorcheln am Riff und nach dem geführten Inselrundgang ein köstliches Fisch-Barbecue an Bord.

## Rafting / Kayaking

**Guatemala:** Maya Expeditions,
15a. Calle »A« 14–07, Zona 10,
Ciudad de Guatemala,
Tel. (00502) 363 49 55,
Fax. (00502) 363 49 65, E-Mail:
info@mayaexpeditions.com,
www.mayaexpeditions.com

Dank der breiten Flüsse sowie der
reißenden Bäche vom Hochland
hinab in den Petén oder an die Pazifikküste ist Guatemala eines der
beliebtesten Ziele für Wildwasser-
fahrten (White Water Rafting) in
Mittelamerika. Besonders ideal
sind z. B. der Río Cahabon, der
Río Coyolate und der Río Usumacinta (abhängig vom Wasserstand
während der Trocken- oder Regenzeit), die in Touren verschiedener
Schwierigkeitsgrade (II–V) von
einem Tag bis zu mehr als einer
Woche erkundet werden. Kajaks
oder stabile Schlauchboote sowie
Helme und Schwimmwesten werden gestellt. Nach einer gründli-
chen Einweisung in Paddeltechni-
ken für Anfänger kann es losgehen
– mit reichlichem und gutem Proviant und in Begleitung erfahrener
Guides.

## Spanisch-Unterricht

**Guatemala:** www.guatemala365.com, www.larutamayaonline.com

Antigua mit seinem frühlingshaften Hochlandklima ist das wichtigste
Zentrum für Spanisch-Unterricht in Guatemala und Mittelamerika.
Knapp 50 Sprachschulen bieten preiswerten Einzelunterricht (meist 20,
25 oder 30 Wochenstunden) und auf Wunsch die Unterbringung in Pri-
vatfamilien mit Wäscheservice und täglich drei Mahlzeiten. Zum schnellen Lernerfolg trägt wesentlich die entspannte Atmosphäre in den hübschen Kolonialhäusern mit häufig angenehmen Patios bei. Vielseitige
Ausflugsprogramme für die Wochenenden zu Marktorten, archäologischen Stätten etc. sowie Koch-, Tanz- und Webkurse sorgen für die notwendige Abwechslung vom Studieren. Manche Institute offerieren kostenlosen Internetservice und am Kursende Sprachzertifikate, bisweilen
auch für an der indigenen Kultur besonders Interessierte zusätzliche Un-
terrichtseinheiten in einer Maya-Sprache (meist Cakchiquel).

## Xcaret-Freizeitpark

**Yucatán:** Km 64, Carretera Cancún-Chetumal, Tel. 998-883 31 43
www.xcaretcancun.com, Tägl. 8.30-22 Uhr
Eintritt 59 US-$, Kinder 41 US-$

Der ganze Tag reicht kaum aus, um alle Attraktionen zu genießen in diesem Freizeitpark, der (abgesehen von den Eintrittspreisen) der ganzen
Familie Freude bereitet und Erholung mit vielen Erkenntnissen verbindet. Zur Naturerkundung gehören u.a. ein botanischer und ein großer
Schmetterlingsgarten, Schildkrötenaufzucht, Aquarium und ein »Insel-
zoo« mit Puma und Jaguar. Sportliche können schwimmen, schnorcheln
und (gegen eine Extra-Gebühr) tauchen, wobei man statt Sauerstoff-
flasche am Rücken einen speziellen Helm auf dem Kopf trägt und über
den (relativ flachen) Meeresgrund spaziert. Schönstes Erlebnis ist das
Schwimmen, genauer: sanfte Dahingleiten in einem Fluss, der durch
Höhlen und Cenotes führt. Die abendliche Show mit Reiterspektakel, Pe-
lota-Spiel, Maya-Zeremonien und Folkloretänzen sorgt für einen unvergesslichen Abschluss.

## Bergsteigen und Felsklettern im Hochland

**Guatemala:** Wild Guatemala Expeditions, Antigua, Tel. (00502) 55 26 91 10, E-Mail: expeditions@wild guatemala.com, www.wild guatemala.com

Die Besteigung mindestens eines der 33 zum Teil noch aktiven Vulkane Guatemalas ist für sportlich Ambitionierte ein Muss, denn die Wanderungen offenbaren landschaftliche Superlative. »Wild Guatemala Expeditions« bietet neben Trekking im Nebelwald und Felsklettern, z. B. am El Filón (Lago de Amatitlán) und am Cerro Quemado (bei Quetzaltenango), auch Vulkanbesteigungen, neben einfachen Trips, etwa auf den Pacaya oder Agua, auch anspruchsvollere Touren, beispielsweise auf den Acatenango und Fuego. Nur für Profis sind die 4- bis 10-Tagestouren: Mit ihnen bezwingt man bis zu sieben der höchsten Berge des Landes, einschließlich des 4420 m hohen Tajumulco unweit der mexikanischen Grenze.

## Ökoturismus im Tiefland

**Guatemala:** Pro Petén, Calle Central, Flores, Tel. (00502) 79 26 13 70, Fax (00502) 79 26 04 95, www.propeten.org

Pro Petén ist eine Initiative, die sich zum Ziel gesetzt hat, die Natur und indigene Kultur des tropischen Regenwaldes in Guatemala zu bewahren und zu erforschen. Sie bietet Touren durch den Dschungel mit Tierbeobachtung und zu archäologischen Maya-Stätten (u. a. El Perú) in der »Reserva de la Biósfera Maya« an. Engagierte und wissenschaftlich ausgebildete Einheimische übernehmen die spanisch- und englischsprachige Führung, beispielsweise im »Parque Nacional Laguna del Tigre« durch die faszinierende »Estación Biológica Las Guacamayas«, benannt den nach häufig zu beobachtenden großen Aras. Pro Petén arbeitet eng mit CINCAP (s. S. 347) zusammen.

# TOP**10** Feste

### Festival de Barriletes Gigantes

**Guatemala:** Santiago Sacatepéquez und Sumpango, Busse von Ciudad de Guatemala und Antigua über San Lucas Sacatepéquez (ca. 1 Stunde)

Ein unvergessliches Fest zu Ehren der Verstorbenen: Am 1. November, an Allerheiligen (todos los santos) bzw. am Tag der Toten (día de los muertos) lassen die Cakchiquel auf dem Friedhof beider Dörfer Dutzende kreisrunde, bis zu 9 m große Drachen aus Papier auf einem Bambusgerüst steigen – bunt bemalt mit Motiven, die soziale und politische Probleme wie Korruption oder Ausbeutung der Landarbeiter thematisieren. Eigentlicher Zweck der barriletes gigantes ist jedoch die Vertreibung böser Geister, zudem stellen sie als Leuchtpunkte am Himmel eine Verbindung zwischen den Angehörigen mit den Verstorbenen dar. Das Festival de Barriletes Gigantes wurde 1999 zum nationalen Kulturgut erklärt.

### Festival Gastronómico de Cancun

**Yucatán:** Cancún, November

Über 200 Restaurants gibt es in Cancún – für jeden Geschmack ist da etwas dabei, ob Fisch, Fleisch oder vegetarisch, mexikanisch oder asiatisch, mediterran oder karibisch und die Fusion diverser Küchenrichtungen. Einmal im Jahr laufen die besten Küchenchefs und extra eingeflogene Gäste am Herd zur Höchstform auf. Sie veranstalten Vorträge, Seminare und Kurse, laden zu Kostproben, Küchenpartys und Galadiners, kreieren eigens zu diesem Anlass neue Menüs und vereinen dabei kulinarische Traditionen und experimentelle Trends zu wahrhaft einzigartigen Gaumenfreuden.

### Carnaval

Ganz **Yucatán:** Februar/März

Campeche rühmt sich, den ältesten Karneval in ganz Mexiko zu feiern, am längsten dauern die Festivitäten allerdings auf Cozumel. Auf der Insel werden schon Wochen vorher die Kandidaten für König und Königin gekrönt, Kostümwettbewerbe veranstaltet sowie mit viel Musik und Tanz die Stimmung angeheizt. Hier muss die schlechte Stimmung, »el mal humor«, nicht mehr öffentlich verbrannt werden – der sonst übliche Auftakt zur Karnevalswoche. Täglich folgen dann Umzüge auf fantasievoll geschmückten Wagen, den Carros Alegóricos, begleitet von Bandas und Tanzformationen, alle in prächtigen Kostümen und Masken. Anschließend wird bis in die frühen Morgenstunden getanzt. Am Aschermittwoch wird Juan Carnaval verbrannt und feierlich zu Grabe getragen. In Campeche finden die wichtigsten Paraden am Sonnabend und Sonntag statt. Ausgelassene Karnevalsstimmung herrscht auch in Mérida, Valladolid und vielen kleinen Orten. Cancún hat ein ganzes Kulturfestival dazu geschaffen, die Gran Feria de Cancún.

### Mérida en Domingo

Yucatán: Mérida

Sonntag in Mérida ist Familientag. Jung und Alt, Einheimische und Touristen flanieren die für den Verkehr gesperrte Calle 60 zwischen der Plaza Grande und dem Parque de Santa Ana auf und ab. An allen Straßenecken ist Musik zu hören, von der yucatekischen Trova bis zum Jazz, und Salsarhythmen animieren zum Mittanzen. Künstler bieten ihre Werke zum Kauf an, Hausfrauen sorgen im Parque de Santa Lucía mit pikanten und süßen Kleinigkeiten für das leibliche Wohl, Kinder lassen bunte Luftballons steigen. Vor dem Rathaus wird mittags eine yucatekische Hochzeit gefeiert, der am Nachmittag das traditionelle Fest der Vaquería mit regionalen Tänzen und fröhlicher Musik folgt. Die Straßensperrung beginnt schon am Vorabend, wenn sich das »Herz von Mérida« für Künstler und Flaneure öffnet. Dann stellen die Restaurants und Bars Stühle und Tische auf die Straße und Musik erklingt bis spät in die Nacht.

### Fiesta de Cristo Negro

**Guatemala:** Esquipulas, Mitte Januar, Höhepunkt am 15. Januar

Rechtzeitig ein Hotelzimmer reservieren muss man während der größten Pilgerfahrt (romería) Mittelamerikas, will man nicht in der provisorisch aus Plastikplanen errichteten Zeltstadt vor der monumentalen weißgetünchten Basílica Santuario übernachten. Ziel zigtausender Gläubiger aus Guatemala und dem Ausland ist der Cristo Negro (Schwarzer Christus), von den Gläubigen auch ehrwürdig El Señor de Esquipulas (Der Herr von Esquipulas) genannt. Schon manche Wunder werden der aus dunklem Holz um 1594 geschnitzten Christusfigur des portugiessichen Bildhauers Quirio Cataño zugeschrieben, so etwa 1737 die Heilung des Erzbischofs Pedro Pardo de Figueroa von einer chronischen Krankheit. Eine sichere Heimkehr der Pilger (romeristas) garantieren bunte Girlanden (gusanos) für das Auto, Seelenheil für die nächste Fiesta der übliche Wallfahrtskitsch wie Medaillons und Rosenkränze.

## Semana Santa (Karwoche)

**Guatemala:** Antigua, Prozessionen die ganze Karwoche bis Ostermontag mit Höhepunkt am Karfreitag (Viernes Santo)

Ein unvergessliches Erlebnis jeder Guatemalareise vor der einzigartigen Kulisse der UNESCO-Weltkulturerbe-Stadt: die zweifellos prächtigsten Karfreitags- und Osterprozessionen ganz Lateinamerikas mit zahllosen Pilgern bzw. Büßern (penitentes) in dunkelvioletten Roben (esclavinas) unter hohen kapuzenartigen Kopfbedeckungen (cucuruchos), die mit großen Figurengruppen über kunstvollen Teppichen (alfombras) aus gefärbten Sägemehl und Blumen schreiten (s. auch S. 103 f.). Unbedingt mehrere Monate im Voraus ein Hotelzimmer reservieren!

## Huelga de Dolores

**Guatemala:** Ciudad de Guatemala, etwa 2–4 Wochen vor Karfreitag (Viernes Santo)

Seit 1898 eine studentische Tradition in Guatemala: Um während der verschiedenen Militärdiktaturen in relativer Sicherheit gegen die Gewaltherrschaft und Korruption demonstrieren zu können, mussten sich die Studenten der renommierten Universidad de San Carlos mit Kapuzen verhüllen. Von den herrschenden Regierungen scharf beobachtet, aber wegen der Solidarität der Bevölkerung geduldet, gehen die Studenten noch heute mit violetten Gewändern vermummt auf die Straße, um für politische und soziale Belange einzutreten. Dem fast einem Karnevalsumzug (desfile bufo) gleichenden Huelga de Dolores (Streik der Schmerzen) mit Politikerfratzen aus Pappmaché führt La Chabala, ein tanzendes Skelett, an.

## Baron Bliss Day

Ganz **Belize**, besonders in **Belize City:** 9. März

Baron Bliss of Belize: Alljährlich ehren die Belizer ihren großen Wohltäter Henry Edward Ernest Victor Bliss (1869–1927) mit landesweiten Festen, am prächtigsten in der Hauptstadt gefeiert. So findet in Belize City vor dem Fort George Lighthouse, unweit dem Baron Bliss Memorial, eine große Regatta statt – eine Reverenz an den leidenschaftlichen Segler, der auf seiner Jacht »Sea King II« jahrelang in den Gewässern der Karibik unterwegs war. Ein zweites Spektakel ist seit 1998 die »La Ruta Maya Belize River Challenge«, ein großes Kanurennen von San Ignacio den Belize River flussabwärts bis zur Balcan Bridge in Belize City, eine rund 270 km lange Strecke, die das schnellste Paddelteam in knapp 20 Stunden und vier Tagesetappen zurücklegt.

## Equinoccio – Schattenspiel der Maya

**Yucatán:** Morgens Dzibilchaltún, nachmittags Chichén Itzá, 21. März und 23. September

Die Maya richteten ihre Gebäude bewusst nach dem Stand der Sonne und anderer Himmelskörper aus und nutzten sie durch das Einfangen besonderer Lichteffekte als in Stein gehauene Kalender. So markierte die Tagundnachtgleiche im März den Beginn der Aussaat, während sie im September als Signal zum Einbringen der Ernte gedeutet wurde. An beiden Tagen füllt etwa in Dzibilchaltún die aufgehende Sonne für kurze Momente den Türdurchbruch im Tempel der sieben Puppen und taucht ihn in gleißendes Licht, während sich am späten Nachmittag an den Stufen der Kukulcán-Pyramide in Chichén Itzá ein außergewöhnliches Schauspiel entfaltet. Die untergehende Sonne erleuchtet nach und nach die Schlangenskulptur an einer Treppe, bis diese den Anschein erweckt, als krieche Kukulcán, die gefiederte Schlange, die Treppe hinunter.

## September Celebrations

**Belize:** Belize City, 10.–21. September

Ausgelassener Karneval und buntes Treiben mit Partys, Tänzen und Paraden, in denen sich der Nationalstolz der Einwohner von Belize widerspiegeln, bestimmen die September Celebrations zwischen National Day (10. September) und Independence Day (21. September). Highlight für die meisten Schaulustigen sind die Livebands – etliche gehören zu den Spitzenmusikern Belizes – im Newton Barracks Green (Fiesta Park) am letzten Tag: Calypso, Punta Rock und andere karibische Rhythmen.

## Feste in Guatemala

Nahezu jedes indianische Dorf in Guatemala begeht einmal im Jahr ein großes Fest zu Ehren Schutzheiliger. Mit den Vorbereitungen beginnt man häufig schon mehrere Wochen vorher, und die eigentliche, manchmal mehrere Tage dauernde Fiesta wird aufwändig mit Feuerwerkskörpern, Schönheitswettbewerben, Musikgruppen, Buden, Umzügen und Maskentänzen gefeiert. Die zentrale Plaza wird in dieser Zeit zu einem richtigen Rummelplatz, zu dem sich auch Händler, Glücksspieler und Karussellbetreiber einfinden. Ungezügelt geben sich die Männer dem Genuss von Alkohol (»aguardiente«) während des Patronatsfests hin, das für viele die einzige wirkliche Abwechslung des recht monotonen Alltags ist.

## Guatemala

# Reiseplanung

### Klima

Guatemala wird häufig das »Land des ewigen Frühlings« genannt – und tatsächlich sind im Hochland fast das ganze Jahr über die Tage angenehm warm und die Nächte mild. Der wichtigste Faktor dabei ist die Höhenlage. Der größte Teil der »tierras altas«, einschließlich Ciudad de Guatemala, Antigua, Lago de Atitlán und Chichicastenango, liegt 1300 bis 2100 m über dem Meeresspiegel, mit Tagestemperaturen von 18–28 °C. In über 2100 m Höhe, z. B. in Quetzaltenango, kann es vor allem während der Nacht recht kalt werden.

An der Pazifik- und Karibikküste sowie im Petén ist die Hitze, zusammen mit sehr hoher Luftfeuchtigkeit, häufig sehr belastend. Tagestemperaturen von über 30 °C über das Jahr hinweg sind dabei die Regel.

In Guatemala gibt es nur zwei ausgeprägte Jahreszeiten. Während des so genannten Winters (»invierno«), d. h. von Mai bis Oktober, ist Regenzeit. Die Niederschläge, meist am Nachmittag, sind kurz, aber sehr heftig. Die Vormittage sind häufig klar mit guten Fernsichten. Der Sommer (»verano«) dauert im Allgemeinen von November bis April. In diese ausgeprägte Trockenzeit fallen die kühlsten Nachttemperaturen im Dezember und Januar.

### Reisezeit

Guatemala kann das ganze Jahr gut bereist werden, denn selbst in der Regenzeit dauern die Niederschläge in der Regel nur kurz. Die beste Reisezeit ist die Trockenzeit von November bis April, obwohl die Tagestemperaturen bisweilen 30 Grad überschreiten. Eine kurze Zwischentrockenzeit gibt es von Mitte Juli bis Mitte August.

### Kleidung

Auf Grund der vielfältigen Klimazonen und unterschiedlichen Höhenlagen sollte man bei einer Reise durch Guatemala neben festem Schuhwerk (für Wanderungen) sowohl weite luftige (für den Petén und die Pazifikküste) als auch warme Kleidung (für das Hochland) im Gepäck mitnehmen. Unerlässlich sind auf Grund der recht starken Sonneneinstrahlung eine Kopfbedeckung und Sonnencreme, die man auch im Land kaufen kann.

### Reisedokumente

Reisebestimmungen können sich kurzfristig ändern, daher sollte man sich kurz vor der Abreise bei der Touristeninformation oder der Botschaft bzw. dem Konsulat informieren. Derzeit benötigen Schweizer und Bürger der EU kein Visum. Der Reisepass muss noch mind. sechs Monate gültig sein, des Weiteren kann am Flughafen bzw. an der Grenze der Nachweis ausreichender finanzieller Mittel sowie der Rückflug oder die Weiterreise in ein anderes Land verlangt werden (was sehr selten der Fall ist). Der Aufenthalt ist auf 90 Tage beschränkt, gegen eine Gebühr erhält man eine Aufenthaltsverlängerung bei: Dirección General de Migración, 4a C 4-37, Zona 9, Ciudad de Guatemala, Tel. 23 60 24 08 / 23 60 85 44, Mo–Fr 8–17 Uhr; Zweigstelle in 7a Av 1–17, Zona 4, Centro Cívico (im selben Gebäude wie INGUAT), Tel. 23 61 84 79, Mo bis Fr 8–16 Uhr.

---

## Klima und Reisezeit

**Guatemala City**

■ Temperaturen
— Niederschlag

---

### Steckbrief Geografie
- ■ **Fläche:** 108 890 km²
- ■ **Nachbarstaaten:** Mexiko, Belize, Honduras, El Salvador
- ■ **Höchster Berg:** Tajumulco, 4220 m
- ■ **Küsten:** Pazifik im Süden und ein schmaler Streifen Karibik im Osten
- ■ **Bevölkerung:** 14,7 Mio. Einwohner, davon sind die große Mehrheit Nachkommen der Maya, nur 5% der Gesamtbevölkerung sind europäischer oder asiatischer Abstammung.
- ■ **Sprache:** Landessprache ist Spanisch, die Mehrheit der Bevölkerung spricht jedoch eine der 24 indigenen Sprachen (u. a. Kekchí, Quiché).
- ■ **Religion:** 80 % Katholiken, 19 % Protestanten

---

### Steckbrief Politik
- ■ **Staatsform:** Präsidialrepublik
- ■ **Staatsorgane:** Das Parlament und der Präsident werden alle vier Jahre gewählt, stimmberechtigt sind alle Bürger ab achtzehn, ausgenommen aktive Angehörige des Militärs. Der oberste Gerichtshof wird vom Parlament für vier Jahre bestimmt. Wie die meisten lateinamerikanischen Staaten hat auch Guatemala keine lange demokratische Tradition, die Parteienlandschaft ist wenig stabil, Militär und die Unternehmer geben den Ton an.

## Gesundheit

Für den Besuch Guatemalas sind keine Impfungen vorgeschrieben. Empfehlenswert ist jedoch eine Impfung gegen Tetanus/Diphterie, Polio und Hepatitis A/B. Über eine Prophylaxe gegen Malaria, die gelegentlich im tropischen Tiefland vorkommt, sollte man sich vor der Abreise von einem Arzt (Tropeninstitut) beraten lassen. Einfachster Schutz gegen Malaria und Dengue, gegen das es keinen Impfstoff gibt, sind während der Dämmerung ein Mückenschutzmittel, mit dem man Körper und Kleidung einreiben sollte, sowie während der Nacht ein Moskitonetz über dem Bett.
Unbedingt empfehlenswert ist auch der Abschluss einer Auslandskrankenversicherung, die im Notfall den Rücktransport einschließt. Arztbesuche und Krankenhausaufenthalte müssen meist sofort bezahlt werden. Für eine Erstattung der Kosten durch die Versicherung müssen stets Quittungen vorgelegt werden. Generell ist nur in Flaschen abgefülltes Wasser (»agua purificada«) zu empfehlen, da Leitungswasser manchmal stark gechlort oder unrein ist. Obst sollte man nur geschält essen, Getränke immer ohne Eis (»sin hielo«) bestellen und Speisen an Straßenständen auf Grund der oftmals mangelnden Hygiene nur mit Vorsicht genießen. Wichtig in tropischen Regionen ist die ausreichende Flüssigkeitszufuhr, da sich die Dehydrierung des Körpers nicht sofort bemerkbar macht.

## Geld

Die Währung Guatemalas ist der Quetzal (Q), der sich in 100 Centavos unterteilt. Im Umlauf sind Banknoten zu 5, 10, 20, 50, 100 Q, Münzen zu 1 Q und 1, 5, 10, 25 und 50 Centavos.
Wechselkurs (Stand: Mai 2006):
1 Euro = 10 Quetzal
1 CHF = 6 Quetzal.

Weit verbreitet und wegen der häufig langen Wartezeiten in den Banken empfohlen sind Kreditkarten, insbesondere Visa und Mastercard, mit denen man an zahlreichen Automaten Geld abheben kann. Des Weiteren sollte man Travellerschecks in US-$ (American Express) mitnehmen, die von zahlreichen Geldinstituten akzeptiert und bei Verlust bzw. Diebstahl umgehend erstattet werden. Wie in ganz Lateinamerika sind Dollars geschätzt, mit denen man auch größere (Reiseagenturen, Hotels, Souvenirläden etc.) oder kleinere Beträge (Taxifahrten) bezahlen kann. Von Banken erhält man gewöhnlich nur große Scheine, mit denen man in Restaurants, Geschäften u. a. die Rechnungen bezahlen sollte, um Kleingeld für Busfahrten, Zeitungen, Getränke etc. parat zu haben.

## Zoll

Gesetzlich verboten ist die Mitnahme, der Verkauf und der Export folgender Objekte ohne schriftliche Genehmigung: archäologische Artefakte und generell lebende oder tote Tiere und Pflanzen oder Teile von Tieren und Pflanzen, die gegen das Washingtoner Abkommen zum Schutz gefährdeter Arten verstoßen.

## Infoadressen

### In Deutschland

■ **Botschaft von Guatemala,** Joachim-Karnatz-Allee 47, 10557 Berlin, Tel. (0 30) 206 43 63, Fax 20 64 36 59, E-Mail: embaguate.alemania@t-online.de, www.botschaft-guatemala.de; Tel. des Tourismusbüros: 22 60 58 80, Mo–Fr 9–16 Uhr.

### In Österreich

■ **Botschaft von Guatemala,** Landstraßer Hauptstraße 21, Top 9, 1030 Wien, Tel: (01) 714 35 70, Fax (01) 714 35 70 15, E-Mail: embajada@embaguate.co.at, Mo–Fr 9–12.30 Uhr.

### In der Schweiz

■ **Konsulat von Guatemala,** 10 bis Rue du Vieux-Collège, 1204 Genf, Tel. (022) 311 99 45. Fax: (022) 311 74 59, E-Mail: dupontwillemin@swissonline.ch, www.ambassadeguatemala.com Mo–Fr 8–12 Uhr.

### In Guatemala

■ **INGUAT** (Instituto Guatemalteco de Turismo): 7a Av 1–17, Zona 4, Centro Cívico, Tel. 24 21 28 00, Fax 24 21 28 79, E-Mail: inguat@guate.net, www.visit guatemala.com. Unterhält auch Filialen am Flughafen, in Antigua, Panajachel und Quetzaltenango.
■ **Proyecto Ecológico Quetzal,** 2a Calle 14–36, Zona 1, Cobán, Alta Verapaz, Tel./Fax 79 52 10 47, E-Mail: bidaspeq@hotmail.com, www.ecoquetzal.org. Naturschutzorganisation unter langjähriger Leitung eines deutschen Biologen, die sich für den Schutz des Quetzals und die Bewahrung des tropischen Nebelwaldes in den Verapaces bemüht, verbunden mit landwirtschaftlicher Entwicklungshilfe für die dort lebenden Kekchi und einem Ökotourismusprogramm.
■ **Defensores de la Naturaleza,** 7 Avenida 7-09 Zona 13, Ciudad de Guatemala, Tel. 24 40 81 38, info@defensores.org.gt, www.defensores.org.gt. Verein, der sich vor allem für die Reservate der Sierra de las Minas und Bocas del Polochic einsetzt.

■ **ProPeten,** Calle Central, Flores, Tel. 79 26 13 70, E-Mail: rmchan@propeten.org, www.propeten.org. Naturschutz des tropischen Regenwalds im Petén.

## Guatemala im Internet

■ www.atitlan.com: Englischsprachige Homepage über die Region um den Atitlán-See.
■ www.guatemalainfo.com Service-Homepage für Hotel-, Flug- oder Tourenreservierungen
■ www.guatemalaweb.com Allgemeine Infos zu Land und Leuten in Englisch
■ www.terra.com.gt/turismogt Allgemeine Infos zu Guatemala und viele nützliche Adressen.
■ www.prensalibre.com Unbestritten die wichtigste Tageszeitung Guatemalas.
■ www.revuemag.com Touristisch interessante Adressen, Artikel und Veranstaltungshinweise des kostenlos in zahlreichen Hotels und Restaurants ausliegenden gleichnamigen Heftes (in Englisch).
■ www.guatemala365.com / www.larutamayaonline.com Informatives Verzeichnis vieler Sprachschulen (s. S. 350).
■ www.guatemala.de Homepage der deutschsprachigen Guatemala-Solidarität.

## Anreise

### Flugzeug

Der internationale Flughafen »La Aurora« befindet sich im Süden von Ciudad de Guatemala in Zona 13. Direkt nach Guatemala fliegen KLM ab Amsterdam und Iberia ab Madrid. Alle anderen Fluggesellschaften verkehren nur mit Zwischenlandung in den USA, meist in Miami. Vom Flughafen ins Zentrum gibt es Taxis mit verschieden Tarifen (A–E), abhängig von der gewünschten Zona. Busse in das Zentrum halten ge-

genüber dem Flughafen auf der oberen Ebene. Des Weiteren bieten Shuttles und Sammeltaxis ihre Dienste an, wenn man nach der Ankunft sofort weiter nach Antigua möchte (Preis vorher aushandeln!). Wichtige Airlines in Guatemala-Stadt:
■ **Air France,** Av la Reforma 9–00, Edificio Panamericana, Zona 9, Tel. 23 34 00 43, www.airfrance.com.
■ **American Airlines,** in der Lobby des Hotel Marriott, 7a Av 15–45, Zona 9, Tel. 23 37 11 77, www.aa.com.
■ **British Airways,** 1a Av 10–81, Zona 10, Tel. 23 32 74 02, www.ba.com.
■ **Delta Airlines,** 15a C 3–20, Zona 10, Tel. 23 67 31 03, www.delta.com.
■ **Iberia,** Av la Reforma 6–80, Edificio Galerías Reforma 204, Zona 9, Tel. 23 32 09 11, www.iberia.com.
■ **KLM,** 6a Av 20–25, Zona 10, Edificio Plaza Maritima, Tel. 23 37 48 12, www.klm.com.
■ **Lufthansa,** 6a Diagonal 10–01, Centro Comercial Las Margeritas, Torre II, Piso 8, Zona 10, Tel. 24 29 81 99, www.lufthansa.com.
■ **Varig,** A. la Reforma, 9–00, Edificio Panamericana, Zona 9, Tel. 23 34 00 43, www.varig.com.

### Schiff

Charterboote verkehren täglich, Linienboote jeden Dienstag und Freitag zwischen Punta Gorda (Belize) und Puerto Barrios, manchmal auch zwischen Punta Gorda und Lívingston. Tickets erhält man in Punta Gorda bei »Indita Maya«. Bei der Ausreise aus Belize wird der Ausreisestempel im Reisepass verlangt. Nach der Ankunft muss man unverzüglich die Immigración aufsuchen. Vor der oftmals etwas turbulenten Fahrt über die Bahía de Amatique sollte man sein Gepäck wasserdicht verpacken. Von Puerto Barrios nach

Ciudad de Guatemala geht es weiter mit dem Bus.

## Bus, Auto

Reisende mit dem Bus oder dem eigenen Fahrzeug können nach Guatemala bei folgenden Grenzstellen einreisen: von Belize bei Benque Viejo del Carmen bzw. Ciudad Melchor de Mencos; von Mexiko bei La Mesilla (im Hochland) und bei Ciudad Hidalgo bzw. Ciudad Tecún Umán (an der Pazifikküste); von Honduras bei El Florido (westlich von Copán); von El Salvador bei San Cristóbal Frontera und Valle Nuevo/Paso El Jobo (beide im Hochland) sowie bei La Hachadura bzw. Ciudad Pedro de Alvarado (an der Pazifikküste).

## Unterwegs in Guatemala

### Flugzeug

Nationale Fluggesellschaften verkehren täglich zwischen Ciudad de Guatemala und Flores bzw. Santa Elena (Tikal) im Petén (etwa 40 Minuten), daneben auch mehrmals in der Woche zwischen Ciudad de Guatemala und Quetzaltenango, Huehuetenango, Puerto Barrios und Coatepeque. Wichtige Airlines:
■ **Aviateca,** Av Hincapié 12–22, Zona 13, Tel. 23 34 77 22 / 23 31 82 22.
■ **Mayan World,** 7a Av 6–53, Edificio El Triángulo, Zona 4, Tel. 23 34 20 70.
■ **Tapsa,** Av Hincapié 12–22, Zona 13, Tel. 23 31 48 60.
■ **Tikal Jets,** Av Hincapié, 18 a C Aeropuerto, Hangar 18, Zona 13, Tel. 23 61 00 42, 23 34 56 31.

## Fähren

Kleine Boote (»lanchas«) verbinden die meisten der Dörfer am Lago de Atitlán, Puerto Barrios und Lívingston sowie Lívingston und El Relleno (Río Dulce). Alle Boote verkehren ein- bis mehrmals täglich; Reservierungen sind weder möglich noch notwendig.

## Bahn

Seit 1996 fährt keine Bahn mehr in ganz Guatemala, doch gibt es Pläne einer Wiederaufnahme des Schienenverkehrs mit kanadischem Kapital.

## Bus

Busfahren in Guatemala kann zu einem unvergesslichen Erlebnis werden. Generell sind die Preise äußerst niedrig. Pullman-Busse der ersten Klasse fahren nur auf der Panamericana und auf den Hauptstrecken, beispielsweise von Ciudad de Guatemala nach Cobán, Puerto Barrios oder Santa Elena/Flores. Bei diesen Gesellschaften kann man auch mehrere Tage im Voraus reservieren und erhält ein Ticket (»boleto«).
Ansonsten verkehren Camionetas, d. h. ausrangierte Schulbusse aus den USA, die bisweilen (auf seltener befahrenen Strecken und an Markttagen) zum Brechen voll sind und immer noch beständig neue Passagiere aufnehmen. Bei diesen Fahrten gibt es meist kein Boleto, bezahlt wird bar im Bus beim Ayudante (Kleingeld stets bereithalten). Auf Nebenrouten muss wegen der schlechten Straßenzustände und des gebirgigen Charakters des Landes mit Verspätungen gerechnet werden. Großes Gepäck wie Rucksäcke werden auf dem Dach vom Ayudante verstaut, der auch für die Sicherheit verantwortlich ist. Die Zielorte der Busse stehen abgekürzt auf oder über der Windschutzscheibe: Guate(mala), Toto(nicapán), Momo(stenango), Chichi(castenango), Chimal(tenango), Huehue(tenango), Pana(jachel) und Reu für Retalhuleu sowie Xela für Quetzaltenango.

## Mietwagen

Am Internationalen Flughafen bei Guatemala City kann man direkt in einen Mietwagen einsteigen. Auch in Antigua und touristisch frequentierten Regionen wie dem Petén kann man PKWs mieten. Allerdings ist die Orientierung aufgrund mangelnder Beschilderung schwierig, die Straßen sind mancherorts in schlechtem Zustand. Von Nachtfahrten wird abgeraten (s. S. 362). Die Mietpreise sind verglichen mit Belize moderat, allerdings liegt das Preisniveau höher als in Yucatán. Erkundigen Sie sich nach den Versicherungsbedingungen, um böse Überraschungen auszuschließen.
Die wichtigsten Mietwagenagenturen sind:
■ **Avis Rent A Car,** Guatemala Airport, Zona 13, Guatemala City, Tel. 23 31 00 17
www.avis.com.
■ **Budget,** Guatemala Airport, Zona 13, Guatemala City, Tel. 23 32 77 44,
www.budget.com.
■ **Hertz,** Guatemala Airport, Zona 13, Guatemala City, Tel. 24 70 38 00, www.hertz.com.
■ **Hertz,** Santa Elena Peten Airport, 10 A Calle 1-47, Zona 1, www.hertz.com.

## Sammeltaxis

Vor allem auf Nebenstrecken und zwischen den Dörfern verkehren Sammeltaxis (»Pikops«), die erst losfahren, wenn genügend Passagiere auf der Ladefläche zusammenkommen. Sie sind billig und neben den Camionetas die beste Gelegenheit, das Land und die Indígenas kennen zu lernen.

# Infos von A–Z

## Banken

Alle großen Banken Guatemalas unterhalten in den Hauptstädten der Departamentos Filialen, die Travellerschecks und US-Dollars in bar (»efectivo«) wechseln.
Die bedeutendsten im Zentrum Ciudad de Gutemalas sind:
■ **Bancafe,**
Av la Reforma 9–30, Torre del País, Zona 9, Tel. 23 39 88 88,
www.bancafe.com.gt.
■ **Banco de Guatemala,**
7a Av–22a C, Zona 1.
■ **Banco del Quetzal,**
7a Av 6–22, Zona 9
und 11a C 5–6, Zona 1;
auch am Flughafen.
■ **Banco Industrial,**
7a Av 5–10, Zona 4.
■ **Banco Internacional**
(Bandesa), 9a C – 9a Av, Zona 1.
■ **Banrural,**
Av la Reforma 2–56, Zona 9,
Tel. 23 32 44 97,
www.banrural.com.
■ **Citybank,**
Av la Reforma 15–45, Zona 10.
■ **Credomatic,**
7a Av 6–26, Zona 9 und
5a Av–1a C, Zona 1.

## Behinderte

Guatemala ist, wie die meisten lateinamerikanischen Staaten, kein behindertengerechtes Land. Nur sehr wenige Bürgersteige und Eingänge sind mit Auffahrrampen ausgestattet. Fahrten mit öffentlichen Bussen sind praktisch unmöglich. Mit einem Rollstuhl kann man sich aufgrund zahlreicher Schlaglöcher und Unebenheiten nur schwer fortbewegen. Nur einige große Hotels haben sich auf behindertengerechte Standards eingestellt.
Informationen über bestimmte Einrichtungen erhält man bei Reiseveranstaltern, internationalen Hotels oder im Touristenbüro.

# Elektrizität

110 Volt Wechselstrom mit zweipoligen Steckern. Empfehlenswert ist die Mitnahme eines Adapters.

# Feiertage

- **1. Januar:** Año Nuevo (Neujahrstag).
- **April:** Pascua (Ostern) mit Santo Viernes (Karfreitag);
- **1. Mai:** Día del Trabajo (Tag der Arbeit).
- **30. Juni:** Día del Ejército (Tag der Armee).
- **15. August:** Día de Asunción (Mariä Himmelfahrt).
- **15. September:** Día de Independencia (Unabhängigkeitstag).
- **20. Oktober:** Día de la Revolución (Tag der Revolution).
- **1. November:** Día de Todos los Santos (Allerheiligen).
- **24./25. Dezember:** Nochebuena (Heiligabend) und Día de Navidad (Weihnachten).

Im gesamten Hochland feiert die Bevölkerung das ganze Jahr über in den einzelnen Dörfern Heiligen- bzw. Patronatsfeste (»fiestas«); s. S. 355.

# Internet, Email

In jedem Touristenzentrum, insbesondere Antigua, Quetzaltenango, Guatemala-Stadt, Flores/Santa Elena und Panajachel, gibt es etliche Anbieter (Internetcafés) mit günstigen Tarifen, die bei eventuellen Problemen gerne weiterhelfen.

# Maßeinheiten

Neben den in Mitteleuropa üblichen Maßeinheiten werden bis heute traditionelle spanische verwendet. Die wichtigsten sind:
- **Volumen:** 1 galón = 3,76 l.
- **Länge:** 1 pulgada = 2,54 cm; 1 legua = 5 km.

- **Fläche:** 1 manzana = 0,7 ha; 1 Caballería = 45 ha.
- **Gewicht:** 1 onza = 28,35 g; 1 libra = 454 g; 1 quintal = 50 kg.

# Öffnungszeiten

Nachfolgende Öffnungszeiten sind Anhaltspunkte, die im Einzelfall auch abweichen können und vielfach von einer ein- bis dreistündigen Mittagspause unterbrochen werden.
- **Banken:** Mo–Fr 9–16 Uhr, häufig auch länger.
- **Postämter:** Mo–Fr 9–16, Sa 9–12 Uhr.
- **Geschäfte:** ab 9 Uhr mit Mittagspause, einen offiziellen Ladenschluss gibt es nicht.
- **Museen:** Di–So 9–16 Uhr, mit Mittagspause.
- **Archäologische Stätten:** 8–17 Uhr.
- **Naturreservate:** 6–17 Uhr.

# Post

Briefe (»cartas«) und Postkarten (»tarjetas postales«) benötigen nach Europa häufig 2–3 Wochen und müssen den Vermerk »Correo aéreo« tragen. Briefkästen gibt es so gut wie keine, deshalb sollte man seine Sendungen direkt zum Postamt (Mo–Fr 9–16, Sa 9–12 Uhr) bringen. Das Verschicken von Paketen ist umständlich und zeitraubend, da das noch offene Paket vom Beamten im Postamt kontrolliert wird und deshalb auf keinen Fall vorher zugeklebt werden darf.

# Rundfunk, Fernsehen

In ganz Guatemala findet man unzählige Radiostationen, die von Merengue bis zu evangelischen Gottesdiensten fast alles senden. Der englischsprachige Sender »Infinita« (100.1 FM) strahlt jeden Donnerstagabend Jazz und am Mittwochabend Rock und Pop aus.

Die zahlreichen Fernsehprogramme senden neben Musik zum großen Teil Talkshows aus den USA.

# Souvenirs

Guatemala zeichnet sich durch eine einzigartige Palette von Kunsthandwerkserzeugnissen aus, die in Qualität und Vielfalt in Mittelamerika nur mit Mexiko zu vergleichen sind. Die größte Auswahl findet man in den beiden Touristenzentren Antigua und Panajachel. In Geschäften sind die Preise meist fix, sodass mit einem Nachlass (»descuento«) gewöhnlich nicht zu rechnen ist. Bei Straßenhändlern- und -händlerinnen, meist Indígenas, ist Feilschen durchaus üblich. Zum Handeln, zu dem immer genügend Zeit und auch Humor gehört, sollte man sich auch nur bei wirklichem Kaufinteresse einlassen.

Auf keinen Fall sollte man Erzeugnisse aus Tier- oder Pflanzenteilen kaufen, z. B. Schildpatt oder Korallen. Zahlreiche tropische Arten stehen auf der roten Liste und sind vom Aussterben bedroht. Bei der Ausreise aus Guatemala (und der Einreise in die EU) werden diese Produkte vom Zoll ausnahmslos beschlagnahmt, gegenfalls auch Strafen verhängt.

# Textilien

Das zweifellos bedeutendste Kunsthandwerk (»artesanía«) Guatemalas sind die weltberühmten traditionellen Textilien (»típicas«) der Maya bzw. Indígenas, die in vielen Fällen auf Grund der komplizierten Webtechniken, harmonischen Farbgebungen und Kompositionen der unterschiedlichsten Muster wahre Kunstwerke darstellen. Die wesentlichen Bestandteile der noch heute zum größten Teil handgewebten Frauentracht sind Blusen (»huipiles«), Schärpen (»fajas«), Vielzwecktücher (»tzutes«), Röcke (»cortes«) und Haarbänder (»cintas de pelo«), der Männertracht Hemden (»camisas«), Hosen (»pantalones«) und Hüftröcke (»rodilleras«), s. S. 88 ff. und 138 f.

Den besten Einblick in die Vielfalt der indianischen Trachten vermittelt das Museo Ixchel del Traje Indígena in Ciudad de Guatemala, das mit dem Mercado in Zona 1 eine gute Auswahl an Textilien bereithält. Die beste Auswahl beim Kauf hat man in Antigua (in den zahlreichen Geschäften und im Parque La Unión) und Panajachel (Calle Santander) sowie bei den Kooperativen und auf den Märkten in Chichicastenango, San Antonio Aguas Calientes (Cooperativa Kusamaj Junam direkt neben der Plaza; s. S. 347), Todos Santos Cuchumatán, San Francisco El Alto, Nebaj, Zunil und Santa Catarina Palopó.

## Holzmasken

Zeremonielle geschnitzte Holzmasken (»máscaras«) sind ein weiteres schönes Zeugnis guatemaltekischer Kunstfertigkeit. Die Maskentänze gibt es bereits seit der präkolumbischen Zeit und sind heute Bestandteil bei zahlreichen Festen der Maya im ganzen Hochland. Die größte und beste Auswahl gibt es auf dem Markt sowie in dem Laden eines Maskenschnitzers (auf dem Weg zum Pascual Abaj) in Chichicastenango. Dort findet man neue als auch »alte« Exemplare.

## Wolldecken

Der jeden Sonntag abgehaltene Markt in Momostenango und der Freitagsmarkt in San Francisco el Alto (beide bei Quetzaltenango) sind im gesamten Hochland der beste Platz um Decken und Teppiche aus Schafwolle zu kaufen.

## Jade

Guatemala ist neben China weltweit das wichtigste Land für die Fertigung von Schmuck und Figuren aus der überaus geschätzten Jade, die bereits seit der präklassischen Zeit im 1. Jt. v. Chr. abgebaut wird. Jade kommt in verschiedenen Farben (meist dunkel- bis hellgrün, selten und daher sehr teuer auch violett und schwarz) in der Sierra de las Minas vor. Das beste Angebot findet man in Spezialgeschäften in Antigua (s. S. 346). Für den schmäleren Geldbeutel gibt es auch unechte Jade bei Straßenhändlern zu kaufen.

## Zigarren

Honduranische Zigarren gehören mit zu den besten überhaupt und sind in Guatemala, vor allem in Antigua, wesentlich günstiger als in Europa oder Nordamerika.

## Sprachschulen

Guatemala ist in Lateinamerika eines der beliebtesten Länder für Sprachschüler um Spanisch zu lernen. Der Unterricht ist auf Wunsch mit einem Lehrer oder einer Lehrerin einzeln, zudem wohnt man in der Regel bei einer Gastfamilie, mit der man alle Mahlzeiten einnimmt und somit auch den Alltag der Guatemaltecos kennen lernt. Das Zentrum des Sprachunterrichts – wohl in ganz Mittelamerika – ist Antigua, daneben gibt es auch mehrere Spanischschulen in Quetzaltenango, Huehuetenango, Todos Santos Cuchumatán und Cobán. Die Preise und die Qualität der Schulen (und der Lehrkräfte) variieren stark, nicht immer sind die teuersten auch die besten. Nähere Informationen über empfehlenswerte und seriöse Schulen und ihre Tarife erhält man in Guatemala, vor allem in Antigua, bei INGUAT und im Internet unter www.larutamayaonline.com, www.guatemala365.com, (s. S. 350)

## Telefon

In Guatemala gibt es außerhalb der Hauptstadt im Allgemeinen nur wenige öffentliche Telefone. Alle Telefonnummern im Land seit 2004 achtstellig, eine Ortsvorwahl gibt es nicht. Preisgünstig sind Telefongespräche im Inland mit Münzen an öffentlichen Apparaten, meist auf der Plaza bzw. dem Parque Central. Büros der früher staatlichen und mittlerweile privatisierten Telefongesellschaft TELGUA (Ciudad de Guatemala, 8 a. Av 11–83, Zona 1) findet man in jeder größeren Stadt, doch sind ihre Tarife für Faxe und Telefonate – wie in Hotels – sehr hoch, insbesondere ins Ausland. Empfehlenswerter und meist billiger ist ein Gespräch von einer Sprachschule, Reiseagentur etc. aus.

Die nationale Fernsprechauskunft erreicht man unter 24 27 87 87, die internationale unter 147 120. Bei Gesprächen von Guatemala nach Europa wählt man zuerst den Ländercode 00 49 (Deutschland), 00 43 (Österreich) oder 00 41 (Schweiz), dann die Ortsvorwahl ohne die Null und zuletzt die Teilnehmernummer. Bei Gesprächen aus dem Ausland nach Guatemala wählt man 0 05 02 und anschließend die achtstellige Nummer.

## Trinkgeld

Da Gehälter der Angestellten in Guatemala äußerst niedrig sind, werden in Restaurants und Bars 10 % Trinkgeld erwartet, auch gibt man Zimmermädchen und Gepäckträgern etc. ein »propina«. Bei Taxifahrten ist Trinkgeld unüblich, da der Preis bereits fest vereinbart sein sollte, bevor man überhaupt einsteigt. Bei Wünschen (Arztrufen, Taxibestellen etc.) gibt man einen kleinen Betrag am besten vorher.

## Verhaltensregeln

■ Wie in vielen Ländern Lateinamerikas gilt die Bezeichnung »Indio« für die indianische Urbevölkerung als abwertend und diskriminierend; statt ihr sollte man »Maya« oder das neutrale Wort »Indígena« verwenden. Da der Charakter der Indígenas häufig eher introvertiert ist, sollte man sich ihnen gegenüber unaufdringlich verhalten.

■ Sehr zurückhaltend sollte man sich über die jeweiligen Probleme des Landes äußern, insbesondere Korruption, Ineffizienz und Armut; die Einheimischen sind sich dieser Missstände sehr wohl bewusst, viele reagieren auf offene Kritik sehr sensibel.

■ Höflichkeit (»cortesía«) sowie Gelassenheit (»tranquilidad«) sind wesentliche Voraussetzungen um die Reise wirklich genießen zu können, nicht Hektik und selbst auferlegter Stress!

■ Ebenso wichtig ist Geduld, denn bei persönlichen Verabredungen als auch bei Fahrten mit öffentlichen Verkehrsmitteln muss in Kulturen, in denen die Zeit nicht das Wichtigste ist, stets mit Verspätungen gerechnet werden.

■ Generell sollte man immer Personen, die man fotografieren möchte, um Erlaubnis fragen (»¿Puedo sacar una foto de ustedes, por favor?«); will jemand nicht fotografiert werden, ist das auch zu respektieren! Rücksichtsloses Fotografieren, vor allem mit Blitz in heiligen oder privaten Räumen, zieht mitunter handfesten Ärger nach sich.

■ In Städten wie in kleinen Dörfern auf dem Land sollte man generell lange Kleidung tragen, denn ärmellose T-Shirts und Blusen sind im gesamten Mundo Maya bei Frauen und Männern gleichermaßen verpönt. Die Ausnahme davon sind natürlich die Küstenorte; hier sind kurze Kleider üblich, nicht jedoch völlige Nacktheit am Strand.

■ Weniger ist meist mehr! Vor allem bei Reisen mit öffentlichen Verkehrsmitteln muten sich viele Touristen zu viel zu; Weniges intensiv zu erleben ist befriedigender als zu viel in zu kurzer Zeit flüchtig zu sehen.

## Zeit

In Guatemala beträgt die Differenz zur mitteleuropäischen Zeit (MEZ) minus sieben Stunden, während der mitteleuropäischen Sommerzeit minus acht Stunden.

## Zeitungen

Empfehlenswert für Touristen ist die Zeitschrift »Revue – Guatemala's English-language Magazine«, die monatlich erscheint und kostenlos am Flughafen, in Hotels etc. sowie bei INGUAT erhältlich ist (www.revuemag.com). Jede Ausgabe enthält neben ungezählten Inseraten von Hotels, Restaurants und Reiseagenturen einige Kurzartikel zu verschiedenen Themen des Landes, Naturschutz, Geografie, Kultur u. a. und schließt auch die Nachbarstaaten Belize, Honduras und El Salvador mit ein. Ebenfalls gratis ist das von INGUAT vierteljährlich publizierte Magazin »Guatemala – Guia Turistica, Bits & Tips«, das in Spanisch und Englisch über die Sehenswürdigkeiten des Landes mit Öffnungszeiten, Karten, Hotelverzeichnissen etc. informiert.

# Notfälle

## Sicherheit, Kriminalität

Die Sicherheitslage in Guatemala ist nicht ganz unbedenklich. Erhöhte Vorsicht und Aufmerksamkeit verlangt der Besuch von Ciudad de Guatemala (vor allem abends) und Antigua (besonders in der Osterwoche), da hier die Kriminalität deutlich über dem Durchschnitt liegt. Die Gefahr, Opfer eines Überfalls zu werden, ist in einsamen und abgelegenen Gebieten am größten, vor allem bei Wanderungen, Vulkanbesteigungen etc. Diebstähle ereignen sich umgekehrt am häufigsten im Gedränge großer Menschenmassen, vor allem auf Märkten, Busbahnhöfen oder überfüllten Bussen. Auf der Homepage des Auswärtigen Amtes (www.auswaertiges-amt.de) können Sie sich über die aktuelle Sicherheitslage im Land informieren. Nachfolgend einige Hinweise und Ratschläge:

■ Nur Kopien der wichtigsten Dokumente, vor allem des Reisepasses, mit sich führen und die Originale im Hotel zu lassen.

■ Nur einen kleinen Barbetrag im Geldbeutel mitnehmen und den Rest (sowie Travellerschecks, Flugtickets, Kreditkarten etc.) dicht am Körper verstecken oder besser im Hotel lassen.

■ Nach Einbruch der Dunkelheit Neben- sowie schlecht beleuchtete Straßen meiden oder empfehlenswerter ein (lizenziertes!) Taxi nehmen.

■ Vor Überlandreisen nach Einbruch der Dunkelheit wird gewarnt.

■ Bei Vulkanbesteigungen oder Wanderungen nie alleine, am besten mit einheimischen Führern und mit einer größeren Gruppe gehen.

■ Gepäck auf dem Markt, im Bus etc. nie unbeaufsichtigt lassen.

■ Geld nie auf der Straße, sondern immer im Hotel oder in der Bank wechseln.

## Diplomatische Vertretungen

### Deutschland

■ **Botschaft von Deutschland** (Embajada de Alemania), 20 a Calle 6–20, Zona 10, Edificio Plaza Marítima, Ciudad de Guatemala, Tel. 23 64 67 00, Fax 23 33 69 06, E-Mail: embalemana@intelnet. net. gt, www.guatemala.diplo.de, Mo–Fr 9–12 Uhr.

### Österreich

■ **Botschaft von Österreich** (Embajada da Austria), 6 Av 20–25, Zona 10, Edificio Plaza Marítima, Nivel 4 Local 4–1, Ciudad de Guatemala, Tel. 23 68 23 24, Fax 23 33 61 80, E-Mail: guatemala-ob@bmaa.gv.at, Mo–Fr 9–12 Uhr.

### Schweiz

■ **Botschaft der Schweiz** (Embajada de Suiza), 16 Calle 0-55, Zona 10, Edif. Torre Internacional, Ciudad de Guatemala, Tel. 23 67 55 20, Fax 23 67 58 11, E-Mail: vertretung@gua.rep. admin.ch, Mo–Fr 9–11.30 Uhr.

## Notrufnummern

■ **Notarzt** (Ambulancia): Tel. 128.
■ **Feuerwehr** (Bomberos voluntarios): Tel. 122 / 123.
■ **Polizei** (Policia Nacional Civil): Tel. 110 / 120.
■ **Rotes Kreuz** (Cruz Roja): Tel. 125.

## Medizinische Versorgung

Wer bestimmte verschreibungspflichtige Medikamente benötigt, sollte diese mitbringen. Gebräuchliche Arzneimittel wie Aspirin oder Durchfallmittel erhält man in jeder Apotheke (»farmacia«).
Die medizinische Versorgung in der Hauptstadt und den größeren Orten ist im Allgemeinen gut, ebenso die Qualifikation der Ärzte, von denen viele in Europa oder in Nordamerika studiert haben. Im Fall einer ernsthaften Erkrankung helfen Hotels mit Adressen von Ärzten und Kliniken gerne weiter. Im Notfall sollte man folgende Krankenhäuser oder Praxen konsultieren:

### Krankenhäuser

■ **Hospital Centro Médico,** 6a Av 3–47, Zona 10, Ciudad de Guatemala, Tel. 23 32 35 55, www.centromedico.com.gt, 24-Stunden-Notaufnahme.
■ **Hospital Herrera Llerandi,** 6a Av 8–71, Zona 10, Ciudad de Guatemala, Tel. 23 84 59 59, www.herrerallerandi.com, 24-Stunden-Notaufnahme.
■ **Centro Médico Galeno,** 2 C 2–08, Zona 3, Cobán, Tel. 79 52 13 15.
■ **Casa de Salud Santa Lucía,** Alameda Santa Lucía Sur 7, Antigua, Tel. 78 32 31 22.

### Zahnärzte

■ **Clinicas Ovalle y Asociados,** 2a Av Norte 3, Tel. 78 32 02 75, www.clinicasovalle.com, Mo–Fr 9–13, 15.30–18 Uhr, Zahnklinik mit deutschsprachigen Ärzten.
■ **Central de Dentistas Especialistas,** 20 C 11–17, Zona 10, Ciudad de Guatemala, Tel. 23 37 17 73.
■ **Dr. Leonel Rodriguez Lara,** 4 Av Norte, Antigua, Tel. 78 32 04 31.

## Literaturtipps

### Geschichte & Gesellschaft

■ **Allebrand, Raimund (Hrsg.):** Die Erben der Maya. Indianischer Aufbruch in Guatemala. Horlemann, Bad Honnef 1997.
■ **Blancke, Rolf:** Farbatlas. Pflanzen der Karibik und Mittelamerikas. Eugen Ulmer, Stuttgart 1999.
■ **Boueke, Andreas:** Kaleidoskop Mittelamerika. Reportagen und Informationen. Horlemann, Bad Honnef 1999.
■ **ders.:** Kampf der Kleinsten. Kinder in Lateinamerika. Reportagen aus Guatemala. Horlemann, Bad Honnef 1996.
■ **Janik, Dieter (Hrsg.):** Die langen Folgen der kurzen Conquista. Auswirkungen der spanischen Kolonisierung Amerikas bis heute. Vervuert, Frankfurt/Main 1994.
■ **Kurtenbach, Sabine:** Guatemala. C. H. Beck, München 1998.
■ **Schlesinger, Stephen/Kinzer, Stephen:** Bananen-Krieg. CIA-Putsch in Guatemala. Rotpunktverlag, Zürich 1992.
■ **Stumpf, Markus/Sova, Renate u. a. (Hrsgg):** Guatemala. Ein Land auf der Suche nach Frieden, Brandes & Apsel, Frankfurt/Main 2003.
■ **Wearne, Phillip:** Die Indianer Amerikas. Die Geschichte der Unterdrückung und des Widerstands. Vorwort von R. Menchú. Lamuv, Göttingen 1996.

### Archäologie, Kunst & Kulturgeschichte

■ **Arellano Hernández, A. u. a.:** Maya. Die klassische Periode. Hirmer, München 1998.
■ **Coe, Michael D.:** Das Geheimnis der Maya-Schrift. Ein Code wird entschlüsselt. Rowohlt, Reinbek bei Hamburg 1997.
■ **Coe, William R.:** Tikal. Ein Handbuch zu den vorgeschicht-

lichen Ruinen der Maya. Philadelphia 1996.

■ **Eggebrecht, Arne und Eva/Grube, Nicolai/von Welck, Karin (Hrsgg.):** Die Welt der Maya. Katalog Mannheim. Philipp von Zabern, Mainz 1993.

■ **Grube, Nicolai (Hrsg.):** Maya. Gottkönige im Regenwald. Könemann, Köln 2000.

■ **Longhena, María:** Mayas und Azteken. Geschichte und Kultur präkolumbischer Völker in Mittelamerika. Karl Müller, Erlangen o. J.

■ **Miller, Mary/Martin, Simon:** Courtly Art of the Ancient Maya, Thames & Hudson, London 2004.

■ **Nalda, Enrique u. a.:** Maya. Die nachklassische Periode. Hirmer, München 1998.

■ **National Geographic Society:** Versunkene Reiche der Maya. Bechtermünz, Augsburg 1997.

■ **Riese, Bertold:** Die Maya. Geschichte – Kultur – Religion. C.H. Beck, München 1997.

■ **Sabloff, Jeremy A.:** Die Maya. Archäologie einer Hochkultur. Spektrum der Wissenschaft, Heidelberg 1991.

■ **Schele, Linda/Freidel, David:** Die unbekannte Welt der Maya. Das Geheimnis ihrer Kultur entschlüsselt. Albrecht Knaus, München 1991.

■ **Schmidt, Peter/Garza, Mercedes de la/Nalda, Enrique:** Maya. Katalog Venedig. Bompiani, Mailand 1998.

■ **Stierlin, Henri:** Die Kunst der Maya. Von den Olmeken zu den Maya-Olmeken. Taschen, Köln 1994.

■ **Taladoire, Éric/Couran, Jean-Pierre:** Die Maya, Primus Verlag, Darmstadt 2005.

■ **Wilhelmy, Herbert:** Welt und Umwelt der Maya. Aufstieg und Untergang einer Hochkultur. R. Piper, München, Zürich 1981.

■ **Whittington, E. Michael (Hrsg.):** The Sport of Life and Death. The Mesoamerican Ballgame, Thames & Hudson, London 2001.

## Belletristik & Biographien

■ **Asturias, Miguel Angel:** Die Augen der Begrabenen. Lamuv, Göttingen 1991.

■ **ders.:** Don Niño oder Die Geographie der Träume. Lamuv, Göttingen 1994.

■ **ders.:** Der grüne Papst. Lamuv, Göttingen 1990.

■ **ders.:** Der Herr Präsident. Rotpunktverlag, Zürich 1984.

■ **ders.:** Die Maismenschen. Lamuv, Göttingen 1992.

■ **ders.:** Legenden aus Guatemala. Suhrkamp 1973.

■ **Burgos, Elisabeth:** Menchú, Rigoberta. Leben in Guatemala. Lamuv, Göttingen 1998.

■ **Mackenbach, Werner (Hrsg.):** Papayas und Bananen. Erotische und andere Erzählungen aus Zentralamerika. Brandes & Apsel, Frankfurt a. M. 2002.

■ **Menchú, Rigoberta:** Enkelin der Maya. Lamuv, Göttingen 1999.

■ **dies.:** Klage der Erde. Der Kampf der Campesinos in Guatemala. Lamuv, Göttingen 1996.

■ **Rey Rosa, Rodrigo:** Die verlorene Rache. Rotpunktverlag, Zürich 2000.

## Chroniken & Reiseberichte

■ **Las Casas, Bartolomé de:** Kurzgefasster Bericht von der Verwüstung der Westindischen Länder. Hrsg. von Enzensberger, Hans Magnus. Insel, Frankfurt/Main 1981.

■ **Stephens, John Lloyd:** Die Entdeckung der alten Mayastätten. Ein Urwald gibt seine Geheimnisse preis. Edition Erdmann, K. Thienemanns, Stuttgart/Wien 1993.

# Belize

## Reiseplanung

### Klima

Das Klima in Belize ist subtropisch und unterliegt ganzjährig dem Einfluss des Nordostpassats. Die Lufttemperaturen liegen bei einem Jahresdurchschnitt von circa 26 °C. Die Niederschlagsmenge nimmt von Norden nach Süden zu. Die Regenzeit, die von Mai bis Oktober dauert, bringt kurze und heftige Niederschläge, von November bis April herrscht Trockenzeit.

### Reisezeit

Belize kann das ganze Jahr besucht werden, denn selbst in der Regenzeit sind die Niederschläge nur von kurzer Dauer. Doch ist die beste Reisezeit ist die Trockenzeit von November bis April in der nördlichen Landeshälfte bzw. von Januar bis März im Süden Belizes.

### Kleidung

Auf Grund der verschiedenen Klimata und Höhenlagen sollte man bei einer Reise durch Belize neben festem Schuhwerk (für Wanderungen) sowohl weite und luftige (auf den Cayes und an der Küste) als auch warme Kleider (in den Maya Mountains bzw. Mountain Pine Ridge) mitnehmen.

### Reisedokumente, Einreise

Für die Einreise nach Belize benötigen Schweizer – im Gegensatz zu EU-Bürgern – derzeit ein Visum. Der Reisepass muss noch mindestens sechs Monate gültig sein, des Weiteren kann am Flughafen bzw. an der Grenze der Nachweis ausreichender finanzieller Mittel, der Rückflug oder die Weiterreise in ein anderes Land verlangt werden (was sehr selten der Fall ist). Der Aufenthalt ist auf 30 Tage beschränkt, eine Aufenthaltsverlängerung erhält man gegen Gebühr beim Immigration Office, Mahagony Street, Belize City.

### Gesundheit

Für den Besuch Belizes sind keine Impfungen vorgeschrieben. Weitere Empfehlungen s. S. 356 f.

### Geld

Die Währung Belizes ist der Belize Dollar (BZ-$), der einen festen Umtauschwert gegenüber dem US-Dollar hat: 2 BZ-$ entsprechen 1 US-$. In Urlaubsorten werden die Preise oftmals in beiden Währungen angegeben. Gewöhnlich wird der US-$ einfach als »Dollar« und der BZ-$ als »Belize« bezeichnet. Die Preise liegen in ganz Belize deutlich höher als in den benachbarten Mundo-Maya-Staaten.

Die meisten größeren Hotels, Restaurants und Reiseveranstalter akzeptieren Kreditkarten, insbesondere Visa und Mastercard. Außerdem sollte man Travellerschecks in US-$ (American Express) mitnehmen, die von zahlreichen Geldinstituten angenommen werden. Bei anderen Währungen als dem US-$ muss zum Wechseln eine Bank aufgesucht werden.

Wechselkurs (Stand Mai 2006):
1 Euro = 2,5 Belize-$
1 CHF = 1,6 Belize-$

---

**Steckbrief Geografie**
- **Fläche:** 22 966 km²
- **Nachbarstaaten:** Mexiko im Norden und Guatemala im Westen
- **Höchster Berg:** Victoria Peak (1160 m)
- **Küsten:** Karibik im Osten
- **Bevölkerung:** 280 000 Einwohner, davon 44 % Mestizen 30 % Kreolen, 11 % Indigenas, 7 % Garifuna, 4 % deutschstämmige Mennoniten
- **Sprache:** Landessprache ist Englisch, darüber hinaus wird Englisch-Kreolisch, Spanisch, Garifuna, Maya-Sprachen und Plautdietsch gesprochen.
- **Religion:** Etwa 50 % der Bevölkerung sind römisch-katholisch, 25 % gehören christlichen Sekten an.

---

**Steckbrief Politik**
- **Staatsform:** Parlamentarische Monarchie
- **Staatsorgane:** Unabhängig von Großbritannien erst seit 1981 ist die Regierungsform von Belize nach dem britischen Westminster-System aufgebaut. Das Parlament wird von einem Zweikammersystem gebildet, wobei die 29 Abgeordneten des Repräsentantenhauses alle 5 Jahre gewählt und die acht SenatorInnen für fünf Jahre ernannt werden Seit 1961 besitzt Belize ein Zwei-Parteien-System, das allerdings verfassungsmäßig nicht festgeschrieben ist.

---

### Klima und Reisezeit

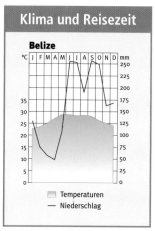

Belize

Temperaturen
Niederschlag

## Zoll

Gesetzlich verboten ist die Mitnahme, der Verkauf und der Export folgender Objekte ohne schriftliche Genehmigung: archäologische Artefakte und generell lebende oder tote Tiere und Pflanzen oder Teile von Tieren und Pflanzen, die gegen das Washingtoner Artenschutzabkommen verstoßen, insbesondere Korallen jeglicher Art, Orchideen, Muscheln, Fische und Krustentiere, Schildkröten und aus Schildpatt hergestellte Objekte.

# Infoadressen

## In Deutschland

■ **Belize Tourist Board,** Bopserwaldstraße 40 G, 70184 Stuttgart, Tel. (07 11) 23 39 47, Fax 23 39 54, E-Mail: btb-germany@t-online.de, www.travelbelize.org, Mo–Fr 9 bis 16 Uhr; für ganz Europa zuständig.
■ **Honorarkonsulat von Belize,** Breitscheidstraße 10, 70174 Stuttgart, Tel. (07 11) 90 71 09 20, Fax 90 71 09 18, E-Mail: wolfkahles@t-online.de, Geschäftsverkehr nach Vereinbarung.

## In Österreich

■ **Botschaft von Belize,** Franz-Josefs-Kai 13/5/16, Postfach 982, 1010 Wien, Tel. (01) 533 76 63, Fax 533 81 14, E-Mail: belize embassy@utanet.at, Mo–Fr 10 bis 18 Uhr. Konsularabteilung: Di, Mi und Do 10–17 Uhr.

## In der Schweiz

■ **Konsulat von Belize,** Ruelle des Templiers 4, Case postale 1347, 1211 Genf, Tel. (0 22) 906 84 28, E-Mail: consulate.belize@bluewin.ch, Mo–Fr 9.30–12 und 14–17 Uhr.

## In Belize

■ **Belize Tourist Board,** PO Box 325, Gabourel Lane, New Central Bank Building, Level 2, Belize City, Tel. 223 19 13, Fax 223 19 43, E-Mail: info@travelbelize.org, www.travelbelize.org.
■ **Belize Tourism Industry Association (BTIA),** 10 North Park Street, PO Box 62, Belize City, Tel. 227 57 17, Fax 227 87 10, E-Mail: mmd@btia.org, www.btia.org
■ **Belize Aubudon Society,** www.belizeaudubon.org, Informationen über Reservate und Nationalparks von dem ältesten Naturschutzverein Belizes.
■ **The Belize Zoo and Tropical Educational Center,** P.O.Box 1787, Belize City, Tel. 220 80 03, Fax 220 80 10, www.belizezoo.org
■ **Institute of Archeology,** Belmopan, Tel. 822 21 06, Fax 822 33 45, Mo–Do 8–12, 13–17 Uhr, Fr 8–12, 13–16.30 Uhr.
■ **Programme for Belize (PFB),** 1 Eyre Street, POB 749, Belize City, Tel. 227 56 16, E-Mail: pfbel@btl.net, www.pfbelize.org. Naturschutz in einem Sumpfgebiet der Río Bravo Conservation Area, das nach vorheriger Anmeldung zugänglich ist.

## Im Internet

■ www.belize.com
Englischsprachige Artikelsammlung und Hotelempfehlungen
■ www.belizeit.com
Informative Website zu Outdoor-Aktivitäten und -Lodges
■ www.belizenet.com
Viele wertvolle Infos für die Reise-Vorbereitung
■ www.belizereport.com
Infos rund um die Themen Einwanderung und Business
■ www.channel5belize.com
Aktuelle Nachrichten aus Belize
■ www.travelbelize.org
Offizielle Seite des Belize Turism Board
■ www.belizenet.com
Praktische Infos und viele Adressen

# Anreise

## Flugzeug

Der internationale Flughafen Belizes ist der »Philipp S. W. Goldson International Airport« in der Nähe des Dorfes Ladyville, 16 km nördlich von Belize City. Seit 2000 kann man direkt von Europa nach Belize City fliegen, beispielsweise mit Lufthansa, Air France und KLM. Viele anderen Fluggesellschaften verkehren nur mit Zwischenlandung in den USA.
Tropic Air und Maya Island Air fliegen Belize von Flores bzw. Santa Elena (Guatemala) an.
■ **American Airlines,** Sancas Plaza, Belcan Junction, Belize City, Tel. 223 25 22, www.aa.com; via Miami.
■ **Continental Airlines,** 80 Regent Street, Belize City, Tel. 227 83 09 ; via Houston.
■ **Maya Island Air,** Philip Goldson International Airport, Tel. 225 22 19, www.mayaairways.com, Flüge auch zu mehreren nationalen Destinationen.

■ **TACA,** 41 Albert Street, Belize City, Tel. 227 73 63, www.taca.com; via Miami oder Houston.
■ **Tikal Jets,** 81 Albert Streeet, Tel. 227 25 83, www.tikaljets.com, Direktflüge nach Flores/Santa Elena (Guatemala).

Für Individualreisende gibt es einen Taxistand vor dem Flughafen. Die Fahrt nach Belize City dauert 20–25 Minuten. Den Preis sollte man unbedingt vor dem Einsteigen aushandeln. Zwischen dem Zentrum der Stadt und dem Airport verkehren auch mehrmals am Tag Busse, deren Abfahrtszeiten jedoch nicht mit den ankommenden Flugzeugen abgestimmt wurden.

## Schiff

Charterboote verkehren täglich, Linienboote jeden Dienstag und Freitag zwischen Punta Gorda und Puerto Barrios (Guatemala), manchmal auch zwischen Punta Gorda und Lívingston (Guatemala). Tickets erhält man in Puerto Barrios bei **Agencia Líneas Marítimas,** 1a Av – 11a Calle. Bei der Ausreise aus Guatemala wird der Ausreisestempel im Reisepass kontrolliert. Nach der Ankunft muss man unverzüglich die Immigration aufsuchen. Vor der oftmals etwas turbulenten Fahrt über die Bahía de Amatique sollte man sein Gepäck wasserdicht verpacken. Von Punta Gorda nach Belize City geht es mit dem Bus weiter.

## Bus

Direkte Busse verkehren von Chetumal (Mexiko) nach Belize City (Betty Brothers Bus Service). Busse von Flores bzw. Santa Elena (Guatemala) nach Belize City überqueren bei Melchor de Mencos die Grenze; einige fahren noch am selben Tag nach Chetumal weiter.

## Auto

Nach Belize kann man nur mit dem eigenen Fahrzeug, am besten mit Allradantrieb, nicht jedoch mit einem Mietwagen einreisen. Hierfür muss man glaubhaft machen, dass man nicht plant, den Wagen in Belize zu verkaufen. Eine Haftpflichtversicherung ist gesetzlich vorgeschrieben. Der internationale und der nationale Führerschein sowie die nationale Zulassung müssen bei der Einreise vorgelegt werden.

# Unterwegs in Belize

## Flugzeug

Da sich immer noch mehrere wichtige Straßen in Belize in einem schlechten Zustand befinden, sind kleine Propellermaschinen eine praktische, schnelle und bequeme Alternative zum Bus oder dem Leihwagen, der in Belize sehr teuer ist. Die starke Konkurrenz zwischen den privaten Inlandgesellschaften hat für ein hohes Maß an Effizienz gesorgt. Die kleinen Flugzeuge kommen sehr pünktlich an, und nur wenige Flüge dauern länger als eine halbe Stunde. Am häufigsten wird die Strecke vom internationalen Flughafen von Belize in den Süden nach Placencia und Dangriga sowie nach San Pedro auf Ambergris Caye (mit einem spektakulären Blick auf das Barrier Reef!) geflogen.
■ **Maya Island Air,** Philip Goldson International Airport, Tel. 225 22 19, www.mayaairways.com. Flüge auch zu mehreren nationalen Destinationen.
■ **Tropic Air,** Tel. 225 23 02, www.tropicair.com. Direktflüge nach San Pedro, Caye Caulker, Punta Gorda, Dangriga, Placencia und Flores/Santa Elena (Guatemala).

## Boote

Linien- und Charterboote sind eine preiswertere Alternative, um von Belize City, Dangriga, Hopkins und Placencia zu den Cayes zu gelangen. Aktuelle Informationen über Abfahrtszeiten und Preise erhält man am Hafen oder in allen größeren Hotels, die häufig direkt Bootstouren arrangieren. Neben den offiziellen Gesellschaften bieten immer auch private Bootsbesitzer ihre Dienste an, die Touristen mit Sonderfahrten an den gewünschten Zielort bringen, vor allem in bestimmte Tauchgebiete.

## Bus

Alle größeren Orte Belizes sind mit dem Bus auf teils sehr guten (etwa dem Northern Highway), teils noch ungeteerten Straßen (z. B. einige Abschnitte des Southern Highway) zu erreichen. Die drei wichtigsten Strecken führen von Belize City in den Norden über Orange Walk nach Corozal und nach Chetumal (Mexiko), in den Westen über Belmopan nach San Ignacio und Benque Viejo del Carmen an der Grenze zu Guatemala sowie in den Süden über Dangriga nach Punta Gorda.

## Mietwagen

Am internationalen Flughafen bei Belize City kann man direkt aus dem Flugzeug aus- und in einen Mietwagen einsteigen. Mit ihm erkundet man das Landesinnere Belizes am einfachsten, da viele Lodges, archäologische Stätten und Naturschönheiten abseits der Hauptverkehrsstraßen im Gebirge und im tropischen Regenwald liegen.

Diesem offensichtlichen Vorteil stehen gewichtige Nachteile gegenüber: Zum einen ist die Miete eines Pkws in Belize sehr teuer – besonders im Vergleich mit den USA. Die Preise fangen bei etwa 50 US-$ pro Tag für einen Kleinwagen an, hinzu kommen eine gleichfalls hohe Versicherungssumme ab 12 US-$ pro Tag und eine Kaution von etwa 200 US-$. Weitere Nachteile sind die hohen Benzinpreise und der schlechte Zustand vieler Straßen, sodass man nur langsam vorankommt und von der Landschaft nicht viel sieht.

In Belize fährt man auf der rechten Seite. Entfernungen und Geschwindigkeit werden in Meilen angegeben. Hinweisschilder gibt es wenige, doch verfährt man sich recht selten.

Die wichtigsten Mietwagenagenturen sind:

■ **Avis Rent A Car**, Municipal Airstrip und Philip Goldson International Airport, Belize City, Tel. 225 23 85, www.avis.com.
■ **Budget,** Mile 2,5 Northern Highway und Philip Goldson International Airport, Belize City, Tel. 223 24 35 / 223 3986, www.budget-belize.com.
■ **Hertz,** 11 A Cork Street, Fort George District und Philip Goldson International Airport, Belize City, Tel. 223 08 86 / 223 5395, www.hertz.com.

# Infos von A–Z

## Banken

Alle großen Banken Belizes unterhalten in der Regel in den Hauptorten der Distrikte Filialen, die Travellerschecks wechseln. Die bedeutendsten in Belize City sind:
■ **Belize Bank,** Tel. 227 71 32, 60 Market Square, Mo–Do 8–15, Fr 8–16.30 Uhr; Philip Goldson International Airport, Mo–Fr 8.30–13, 14-16 Uhr.
■ **First Caribbean International Bank,** 21 Albert Street, Tel. 227 72 11, Mo-Do 8–14.30, Fr 8–16.30 Uhr.
■ **Scotia Bank,** c/nr Albert & Bishop Streets, Tel. 227 70 27, Mo–Do 8–14.30, Fr 8.30–16, Sa 9–12 Uhr.

## Behinderte

Die Situation für Behinderte präsentiert sich in Belize sehr ähnlich wie in Guatemala, s. S. 359.

## Elektrizität

110 Volt Wechselstrom mit zweipoligen Steckern. Empfehlenswert ist die Mitnahme eines Adapters.

## Feiertage

■ **1. Januar:** New Year's Day (Neujahrstag).
■ **9. März:** Baron Bliss Day.
■ **Good Friday** (Karfreitag).
■ **Easter Weekend** (Ostern).
■ **1. Mai:** Labor Day (Tag der Arbeit).
■ **24. Mai:** Commonwealth Day.
■ **10. September:** St George's Caye Day.
■ **21. September:** Independence Day (Unabhängigkeitstag).
■ **9. Okt.** (2006) bzw. **10. Okt.** (2007): Columbus Day.
■ **19. November:** Garífuna Settlement Day.
■ **25.-26. Dezember:** Christmas Day.

## Internet, E-Mail

In jedem Touristenzentrum, insbesondere Belize City, Placencia, San Pedro, Dangriga und San Ignacio, gibt es etliche Anbieter (Internetcafés) mit günstigen Tarifen, die bei eventuellen Problemen gerne weiterhelfen.

## Maßeinheiten

Im Allgemeinen gelten die englischen Maßeinheiten. Entfernungsangaben auf Straßenschildern beziehen sich auf Meilen: 1 mi = 1,609 km. Benzin wird in Gallonen ausgegeben: 1 engl. gal = 4,55 l.

## Öffnungszeiten

Nachfolgende Öffnungszeiten sind Anhaltspunkte, die im Einzelfall auch abweichen können.
■ **Banken:** Mo–Do 8–13, Fr 8.30–16.30 Uhr.
■ **Geschäfte:** Mo–Fr 8–12, 13–17 Uhr. Manche Geschäfte sind auch am Samstag geöffnet.

## Post

Das Belize City Post Office (Mo bis Do 8–12, 13–17, Fr 8–12, 13 bis 16.30 Uhr) befindet sich im Paslow Building nördlich der Swing Bridge und ist stolz darauf, einen der effektivsten Postdienste Mittelamerikas zu unterhalten. Briefe und Karten erreichen häufig schon nach etwas mehr als einer Woche ihren Bestimmungsort in Europa.

## Rundfunk

Radio und Fernsehen, die neben Sport und Musik etliche Talkshows aus den USA senden, sind bei den Belizern sehr beliebt. »Radio Belize« (91.1 FM) hat Programme in Spanisch und Englisch und strahlt zwischen Rock und Reggae einen Mix aus lokalen und BBC-Nachrichten aus. Der zweite populäre Sender ist »Friends FM« (89.9 FM).

## Souvenirs

Im Gegensatz zu Mexiko und Guatemala hat Belize kein derartig qualitätvolles Kunsthandwerk entwickelt. In manchen Hotels werden Souvenirs aus den Nachbarländern angeboten, die aber dort billiger und meist hochwertiger sind. In der Umgebung von San Ignacio fertigt man man Maya-Keramiken und Kunstobjekte aus Schiefer.
Souvenirs und Kostproben belizischer Musik findet man in Belize City im Obergeschoss des Central Market in mehreren kleinen Shops, ebenso im National Handicraft Center. Vor allem T-Shirts und Sonnenhüte kann man auf den Cayes, beispielsweise in San Pedro auf Ambergris, kaufen. Lohnende Mitbringsel sind Produkte wie die wirklich scharfe »Habanero Salsa« aus Chili sowie Rum – am besten der dunkle, mehrere Jahre im Fass gelagerte (»añejo«), nicht der helle.
Auf keinen Fall sollte man Erzeugnisse aus Tier- oder Pflanzenteilen kaufen, z. B. Schildpatt oder Korallen. Zahlreiche tropische Arten sind vom Aussterben bedroht. Bei der Ausreise (und der Einreise in die EU) werden diese Produkte vom Zoll ausnahmslos beschlagnahmt, gegebenenfalls auch Strafen verhängt.

## Telefon

In Belize gibt es nur wenige öffentliche Telefone. In Hotels sind Orts- und Ferngespräche zu einem festen Gebührensatz möglich, nach dem man unbedingt vor dem Telefonat fragen sollte. In Hotels der gehobenen Preisklasse stehen auch Fax- und E-Mail-Anschluss zur Verfügung.
Die nationale Fernsprechauskunft erreicht man unter 113 und 114. Bei Gesprächen von Belize nach Europa wählt man zuerst den Ländercode 00 49 (Deutschland), 00 43 (Österreich) oder 00 41 (Schweiz), dann die Ortsvorwahl ohne die Null und zuletzt die Teilnehmernummer. Bei Gesprächen aus dem Ausland nach Belize wählt man 0 05 01 und anschließend die siebenstellige Nummer. Telefoniert man innerhalb von Belize, muss eine 0 vorgewählt werden.

## Trinkgeld

In Restaurants und Bars werden 10 % Trinkgeld erwartet, des Weiteren gibt man Zimmermädchen und Gepäckträgern etc. einen kleinen Betrag. Bei Taxifahrten ist Trinkgeld unüblich.

## Verhaltensregeln

Siehe Seite 361.

## Zeit

In Belize beträgt die Differenz zur mitteleuropäischen Zeit (MEZ) minus sieben Stunden, während der mitteleuropäischen Sommerzeit minus acht Stunden.

## Zeitungen

Abgesehen von der unabhängigen »Amandala« befindet sich die Mehrzahl der Zeitungen Belizes im Besitz politischer Parteien und ist deshalb in der Nachrichtenmeldung sehr einseitig. Die wichtigsten Blätter sind die »Belize Times« (PUP) und die »People's Pulse & Beacon« (UDP). Der »Reporter« wird zwar von einem UDP-Mitglied herausgegeben, ist aber dennoch eine recht unabhängige, wirtschaftsorientierte Zeitung.

# Notfälle

## Sicherheit, Kriminalität

Belize ist ein vergleichsweise sicheres Reiseziel. Erhöhte Vorsicht und Aufmerksamkeit verlangt der Besuch der Großstadt Belize City (vor allem abends), da hier die Kriminalität deutlich über dem Durchschnitt liegt.
Zur eigenen Sicherheit sollte man die Hinweise des Tourismusministeriums beherzigen:

■ Nur Kopien der wichtigsten Dokumente, vor allem des Reisepasses, mit sich führen und die Originale im Hotel lassen.
■ Nach Einbruch der Dunkelheit in Belize City Neben- sowie schlecht beleuchtete Straßen meiden oder – empfehlenswert – generell ein (lizenziertes!) Taxi nehmen.
■ Keinen teuren Schmuck oder wertvolle Uhren tragen.
■ Nur einen kleinen Barbetrag im Geldbeutel mitnehmen und den Rest (sowie Travellerschecks, Flugtickets, Kreditkarten etc.) dicht am Körper verstecken oder besser im Hotel lassen.

- Bei Wanderungen nie alleine, am besten mit einheimischem Führer gehen.
- Gepäck auf dem Markt, im Bus etc. nie unbeaufsichtigt lassen.
- Geld nie auf der Straße, sondern immer im Hotel oder in der Bank wechseln.

## Diplomatische Vertretungen

### Deutschland
- **Honorarkonsulat von Deutschland,** 57 Southern Foreshore, Belize City, Tel. 222 43 69, Fax 222 43 75, E-Mail: maritza@cisco.com.bz.

### Österreich
- **Honorarkonsulat von Österreich,** 16 Regent Street, Belize City, Tel. 227 70 70, Fax 227 55 93.

### Schweiz
- **Honorarkonsulat der Schweiz,** 41 Albert Street, Belize City, Tel. 227 72 57, Fax 227 52 13, E-Mail: isearle@belizeglobal.com.

## Notrufnummern

- **Feuerwehr** und **Krankenwagen:** Tel. 90.
- **Polizei:** Tel. 911.

## Medizinische Versorgung

Wer bestimmte verschreibungspflichtige Medikamente benötigt, sollte diese mitbringen. Gebräuchliche Arzneimittel wie Aspirin oder Durchfallmittel erhält man in jeder Apotheke im Land.
Die medizinische Versorgung und Ausstattung der Krankenhäuser in Belize ist gut, ebenso die Qualifikation der Ärzte. Im Notfall sollte man eines der folgenden Krankenhäuser konsultieren:

- **Belize Medical Associates,** Belize City, 5791 St. Thomas Street, Tel. 223 03 02 / 03 03 / 03 04, www.belizemedical.com. Privatklinik.
- **Universal Health Service,** Belize City, Blue Marlin Ave. & Chancellor Ave., West Landivar, Tel. 223 78 70, www.universal healthbelize.com. Sehr gutes Privatkrankenhaus.
- **Karl Heusner Memorial Hospital,** Belize City, Princess Margaret Dr., Tel. 223 15 48 / 1564. Öffentliches Krankenhaus mit 24-Stunden-Notfalldienst.

### Medikamente
- **Brodie's,** 2 Albert Street, Belize City, Tel. 227 70 70, Mo–Do 8.30 bis 19, Fr 8.30–20, Sa 8.30–17, So 8.30–13 Uhr. Kaufhaus mit sehr breiter Palette von Medikamenten.

# Literaturtipps

- **Edgell, Zee:** Beka – ein Roman aus Belize. Orlando 1989.
- **Fernandez, Julio A.:** Belize. Case Studies for Democracy in Central America. Aldershot 1989.
- **Foster, Byron (Hrsg.):** Warlords and Maize Men. A Guide to the Maya Sites of Belize. Cubola Productions, Benque Viejo del Carmen 1997.
- **Mahler, Richard:** Belize. A Natural Destination. Santa Fe 1995.
- **Miller, Mary/Martin, Simon:** Courtly Art of the Ancient Maya, Thames & Hudson, London 2004.
- **Taladoire, Éric/Couran, Jean-Pierre:** Die Maya, Primus Verlag, Darmstadt 2005.
- **Weyel, Harald:** Weltmarkt und Dekolonialisierung. Das Beispiel Belize. Oldenburg 1993.
- **Whittington, E. Michael (Hrsg.):** The Sport of Life and Death. Tje Mesoamerican Ballgame, Thames & Hudson, London 2001.

# Yucatán

## Reiseplanung

### Klima

In der Maya-Region herrscht subtropisches Klima. Jahreszeiten haben kaum Einfluss auf die Temperaturen, vielmehr die Höhe über dem Meer. Auf der niedrig gelegenen Yucatán-Halbinsel beträgt die Durchschnittstemperatur das ganze Jahr über etwa 27 °C; nachts fällt das Thermometer selten unter 16 °C. Der Mai ist der heißeste Monat, Januar der kälteste. In Mérida werden im Sommer bis zu 42 °C gemessen, an den Küsten weht ständig eine erfrischende Brise. Im Inland herrscht trockene Hitze vor, während im zentralen Tiefland im Süden Yucatáns, das sich in Guatemala fortsetzt, das ganze Jahr über eine hohe Luftfeuchtigkeit besteht. Am erträglichsten ist es in der trockenen Jahreszeit, die hier erst im Dezember beginnt.

Die Regensaison dauert von Mai bis Oktober/November, doch regnet es selten einen ganzen Tag lang. Üblicherweise gehen am Nachmittag kräftige Regenschauer nieder; danach heitert der Himmel wieder auf. Die Temperaturen erreichen dann bei zumeist wolkenverhangenem Himmel zwischen 25 und 30 °C; die Nächte bleiben im Allgemeinen angenehm warm.

Die trockene Jahreszeit dauert von November bis April. Bei klarem Himmel kann es nachts ziemlich abkühlen. Eine Besonderheit ist der Norte, ein kalter Nordwind, der in der Wintersaison häufiger kalte Luftmassen aus dem Norden bis an die Karibik bringt und für ein paar Tage manch einen auf hochsommerliche Temperaturen eingestellten Badeurlauber frieren lässt – trotz strahlender Sonne. Aber auch zu Regenschauern kann es dabei kommen.

Während der Hurrikansaison (Juli bis Oktober) können schwere Stürme über die Halbinsel hinwegziehen. Zuletzt richtete Hurrikan Wilma 2005 in und um Cancún schwere Schäden an. Fast gleichzeitig forderte Hurrikan Stan in Chiapas und Guatemala viele Opfer.

### Reisezeit

Die angenehmen Temperaturen machen Yucatán zu einem Ganzjahresziel. Hauptsaison (mit erhöhten Preisen) ist von Weihnachten bis Ostern und in den Ferienmonaten Juli/August. Zwischen Februar und März fallen die US-amerikanischen Semesterferien, in denen es Tausende ausgelassener Jugendlicher zum feiern in die Badeorte zieht.

### Kleidung

In den Wintermonaten (November bis März) gehört eine wärmende Jacke oder ein Pullover ins Gepäck, was auch gegen allzu kräftig eingestellte Klimaanlagen in anderen Jahreszeiten hilfreich sein kann. Langärmelige Hemden und lange Hosen schützen vor Insekten und Sonnenbrand. Bequeme und feste Schuhe sind Voraussetzung fürs Pyramidenklettern.

In den Feriengebieten ist legere, sportliche Kleidung angesagt. Shorts sind selbst in den meisten Restaurants kein Problem, nur Schuhe und T-Shirt sind erwünscht. In vornehmen Restaurants ist elegante Kleidung durchaus willkommen. Jacketts jedoch sind selten Pflicht. Vielleicht gefällt ja ein »guayabera«-Hemd, das man locker über der Hose trägt und das in Yucatán als offizielle Sommerausstattung für den Herren gilt. Frauen haben es leicht, sich lustig, bequem und zugleich modisch zu kleiden.

---

### Klima und Reisezeit

**Mérida**

Temperaturen
Niederschlag

---

### Steckbrief Geografie
- **Fläche:** 1 953 200 km$^2$
- **Nachbarstaaten:** USA im Norden, Guatemala und Belize im Süden
- **Höchster Berg:** Citlaltépetl (5700 m)
- **Küsten:** Pazifik im Westen, Karibik und Golf von Mexiko im Osten
- **Bevölkerung:** 106 Mio. Einwohner, davon 75 % Mestizen, indigene Völker (u. a. Maya, Azteken) und Europäischstämmigen (meist Spanier)
- **Sprache:** Landessprache ist Spanisch, Englisch wird nur in den touristischen Zentren gesprochen. Die Einheimischen sprechen zahlreiche indigene Sprachen.
- **Religion:** 83 % protestantisch, 17 % römisch-katholisch

### Steckbrief Politik
- **Staatsform:** Präsidiale Bundesrepublik
- **Staatsorgane:** Der Präsident steht im Mittelpunkt des mexikanischen Institutionensystems und wird für eine einzige Amtszeit von sechs Jahren direkt gewählt. Das Parlament (Congreso de la Unión) besteht aus Abgeordnetenhaus mit 500 Mitgliedern und Senat mit 128 Mitgliedern. Die Wahl erfolgt alle drei beziehungsweise sechs Jahre.

## Reisedokumente, Einreise

Zur Einreise nach Mexiko benötigen Besucher einen Reisepass, der noch sechs Monate gültig sein muss. Eine Touristenkarte erhält man in der Regel im Flugzeug; sie wird mit der Einreise für 30 Tage bzw. 90 Tage gültig.

Wer zwischen den Staaten Belize, Guatemala und Mexiko den Landweg nutzt oder mehrmals ein- und ausreist, sollte sich vor Beginn der Reise die notwendige Anzahl an Touristenkarten bei der Mexikanischen Botschaft (Konsulat) besorgen oder durch das Reisebüro beschaffen lassen.

Mexiko erhebt eine Einreisegebühr (ca. 18 US-$), die im Flugticketpreis bereits enthalten ist, auf dem Landweg aber direkt an der Migración und in bar bezahlt werden muss.

## Gesundheit

Die hygienischen Verhältnisse sind in den Touristenregionen von Yucatán ausgezeichnet. Im Luxushotel muss man auf den Eiswürfel im Drink und auf frische Salate nicht verzichten.

Bei Reisen in ländliche Gebiete sollte man die in den Tropen üblichen Vorsichtsmaßnahmen anwenden: kein Leitungswasser trinken (Mineralwasser ist überall erhältlich); keine Eiswürfel; keine Mixgetränke mit Wasser; kein ungeschältes Obst essen; Fleisch und Fisch nur durchgebraten.

Durchfall kann einen dennoch ereilen, er wird nicht nur durch Nahrungsmittel hervorgerufen. Vorsichtshalber sollte ein entsprechendes Mittel deshalb in der Reiseapotheke nicht fehlen. Impfungen sind nicht vorgeschrieben, aber man sollte den einen oder anderen Impfschutz auffrischen (Polio, Tetanus), auch Schutz gegen Hepatitis A und B und Malariaprophylaxe sind sinnvoll. Lassen Sie sich vom Arzt beraten.

Das Malaria-Risiko auf Yucatán gilt als sehr gering. Aber Moskitos gibt es überall, auch an den touristisch erschlossenen Küsten, erst recht im Regenwald und ganz besonders in der Regenzeit. Man schützt sich am besten, indem man möglichst viel vom Körper bedeckt (lange Hosen, lange Ärmel) und den Rest mit Mückenschutz einreibt. Nachts kann ein Moskitonetz hilfreich sein, oder man lässt den Ventilator laufen.

Tagsüber (nicht nur am Strand!) muss man sich vor der starken Sonneneinstrahlung schützen – mit Hut, Sonnenbrille und einem Mittel mit hohem Lichtschutzfaktor. Nicht vergessen, viel zu trinken. Mineralwasser in Plastikflaschen ist überall zu haben.

Der Abschluss einer Reise(kranken)-versicherung ist auf jeden Fall zu empfehlen.

## Geld

An Geldautomaten (cajero automático), die das Maestro-Zeichen haben, kann man mit der Eurocard und PIN-Nummer Bargeld in Landeswährung abheben, je nach Bank maximal 2000 bis 5000 Pesos. Die heimische Bank berechnet die Gebühren. Euros in bar oder als Travellerschecks werden in Wechselstuben und Banken der Touristenregionen problemlos, auf dem Land jedoch eher selten gewechselt. Dort sind US-$-Travellerschecks besser geeignet.

In jedem Fall muss man in Banken den Reisepass vorweisen. Wechselstuben bewerten Schecks meist etwas geringer als Bargeld. In Cancún und an der Riviera Maya wird der Euro in Wechselstuben weit unter Wert gehandelt.

Zur Reisekasse sollten auch Kreditkarte(n) gehören. Fast alle Hotels verlangen einen unterschriebenen Beleg, erst dann wird beispielsweise die Telefonleitung freigeschaltet oder die Minibar geöffnet. Auch zur Automiete ist eine Kreditkarte unerlässlich. Zudem akzeptieren viele Restaurants und andere touristische Dienstleister Kreditkarten; kleinere Einrichtungen bevorzugen jedoch meist Bargeld. Unter den Kreditkarten ist Visa am gängigsten.

Währung: Der mexikanische Peso hat in den letzten Jahren Stabilität bewahrt;

Wechselkurs (Stand Mai 2006):
1 Euro = ca. 14 Peso
1 CHF = ca. 9 Peso.

## Zoll

Beim Zoll gelten die üblichen Freimengenbestimmungen. Streng verboten ist die Einfuhr von tierischen und pflanzlichen Produkten, Waffen und Drogen. Ein Ausfuhrverbot gilt für Ausgrabungsfunde. Wenn Sie hochwertige Reproduktionen kaufen, lassen Sie sich diese als solche bescheinigen.

Alles, was man gerne als Souvenir mitnimmt, ist in der Regel zollfrei. Kaufen Sie jedoch keinen Schmuck aus Korallen oder andere Produkte, die von bedrohten Tierarten gewonnen werden: Die Einfuhr in die EU ist verboten.

# Infoadressen

## Im Internet

■ www.visitmexico.com
Offizielle Website des Tourismusministeriums (spanisch, englisch, deutsch)

■ www.mexiko-reisetipps.de
Deutschsprachige Website des Mexikanischen Fremdenverkehrsbüros, nur teilweise auf aktuellem Stand.

■ www.caribemexicano.gob.mx

Die ganze mexikanische Karibik im Netz – und einzeln:

- www.cancun.info
- www.rivieramaya.com
- www.islacozumel.com.mx
- www.isla-mujeres.net
- www.grandcostamaya.com
- www.islacontoy.org
- www.mayayucatan.com

Tourismusseite des Staates Yucatán

- www.campechetravel.com

Tourismusseite des Staates Campeche

- www.turismochiapas.gob.mx

Tourismusseite des Staates Chiapas

- www.planeta.com

Enorme Link-Sammlung im Bereich Ökotourismus

- www.mexonline.com

Internetportal mit vielen Informationen und Links

## Touristenbüros

Yucatán unterhält ein Tourismusbüro am Flughafen von Mérida (Tel. (999) 946 13 00), ein weiteres im Teatro Peón Contreras in Mérida (Tel. 924 9290) sowie im Gouverneurspalast an der Plaza Mayor.
- **Campeche:** Secretaría de Turismo (staatlich), Avenida Ruiz Cortines/Plaza Moch-Couoh, Centro, Tel. (981) 816 73 64, Fax 816 67 67.
Stadtinformation: Casa 6, Parque Central.
- **Cancún: Cancún Convention and Visitors Bureau,** Blvd. Kukulcán, Km 9, Cancún Center, Tel. (998) 881 27 45, Fax 881 27 74, www.cancun.info
- **Chetumal:** Calz. del Centenario 622, Tel. (983) 835 08 60.

## Reiseveranstalter

Cancún und die Riviera Maya haben viele Pauschalveranstalter im Programm. Buchen kann man in jedem Reisebüro, manchmal gibt es auch preiswerte Last-minute-Angebote. Oft noch günstiger kommt man bei Frühbucher-Rabatten weg. Das

mexikanische Fremdenverkehrsbüro gibt alljährlich ein Magazin heraus, den »Mexiko-Schlüssel«, der alle Veranstalter mit ihren Schwerpunkten verzeichnet, von Archäologie über Tauchtouren bis zum Ökotourismus.
Mexikanische Veranstalter von Natur- und Abenteuerreisen haben sich in der Organisation AMTAVE zusammengeschlossen:
- **AMTAVE,**
Mariposa 1012-A, Col. Gral. Anaya, C.P. 03340, México D.F.
Tel. (55) 56 88 38 83, gebührenfrei in Mexiko: (01800) 654 44 52, E.Mail: info@amtave.org, www.amtave.org.

## Anreise

### Flugzeug, Transport vom Flughafen

Der internationale Flughafen von Cancún ist auch Ziel von direkten Flügen aus Europa. Condor, LTU (ab Deutschland), Martinair (Amsterdam), Lauda Air (Wien) fliegen regelmäßig, weitere zu Hochsaisonzeiten. Besonders preisgünstige Angebote hat ArkeFly ab Amsterdam. Aeroméxico fliegt direkt ab Paris (auch für Air France) und Madrid.
Bei anderen Linienflügen ab Europa muss man in den USA oder in Mexiko-Stadt umsteigen. Von dort können auch Mérida, Cozumel und Campeche per Direktflug erreicht werden.
Wer in Mérida ankommt, kann bis zur nahen Hauptstraße laufen und mit einem öffentlichen Bus oder einem herbeigewunkenen Taxi preiswert bis ins Zentrum fahren, allerdings sollte man den Preis vor der Fahrt aushandeln. Die Taxis, die unmittelbar am Flughafen warten, haben festgelegte Preise. Das gilt auch für Cancún, wo man auf Taxis oder Colectivos angewiesen ist, denn öffentliche Busse gibt es dort nicht. Kollektivtransport wird auch nach Playa del Carmen angeboten.

## Schiff

Die Anreise mit einem Frachtschiff ist eher ungewöhnlich, doch zahlreiche Kreuzfahrtschiffe machen für kurze Zeit vor Yucatán Station. Anleger für Kreuzfahrtschiffe haben Cozumel, Calica (Riviera Maya), Majahual (Grand Costa Maya) und Progreso (Mérida). Minikreuzfahrten zwischen Miami und Mérida konnten sich jedoch bislang nicht dauerhaft etablieren.

# Unterwegs in Yucatán

## Flugzeug

Die Halbinsel Yucatán ist von Mexiko-Stadt aus in rund zwei Stunden mit dem Flugzeug zu erreichen: Nonstopflüge gibt es nach Cancún, Cozumel, Mérida, Chetumal und Campeche. Mehrere Billigfluglinien haben 2006 nationale und internationale Verbindungen aufgenommen oder geplant. Informationen: www.aeropuertosmexico.com
Auf der Halbinsel bestehen Flugverbindungen von Cancún nach Mérida, Cozumel und Flores/Tikal in Guatemala sowie Guatemala-Stadt.

## Fähren

Die Inseln Isla Mujeres und Cozumel sind mit Fähren, die in kurzen Abständen verkehren, schnell zu erreichen (Reservierung nicht nötig). Zwölfmal täglich gibt es eine Personenfähre von Playa del Carmen nach Cozumel und zurück. Wer ein Auto auf die Insel mitnehmen möchte, allenfalls für eine Inselrundfahrt, muss die Autofähre in Puerto Morelos etwas weiter nördlich nehmen. Laut Fahrplan verkehrt sie zweimal täglich.
Eine neue Verbindung wurde in Calica, südlich von Playa del Carmen eingerichtet. Die Überfahrt ab Playa dauert rund 45 Minuten. Noch kür-

zer ist die Fahrt zur Isla Mujeres. Eine Autofähre (nicht notwendig, die kleine Insel lässt sich mit einem Golfcart umrunden) legt in Punta Sam ab, die Personenfähre in Puerto Juárez, beide nördlich von Cancún. Von Cancún starten Wassertaxis und Ausflugsboote zur »Fraueninsel«.

Zur Insel Contoy gibt es keine Fähren. Das Vogelreservat, beliebtes Ziel zum Angeln, Schnorcheln oder Vögel beobachten, wird ab Cancún von Kolumbustours (www.kolumbus tours.com) als Tagesausflug angeboten.

## Bahn

Zwischen Mérida und Palenque verkehrt der »Expreso Maya«, ein Luxuszug mit Stopps in Uxmal und Ausflügen zu den archäologischen Stätten, www.expresomaya.com, Tel. (999) 944 93 93.

## Bus

Terminal Came (Calle 70, 555, Tel. (999) 924 83 91) ist der Erste-Klasse-Busbahnhof in Mérida mit Direktbussen u. a. nach Mexiko-Stadt, Campeche, Villahermosa, Puebla sowie Chichén Itzá und Playa del Carmen. Expressbusse nach Cancún fahren vom Hotel Fiesta Americana in Mérida ab (Tel. 920 08 55).

## Mietwagen

In allen touristisch wichtigen Orten Yucatáns kann man ein Auto mieten. Für den Tagesausflug etwa von Mérida in die Puuc-Region genügt ein VW-Käfer, bei Touren in der Regenzeit in den Süden der Halbinsel ist ein Jeep mit Vierradantrieb zu empfehlen. Bei Wochenmieten ist es meist günstiger, vorab über das Reisebüro oder direkt beim internationalen Vermieter inklusive aller Nebenkosten zu buchen.

Vor Ort kann man sich spontan für den günstigsten lokalen Anbieter entscheiden, die im ständigen Wettbewerb stehen. Achten Sie darauf – auch bei Buchungen im Internet –, ob alle »Extras« wie Versicherungen und Steuern im Preis inbegriffen sind.

# Infos von A–Z

## Banken

Öffnungszeiten sind üblicherweise von 9–17 Uhr. Bankautomaten sind rund um die Uhr im Einsatz (haben aber eventuell am Wochenende nicht genügend Bargeld vorrätig). Geldwechsel kann ebenfalls in Hotels oder offiziellen Wechselstuben (casa de cambio) vorgenommen werden (Mo–Fr 8.30–18 Uhr, Sa/So 8.30–14 Uhr, in Cancún auch länger).

## Behinderte

Behinderte haben es bei Reisen im Land schwer. Hotels in Cancún und an der Riviera Maya jedoch orientieren sich am internationalen Standard und haben zum Teil spezielle Zimmer für Behinderte. Reisebüros und Reiseveranstalter können nähere Auskünfte geben.

## Elektrizität

110 Volt. Zwischenstecker (US-Norm) erforderlich.

## Feiertage & Feste

**Nationalfeiertage**
- **1. Januar:** Neujahrstag.
- **5. Februar:** Tag der Verfassung.
- **21. März:** Geburtstag von Beníto Juárez.
- **März/April:** Ostern.
- **1. Mai:** Tag der Arbeit.

- **16. September:** Unabhängigkeitstag.
- **12. Oktober:** Día de la Raza (Entdeckung Amerikas).
- **1./2. November:** Tag der Toten.
- **20. November:** Tag der Revolution.
- **25. Dezember:** Weihnachten.

**Besondere Feste in Yucatán**
- **Januar:** Tizimín: Dreikönigstag.
- **Februar:** Tzucacab und Chicxulub: La Candelaria (Lichtmess). Cozumel: Karneval mit Umzügen und Tanz in den Straßen; Karneval wird auch in Mérida, Campeche und vielen kleinen Orten gefeiert.
- **Mai:** Cozumel: Cedral-Messe mit Stierkämpfen, Pferderennen; Viehausstellung.
- **Juni:** San Pedro y San Pablo: Messe mit Kunsthandwerk und Shows.
- **August:** Oxkutzcab: Traditionelle Fiesta; San Felipe: Fest des Santo Domingo de Guzmán.
- **September:** Cozumel: Fiestas für den Schutzpatron San Miguel; Cozumel-Marathon.
- **Oktober:** Telchac Puerto: Fest für San Francisco de Asis.
- **November:** Tekax: San Diego Fiesta.

## Internet, E-Mail

Das Internet ist längst auch im Land der Maya angekommen; preiswerte Internetcafés gibt es beinahe an jeder Straßenecke. Zunehmend mehr Hotels ermöglichen kostenlosen Internetzugang.

## Maßeinheiten

In Mexiko und damit auch in Yucatán gilt das metrische System.

## Öffnungszeiten

- **Ämter:** vormittags (bis 14 Uhr).
- **Klöster/Museen:** meist Di–So 9 (10) bis 17 (18) Uhr.
- **Banken:** Mo–Fr 9–17, Sa 10–13 Uhr.
- **Geschäfte:** Mo–Sa 10–18 (20) Uhr, Mittagspause oft ca. 13–16 Uhr. Große Einkaufszentren und Shopping Malls in den Touristenregionen sowie Supermärkte haben bis 20 , 22 oder sogar 24 Uhr geöffnet.
- **Post:** Mo–Fr 9–18 Uhr, Sa 9–13 Uhr.

## Post

Post sollten Sie in Mexiko nur als Luftpost (»correo aereo«) versenden, Karten und Briefe dauern etwa zehn Tage nach Europa. Briefmarken bekommt man auch in einigen Souvenirläden, die jedoch einen kleinen Aufschlag nehmen. Beim Verschicken schwerer Andenken helfen Souvenirläden in der Regel gerne.

## Rundfunk & Fernsehen

Yucatán hat keine eigenen regionalen Fernsehsender. Viele Hotels empfangen Kabel- oder Satellitenfernsehen und damit US-amerikanische oder sogar deutsche Sender.

## Souvenirs

Typisches Produkt der Halbinsel Yucatán sind Hängematten in verschieden Größen und Farben, die aus Sisal, Baumwolle oder Kunstfasern hergestellt werden. In Campeche haben die Jipijapa-Palmfaser-Hüte (Panamahüte) Tradition, die zudem idealen Sonnenschutz bieten. In den Dörfern von Quintana Roo werden zunehmend Tierfiguren aus Holz geschnitzt und fantasievoll bemalt. Wer nach hübschen Mitbringseln sucht, wird sicher auf einem der zahlreichen Mercados de Artesanía fündig.

Während die Märkte in Mérida und Campeche einheimische Produkte in den Mittelpunkt stellen, findet sich in Cancún und Playa del Carmen Kunsthandwerk aus ganz Mexiko. Auch Schmuck aus dem ganzen Land ist in Cancún sowie auf den Inseln Mujeres und Cozumel in großer Auswahl vertreten. Die Qualität ist dabei höchst unterschiedlich, was sich auch im Preis niederschlägt.

## Sprache

Auf der Halbinsel Yucatán wird wie in ganz Mexiko Spanisch gesprochen. Mini-Dolmetscher Spanisch s. S. 378.
Viele Einheimische unterhalten sich in Maya. Eine Sprachschule in Playa del Carmen unterrichtet auch Maya Academía del Espanol »El Estudiante«, www.playaspanishschool.com

## Telefon

Mexikos Telefongesellschaft Telmex hat das Land mit Ladatel-Telefonzellen überzogen. Mit einer Telefonkarte – zu 30, 50 bzw. 100 Pesos – kann man quasi aus dem Dschungel in die Welt telefonieren; im echten Dschungel allerdings sind die Telefonzellen doch eher selten.
Telefonkarten werden u. a. an Zeitungsständen und in Apotheken verkauft. Nutzen Sie möglichst öffentliche Telefone, denn Ferngespräche vom Hotel aus strapazieren Ihre Urlaubskasse. Zu den erhöhten Gebühren plus erhöhter Steuer kommt auch noch die unterschiedlich hohe Servicegebühr des Hotels. Bei einem Anruf nach Europa wählt man zuerst 00, dann die Landesvorwahl (Deutschland: 49, Österreich: 43, Schweiz: 41), dann die Ortsnetzkennzahl ohne die Null (z. B. Frankfurt/Main: 69) und die Rufnummer. Für ein Gespräch von Europa nach Mexiko beginnt man mit 00 52.

Innerhalb Mexikos ist immer die Vorwahl (»lada«) 01 zu wählen, gefolgt von der Vorwahl der gewünschten Region.

## Trinkgeld

Normalerweise werden die Preise in Hotels und Restaurants ohne Bedienung angegeben, es sei denn, es wird ausdrücklich darauf hingewiesen (»incluye« oder »más el 15 % de servicio«). Ansonsten sind 10 bis 15 % Trinkgeld angebracht. In vielen Touristenzentren (Cancún, Playa del Carmen) werden 15 % automatisch aufgeschlagen. Achten Sie deshalb auf die Rechnung.
Auch Zimmermädchen und Kofferträger erwarten ein Trinkgeld, ebenso Taxifahrer, die beim Tragen der Koffer helfen, der Tankwart an der Zapfsäule oder der Junge, der Ihr Auto auf dem Parkplatz bewacht. Auch für Tourguides und Reisebuschauffeure ist ein Trinkgeld üblich. Vergessen Sie nicht, dass in Mexiko viele Menschen ihren Lebensunterhalt fast ausschließlich von den Trinkgeldern bestreiten müssen!

## Verhaltensregeln

- Höflichkeit, ein Lächeln und der Versuch, ein paar Worte Spanisch zu sprechen – das sind die besten Voraussetzungen, um in Mexiko hilfsbereite Menschen, wenn nicht sogar Freunde zu finden.
- Halten Sie sich mit Kritik am Land und vor allem an seiner Politik zurück, das hören Mexikaner nicht gern von Außenstehenden; sie können sich ohnehin viel besser selbst kritisieren.
- Versuchen Sie, Unstimmigkeiten oder Missverständnisse stets in Ruhe zu lösen. Eine freundliche Bitte um Abhilfe etwa bei Problemen im Hotel führt garantiert schneller zum Ziel als barscher Befehlston. Lautes Sprechen oder gar empörtes Aufbrausen verstehen die

Mexikaner und besonders die von Natur aus ruhigen und eher introvertierten Maya als aggressiv und wenden sich ab.

- Organisieren Sie Ihren Reiseplan nicht minutiös. Man sollte sich nicht zu viel für einen Besichtigungstag vornehmen, um noch genügend Spielraum für Überraschungen – vor allem positive – zu haben: Weniger ist auf Reisen sehr häufig mehr! Kleine Verspätungen und Änderungen sind durchaus an der Tagesordnung. Andererseits sollten Sie sich nicht auf Unpünktlichkeit verlassen. Vor allem Langstreckenbusse halten ihren Fahrplan oft auf die Minute genau ein.
- Und haben Sie immer Geduld: Was zunächst unmöglich erscheint, löst sich oft im letzten Moment von ganz allein.

## Zeit

Die Zeit in Yucatán entspricht der von Zentralmexiko: es ist sieben Stunden früher als in Mitteleuropa. Die Sommerzeit gilt von Anfang April bis Ende Oktober.

## Zeitungen

In Cancún gibt es eine eigene Redaktion des englischsprachigen »Miami Herald«; die Zeitung wird in vielen Hotels kostenlos verteilt. Andere amerikanische Zeitungen und Zeitschriften sind in den Zeitungsläden der Hotels und in großen Geschäften zu finden.

# Notfälle

## Sicherheit, Kriminalität

Das ländliche Yucatán gilt als sicheres Reisegebiet. Auch in den Städten und Badeorten ist die Kriminalitätsrate vergleichsweise gering. Dennoch, Gelegenheit macht Diebe. Also lassen Sie nichts unbeaufsichtigt herumliegen, besonders am Strand. Wertsachen gehören in den Hotelsafe. Märkte und Busbahnhöfe mit ihrem dichten Gedränge sind ein ideales Revier für Taschendiebe. Wie überall auf der Welt ist es angebracht, sich an ein paar grundsätzliche Vorsichtsmaßnahmen zu erinnern: Nachts weder mit dem Auto noch mit Überlandbussen fahren, nicht in stillen Gassen oder an einsamen Stränden spazieren gehen. Geld im Geldgürtel oder unter der Kleidung aufbewahren. Teuren Schmuck und teure Uhren am besten gleich zu Hause lassen. Im Auto kein Gepäck oder andere verlockende Dinge einsehbar herumliegen lassen.

## Diplomatische Vertretungen

Botschaften gibt es auf Yucatán nicht. Honorarkonsulate Deutschlands findet man in:
- **Cancún:** Punta Conoco 36, Tel. (998) 884 18 98, 884 53 33, Fax 887 12 83.
- **Mérida:** Calle 49, 212 zwischen 30 y 32, Tel./Fax (999) 944 32 52.

## Notrufnummern

- **Notruf:** Tel. 060.
- **Angeles Verdes/Touristennotruf:** Tel. 078.
- **Polizei (Highway) Cancún:** Gebührenfrei: 01-800-90392.

- **Polizei/Feuerwehr Playa del Carmen:** Tel. (984) 873 11 07.
- **Rotes Kreuz Cancún:** Tel. (998) 884 16 16.
- **Touristenpolizei Mérida:** Tel. (999) 925 25 55.

## Medizinische Versorgung

In den Städten und Badeorten sind Englisch (z. T. auch Deutsch) sprechende Ärzte über das Hotel zu erreichen. Auf dem Land gibt es kaum medizinische Versorgung.

### Krankenhäuser

- **Cancún:** Hospital Americano Tel. (998) 884 61 33.
Hospital de las Americas: Tel. (998) 881 34 00.
- **Mérida:** Tel. (999) 926 21 11.

# Literaturtipps

Gute Buchläden in Yucatán – besonders an den großen Ausgrabungsstätten sowie »Dante« in Mérida, im Kulturzentrum Olimpio an der Plaza Mayor, – haben eine große Auswahl an Büchern über die Region und besonders zum Thema Archäologie auf Spanisch und Englisch.
In Puerto Morelos gibt es eine kleine gut sortierte Buchhandlung am Hauptplatz, Alma Libre Bookstore.

## Zur Einstimmung

- **Egelkraut, Ortrun:** Reise durch Mexiko. Bildband (verschiedene Fotografen) mit Einführung zu Land und Leuten, Geschichte und Kultur. Stürtz 1997.
- **Friedel, Michael:** Mexiko / Yucatán. Das Beste von Michael Friedel, Bildband. Mm-Photodrucke, 2006
- **Heeb, Christian; Lüke, Herdis u. a.:** Zeit für Mexiko. 28 Traumziele zum Wohlfühlen. Bucher, München 2006

**Motz, Roland:** Mexiko. Ein literarisches Porträt. Insel Taschenbuch 1997.

## Für unterwegs

**Grabowski, Nils Thomas; Kolmer, Katrin:** Maya für Yucatán. Reise Know-How. Verlag Rump, 2006

## Geschichte & Kultur

(Weitere Literatur über Geschichte und Kultur der Maya s. S. 363 f.)

**Cortés, Hernán:** Die Eroberung Mexikos. Drei Berichte von Hernán Cortés an Kaiser Karl V. Insel, 1980.

**Gaida, Marie, Grube, Nikolai:** Die Maya. Schrift und Kunst. Hrsg.: Staatliche Museen zu Berlin, 2006

**Grube, Nikolai (Hrsg.):** Maya. Gottkönige im Regenwald. Könemann bei Tandem, Köln 2006

**de Landa, Diego:** Bericht aus Yucatán. Leipzig 1990

**Lanyon, Ann:** Malinche. Die andere Geschichte der Eroberung Mexikos. Amman, 2001

**Longhena, Maria:** Sprechende Steine. 200 Schriftzeichen der Maya. Die Entschlüsselung ihrer Geheimnisse. Marix Verlag, 2003

## Für Kinder

**Beaumont, Emilie; Chaffin, Francoise:** Wissen mit Pfiff. Maya, Azteken, Inka. Was Kinder erfahren und verstehen wollen. Fleurus Verlag GmbH, 2002

**Morris, Neil; Cappon, Manuela:** Mayas, Azteken, Inkas. Alltagsleben damals. Folienbuch, 2003

## Mexikanische Autoren

**Castellanos, Rosario:** Das dunkle Lächeln der Catalina Díaz. Roman aus Chiapas. Europa Verlag 1993.

**Esquivel, Laura:** Bittersüße Schokolade. Kulinarisch-erotischer Roman. Suhrkamp 1992.

**dies.:** Das Gesetz der Liebe. Sciencefictionroman mit Opernarien auf CD. Ullstein 1998.

**Fuentes, Carlos:** Nichts als das Leben. Roman, Suhrkamp.

**ders.:** Terra Nostra. Romantrilogie, dtv.

**ders.:** Das Haupt der Hydra. Roman, dtv 1994.

**ders.:** Der alte Gringo. Roman. DVA 1986.

**ders.:** Die Jahre mit Laura Díaz. Roman. DVA 2000.

**Hetmann, Frederik (Hrsg.):** Indianermärchen aus Mexiko. Fische, 1994.

**Kahlo, Frida:** Gemaltes Tagebuch. Mit einer Einführung von Carlos Fuentes. Kindler, München 1995.

**Klotsch, Andreas (Hrsg.):** Erkundungen. 22 Erzähler aus Mexiko.

**Mastretta, Angeles:** (alle Suhrkamp) Mexikanischer Tango. Roman. 1990.

**ders.:** Frauen mit großen Augen. Erzählungen. 2001.

**ders.:** Emilia. Roman. 1998.

**Médiz Bolio, Antonio:** Legenden der Maya. Manesse (dtv) 1992.

**del Paso, Fernando:** Nachrichten aus dem Imperium. Roman. Peter Hammer Verlag, 1996. Historischer Roman über die Epoche Kaiser Maximilians.

**Paz, Octavio:** Das Labyrinth der Einsamkeit. Essay. Suhrkamp 1969. Weitere Veröffentlichungen des Nobelpreisträgers bei Suhrkamp.

**Pérez Jolote, Juan:** Tzotzil. Lebensbericht eines mexikanischen Indios. Suhrkamp, 1995.

**Peyer, Rudolf (Hrsg.):** Mexiko erzählt. Von den Maya und Azteken bis zur Gegenwart. Diederichs, 1992.

**Poniatowska, Elena:** Tinissima. Der Lebensroman der Tina Modotti. Suhrkamp, 1996.

**Villoro, Juan:** Die Augen von San Lorenzo. Roman. DVA 1993.

## Maya heute

**Allebrand, Raimund:** Die Erben der Maya. Horlemann Verlag, 1997.

**Duran, Marta:** Acteal. Chiapas – Weihnachten in der Hölle. Atlantik 1999.

**Vazquez Montealbán, Manuel:** Marcos – Herr der Spiegel. Essay. Wagenbach 2001.

## Romane

**DeCarlo, Andrea:** Yucatan Gössling, Andreas: Im Tempel des Regengottes

**Tzapalil:** Im Bann des Jaguars

**Tutepastell, Stefanie:** Ohne Spuren in der Nacht. Erzählungen aus Yucatan. Mit einem Nachw. v. Curt Meyer-Clason. Elfenbein Verlag, 2005

## Zum Chiapas-Konflikt

**Duran de Huerta, Marta:** Yo Marcos. Gespräche über die zapatistische Bewegung. Edition Nautilus, 2001

**Kerkeling, Luz:** La Lucha sigue – Der Kampf geht weiter. EZLN – Ursachen und Entwicklungen des zapatistischen Aufstands. Unrast, 2006

**Marcos:** Botschaften aus dem lakandonischen Urwald. Edition Nautilus, 2005

**Munoz Ramirez, Gloria:** EZLN: 20 +10 – Das Feuer und das Wort. Unrast, 2004

**Taibo, Paco I.; Marcos:** Unbequeme Tote (Krimi). Assoziation a 2005

**Vazquez Montalban, Manuel:** Marcos. Herr der Spiegel. Wagenbach, Berlin 2001

# Mini-Dolmetscher Spanisch

In Guatemala werden heute 24 verschiedene Idiome gesprochen: vornehmlich Spanisch (»Castellano«) an der Pazifikküste und im östlichen Drittel des Hochlands, Garinagú an der Karibikküste, insbesondere in Lívingston, und Xinca im Verwaltungsbezirk Santa Rosa, das jedoch mit keinem Maya-Idiom verwandt ist. Die verbleibenden 21 Sprachen gehören zur Maya-Familie, der insgesamt (mit Mexiko und Belize) 31 Idiome mit unzähligen Dialekten angehören.
Auf der Halbinsel Yucatán wird wie in ganz Mexiko Spanisch gesprochen.

## Allgemeines

| | |
|---|---|
| Guten Tag. | Buenos días. [buenos dias] |
| Hallo! | ¡Hola! [ola] |
| Wie geht's? | ¿Qué tal? [ke tal] |
| Danke, gut | Bien, gracias [bjen grasjas] |
| Ich heiße ... . | Me llamo ... [me ljamo] |
| Auf Wiedersehen. | Adiós [adjos] |
| Morgen | mañana [manjana] |
| Nachmittag | tarde [tarde] |
| Abend | tarde [tarde] |
| Nacht | noche [notsche] |
| morgen | mañana [manjana] |
| heute | hoy [oi] |
| gestern | ayer [ajer] |
| Sprechen Sie Deutsch / Englisch? | ¿Habla usted alemán / inglés? [abla usted aleman / ingles] |
| Wie bitte? | ¿Cómo? [komo] |
| Ich verstehe nicht. | No he entendido. [no e entendido] |
| Wiederholen Sie bitte. | Por favor, repítalo. [por fawor repitalo] |
| ..., bitte. | ..., por favor. [por fawor] |
| Danke | Gracias [grasjas] |
| Keine Ursache. | De nada. [de nada] |
| was / wer / welcher | qué / quién / cuál [ke / kjen / kual] |
| wo / wohin | dónde / adónde [donde / adonde] |
| wie / wie viel / wann / wie lange | cómo / cuánto / cuándo / cuánto tiempo [komo / kuanto / kuando / kuanto tjempo] |

| | |
|---|---|
| Warum? | ¿Por qué? [por ke] |
| Wie heißt das? | ¿Cómo se llama esto? [komo se ljama esto] |
| Wo ist ...? | ¿Dónde está ...? [donde esta ...] |
| Können Sie mir helfen? | ¿Podría usted ayudarme? [podria usted ajudarme] |
| ja | sí [si] |
| nein | no [no] |
| Entschuldigen Sie. | Perdón. [perdon] |
| Das macht nichts. | No pasa nada. [no pasa nada] |

## Shopping

| | |
|---|---|
| Wo gibt es ...? | ¿Dónde hay ...? [donde ai] |
| Wie viel kostet das? | ¿Cuánto cuesta? [kuanto kuesta] |
| Das ist zu teuer. | Es demasiado caro. [es demasjado karo] |
| Das gefällt mir (nicht). | (No) me gusta. [(no) me gusta] |
| Gibt es das in einer anderen Farbe / Größe? | ¿Tienen este modelo en otro color / otra talla? [tjenen este modelo en otro color / otra talja] |
| Ich nehme es. | Me lo llevo. [me lo ljevo] |

| | |
|---|---|
| Wo ist eine Bank? | ¿Dónde hay un banco? [donde ai um banko] |
| Ich suche einen Geldautomaten. | Busco un cajero automático. [busko un kachero automatiko] |
| Geben Sie mir 100 g Käse / zwei Kilo Pfirsiche. | Por favor, déme cien gramos de queso / dos kilos de duraznos. [por fawor deme sjen gramos de keso / dos kilos de durasnos] |
| Haben Sie deutsche Zeitungen? | ¿Tienen periódicos alemanes? [tjenen perjodikos alemanes] |
| Wo kann ich telefonieren / eine Telefonkarte kaufen? | ¿Dónde puedo llamar por teléfono / comprar una tarjeta telefónica? [donde puedo ljamar por telefono / komprar una tarcheta telefonika] |

## Sightseeing

| | |
|---|---|
| Gibt es hier eine Touristeninformation? | ¿Hay por aquí cerca una oficina de turismo? [ai por aki serka una ofißina de turismo] |
| Ich möchte einen Stadtplan / ein Hotelverzeichnis. | ¿Tiene un plano de la ciudad / una lista de hoteles? [tjene um plano de la siudad / una lista de oteles] |
| Wann ist das Museum / die Kirche / die Ausstellung geöffnet? | ¿Cuándo está abierto el museo / abierta la iglesia / abierta la exposición [kuando esta abjerto el museo / abjerta la iglesja / abjerta la esposisjon] |
| geschlossen | cerrado [serrado] |

## Notfälle

|  |  |
|---|---|
| Ich brauche einen Arzt / Zahnarzt. | Necesito un médico / un dentista. [nesesito um mediko / un dentista] |
| Rufen Sie bitte einen Kranken-wagen / die Polizei. | Por favor, llame a una ambulancia / a la policía. [por fawor ljame a una ambulansja / a la polisia] |
| Wir hatten einen Unfall. | Hemos tenido un accidente. [emos tenido un agsidente] |
| Wo ist das nächste Polizeirevier? | ¿Dónde está el puesto de policía más cercano? [donde esta el puesto de polisia mas serkano] |
| Ich bin bestohlen worden. | Me han robado. [me an robado] |
| Mein Auto ist aufgebrochen worden. | Me han abierto el carro. [me an abjerto el karro] |

## Essen und Trinken

|  |  |
|---|---|
| Die Speise-karte, bitte. | La carta, por favor. [la karta, por fawor] |
| Brot | pan [pan] |
| Kaffee | café [kafe] |
| Tee | té [te] |
| mit Milch / Zucker | con leche / azúcar [kon letsche / asukar] |
| Orangensaft | jugo de naranja [chugo de narancha] |
| Mehr Kaffee, bitte | Más café, por favor. [mas kafe por fawor] |
| Suppe | sopa [sopa] |
| Fisch / Meeresfrüchte | pescado / mariscos [peskado / mariskos] |
| Fleisch / Geflügel | carne / aves [karne / awes] |
| Reis | arroz [aros] |
| vegetarische Gerichte | comida vegetariana [komida vechetarjana] |
| Eier | huevos [uewos] |
| Salat | ensalada [ensalada] |
| Dessert | postre [postre] |
| Obst | fruta [fruta] |
| Eis | helado [elado] |
| Wein | vino [bino] |
| weiß / rot / rosé | blanco / tinto / rosado [blanko / tinto / rosado] |
| Bier | cerveza [serwesa] |
| Aperitif | aperitivo [aperitiwo] |
| Wasser | agua [agua] |
| Mineralwasser | agua mineral [agua mineral] |
| mit / ohne Kohlensäure | con / sin gas [kon / sin gas] |
| Limonade | refresco [refresco] |
| Frühstück | desayuno [desajuno] |
| Mittagessen | comida [komida] |
| Abendessen | cena [sena] |
| eine Kleinig-keit | algo para picar [algo para picar] |
| Ich möchte bezahlen. | La cuenta, por favor. [la kuenta por fawor] |
| Es war sehr gut / nicht so gut. | Estaba muy bueno / no tan bueno. [estaba mui bueno / no tan bueno] |

## Im Hotel

| Deutsch | Español |
|---|---|
| Ich suche ein gutes Hotel / ein nicht zu teures Hotel. | Busco un buen hotel / un hotel económico. [busko um buen otel / un otel ekonomiko] |
| Ich habe ein Zimmer reserviert. | Tengo una habitación reservada. [tengo una abitasjon reserwada] |
| Ich suche ein Zimmer für ... Personen. | Busco una habitación para ... personas. [busko una abitasjon para ... personas] |
| Mit Dusche und Toilette. | Con regadera y baño. [kon regadera i banjo] |
| Mit Balkon / Blick aufs Meer. | Con balcón / vista al mar. [kon balkon / bista al mar] |
| Wie viel kostet das Zimmer pro Nacht? | ¿Cuánto cuesta la habitación por noche? [kuanto kuesta la abitasjon por notsche] |
| Mit Früh-stück? | ¿Con desayuno? [kon desajuno] |
| Kann ich das Zimmer sehen? | ¿Puedo ver la habitación? [puedo wer la abitasjon] |
| Haben Sie ein anderes Zimmer? | ¿Tienen otra habitación? [tjenen otra abitasjon] |
| Es gefällt mir (nicht). | (No) me gusta. [(no) me gusta] |
| Kann ich mit Kreditkarte zahlen? | ¿Puedo pagar con tarjeta de crédito? [puedo pagar kon tarcheta de kredito] |
| Wo kann ich parken? | ¿Dónde puedo dejar el carro? [donde puedo dechar el karro] |
| Können Sie das Gepäck in mein Zimmer bringen? | ¿Puede llevarme el equipaje a la habitación? [puede ljewarme el ekipache a la abitasjon] |
| Haben Sie einen Platz für ein Zelt? | ¿Les queda algún sitio libre para una carpa? [les keda algun sitjo libre para una karpa] |
| Wir brauchen Strom / Wasser. | Necesitamos corriente / agua. [nesesitamos korrjente / agua] |
| Ich reise / Wir reisen heute ab. | Parto / Partimos hoy. [parto / partimos oj] |

# Zahlen

| | | | | |
|---|---|---|---|---|
| 0 | zero [**sero**] | 101 | ciento uno [**sjen**to_uno] | 1. primero/-a [**primero**/-a] |
| 1 | uno [**uno**] | 110 | ciento diez [**sjen**to djes] | 2. segundo/-a [se**gundo**/-a] |
| 2 | dos [dos] | 200 | doscientos/-as [dos**jen**tos/-as] | 3. tercero/-a [ter**sero**/-a] |
| 3 | tres [tres] | 300 | trescientos/-as [tres**jen**tos/-as] | 4. cuarto/-a [**kuar**to/-a] |

| | |
|---|---|
| 0 | zero [**sero**] |
| 1 | uno [**uno**] |
| 2 | dos [dos] |
| 3 | tres [tres] |
| 4 | cuatro [**kua**tro] |
| 5 | cinco [**sinko**] |
| 6 | **seis** [säis] |
| 7 | siete [**sje**te] |
| 8 | ocho [**otscho**] |
| 9 | nueve [**nuewe**] |
| 10 | diez [djes] |
| 11 | once [**onse**] |
| 12 | doce [**dose**] |
| 13 | trece [**trese**] |
| 14 | catorce [ka**torse**] |
| 15 | quince [**kinse**] |
| 16 | dieciséis [djesi**säis**] |
| 17 | diecisiete [djesi**sje**te] |
| 18 | dieciocho [djesi**otscho**] |
| 19 | diecinueve [djesi**nuewe**] |
| 20 | veinte [**bäinte**] |
| 21 | veintiuno [bäinti**uno**] |
| 22 | veintidós [bäinti**dos**] |
| 30 | treinta [**träin**ta] |
| 40 | cuarenta [kua**ren**ta] |
| 50 | cincuenta [sin**kuen**ta] |
| 60 | sesenta [se**ßen**ta] |
| 70 | setenta [se**ten**ta] |
| 80 | ochenta [o**tschen**ta] |
| 90 | noventa [no**wen**ta] |
| 100 | cien [sjen] |

| | |
|---|---|
| 101 | ciento uno [**sjen**to_uno] |
| 110 | ciento diez [**sjen**to djes] |
| 200 | doscientos/-as [dos**jen**tos/-as] |
| 300 | trescientos/-as [tres**jen**tos/-as] |
| 400 | cuatrocientos/-as [kuatros**jen**tos/-as] |
| 500 | quinientos/-as [ki**njen**tos/-as] |
| 600 | seiscientos/-as [säiss**jen**tos/-as] |
| 700 | setecientos/-as [setes**jen**tos/-as] |
| 800 | ochocientos/-as [otschos**jen**tos/-as] |
| 900 | novecientos/-as [noweos**jen**tos/-as] |
| 1000 | mil [mil] |
| 2000 | dos mil [dos mil] |
| 3000 | tres mil [tres mil] |
| 10 000 | diez mil [djes mil] |
| 100 000 | cien mil [sjen mil] |
| 1 000 000 | un millón [un mi**ljon**] |

| | |
|---|---|
| 1. | primero/-a [**primero**/-a] |
| 2. | segundo/-a [se**gundo**/-a] |
| 3. | tercero/-a [ter**sero**/-a] |
| 4. | cuarto/-a [**kuar**to/-a] |
| 5. | quinto/-a [**kuin**to/-a] |
| $^1/_2$ | medio [**medio**] |
| $^1/_3$ | un tercio [un **tersio**] |
| $^1/_4$ | un cuarto [un **kuar**to] |
| $^1/_5$ | un quinto [un **kinto**] |
| 1,5 | uno coma cinco [uno **koma sinko**] |
| 10 % | diez por ciento [djes por **sjen**to] |

# Mini-Dolmetscher Englisch

Die offizielle Amtssprache Belizes ist Englisch. Weitere bedeutende Sprachen sind Spanisch der Mestizos bzw. Ladinos, Garinagú der Garífuna, ein altdeutscher Dialekt der Mennoniten sowie Mopan, Kekchi und Yukatekisch der verschiedenen Maya-Gruppen.

## Allgemeines

| | |
|---|---|
| Guten Morgen. | Good morning. [gud **mohn**ing] |
| Guten Tag. (nachmittags) | Good afternoon. [gud after**nuhn**] |
| Hallo! | Hello! [**häll**oh] |
| Wie geht's? | How are you? [hau ah‿ju] |
| Danke, gut. | Fine, thank you. [**fain, θänk**‿ju] |
| Ich heiße ... | My name is ... [mai nehm‿is] |
| Auf Wiedersehen. | Goodbye. [gud**bai**] |
| Morgen | morning [**mohn**ing] |
| Nachmittag | afternoon [after**nuhn**] |
| Abend | evening [**ihw**ning] |
| Nacht | night [nait] |
| morgen | tomorrow [tu**morr**oh] |
| heute | today [tu**deh**] |
| gestern | yesterday [**jest**erdeh] |
| Sprechen Sie Deutsch? | Do you speak German? [du‿ju spihk **dseh**höhmən] |
| Wie bitte? | Pardon? [**pahd**n] |
| Ich verstehe nicht. | I don't understand. [ai dohnt ander**ständ**] |
| Würden Sie das bitte wiederholen? | Would you repeat that please? [wud‿ju ri**piht** ðät, **plihs**] |
| Langsamer bitte! | Could you speak a bit more slowly, please? [kud‿ju spihk‿ə bit moh **slou**li **plihs**] |
| bitte | please [**plihs**] |
| danke | thank you [**θänk**‿ju] |
| Keine Ursache. | You're welcome. [joh **wäll**kamm] |
| was / wer / welcher | what / who / which [wott / huh / witsch] |
| wo / wohin | where [wäə] |
| wie / wie viel | how / how much [hau / hau **matsch**] |

| | |
|---|---|
| wann / wie lange | [wänn / hau **long**] |
| warum | why [wai] |
| | What is this called? |
| Wie heißt das? | [wott‿is ðis **kohld**] |
| | Where is ...? |
| Wo ist ...? | [wäər‿is ...] |
| | Can you help me? |
| Können Sie mir helfen? | [kän‿ju **hälp**‿mi] |
| ja | yes [jäss] |
| nein | no [noh] |
| | Excuse me. |
| Entschuldigen Sie. | [iks**kjuhs** mi] |
| | on the right |
| rechts | [on ðə reit] |
| | on the left |
| links | [on ðə left] |

## Sightseeing

| | |
|---|---|
| Gibt es hier eine Touristeninformation? | Is there a tourist information? [is‿ðər‿ə **tuə**rist infəmehschn] |
| Haben Sie einen Stadtplan / ein Hotelverzeichnis? | Do you have a city map / a hotel guide? [du‿ju häw‿ə **ßiti** mäpp / hoh**täll** gaid] |
| Welche Sehenswürdigkeiten gibt es hier? | What are the local sights? [wott‿ə ðə **lohk**l **ßaits**] |
| Wann ist ... geöffnet? | When are the opening hours of ...? [wänn‿ah ði **ohp**ning auers əw ...] |
| das Museum | the museum [ðə mjusihəm] |
| die Kirche | the church [ðə **tschöh**tsch] |
| die Ausstellung | the exhibition [ði egsi**bischn**] |
| Wegen Restaurierung geschlossen. | Closed for restoration. [**klohsd** fə rästə**rehsch**n] |

## Shopping

| | |
|---|---|
| Wo gibt es ...? | Where can I find ...? [wäə kən‿ai **faind** ...] |
| Wie viel kostet das? | How much is this? [hau‿matsch is‿ðis] |
| Das ist zu teuer. | This is too expensive. [ðis‿is **tuh** iks**pänn**ßiw] |
| Das gefällt mir (nicht). | I like it. / I don't like it. [ai **laik**‿it / ai **dohnt laik**‿it] |
| Gibt es das in einer anderen Farbe / Größe? | Do you have this in a different colour / size? [du‿ju **häw**‿ðis in‿ə **diffr**ənt **kall**er / **ßais**] |
| Ich nehme es. | I'll take it. [ail **tehk**‿it] |
| Wo ist eine Bank / ein Geldautomat? | Where is a bank / a cash dispenser? [wäər‿is ə‿**bänk** / ‿ə **käsch** dis**pänn**ser] |
| Geben Sie mir 100 g Käse / zwei Kilo ... | Could I have a hundred grams of cheese / two kilograms of ... [kud‿ai häw‿ə **hann**drəd **grämms**‿əw **tschihs** / tuh - **kill**əgrämms‿əw ...] |
| Haben Sie deutsche Zeitungen? | Do you have German newspapers? [du‿ju häw **dseh**höhmən **njuhs**pehpers] |
| Wo kann ich telefonieren / eine Telefonkarte kaufen? | Where can I make a phone call / buy a phone card? [wäə kən‿ai mehk‿ə **fohn**‿kohl / bai‿ə **fohn**‿kahd] |

## Essen und Trinken

|  |  |
| --- | --- |
| Die Speisekarte, bitte. | The menu please. [ðə **männju** plihs] |
| Brot | bread [bräd] |
| Kaffee | coffee [**koffi**] |
| Tee | tea [tih] |
| mit Milch / Zucker | with milk / sugar [wið **milk** / **schugg**er] |
| Orangensaft | orange juice [**orr**ndseh dsehuhs] |
| Mehr Kaffee, bitte. | Some more coffee please. [ßəm moh **koffi** plihs] |
| Suppe | soup [ßuhp] |
| Fisch | fish [fisch] |
| Fleisch | meat [miht] |
| Geflügel | poultry [**pohl**tri] |
| Beilage | sidedish [**ßaid**disch] |
| vegetarische Gerichte | vegetarian food [wädsehətäriən fud] |
| Eier | eggs [ägs] |
| Salat | salad [**ßäl**əd] |
| Dessert | dessert [dis**öht**] |
| Obst | fruit [fruht] |
| Eis | ice cream [ais **krihm**] |
| Wein | wine [wain] |
| weiß / rot / rosé | white / red / rosé [wait / räd / **rohs**eh] |
| Bier | beer [biə] |
| Aperitif | aperitif [əp**ärr**ətihf] |
| Wasser | water [**woht**er] |
| Mineralwasser | mineral water [**minn**rəl wohter] |
| mit / ohne Kohlensäure | sparkling / still [**spahk**ling / still] |
| Limonade | lemonade [lämmə**nehd**] |
| Frühstück | breakfast [**bräck**fəst] |
| Mittagessen | lunch [**lanntsch**] |
| Abendessen | dinner [**dinner**] |
| ein Imbiss | a snack [ə **ßnäck**] |
| Ich möchte bezahlen. | I would like to pay. [ai wud **laik** tə peh] |
| Es war sehr gut / nicht so gut. | It was very good / not so good. [it wəs **wärri gud** / **nott** ßoh **gud**] |

## Im Hotel

|  |  |
| --- | --- |
| Ich suche ein gutes / ein nicht zu teures Hotel. | I am looking for a good / not too expensive hotel. [aim **lucking** fərə **gud** / **nott** tu ickspännßiw hoh**täll**] |
| Ich habe ein Zimmer reserviert. | I have booked a room. [ai həw **buckt** ə **ruhm**] |
| Ich suche ein Zimmer für ... Personen. | I am looking for a room for ... persons. [aim **lucking** fərə **ruhm** fə ... **pöhßns**] |
| Mit Dusche und Toilette. | With shower and toilet. [wið **schau**ər ənd **toil**ət] |
| Mit Balkon / Blick aufs Meer. | With a balcony / overlooking the sea. [wið ə **bälk**əni / ohwerlucking ðə **ßih**] |
| Wie viel kostet das Zimmer pro Nacht? | How much is the room per night? [**hau** matsch is ðə ruhm pə **nait**] |
| Mit Frühstück? | Including breakfast? [**inkluh**ding **bräck**fəst] |
| Kann ich das Zimmer sehen? | Can I see the room? [kən ai **ßih** ðə ruhm] |
| Haben Sie ein anderes Zimmer? | Do you have another room? [du ju **häw** ənaðer ruhm] |
| Das Zimmer gefällt mir (nicht). | I like the room. / I don't like the room. [ai **laick** ðə ruhm / ai **dohnt laick** ðə ruhm] |
| Kann ich mit Kreditkarte bezahlen? | Do you accept credit cards? [du ju **ackßäppt** krädit kahds] |
| Wo kann ich parken? | Where can I park the car? [**wää** kən ai **pahk** ðə kah] |
| Können Sie das Gepäck in mein Zimmer bringen? | Could you bring the luggage to my room? [kud ju **bring** ðə **laggidsch** tə mai ruhm] |
| Haben Sie einen Platz für ein Zelt / einen Wohnwagen / ein Wohnmobil? | Is there room for a tent / a caravan / a camper? [is ðə **ruhm** fərə **tänt** / ə **kär**əwən ə **kämp**er] |
| Wir brauchen Strom / Wasser. | We need electricity / water. [wi **nihd** iläcktrissəti / **woht**er] |

## Notfälle

|  |  |
| --- | --- |
| Ich brauche einen Arzt / Zahnarzt. | I need a doctor / a dentist. [ai **nihd** ə **dock**ter / ə **dännt**ist] |
| Rufen Sie bitte einen Krankenwagen / die Polizei. | Please call an ambulance / the police. [**plihs** kohl - ən **ämm**bjuləns / ðə **pəlihs**] |
| Wir hatten einen Unfall. | We've had an accident. [wihw **häd** ən **äck**ßidənt] |
| Wo ist das nächste Polizeirevier? | Where is the nearest police station? [**wäər** is ðə niərəst pəlihs stehschn] |
| Ich bin bestohlen worden. | I have been robbed. [ai həw bihn **robbd**] |
| Mein Auto ist aufgebrochen worden. | My car has been broken into. [mai kah həs bihn **brohk**ən inntu] |

# Zahlen

| | |
|---|---|
| 0 | nought [nɔt], zero [sirou] |
| 1 | one [wan] |
| 2 | two [tuh] |
| 3 | three [θrih] |
| 4 | four [fɔ] |
| 5 | five [feiv] |
| 6 | six [βix] |
| 7 | seven [βevn] |
| 8 | eight [äit] |
| 9 | nine [nein] |
| 10 | ten [ten] |
| 11 | eleven [ilevn] |
| 12 | twelve [twelv] |
| 13 | thirteen [θörtihn] |
| 14 | fourteen [fɔtihn] |
| 15 | fifteen [fiftihn] |
| 16 | sixteen [βixtihn] |
| 17 | seventeen [βevntihn] |
| 18 | eighteen [äitihn] |
| 19 | nineteen [neintihn] |
| 20 | twenty [twɛnti] |
| 21 | twenty-one [twentiwan] |
| 22 | twenty-two [twentituh] |
| 30 | thirty [θörti] |
| 40 | forty [fɔti] |
| 50 | fifty [fifti] |
| 60 | sixty [βixti] |
| 70 | seventy [βevnti] |
| 80 | eighty [äiti] |
| 90 | ninety [neinti] |
| 100 | a / one hundred [ə/wan handrəd] |
| 101 | a hundred and one [ə handrəd änd wan] |
| 110 | a hundred and ten [ə handrəd änd ten] |
| 200 | two hundred [tuh handrəd] |
| 300 | three hundred [θrih handrəd] |
| 438 | four hundred and thirty-eight [fɔ handrəd änd θörtiäit] |
| 1000 | a / one thousand [ə/wan θausənd] |
| 2000 | two thousand [tuh θausənd] |
| 10 000 | ten thousand [ten θausənd] |
| 100 000 | a hundred / one hundred thousand [ə handrəd / wanhandrəd θausənd] |
| 1 000 000 | a/one million [ə/wan miljən] |
| 1. | |
| 2. | first [förßt] |
| | second |
| 3. | [βekənd] third |
| 4. | [θörd] |
| 5. | fourth [fɔθ] fifth [fifθ] |
| 1/2 | |
| 1/3 | a half [ə hahf] |
| 1/4 | a third [ə θörd] a fourth/quarter |
| 1/5 | [ə fɔθ/kwɔtə] a fifth [ə fifθ] |
| 1,5 | |
| | one point five [wan point feiv] |
| 10 % | |
| | ten per cent [ten pəßent] |

# Bildnachweis

AKG London 22, 33, 34, 260/261
Artarchive 25, 29, 181
Yann Arthus-Bertrand / Corbis 320
Gonzalo M. Azumendi 14, 51, 290, 292, 299, 325, 326 Randspalte, 326, 327, 330
Cephas 52
Steve Cohen 95
Haydn Denman 162 Randspalte
K. Deuss / Guatemalan Maya Centre 64/65, 73
Mary Evans Picture Library 35, 76, 78
Michael & Patricia Fogden 99
Robert Fried 41, 54, 91, 107, 149, 149 Randspalte, 165 Randspalte, 272, 280, 282, 283, 295 Randspalte, 301 Randspalte, 315, 316, 318, 323
Sheila Paine/ffotograff 12/13
Fabienne Fossez/ffotograff 119
Glyn Genin / Apa 300, 313, 317
Andreas M. Gross 1, 8/9, 20/21, 24, 26, 27, 30, 32, 43, 44, 45, 93, 96, 109 Randspalte, 110, 112 Randspalte, 114, 116, 118 Randspalte, 121 Randspalte, 126 Randspalte, 134 Randspalte, 136 Randspalte, 140, 142 Randspalte, 143 Randspalte, 144, 145, 147, 151, 155 Randspalte, 155, 156, 167 Randspalte, 185, 191, 193, 203, 204/205, 210, 211, 214, 215 Randspalte, 215, 219, 223, 228 Randspalte, 228, 230, 232 Randspalte, 232, 234, 237, 241, 242, 252/253, 262, 277, 281, 292 Randspalte, 298 Randspalte, 301, 308, 323 Randspalte, 332, 333, 334, 335 Randspalte, 335
Tony Halliday / Apa 307, 325
Robert Harding Picture Library 59
Blaine Harrington 248, 310, 336
Dave G. Houser 50, 97, 110 Randspalte, 117 Randspalte, 118, 121, 122, 128, 159, 161 Randspalte, 162, 163R, 166L & R, 235, 236, 238, 256
Jan Butchofsky-Houser 115
Hulton Getty 182, 183
Darrell Jones 57, 58, 61, 170/171, 172/173, 174, 177, 188, 190, 192, 196, 197, 198, 199, 208, 217, 220

Randspalte, 222, 222 Randspalte, 230 Randspalte, 238 Randspalte Carlos Reyes-Manzo/Andes Press Agency 83
E. Martino 42, 53, 84/85, 94, 129 Randspalte, 186/187, 220, 221, 226 Randspalte, 231, 237 Randspalte, 239, 240, 254, 257, 274, 276, 302, 312 Randspalte, 318 Randspalte, 318
Jamie Marshall / Guatemalan Maya Centre 6/7, 10/11, 19, 40, 48, 63, 70, 74/75, 77, 79, 81, 88, 89, 90, 92, 100/101, 113, 123, 124, 125, 127, 130, 131, 131 Randspalte, 133, 134, 141, 269
Buddy Mays 55, 273, 275, 298, 306
Oxford Scientific Films 62
Michael J. Pettypool 106, 286, 311, 312
Andrea Pistolesi 17, 47, 49, 86, 87, 102, 109, 120, 153, 154, 161, 163L, 167, 246/247, 251, 259, 267, 270/271, 284/285, 291, 293, 294, 296, 297, 304, 305, 314, 319, 321,323 Randspalte, 322
Popperfoto 80, 82, 184
Tony Rath 200, 201
Rex Features/Sipa Press 23
David Sanger 60, 189, 202, 213 Randspalte, 213, 216, 218, 224, 225, 226, 233, 240 Randspalte, 242 Randspalte, 243
Chris Sharp / South American Pictures 325
Iain Stewart 135, 136, 150
Tom Till Photography 158
David Tipling 309
Mireille Vautier 28, 31, 38/39, 46, 56, 66/67, 98, 111, 129, 132, 137, 146, 152, 152 Randspalte, 164, 178/179, 180, 244/245, 255, 258, 263, 264, 265, 266, 268, 278, 279, 303, 304 Randspalte, 315 Randspalte, 324, 328, 329 Randspalte, 329, 331, 332 Randspalte

im Bild:

Seite 36-37: Oben (von links nach rechts) Andreas M. Gross, Gonzalo M. Azumendii, Andreas M. Gross (2); Mitte (von links nach rechts) Mireille Vautier, Robert Fried, Andreas M. Gross.; unten (von links nach rechts) Andreas M. Gross, Darrell Jones (2).

Seite 138-139: Alle Bilder Jamie Marshall außer Mitte oben Andreas M. Gross
Seite 168-169 Oben (von links nach rechts) Andreas M. Gross, Tom Till Photography, Robert Fried, Andreas M. Gross; Mitte (von links nach rechts) Tom Till Photography, Andreas M. Gross (2); unten (von links nach rechts) Andreas M. Gross, Robert Fried, Andrea Pistolesi, Andreas M. Gross.

Seite 194-195 Oben (von links nach rechts) Andreas M. Gross, Darrell Jones, (3); Mitte (von links nach rechts) Jamie Marshall, Darrell Jones, E. Martino; unten (von links nach rechts) Darrell Jones (2), E. Martino.

Top 50:

Belizean Arts Gallery/Nelson Young: 347 oben rechts
Bildagentur Huber/G. Simeone: 344 unten
Blue Tang Inn: 340 oben rechts
Courtesy of Hamanasi: 348 links
Marty Casado/Holiday Hotel: 342 unten links
Coporativo Rolandi: 337 oben
Ortrun Egelkraut: 338 Mitte, 338 oben, 344 oben, 352 unten

Fideicomisco para la Promociòn Turistica de la Riviera Maya: 345, 349 unten links
Hacienda Tijax: 338 unten
Rainer Hackenberg: 353 oben links
Hotel Ni'tun: 340 oben links
laif/Hahn: 352 oben
laif/Heeb: 338 oben, 346 Mitte, 347 oben links, 354 oben links und rechts
laif/Hub: 351 unten
laif/Le Figaro Magazine: 349 oben rechts
laif/Meyer: 351 oben
laif/Tophoven: 342 unten rechts, 343 oben links, 347 unten, 348 rechts
Ricky Lopez/Maya Expeditions: 350 oben
mauritius-images/Foodpix: 342 oben
mauritius-images/Nonstock: 343 unten
mauritius-images/Steve Fidler: 346 oben, 346 unten
Arturo Osorno: 353 unten rechts
Undine Pröhl/ Tablet Hotels: 339 unten
César Tian/El Serano: 343 oben rechts
via/ Andreas. M. Gross: 340 unten, 353 unten links, 355
Xcaret Riviera Maya: 337 unten, 341, 350 unten

Inhaltsverzeichnis: Jürgen Bergmann 3 (alle), 5.

Umschlagrückseite: Xcaret Riviera Maya (beide).

Buchrücken: Andreas M. Gross

Titelbild: Corbis

# Register

## Orts- und Sachregister

**387**

# Personenregister